U0154367

幼兒學習環境設計

Early Learning Environment Design

湯志民　著

五南圖書出版公司　印行

作者簡介

·湯志民·

現 職

國立政治大學教育系教授兼教育學院院長

學 歷

國立政治大學教育學博士

考 試

臺灣省縣市督學課長考試及格（民國 73 年）
教育行政人員高等考試及格（民國 70 年）

經 歷

臺北市立師院兼任教授
國立臺北師院兼任教授
國立空中大學兼任副教授
中華民國學校建築研究學會理事長
臺北市政府教育局秘書、專員、督學、科長
基隆市政府教育局督學、課長
臺灣省政府教育廳科員
新北市政府教育局課員
新北市江翠國小教師
政大師中校長

二版序言

　　臺灣幼兒園的興建和發展，日據時代已見端倪，大量設置與整建起始於臺北市立國小普設幼稚園，而宜蘭縣的新設幼稚園配合國中小校舍更新整體規畫，則為縣市典範；九二一震災重建之後，新校園運動的推展，也同時觸動幼稚園的整體新建。其實，臺灣的大學和中小學、公立和私立、教育部和縣市教育局，對於幼稚園設置的重視，已非短短數年；尤其是，幼兒教育義務化之趨勢，使國內外學術研究和優良的設計案例，日益新增，發展速度之快，令人目不暇給；加以，近年來各級學校配合整體規畫併建幼兒園，形成風潮，幼兒學習環境設計的重要性，更攀顛峰。

　　本書出版迄今三年，深獲各界肯定與支持，因幼兒園新增快速，大學校院幼兒教育系所和相關研究系所之研究進修課程也不斷擴展，特修訂本書，以因應幼兒學習環境、學術研究與規畫設計實務之需。本次再版修正重點如下：

　　一、在文字修正上，增修篇章引言使體例一致，酌修文字說明和註記，讓文章更易閱讀。

　　二、在文章內容上，增修幼兒教育歷史年表和增加韓國幼教發展資料，更新幼稚園活動室設計圖和室內外環境規畫設計要點，並加強無障礙環境之說明。

　　三、在規畫實例上，更新第七章日、美和丹麥三國幼兒園的規畫配置實例，並新增荷蘭幼兒園之案例。

四、在資料索引上，新增專有名詞之索引資料，以利快速查閱。

五、在撰寫格式上，依美國心理學會（APA）2001年「出版手冊」之規定格式修正註解。

　　本書修正，費時近年，能夠順利再版，首先要感謝五南圖書出版公司發行人楊榮川先生的慨允協助，政大附中籌備處廖主任文靜和倪主任履冰、政大教研所博士班研究生陳賢舜和碩士班研究生楊貴棻、黃以喬、黃文煌，協助蒐集、整理和打印校對資料，塩入澄協助翻譯日文，內心無任銘感。特別是，母親的鞠育之恩，妻子祝英無怨尤的關愛與鼓勵，是生活和寫作的最大精神支柱，在此併申最深摯之謝忱，並請方家不吝賜教。

湯志民　謹誌

民國93年9月

序

言

　　幼兒教育和學習環境密不可分，幼兒充滿好奇，與周遭的人、事、物環境互動，透過環境，探索未知的世界，在經驗的歷程中，感覺自己、認識自己、學習獨立、學習成長、學習與他人相處。

　　什麼是幼兒？幼兒是——
從不知他們的大世界是這麼的小，
從不知有這麼多大人看著他們長大，
從不知有這麼多掌聲是因他們的無知，
從不知地板這麼髒都是他們弄的，
從不知衣服上的色彩是那裡來的，
從不知休息是為走更遠的路，
從不知學習與環境有關……

　　幼兒就是這樣，你問他，他有一大堆說不清楚的理由，你努力想讓他聽懂你的話，他常是一臉真實的茫然。幼兒因無知而無邪，因無邪而心靈剔透，因心靈剔透而易吸收環境的訊息，大人設計理想的學習環境，正為因應幼兒的學習和成長。幼稚園是幼兒離開家庭的第一個世界，學習從此開始，幼兒園地那麼令人喜歡，係因活動室隨處可捕抓幼兒們在學習區專心工作的動人神情，室外遊戲場到處可看到孩子們嬉戲奔馳的可愛身影，汗水和笑容交融，人間最天真無邪的畫面在此層層暈染，在這裡，快樂、歡笑如銀鈴之聲輕易迎風飛揚，愁滋味未到，只因年少和遙遠的老，浸淫汩汩童歡心情，只有洋溢無限青春，如有選擇，大家都不希望長大，讓童真最剔透的

心靈，引領人心最真摯的共鳴。

　　長久耕耘於教育設施規畫研究，進入幼教領域，是偶然，非突然，主要是工作、興趣和學術研究之需，愈鑽研，愈喜歡。過去，花了九年多的時間，到國內外幼兒園認真的看、認真的感覺，買了無數的幼兒教育專書，努力的看、努力的瞭解，深刻體會幼兒教育受到極度的重視、研究領域快速的擴充，幼教專書版次也經常更迭。讓我最有興趣的是，幼兒教育與學習環境息息相關，最重視學習環境的是幼兒教育，蒙特梭利強調兒童和環境互動的重要；福祿貝爾創造幼稚園和恩物，希望給幼兒最好的學習環境和教材教具，而現代的幼教專書莫不論述學習環境的重要，重視物質環境在幼兒身體、認知、社會和情緒上的種種影響，並提供室內外學習環境設計和設備器材選擇的原則和要點，也使幼兒教育因學習環境設計的成長而蓬勃發展。國內，近年來幼兒教育研究領域迅速發展，惟幼兒學習環境設計理論和實務的學術專書幾近闕如，亟待有志之士戮力開拓。

　　有鑑於此，並為師範校院、教育、幼教和相關研究系所「幼兒學習環境設計」課程之需，特撰著本書，以提供國內幼教師資培育和學習環境設計基礎性的參考教材。全書計分三篇七章：第一篇理論研究，分為三章，分別探討幼兒學習環境設計的理念、理論基礎，以及學習環境設計與幼兒行為；第二篇環境設計，分為三章，分別論述室內學習環境的設計配置、室外學習環境的設計配置、大人區與附屬設施的設置；第三篇配置實例，單列一章，特別介紹各國幼兒園設計配置實例。本書撰寫的方向、內涵與特色如下：

　　一、在撰寫原則上，冀求體例與結構完整、理論與實務並重，以兼顧學術性與實用性之價值。

　　二、在題材範圍上，以幼兒（稚）園為主，以國民小學低年級為輔，並儘量涵蓋各項幼兒學習環境設計要點，以求周延。

三、在內容架構上，以理論研究、環境設計和配置實例為經，幼兒學習環境設計為緯，逐層分述。

四、在立論角度上，從幼兒學習需求著眼，配合幼教目標、課程設計和教師教學需求，介紹設備標準及國內外相關規定或文獻，融入未來發展導向，使論述內涵兼具教育性、實際性與前瞻性。

五、在配置實例上，介紹中、日、美、英、法、德、丹麥、挪威、澳洲等 12 國 24 園，具代表性的幼兒園的設計配置實例，藉以吸收新知、激盪理念。

六、在撰寫文體上，力求結構嚴謹、標題清晰、文字順暢、圖文呼應，並依美國心理學會（APA）1994 年第四版「出版手冊」之規定格式註解，以收易讀易解之效。

　本書撰寫構思甚久，費時九年，能夠順利出版，首先要感謝五南圖書出版公司發行人楊榮川先生的慨允協助出版，政大附中籌備處廖秘書文靜和倪履冰小姐，多少日子挑燈夜戰，頂著酷暑，逐字潤稿、修稿、編排、繪圖，三重高中吳旭專老師、大誠高中陳俊佑老師和竹山高中王馨敏老師、政大教研所研究生張雅淳、陳琦媛、張碩玲、徐仁斌、黃庭鈺及教三學生李璟芳……協助蒐集、整理、打印和校對資料，木村協助翻譯日文，蕭驚鴻教授從國外惠寄資料，吳科長永祿、許校長銘欽的熱心提供資料，內心無任銘感。特別是，母親的鞠育之恩，妻子祝英無怨無悔的關愛與鼓勵，是生活和寫作的最大精神支柱，在此併申最深摯之謝忱。

　本書倉促付梓，加以筆者初探幼教學習環境領域，謬誤、疏失之處在所難免，敬祈方家先進不吝匡正賜教。最後，謹將此書獻給我的母親、妻子和所有關愛我的人，並以此敬申對父親無限的思念。

湯志民　謹誌

民國 90 年 8 月

目次

作者簡介 ……………………………………………… i

二版序言 ……………………………………………… iii

序　言 ………………………………………………… v

目　次 ………………………………………………… ix

圖表次 ………………………………………………… xiii

第一篇　理論研究

第一章　幼兒學習環境設計的理念

第一節　幼兒教育涵義及發展 ………………………6

第二節　學習環境設計的概念 ………………………30

第三節　學習環境設計的要向 ………………………41

第四節　學習環境設計的原則 ………………………56

第五節　學習環境設計的步驟 ………………………80

第二章　學習環境設計的理論基礎

第一節　教育哲學 ……………………………………96

第二節　學校建築學 …………………………………105

第三節　美　學 ………………………………………109

第四節　人體工學 ……………………………………114

第五節　發展心理學 …………………………………121

第六節　環境心理學 …………………………………135

第三章　學習環境設計與幼兒行為

第一節　環境行為的理論研究 ………………………148

第二節　學習環境與幼兒行為 ………………………170

目次

第二篇 環境設計

第四章 室內學習環境的設計配置

第一節 幼兒活動室的配置 ………………… 219

第二節 幼兒學習區的設計 ………………… 263

第三節 低年級教室的設計 ………………… 313

第四節 蒙特梭利教室的設計 ……………… 323

第五節 幼兒遊戲室的設計 ………………… 339

第五章 室外學習環境的設計配置

第一節 遊戲與遊戲場的類型 ……………… 346

第二節 遊戲場設計的原則 ………………… 368

第三節 遊戲場設計的要點 ………………… 395

第四節 遊戲場設計的案例 ………………… 420

第五節 園庭景觀的配置 …………………… 432

第六章 大人區與附屬設施的設置

第一節 大人區的設置 ……………………… 454

第二節 附屬建築的設置 …………………… 459

第三節 附屬設備的設置 …………………… 467

第四節 教具器材的購置 …………………… 477

第三篇　配置實例

第七章　各國幼兒園設計配置實例

第一節　我國幼稚園的設計配置……………523
第二節　大陸幼兒園的設計配置……………532
第三節　日本幼稚園的設計配置……………538
第四節　美國幼稚園的設計配置……………548
第五節　英國幼兒學校設計配置……………553
第六節　法國幼兒園的設計配置……………557
第七節　德國幼稚園的設計配置……………560
第八節　其他國幼兒園設計配置……………568

參考文獻　　　　　　　　　　　583

索　引　　　　　　　　　　　605

表　次

表 1：歐美幼兒教育重要歷史年表　25

表 2：「教職員─幼兒」比例和團體規模　45

表 3：人體測量值　118

表 4：幼兒人體工學幼稚園細部規畫尺寸　120

表 5：幼教器材和設備與發展領域間之關係　132

表 6：不同年齡和發展領域的遊戲物　133

表 7：特定活動對學前兒童的價值　134

表 8：Stokols 的「人──環境處理模式」：拉丁美洲實驗研究的分類和次數　159

表 9：Lozar 的適合各年齡層之環境與行為測量技術摘要表　168

表 10：環境設計與幼兒行為反應表　173

表 11：年級層的遊戲環境選擇　205

表 12：社會和認知遊戲類別的室內和室外環境平均值　209

表 13：中、美、日、西德幼兒活動室空間規定比較表　229

表 14：活動區的數量以班內幼兒數和年齡為基礎　232

表 15：學習區與相關角區　233

表 16：教室布置以年為單位的方式　240

表 17：教室噪音污染的解決　252

表 18：幼兒教室學習區研究名稱統計表　266

表 19：道具盒的內容　276

表 20：為 3～6 歲幼兒設計的典型蒙特梭利教室　329

表 21：鄰里遊戲環境　367

表 22：室外大肌肉活動設備的選擇　377

表 23：遊戲場安全應考慮的要項　394

表 24：遊戲場地面材料　418

表 25：日本幼稚園的廁所最少便器具數　465

表 26：適合不同年齡群幼兒的桌椅尺寸　468

表 27：學前班級基本的設備和器材　483

表 28：日常生活教具　497

表 29：感官教具　498

表 30：數學教具　500

表 31：語文教具　502

表 32：自然人文教具　503

圖表次

圖　次

圖 1：美國的第一所幼稚園（威斯康辛州，水城，1856 年）19

圖 2：幼兒學習環境相關概念的區域圖示　35

圖 3：建築之「規畫」與「設計」之關係　38

圖 4：幼兒學習環境設計涵義的概念模式　40

圖 5：幼兒中心和大人中心課程的比較　47

圖 6：幼兒活動室的乾濕性和動靜態區域設計　54

圖 7：幼稚園活動室的設計　55

圖 8：學習環境設計的步驟　82

圖 9：設計幼兒教室物質空間的步驟　88

圖 10：教室內垂直空間的幼兒帶、共同帶、成人帶　89

圖 11：私密性、個人空間、領域和擁擠整體關係圖　142

圖 12：Bronfenbrenner 的環境生態模式　151

圖 13：Lewin 心理學觀簡化圖　152

圖 14：Brunswik 的透鏡模式　155

圖 15：行為選擇模式圖　157

圖 16：環境與行為研究中自變項與依變項關係的三種觀點　160

圖 17：「環境—行為」關係理論概念之折衷模式　162

圖 18：學習設施中「人—環境」關係的概念架構　163

圖 19：環境和個人變項與學生穩定性及改變之間關係的模式　165

圖 20：Nash「空間規畫」教室的學習環境　177

圖 21：遊戲場上幼兒和遊戲行為描述模式　201

圖 22：活動室相關角區平面配置模式　234

圖 23：彩線、紙鏈或塑膠圈作活動區的區隔物　236

圖 24：潛在性動線影響活動室配置　238

圖 25：學習中心計畫板㈠ 246

圖 26：學習中心計畫板㈡ 247

圖 27：木栓板 248

圖 28：計畫單 249

圖 29：活動室配置示例 256

圖 30：學前學校或幼稚園的活動室配置 259

圖 31：原教室設計 261

圖 32：融合教育和教室配置 262

圖 33：美勞區 268

圖 34：積木區 273

圖 35：裝扮區（診所／醫院） 277

圖 36：科學區 281

圖 37：圖書區 284

圖 38：建造區 289

圖 39：音樂區 293

圖 40：沙水區 296

圖 41：電腦區 300

圖 42：益智區 306

圖 43：私密區 311

圖 44：學習區隨年齡團體增長愈專精分化 315

圖 45：有效的教室配置案例 320

圖 46：有潛在問題的教室安排 321

圖 47：低年級教室配置 322

圖 48：蒙特梭利教室五大教學區的配置 337

圖 49：遊戲室的舞臺 342

圖 50：柏井保育園的遊戲室 343

圖 51：津山口保育園的遊戲室 344

圖 52：2～3 歲及 4～5 歲幼兒遊玩區的現代遊戲場 361

圖 53：冒險遊戲場示意圖 363

圖 54：集中和連接的遊戲場 373

圖 55：現代化的循環遊戲系統 375

圖表次

圖
表
次

圖 56：遊戲設施上遊戲的發展階段　379

圖 57：遊戲場使用區的最小建議值　393

圖 58：歐洲標準之鞦韆間安全空間　405

圖 59：直型滑梯的設計　408

圖 60：日本千葉縣豐四季幼稚園沙場配置於半室外空間　413

圖 61：適用學前學校至小學二年級的遊戲場　421

圖 62：冒險遊戲場的設計　424

圖 63：原遊戲場設計　426

圖 64：無障礙遊戲場　427

圖 65：高架沙盤　429

圖 66：滑梯須讓所有類型的行動不便者能進入　430

圖 67：基本的樹木配植　441

圖 68：保健室及醫務室配置參考圖　457

圖 69：各種幾何形狀的桌子　469

圖 70：4、5 歲幼兒用之儲藏櫃　471

圖 71：蒙特梭利教具的自我校正　495

圖 72：福祿貝爾的幼稚園恩物　508

圖 73：政大實小附設幼稚園設計配置圖　525

圖 74：南海幼稚園設計配置圖　528

圖 75：小豆豆幼稚園設計配置圖　531

圖 76：南京鼓樓幼兒園設計配置圖　533

圖 77：杭州採荷小區幼兒園設計配置圖　535

圖 78：大陸北方六班幼稚園設計配置圖　537

圖 79：名倉學園愛心幼稚園設計配置圖　541

圖 80：龜場幼稚園設計配置圖　544

圖 81：愛知太陽幼稚園配置圖　547

圖 82：阿爾夕兒吉勃遜幼兒學園設計配置圖　549

圖 83：芝加哥的學前學校設計配置圖　552

圖 84：白袖史托克幼兒學校設計配置圖　554

圖 85：彼得斯腓爾德幼兒學校設計配置圖　556

圖 86：巴黎近郊潘丹保育院設計配置圖　558

圖 87：薩克鎮幼兒園設計配置圖　559

圖 88：尼格雷特幼稚園配置圖　561

圖 89：依克漢舒幼稚園配置圖　564

圖 90：魯金斯蘭得幼稚園配置圖　567

圖 91：阿瑪格幼兒園設計配置圖　570

圖 92：斯坦斯拜學前學校設計配置圖　573

圖 93：歐格斯特吉斯特的學前學校設計配置圖　576

圖 94：威爾德倫幼稚園設計配置圖　577

圖 95：提尤納幼兒園設計配置圖　579

圖 96：邦格維塔兒童中心設計配置圖　582

圖表次

第一篇

理論研究

Cha1pter

幼兒學習環境設計的理念

童年是生命週期中一個獨一無二且有價值的階段。我們最重要的責任是提供幼兒一個安全、衛生、保育和感性的情境。我們承諾經由珍視個別差異、協助幼兒學習合作的生活和工作，並增進其自尊，以支持幼兒的發展（Childhood is a unique and valuable stage in the life cycle. Our paramount responsibility is to provide safe, healthy, nurturing, and responsive settings for children. We are committed to supporting children's development by cherishing individual differences, by helping them learn to live and work cooperatively, and by promoting their self-esteem）。

——美國全國幼兒教育協會（*NAEYC, 1989*）

兒童是獨一無二的（children are unique）（*Hildebrand, 1991*），我們的幼兒是我們未來的希望和現在的責任（*Charlesworth, 1992*）。Poston、Stone和Muther（*1992*）指出學校教育的環境脈絡（the environmental contexts of schooling）是教學與學習成功的重要因素，給予

適切的設施和環境,教學與學習將生氣蓬勃。對幼兒而言,物質環境能影響行為並非新的觀念,幼兒教育先驅深信物質環境有很大的力量並能影響兒童的成長和學習,Rousseau 甚至認為純自然的環境,如森林,已足可教育兒童,Froebel 也相信預備的環境(a prepared environment)具有教育兒童的力量(*Seefeldt & Barbour, 1994*)。「日本幼稚園教育要領」開宗明義即指出,幼稚園教育的基本原理係依據幼兒的發展特性,透過環境而實施(*黃朝茂譯,民81*),韓國的幼兒教育促進法案(Early Childhood Education Promotion Act),亦要求幼稚園的教育目標在於提供適當環境以培育幼兒並促進身心的成長(*Jung, 2003*),顯見幼兒學習環境設計的重要。

　　臺灣,幼兒教育雖未涵蓋在義務教育範圍,惟其成長與發展,卻是值得重視與注意。政府遷臺之初,幼稚教育不甚發達,39 學年度,臺灣地區設有公、私立幼稚園 28 所,班級數 397 班,學童17,111 人,其後由於社會安定、經濟繁榮,婦女就業機會增多,一般家庭幼童入幼稚園就讀者逐年增加,至 91 學年度,公私立幼稚園增至 3,275 所,班級數 10,233 班,學童 241,180 人,較 39 學年度幼稚園數增加 116.96 倍,班級數增加 25.76 倍,學童人數增加 14.10倍。91 會計年度,幼稚教育經費支出總額為 17,138,458,000 元,占全國教育經費的 3.04%,較 88 會計年度增加 0.75%(*教育部,民92*)。依教育部國民教育司(*民82*)「發展與改進幼稚教育中程計畫」(修訂本),在 82～87 會計年度投資 3,959,950,000 元,執行六個計畫項目,其中第五項「改善並充實公私立幼稚園環境與設備」即投資 1,266,900,000 元(占 31.99%),以改善幼兒園學習環境,充實現階段幼兒園最需要之基本教學設備與教材、教具等(*教育部國民教育司,民83*)。

　　從「境教」的觀點來看,幼兒學習環境是一種潛在課程(the

hidden curriculum）──一種會影響學生學習的「靜默課業和訊息」
（tacit lessons and messages）（*McCown, Driscoll, & Roop, 1996*），
對幼兒的潛移默化影響，甚至無法與顯著課程區隔。正如McAuley
和Jackson（*1992*）所強調的：

> 任何教室的結構和組織皆為潛在課程的一部分，在幼兒教
> 室特別重要，其間潛在課程與顯著課程（the overt
> curriculum）的區別是模糊不清的，幼兒明顯地從這些結
> 構中持續地學習。（*p.121*）

事實上，幼兒生活的環境會直接影響他們的思想、感情、行
為、健康、創造力和關係（*Reynolds, 1996*），幼兒參與遊戲和活
動的種類，受其物質環境的影響很大（*Vasta, Haith, & Miller,
1992*），Hammad（*1984*）即指出，學校物質環境在學習歷程中是
一個很強的力量，並強調：

> 兒童是此（學校）環境統整的一部分，很難將兒童從學校
> 環境中分離。他接受所處的學校環境──他看見它、感覺
> 它、吸收它，很難地是知覺它 （conscious of it）。
> 如果這些環境情境是激勵和滿足的，如果兒童是輕鬆而舒
> 適且有其工作所需的工具，學習將會是一個自然的歷程（a
> natural process）。（*p.1*）

幼兒學習環境設計，是針對幼兒學習行為所發生的種種情況，
將學習環境作系統的安排，讓幼兒在其中產生主動的學習情形，以
增進幼兒的學習效果（*陳麗月，民74*）。幼兒學習環境的重要性，
可以從國內外幼教專書中必列學習環境或幼稚園建築（園舍）與設

備專章，以及幼教活動或課程設計不離環境規畫、空間設計、情境布置、設備器材、教材遊具等，見其端倪。本章擬先說明幼兒教育涵義及發展，其次闡釋學習環境設計的概念，接著探討學習環境的要向，然後分析學習環境設計的原則，再就學習環境設計的步驟加以說明。

第一節

幼兒教育涵義及發展

「兒童是我們最好的資源」（children are our best resources）（*Taylor, 1991*），幼兒教育是一切教育之根本，隨著時代的進展，教育日益普及，幼兒教育亦有可觀的進展。本節擬就幼兒教育的涵義和幼兒教育的發展加以探析，以明其梗概。

一 幼兒教育的涵義

(一) 幼兒教育的意義

幼兒教育的意義可從下列學者專家的界定中知其梗概：

1. **Essa**（*1996*）：幼兒教育（early childhood education）係提供出生至 8 歲兒童發展上地適切課程（developmentally appropriate programs）（*p.15*）。

2. **Graves, Gargiulo 和 Sluder**（*1996*）：幼兒教育一般界定為

對出生至 8 歲幼兒所作的服務和教育，其課程包括提供嬰兒期至三年級小學幼兒一個廣泛多樣的情境或環境，目前思考所建議的幼兒教育包括幼兒的保育和教育，以及一些特殊的需求（*p.55*）。

3. **Spodek, Saracho 和 Davis**（*1991*）：幼兒教育一般界定為出生至 8 歲幼兒的教育，它包括嬰兒（infants）、學步兒（toddlers）、托兒所（nursery school）、托育中心（child care）、學前學校（preschools）、幼稚園和低年級的課程（*p.51*）。

4. **Feeney, Christensen 和 Moravcik**（*1991*）：幼兒教育泛指對學校、托育中心和家庭內幼童的教育和照顧（*p.51*）。

5. **盧美貴**（*民 77*）：幼兒教育的意義，就廣義而言，凡初生到 6、7 歲入小學前，在家庭或幼兒學校所受的全部教育而言，包括家庭教育或學校教育兩方面。就狹義而言，是指幼兒在幼兒學校所受的教育而言，亦即幼稚園及托兒所教育（*第 5 頁*）。

6. **朱敬先**（*民 79*）：幼兒教育泛指學齡前兒童各種教育的總稱，包括學校式教育中的幼稚園和托兒所、家庭教育中的親職教育（parental education）以及生活環境中的生活教育（*第 1 頁*）。

7. **蔡春美、張翠娥和敖韻玲**（*民 81*）：廣義的幼兒教育泛指學齡前兒童各種教育的總稱，包括家庭中的親職教育，生活環境中的生活教育，以及幼稚園、托兒所等學校式的教育。狹義的幼兒教育專指學校式的幼兒教育機構所實施的教育，在我國乃指幼稚園與托兒所等機構所提供的教育（*第 9 頁*）。

8. **盧美貴、蔡春美、江麗莉和蕭美華**（*民 84*）：「幼兒教育」是指由出生到 6 足歲入小學前的教育，包括「幼稚園」與「托兒所」的教育（*第 1 頁*）。

9. **魏美惠**（*民 84*）：廣義的幼兒教育應包括家庭教育及學校教育。狹義的幼兒教育則專指幼兒在幼教機構，如托兒所或幼兒園所受的教育而言（*第 33 頁*）。

綜合上述可知，幼兒教育（early childhood education）就廣義而言，係指幼兒從初生到8歲在幼兒學校（包括小學低年級、幼稚園和托兒所等）及家庭內所受的教育；就狹義而言，係指幼兒從出生到6歲入小學前，在幼教機構（包括幼稚園和托兒所等）所受的教育。

(一) 幼兒教育的目的

Hildebrand（1991）認為幼兒教育的目的包括：(1)獨立的成長；(2)學習給予、分享和接受情感；(3)學習與他人生活；(4)發展自我控制；(5)學習無性別差異的人類角色（nonsexist human roles）；(6)開始瞭解他們自己的身體；(7)學習和練習大小動作技能；(8)開始瞭解和控制物質世界；(9)學習新的世界和瞭解他人；(10)發展他們與世界關係的積極情感；並強調教師應透過仔細的規畫和安排角落，讓幼兒能在他們選擇使用的器材和設備中學習，以達到這些幼教目的。

Shoemaker（1995）進一步指出幼兒課程經驗的目的，在於：(1)成為他們自己（be themselves）；(2)透過自由地和建構地使用美勞和遊戲器材表達他們自己；(3)學習寬容、創造、合作和想像；(4)學習獨立（learn independence）；(5)學習行為的限制；(6)增加掌控情緒能力。據此，Shoemaker詳細列舉了幼兒課程的目標，包括：

1. 身體的發展（physical development）

目標：提供有助於身體適宜和協調的經驗、設備和活動。

(1)提供每位幼兒平衡的動態和靜態活動。

(2)提供幼兒小肌肉和大肌肉發展的活動。

(3)提供幼兒平衡且營養的餐點。

(4)協助幼兒知悉自我身體。

2. 智能的發展（intellectual development）

目標：提供幼兒情境，以增加解決問題能力之經驗 。此將包括學習觀察、描述、發現、思考、組織和使用資訊。

(1)透過所有活動和經驗，以發展語言能力和字彙。

(2)提供問題解決（problem-solving）和作決定（decision-making）情境，以增進幼兒思考的能力。

(3)透過實地旅行（field trips）和實際經驗，儘可能使幼兒多受世界的薰陶。

(4)讓幼兒創造性地表達自己，以及操作和探索器材。

(5)提供幼兒多樣的學習經驗，包括烹飪、美勞、水遊戲和裝扮遊戲。

3. **情緒的發展**（emotional development）

目標：激勵幼兒在積極感覺有關他們自己和他們能力中發展與成長；讓幼兒瞭解他們是誰和他們做什麼。

(1)發展自我信心（self-condidence）和成就感（feelings of achievement）。

(2)提供幼兒學習建設性處理挫折（deal constructively with their frustrations）的經驗。

(3)激勵幼兒尊重他們自己、其他幼兒、大人、器材和設備。

(4)激勵幼兒以其種族團體（ethnic group）、家庭和社區為傲。

4. **社會的發展**（social development）

目標：協助每位幼兒發展對他人的知覺和感謝。

(1)提供幼兒與其他幼兒和大人相處並分享所知的機會。

(2)提供幼兒分享的經驗以及互相遷就的關係（give-and-take relationships）。

(3)協助幼兒學習信任家庭之外的大人，並能在需要時請求協助。

5. **強化家庭**（strengthening families）

目標：在課程中建立與幼兒家庭親密而積極的關係。

　　紐西蘭，1993 年教育部提出「紐西蘭幼兒期服務之發展上地適切課程草綱」（The New Zealand Draft Guidelines for Developmentally Appropriate Programmes in Early Childhood Services），提出五項幼兒教育（出生到 6 歲）的目的，作為規畫和活動的依據：(1)舒適（well-being）：保護和養育幼兒的健康和舒適；(2) 歸屬（belonging）：幼兒和他們家人有歸屬感；(3)開展（contribution）：學習的機會是公平的且每一位幼兒的開展是有價值的；(4)溝通（communication）：提升和保護他們自己和他人文化的語言和符號；(5)探索（exploration）：幼兒透過主動環境的探索而學習（*Drummond, 1996; Robson, 1996*）。

　　日本，根據「日本學校法」第七十七條之規定：幼稚園以保育幼兒，給予適當的環境，促進其身心之發展為目的。日本幼稚園的課程內容係以活動為主，透過適當安排之環境，引導幼兒在該環境中自動自發地參與活動，獲得成長發展和生活上所必需的經驗，朝向所期望的目標發展（*黃朝茂譯，民 81*）。平野智美（*2000*）認為日本幼稚園和托兒所追求的理念，強調兒童的四種權利：

> 1. 被愛的權利──兒童以被大人充分關愛為基礎，而培育對人的信賴，獲得求生存的力量。
> 2. 遊玩的權利──有了自由的遊戲，始能促進兒童身心發達。因此有必要確保能夠給予充分的遊戲時間、足夠的遊戲空間與遊戲伴侶等。
> 3. 意見表達的權利──必須確保給予幼兒有坦率表達自己的感受的機會。
> 4. 尊重生命的權利──幼稚園、托兒所是社區保護幼兒的最前線，也是尊重生命、培育幼兒的廣場。（*第 20 頁*）

中國大陸，幼兒園的任務是對 3～6 歲幼兒實施全面發展的教育，為幼兒創造多種多樣的活動條件、提供各種活動機會，促使幼兒在體、智、德、美等諸方面獲得和諧的發展，並讓幼兒充分自由地表達思想，習慣於透過自己的努力去發現和解決日常生活中經常發生的具體問題，培養幼兒的獨立性、創造力、自信心和不斷探索的精神，從而促進幼兒良好個性的形成和充分發展，成為具有適應未來發展知識結構和智能潛力的人才。根據幼兒教育綱要，幼兒園教育的具體任務是（*黎志濤，民 85*）：

1. **體育**：保證幼兒必需的營養，做好衛生保健工作，培養幼兒良好生活衛生習慣和獨立生活的能力，發展他們的基本動作，培養幼兒對體育活動的興趣，提高機體的功能，增強體質，以保護和促進幼兒的健康。

2. **智育**：教給幼兒周圍生活中粗淺的知識和技能，注重發展幼兒的注意力、觀察力、記憶力、思維力、想像力以及語言的表達力，培養他們對學習的興趣、求知的慾望和良好的學習習慣。

3. **德育**：向幼兒進行初步的愛的教育。培養他們團結、友愛、誠實、勇敢、克服困難、有禮貌、守紀律等優良品德、文明行為和活潑開朗的性格。

4. **美育**：教給幼兒音樂、舞蹈、美術、文學等的粗淺知識和技能，培養幼兒對它們的興趣，初步發展他們對周圍生活、大自然、文學藝術中美的感受力、表現力、創造力等。

國內，依教育部民國 92 年公布的「幼稚教育法」之規定，幼稚教育係指 4 歲至國民小學前之兒童，在幼稚園所受之教育，以促進兒童身心健全發展為宗旨，應以健康教育、生活教育及倫理教育為主，並與家庭教育密切配合，達成維護兒童身心健康、養成良好

習慣、充實生活經驗、增進倫理觀念、培養合群習性為目標。

綜言之，幼兒教育的目的，在於提供適當的學習環境與活動機會，讓幼兒透過遊戲、生活和探索的歷程，能認識自己、獨立成長及與他人相處，以促進其身心健全的發展。

(三) 幼兒教育的範圍

幼兒教育的範圍可從受教對象和受教場所二層面來說明。

1. 幼兒教育的受教對象

Feeney 等人（1991）認為「幼兒期」從出生到入幼稚園或至學前學校這一時段有不同的看法──通常係 3 歲～5 歲，而兒童發展學者對幼兒的界定則泛指出生至 8 歲。Ebbeck（2002）認為幼兒期是 0～5 歲，幼兒教育涵蓋 0～8 歲。Graves 等人（1996）和 Essa（1996）依據專家最普遍且常用的描述，亦認為幼兒期（early childhood）是指出生至 8 歲的時期，而幼兒教育是關於出生至 8 歲幼兒的學習和發展之研究領域，許多課程和服務所提供的幼教經驗，則自嬰兒期（infancy）至小學低年級（the primary grades）。美國全國幼兒教育協會（National Association for the Education of Young Children, NAEYC, 1997）認為幼兒教育課程係幼稚園、學前學校和小學低年級提供給出生至 8 歲之幼兒，並將幼兒年齡大致分類為（Charlesworth, 1992）：

1. 嬰兒（infants）：出生至 1 歲。
2. 學步兒（toddlers）：1 歲～3 歲。
3. 學前生（preschoolers）：3 歲～5 歲。
4. 幼稚園生（kindergartners）：5 歲～6 歲。
5. 小學生（primary）：6 歲～8 歲。

　　雖然，有些看法或分類方式不同，但大同小異，仍值參考。如Santrock（*1993*）將幼兒發展時期分為：⑴嬰兒期（infancy）——出生至 2 歲；⑵幼兒期（early childhood）——2 歲～6 歲、學前學校年齡；⑶中後幼兒期（middle and late childhood）——6 歲～11 歲，小學年齡。Click 和 Click（*1990*）分為：⑴嬰兒（infants）——1 歲以下；學步兒（toddlers）——1 歲～2 歲半；學前生（preschoolers）——3 歲～4 歲；學齡幼兒（school-age children）——5 歲～6 歲。Bee（*1992*）簡單指出學前學校年齡（the preschool years）為 2 歲半～6 歲，McAuley 和 Jackson（*1992*）則界定幼兒（young children）為 3～6 歲。

　　國內，依「幼稚教育法」第二條規定，幼稚教育係指 4 歲至入國民小學前之兒童在幼稚園所受之教育。根據上述，本書以 3 歲到進入國民小學以前的幼兒，作為幼兒教育的主要探討對象，但仍有部分內容會論及 3 歲以下及小學低年級之幼兒。

2.幼兒教育的受教場所

　　基本上，幼稚園（kindergarten）是幼兒教育最普遍的形式，「kindergarten」一詞原德語的意思是「兒童的花園」（children's garden）（*Graves et al., 1996*）。幼兒受教場所，也有許多不同分類或名稱，值得瞭解。

　　美國，幼兒教育的確有許多不同的類型，依學者專家的研究（*Click & Click, 1990; Graves et al., 1996; Hendrick, 1992; Hildebrand, 1991; Seefeldt & Barbour, 1994*），大致可分為：⑴學前學校（preschool），提供 2～5 歲幼兒的早期學校經驗，通常為半天課程，強調社會情緒的發展，學習環境以遊戲情境為範圍。⑵預備幼稚園（prekindergarten），提供 3～5 歲幼兒準備到幼稚園的課程，其重點在社會性和認知性的活動。⑶幼稚園

（kindergarten），提供 4～5 歲幼兒幼教課程，通常由公立學校設立，但也有許多幼兒參加私立學校或教堂附屬的課程。(4)小學低年級（primary school），提供 6～8 歲，即一至三年級幼生的課程，課程通常為學科導向的。(5)其他，包括托育中心（day care centers）、蒙特梭利學校，及早開始計畫（Head start programs）、補償課程（compensatory programs）等。

德國，以 3 歲～6 歲的幼兒為對象的半日保育，稱為幼稚園。日間保育設施的組或班級，是按照兒童的年齡、保育兒童者的能力以及保育、教育上的種種問題而編成的，如：(1)乳兒保育所（生後 6 星期～1 歲），每組最多 10 人；(2)幼兒保育所（1～3 歲），每組 15～20 人；(3)幼稚園（3～6 歲），每班 20 人或 25 人以內；(4)學童保育所（6～15 歲），20 人或 25 人以內，若係身心不健全的兒童，每班不得超過 15 人（*黃永材譯，民 71*）。

澳洲，學前學校（preschool）以 3～5 歲幼兒為對象，通常於學校內單獨設置，在學校開學期間上課，每天從上午 9 時到下午 3 時，有半日制和全日制；其他幼兒教育機構還有幼稚園、幼兒家長中心（child parent center）和小學低年班（pre-primary classes）（*Ebbeck, 2002*）。

日本，文部省 1997 年修法規定，3 歲起入幼稚園就學，保育時間是一日 4 小時，托兒所（厚生省管轄）規定 0 歲起入學（*平野智美，2000*）。

韓國，幼稚園收 3 到 5 歲幼兒，有國／公立、私立幼稚園；保育機構收 0 到 5 歲幼兒，有國／公立、私立、工作室、家庭室、合作社等。幼稚園的經營時間，有半天制（3～5 小時）、延時制（5～8 小時）和全天制（超過 8 小時）。幼稚園的師生比，半日班或延時班為 1：30，全日班為 1：20（*Jung, 2003*）。

中國大陸，托兒所、幼兒園的分類，按年齡段分，有：(1)托兒

所，收 2 個月～3 歲幼兒；⑵幼兒園，收 3 歲～6 歲幼兒。按入托時間分，有：⑴全日制（日托），幼兒白天在園、所生活的托兒所、幼兒園；⑵寄宿制（全托），幼兒晝夜均都在園、所生活的托兒所、幼兒園；⑶混合制，即以日托班為主，含若干全托班。按性質分，有：⑴機關辦托幼；⑵大專院校辦托幼；⑶教育局辦托幼；⑷企事業單位辦托幼；⑸街道（村）辦托幼（*黎志濤，民 85*）。

　　國內，幼兒教育以「幼稚園」為主，依「幼稚教育法」之規定，負責 4 歲至入國民小學前兒童之教育，並擬將「幼稚園」改稱「幼兒園」（*教育部國民教育司，民 83*）；至於「托兒所」，則依「托兒所設置辦法」之規定，負責初生滿 1 月～未滿 6 歲兒童的保育工作。

　　簡言之，幼兒教育的場所，主要有托兒所、幼稚園和小學低年級。本書學習環境設計以「幼稚園」為主要探討範圍，但仍有部分內容會論及小學低年級之學習環境。

二　幼兒教育的發展

　　傳統上，十九世紀被視為幼兒教育的誕生期，在此之前，童年是獨一無二時期的觀念並未受到普遍性地接受（*Graves et al., 1996*）。以下擬就歐美和亞洲的幼兒教育發展分別說明，以明梗概。

㈠歐美的幼教發展

　　幼兒教育何時開始？至少自有歷史記載開始迄今，幼兒已受教育和照顧，起初幼兒的教育和較大兒童的教育之間並無差別；十九世紀初，二者的教育分途，適於幼兒教養的方法業已發展。對幼兒

教育的關心，可溯至古希臘的教育哲學家，但今日我們所看到的學校教育則為現代教育家和哲學家的工作產物；現代的幼兒教育，開始於特別為幼兒設計學校，以及在家庭之外對幼兒作團體式照顧機構的創立（*Spodek & Saracho, 1994*）。

美國在殖民地時期，幼兒主要進入小學或舊稱的普通學校（the common school），此一學校提供社區幼兒基本的教育，大多數的幼兒在此普通學校完成他們的教育，有許多人在幼兒時期未到普通學校而是在家教導。此一時期，宗教信仰要求人們能閱讀英文聖經，因此在社區教堂的督導下設立小學，教導閱讀，其後增加拼音、文法和算術。1647年的清教徒學校法（the Puritan School Law of 1647）的序言即呈現了殖民地小學教育的宗教根基：

> 那古老的欺騙者，撒旦，不讓人們知道聖經的知識（the knowledge of the Scriptures），起先使人言之無物（an unknown tongue），之後再以誘惑的說詞來矇蔽、說服人們，最後真理極可能被這些貌似聖者的騙徒所曲解而隱匿不彰。然而，在教堂和上帝的國度中，學習不會被埋沒在先祖的墳墓裡，上帝協助了我們的努力——因此，祂下了一道命令，當一個地區達到50個住戶時，將會指派一位祂的使者在其居住的城鎮裡，教導所有向他求教寫字和閱讀的孩子。（*引自Spodek & Saracho, 1994, p.29*）

美國在獨立戰爭（the Revolutionary War）之後，學校失去其宗教意味，美國憲法將國家和教會分離，明令禁止政府支持宗教，由於憲法並未提及教育是聯邦政府之職，辦學遂成為州政府之責。當時，美國正逢愛國主義（patriotism）高漲，十八世紀末所使用的閱讀指導初級讀本，其內容也由摘錄聖經和簡單的祈禱文，轉換

為有關愛國精神和道德的故事。到了十九世紀，小學教育的內容成為世俗的，同時普及教育的觀念開始盛行，而且不同背景的兒童都能進入公立學校就讀。這些小學的設計旨在提供基本技能的教學，讀（reading）、寫（writing）和算（arthimatic）是教學和學習的核心，直至今日亦是如此。此一時代早期，非常年幼的兒童常進入小學就讀，他們通常在 3 或 4 歲學習閱讀，在 5 歲或 6 歲開始拉丁文教學。十九世紀初，麻州（Massachusetts）大多數的城鎮皆設置公、私立學校提供幼兒就學，幼兒入學的比例相當高，1826 年所有公立學校的兒童中有 5%年齡在 4 歲以下，其中包括 20%的 3 歲幼兒。小學教育關心「3R」教學的同時，新的教學內容：美勞、技藝、自然研究（後為科學取代）、地理（其後併入社會研究）、音樂和體育，慢慢的加入課程之中。

　　歐洲在十九世紀期間所發展的新教育方法學，影響美國的小學教育。瑞士的教育家和改革者 Pestalozzi 所發展的教育系統，與兒童的感官發展有關，其教育以人性原則（humanistic principles）和第一手經驗（firsthand experience）作為兒童學習的基礎。德國教育家 Herbart 及其弟子以五個步驟系統組織課程：(1)預備（preparation）；(2)提示（presentation）；(3)比較（comparison）；(4)總括（generalization）；(5)應用（application），其哲學對美國的小學有很大的影響。二十世紀前半期，進步教育運動（the progressive education movement）對美國的小學有很大的影響，有些 Herbart 的課程被更有組織的方案教學法所取代，並形成了單元取向的課程設計。此外，十九世紀朝向都市化，大型學校和學校系統的發展，也引導小學教育組織型態的改變，「單一教室普通學校」（the one-room common school）的無年級結構，被分年級上課的「多教室學校」（the multiroom school）取代，教學目標取決於各年級的程度，並將所有年齡相近的兒童編入單一班級。

　　最早專為幼兒所設計的學校，是法國基督教傳教士 Oberlin 約在 1767 年所創立的編織學校（the knitting school）。編織學校的學童的年齡為 2～3 歲的幼兒，學校的課程包括手工藝、運動和遊戲。這所學校的課程還包括讓幼兒觀看一些取自自然和歷史學科的圖片，並與他們討論。起先教師只讓幼兒看圖片，當幼兒熟悉這些圖片之後，教師會用幼兒的方言（regional dialect）告訴他們圖片中物體的名稱，隨後再給孩子看圖片時則以法文說出物體的名稱，幼兒以此方式可同時以法文和家鄉的方言來學習這個世界。編織學校相當受歡迎，Oberlin 逝世之前，它已推廣至鄰近五個村莊，但編織學校的理念未被推展至歐洲其他地區。

　　1816 年，英國社會改革者 R. Owen 受 Pestalozzi 和 Rousseau 的影響，在蘇格蘭新拉納克（New Lanark）創立幼兒學校（infant school），被譽稱為幼兒學校的發展者（developer of the infant school），R. Owen 在新拉納克為自己工廠員工的孩子設立一所學校和托育中心，藉以滿足貧窮人家和勞工階級民眾的需求。1825 年在英格蘭、蘇格蘭和愛爾蘭等地至少已有 55 所幼兒學校，以及許多幼兒學校社團（infant schools societies），1827 年，幼兒學校已在美國康乃狄克州的哈特福特（Hartford,Connecticut）、紐約市、費城（Philadelphia）、波士頓（Boston）和其他城市設立。幼兒學校結合了人類創新精神和教育原則，對公立小學很有貢獻。

　　1837 年，德國的教育家 Froebel 創立第一所幼稚園（kindergarten），被譽稱為幼稚園的創造者（creator of the kindergarten），Fröebel 的幼稚園所提供的象徵性教育（symbolic education）其哲學建基於人性、神和自然的統一（the unity of humanity, God, and nature）。Froebel 針對 3～6 歲幼兒設計了一系列的活動以象徵此關係。Froebel 幼稚園的設計，運用恩物（the Gifts）、作業（the Occupations）以及童謠和遊戲（the Mother's

Songs and Plays），並協助幼兒學習照顧植物和動物。Froebel 的恩物是一組操作性的教材（詳見第六章第四節），可讓兒童依事先規定步驟，動手操作恩物的特別形式，每一個建造的形體皆代表一些較深層的含意。

　　1854 年，美國紐約托育和兒童醫院（the New York Nursery and Child's Hospital）在紐約設立第一所美國托育中心；1856 年，在德國受過專業訓練的幼稚園教師 M. Schurz，邀集一些親友的孩子到自己家中與自己的孩子一起受教，在威斯康辛州（Wisconsin）水城（Watertown）成立了美國第一所幼稚園（如圖 1）；此外，

圖 1：美國的第一所幼稚園（威斯康辛州，水城，1856 年）

資料來源：*Right from the Start: Teaching Children Ages Three to Eight*,　B.　Spodek, and　O. N.　Saracho,　1994,　p.35.

1860 年代到 1870 年代之間，其他德語幼稚園（German-speaking kindergartens）亦紛紛在美國各社區中成立。1860 年，Peabody 於波士頓成立了第一所英語幼稚園（English-speaking kindergarten）（*Spodek & Saracho, 1994*）。到了 1880 年，美國只有二個學區——密蘇里州聖路易（St. Louis, Missouri）及伊利諾州霍雷斯特菲爾（Forrestville, Illinois）設立幼稚園；幼稚園作為公立學校系統的一部分，在之後的四十年進展相當緩慢，到第一次世界大戰結束時，只有四十州立法建立幼稚園（*Castaldi, 1994*）。

二十世紀初，美國幼稚園教育的發展出現重大爭議。傳統的幼稚園教育者認為 Froebel 已發現幼兒教育的要素，任何時間皆適用於所有的幼兒；自由派的團體則視 Fröebel 教育哲學的意義更重要於得自其哲學的特定教育活動和方法、特定活動的步驟，不適切時應予摒除。兒童研究運動（the child study movement）的出現，是為建立有關童年和進步教育運動知識的實驗基礎，強調教室內的自由和活動，藉以支持自由派的幼稚教育者。幼稚園改革運動（the Kindergarten reform movement），正如Hill在「幼稚園：十九人委員會對幼稚園的理論和實務之報告」（The Kindergarten：Reports of the Committee of Nineteen on the Theory and Practice of the Kindergarten）所述，幼稚園課程的內容應與幼兒的當前生活有關，而非涉及其他文化和另一代的幼兒生活，幼兒應藉個人經驗來學習他們自己文明的知識，並以之作為學習洞察力的方法。Hill建議運用具體的幼兒導向經驗（child-oriented experiences）和教室遊戲，以童年的自然活動為基礎，幼兒可自由的重建他們自己的實體（reality）。

1914 年，英國 McMillan 為預防貧民窟幼兒的身心疾病，創立了第一所托兒所（the nursery school），被人譽稱為托兒所的創立者（founder of the nursery school）。她的托兒教育基本哲學是

「保育」,「保育」是負責每一幼兒社會、身體、智能和情緒需求的一種教育形式,透過「人」(the human being)的概念,使其成為「完整兒童」(the whole child)。托兒所的責任包括為幼兒洗澡、幫他們穿乾淨的衣服、讓他們休息、餵他們和看著他們呼吸新鮮的空氣 ——同時教育他們。

托兒所為單一樓層校舍(single-story buildings),配以大型的門廊(doorways)或法國窗(French windows)開向庭園和大型室外遊戲空間,幼兒的遊戲自由地在室內和室外之間穿梭。對於3歲和4歲的幼兒,托兒所的課程包括學習照顧自己的技能(洗澡、繫鞋帶等),照顧植物、動物以及清掃學校。此外,還有發展感覺的特定活動,包括音樂、韻律活動、語言活動以及教導形狀和色彩的活動。McMillan 要求活動引導至讀、寫、算和科學,但另一位托兒所開拓者G. Owen反對「3R」教學和目標課程(object lessons),他主張自由遊戲活動(free play activities),同時配備水、沙和其他無結構器材(nonstructured materials)以提供美勞構築和工作的機會。McMillan的工作成功地引導了1918年費雪爾方案(the Fisher Act of 1918)的通過,允許在全英國的地區學校系統設立托兒所。惟可惜的是,由於設置這些課程所需的經費未進一步獲得,使托兒教育的擴展成為一個緩慢的歷程。

約在1920年,有一些與McMillan和Owen 一起工作的教師到美國示範英國的托兒教育,托兒所在美國的師範學院(Teachers College)、哥倫比亞大學(Columbia University)、瑪莉兒寶瑪母職和家事訓練學校(the Merrill Palmer School of Motherhood and Home Training),以及其他機構中設立。接下來的十年之間,托兒所慢慢地遍及美國,根據調查1931年有203所托兒所, 其中半數與學院和大學合作,有1/3是私立學校,有1/5屬於兒童福利機構。

1930年代的經濟大恐慌(the Great Depression),影響了托兒

所教育的發展。許多學校體系削減了教育的服務,並因付不出薪資而解聘很多教師。1933 年,美國聯邦政府率先在聯邦緊急救濟法案(the Federal Emergency Relief Act, FERA)和工作復甦管理方案(the Works Projects Administration, WPA)撥款設置公立托兒所,以提供失業教師工作的機會。許多社區也設置 WPA托兒所,不僅解救沒有工作的教師,也帶給幼兒有價值的教育經驗。

聯邦資助的學校有上千所之多,遍及美國大多數的州。經濟大恐慌的結束和二次世界大戰的開始,終止了政府提供工作機會給失業教師的措施,也帶來了WPA托兒所的結束;然而萌芽中的經濟、武器服務和國防工業的需求,需要額外的勞工人力,當婦女受僱於戰爭工作和機構,其幼兒需要托育。聯邦政府依據籃漢法案(the Lanham Act),在許多戰爭工業中心設置兒童托育中心,以為工作婦女提供托育和教育的服務。這些方案在二次世界大戰後即撤回資助,惟因幼兒托育的需求,有許多中心仍在地方政府或慈善機構的資助下繼續運作。1950 年代,由家長合辦的托兒所(parent-cooperative nursery school)不斷地擴展,這類托兒所有許多至今仍然存在,促此發展的原因在於追求高品質的幼兒教育、合理的托兒所收費,並提升家長的教育水準。

1960 年代中期之前,托兒所教育在不同的資助下緩慢地持續發展,直到通過了經濟機會法案(the Economic Opportunity Act)和中小學教育法案(the Elementary and Secondary Education Act),聯邦政府才開始為低收入家庭提供學前學校教育,這是及早開始計畫(Project Head Start)的開始,也為美國幼兒教育的重大改變發出了信號。及早開始計畫是提供低收入幼兒教育、健康、營養和社會服務的一種綜合性幼兒發展方案,對於幼兒發展和幼兒托育服務、州和地方為幼兒及其家庭服務的發展以及幼教課程工作的訓練課程有顯著的影響。1990 年,該方案所協助的幼兒超過 548 萬名,

至 1994 年已服務了超過 1,090 萬名幼兒及其家庭。在托兒所思想方面，Spodek 和 Saracho（*1994*）指出重要變遷有：⑴托兒教育從貧者的課程變成富者的課程；⑵不再強調托兒教育的健康概念；⑶從強調「感覺訓練」（training the senses）改變至更廣泛的基礎教育（based education）。

1992 年，美國戶口調查局（U.S. Bureau of Census）的調查報告資料則指出，全美約 93% 的 5 歲幼兒在入小學一年級之前都在一些幼稚園類型就讀，幼兒教育人口快速成長。目前，美國有 12 州幼兒必須就讀幼稚園，其中阿肯色州（Arkansas）、德拉威州（Delaware）、哥倫比亞特區（District of Columbia）、馬里蘭州（Maryland）、新墨西哥州（New Mexico）、俄克拉荷馬州（Oklahoma）和南卡羅來納州（South Carolina）等，將 5 歲就讀幼稚園列為義務教育（*Graves et al., 1996*）。

與英國托兒所平行發展的是義大利的兒童之家（the Casa Dei Bambini），此一新教育機構的創始者是蒙特梭利（Montessori）。蒙特梭利方法是一種自我教育（self-education）的形式，重點在知覺訓練，她視幼兒的發展，與 Froebel 一樣，是自我活動展開的歷程，在 Montessori 和 Froebel 的著作中皆可看見自律（self-discipline）、獨立和自我導向（self-direction）的理念；其間哲學的顯著差異在 Montessori 強調知覺教育（sensory education），而 Froebel 則較重視象徵性教育（symbolic education），以及她認同在幼兒發展中的知覺期（sensitive periods）教學。知覺期是幼兒發展中最能接受特定學習方式的時期。蒙特梭利運動首先在義大利展開，然後遍及世界。

幼兒特殊教育始於十八世紀，最早的特殊教育先驅可能是 Jacob-Rodrigues Periere，惟能力障礙幼兒（young children with disabilities）的教育，是一個支持度很貧乏的領域，直到最近，受教的幼兒仍然很少。美國於 1970 年代在此一領域有最快速的成長，主要係因制

定 94-142 號公共法（Public Law 94-142）──身心障礙教育法案
（the Education of the Handicapped Act）、身心障礙兒童教育法案
（the Education for All Handicapped Children Act），據此提供聯
邦經費給州和地方教育機構，以教育 3～21 歲身心障礙幼兒和青少
年，94-142 號公共法和一些個別的州所通過的法律創造出一個服
務學前學校能力障礙幼兒的課程網（a network of programs）。
1986 年 10 月 8 日，通過 94-142 號公共法的修正案 99-457 號公共法
（Public Law 99-457），提供 5～18 歲能力障礙學生課程，該法案
也要求發展「早期介入」（early intervention）以服務 3～5 歲的能
力障礙學前生、出生至 2 歲的嬰兒和學步兒（toddlers）。「早期介
入課程」（early intervention program）強調個別化的教育、語言和
認知刺激，以及與成人和同儕社會互動的機會（*Spodek & Saracho,
1994*）。1628～1997 年歐美幼兒教育歷史年表，請參閱表 1。

(二)亞洲的幼教發展

　　日本，1876 年（明治 9 年），東京女子師範學校開辦附屬幼稚
園係日本最早成立的幼稚園，此後私立幼稚園開始發展起來。二次
大戰後，通過一系列有關教育法規，如 1925 年的「幼稚園令」、
1948 年（昭和 23 年）的「幼稚園基準」、1963 年（昭和 38 年）
的「幼稚園設置基準」、1964 年（昭和 39 年）的「幼稚園教育要
領」等，促成了保育所、幼稚園在教育、環境、設施諸方面的健全
發展，使托幼機構由明治時期側重慈善福利事業而轉向作為國民教
育第一階段的教育機構；從此，日本的托幼事業得到高度發展（*黎
志濤，民 85；西日本工高建築連盟，1990*），至 2001 年，幼稚園數
14,375 所，學童 1,757,422 人（*小川かよ子和遠矢容子，2003*）。1997
年，文部省修法規定年滿 3 足歲起必須入幼稚園就學，幼稚園也以

表 1 歐美幼兒教育重要歷史年表

1628	Comenius 撰寫「嬰兒期學校」一書
1647	1647 年的清教徒學校法
1767	Oberlin 創編織學校
1816	Owen 創立幼兒學校
1837	Frœbel 在德國創立第一所幼稚園
1854	第一所美國托育中心在紐約開幕
1856	Schurz 在美國威斯康辛州成立第一所德語幼稚園
1860	Peabody 在美國波士頓市成立第一所英語幼稚園
1868	美國波士頓市成立第一所幼稚園教師訓練學校
1907	Montessori 在羅馬創立兒童之家
1911	McMillan 在英國創立第一所托兒所
1916	芝加哥大學成立第一所父母合作的托兒所
1919	強森在美國紐約市成立第一所托兒所
1921	希爾在哥倫比亞大學教育學院成立實驗托兒所
1927	哈沃德在華盛頓特區成立第一所黑人托兒所
1929	漢普頓機構成立第一所黑人實驗托兒所
1933	工作復甦管理方案（WPA）托兒所設置
1942	籃漢法案兒童托育中心的成立
1965	制立及早開始計畫
1968	制立身心障礙幼兒教育計畫
1975	制定 94-142 號公共法——身心障礙兒童教育法案
1986	制定 99-457 號公共法要求早期介入服務 3～5 歲有特殊需求的幼兒
1990	制定 101-508 號公共法——皮特幼兒托育法案修訂版
1994	修訂及早開始法案，立法提供更多聯邦經費協助學前學校和其家庭及 3 歲以下之嬰幼兒
1997	HELP（協助低收入家長）學校教育券計畫，讓低收入家長也能送幼兒到私立學校

資料來源： 1. *Young Children: An Introduction to Early Childhood Education*, S. B. Graves, R. M. Gargiulo, and L.C.Sluder, 1996, pp. 103-104.
   2. *Right from the Start: Teaching Children Ages Three to Eight*, B. Spodek and O. N. Saracho, 1994, p.28.
   3. *Early Childhood Education: Building a Philosophy for Teaching*, C. S. White and M. Coleman, 2000, pp.25, 57-58.

「交通車、供餐，游泳池」，稱為「三種神器」，競相爭取幼兒入園。文部省 1997 年「有關適應時代變化當今幼稚園對策的調查研究者會議」的一份報告書指出，幼稚園教育問題有下列幾點：(1)開辦社區幼稚園——應該成為社區育兒的據點。(2)延長保育的推展——配合社區需要的幼稚園經營。(3)幼稚園與托兒所的理想作法——兩者設備、活動的共同化目標。文部省自 1998 年開始正式推展「延長保育」。1998 年，據文部省的調查，全國約有三成的幼稚園實施「延長保育」，更有約 200 所的幼稚園實施至午後 6 時以後的延長保育，約有 400 所的幼稚園連同暑假等放假期間也予以受託保育，而私立幼稚園也有引入早上 7 時 30 分開始的清晨保育（平野智美，2000）。

韓國，幼兒教育和保育（early childhood education and care）的制度化，已超過百年歷史。第一所幼稚園是在日據時期由日本人於 1897 年創設，至 1913 年韓國人才創設第一所自己的幼稚園，1914 年美國傳教士所辦的學院也附設幼稚園，以為訓練幼教師資之需。1922 年論及幼教法規，並包含於 1949 年通過的教育法，1969 年教育部發展國定的幼教課程，每五年修訂一次，目前使用的課程是第六次修訂版。1976 年，設立第一所公立幼稚園。1981 年政府提出「幼兒教育發展政策」，使公私立幼稚園大量增加，1982 年通過幼兒教育促進法案，將新社區運動托兒所（Saemaul nursery schools）的主管單位改為內政部（The Ministry of Internal Affairs），這些托兒所被整合為共同合作社性質的托兒組織，保育中心由健康與福利部（The Ministry of Health and Welfare）所管，農忙時的臨時保育，由農村發展辦公室負責。1983 年教育部（The Ministry of Education）和地方教育局僱用幼教督導人員，指導公私立幼稚園的教育品質。1991 年總統頒布新令，將新社區運動托兒所轉為幼稚園或保育機構，內政部主管業務改由教育部負責，而健康與福

利部所管也增加許多保育機構;同時,幼稚園也將「保育」納入其課程中,保育機構也嘗試提供「教育」,兩個體系也逐漸相同,走向整合之路。1997 年,總統教育改革委員會(Presidential Commission on Educational Reform)提出「幼兒教育體系改革計畫」(A Reform Plan for the Early Childhood Education System),建議學前教育階段在 3 歲以上由教育與人力資源發展部主管,3 歲以下由健康與福利部主管;惟目前韓國國家幼教政策發展仍分為「教育」和「保育」二元化,包括不同的法令、教師、經費與銜接方式,教育由「教育與人力資源發展部」(The Ministry of Education and Human Resources Development)主管,保育由「健康與福利部」主管,前者所提供的服務是 3~5 歲的幼兒,後者是從出生到 5 歲,其中教育與人力資源發展部的幼兒教育科(The Early Childhood Education Division)為幼教的主管單位,主要工作計畫有:(1)制定幼兒教育發展的基本政策;(2)推動幼兒教育為公共化教育;(3)推動免費的幼稚園教育;(4)建立和支持幼兒教育機構。韓國幼兒教育的發展速度很快,根據教育與人力資源發展部幼兒教育科的統計,1980 年只有 901 所幼稚園,3~5 歲幼兒 64,433 名(入學比率占 7.3%),至 2001 年,成長至 8,329 所幼稚園,3~5 歲幼兒 545,152 名(入學比率占 26.9%),其中 22.5%就讀公立,77.5%就讀私立,公立幼稚園分佈地點以鄉村/漁村社區最多,私立幼稚園以大城市最多。值得注意的是,在 2002 年有約 51 萬名 3~5 歲幼兒就讀稱之為「Hakwons」(learning places)的私人教育機構,韓國的家長相當偏好此種機構,因為在此可學到藝術、音樂、韓文和英文,而且學費比幼稚園、托育中心便宜,所以它變成了韓國的第三大學前教育機構,2001 年韓國國會也認可 Hakwons 的教育功能,給予就讀該類型機構的家長稅賦優待,若將幼稚園、保育機構,以及 Hakwons、教會機構算入,粗估約有 90%以上的幼兒就讀學前教育機構。此外,依

據 2002 年低收入戶 5 歲幼兒教育法，提供了 47,736 位 5 歲幼兒免費教育，幼教券每月約領 80 元美金（給付私立幼稚園）（*Jung, 2003*）。

蘇聯，從蘇維埃政權成立以後的最初幾個月起，就開始發展托兒所、幼兒園網。1938 年，蘇聯人民委員會關於大規模建造兒童機構的專門決議中，責成有關人民委員部擬訂新的設計標準，並制定供大規模建造兒童機構的設計方案。二次大戰後，東歐各國相繼大力發展了托幼事業（*黎志濤，民 85*）。

中國，最早讓幼兒接受公共教育的思想，可在康有為的「大同書」（1891 年）中瞭解得很清楚，他提出 3 歲～6 歲的幼兒應入育嬰院，並對育嬰院從總圖布局、環境考慮、單體設計以及教育目的、方法、幼兒保健等都做了詳盡的說明，這可說是一個較完整的托幼機構的設想。後來，清政府頒布了中國第一個系統學制，在「奏定蒙養院章程及家庭教育法章程」中規定：「蒙養院專為保育教導 3 歲以上～7 歲之兒童」，並提出蒙養院房舍設計的具體要求。1903 年，武昌最早設立了模範小學蒙養院，隨後外國傳教士和私人創辦的幼稚園也相繼出現。1928 年，著名的兒童教育家陳鶴琴在南京創辦鼓樓幼稚園，此為大陸早期有名的幼兒教育機構（*黎志濤，民 85*）。

臺灣，第一所幼稚園臺南關帝廟幼稚園係由臺南教育會請求臺南縣知事認可，於明治 30 年（1897 年）12 月 1 日獲准設立。園生均為當地縣參事等官員及富家的子弟，後因經費無著、保母難尋、設備簡陋，園生僅 20 人，在種種困難下，該所幼稚園招生三年（1900 年）即被迫宣告停辦。同年臺北成立了臺北幼稚園，不過該園到 1906 年也因人員與經費等困擾而停辦。1908 年，私立臺北幼稚園誕生了，該園經營到 1944 年才因二次大戰轉烈而停止。明治 38 年（1905 年）臺灣總督府發布府令第 16 號「幼稚園規程」作

為辦理幼兒教育的準繩，此法令為臺灣第一個幼稚教育法令，法令共計六條，保育年齡為滿 3 歲至入尋常小學前的幼兒。同年，臺灣總督府以訓令第三十九號發佈「臺北幼稚園規程」，旋於臺北第二小學校分教場內設立「臺北幼稚園」，以保育日本人的幼兒為目的，經費由地方支付，初由臺北廳長管轄，後以訓令第一四九號修正「臺北幼稚園規程」，將此幼稚園的管轄權交給日語學校。此一公立臺北幼稚園，辦理至日明治 40 年（1907 年）乃告廢止。大正 10 年（1921 年），總督府以府令一〇九號制定「臺灣公立幼稚園規則」，並廢止前述之府令十六號「幼稚園規程」，至此臺胞適用的公立幼稚園乃正式被許可辦理（在臺日人幼兒亦共同依據此法規），每所幼稚園以市街庄（即我們現在所說的鄉鎮市社區）為其設立主體。此法規為一具前瞻性的法規，共計十八條，其規定凡申請設立與廢止、基地與建築物、編制、保育期間（2 歲起至入尋常小學或公學校）、收納員額（原則上為 120 人，但必要得增為 200 人）、園長與保母任用資格、保母保育幼兒數（原則上每 1 保母保育 30 人，但必要時得增為 50 人）、課程（遊戲、唱歌、談話、手工等）、保育費用（每月 3 圓以下，按月徵收）等等，其含括的項目具體而微，惟當時的課程多屬保育課程，較類似於今日的托兒所。大正 12 年（1923 年）總督府以敕令四十九號，公布「臺灣公私立幼稚園官制」，有關幼稚園之規則至此乃宣告完備。民國 34 年（1945 年）臺灣光復後，臺灣省行政長官公署於民國 35 年（1946 年）10 月 12 日轉發中華民國政府訂頒的「幼稚園課程標準」、「設備參考」、「幼稚園設置辦法」，將中國式的幼稚教育推行於臺灣。民國 37 年，臺北有育幼院幼稚部、臺北女師（現臺北市立師院）附幼分別進行不同的課程實驗。此後全省師範學校附幼和公、私立幼稚園也陸續設立並進行各種教學法與課程的實驗。到了民國 70 年「幼稚教育法」、民國 72 年「幼稚教育法施行細則」公布後，

私立幼稚園如雨後春筍紛紛設立，國小附設幼稚園由高雄市起始，臺北市政府自74學年度起逐年在各國小附設幼稚園，到87學年度已達128所市立幼稚園（*林天祐等人，民89*）。

今日的幼兒教育是一個朝氣蓬勃的領域，幼稚園已成為大多數幼兒就讀正規學校經驗的一部分，而低於幼稚園年齡層的幼兒接受幼兒教育課程的比例也增加了，最明顯的成長在托育部分，基於需要，許多幼兒都接受全天的托育。此領域的成長，除基於社會需要外，同時也是鑑於幼兒教育課程的實施對於極貧困、文化不利與能力障礙等社會弱勢的兒童而言，具有深刻且持久的影響。因此，幼兒教育課程所服務的對象也趨向多元，如現在有專為能力障礙幼兒設計的課程，這樣的課程在以前是不存在的，同時身心障礙幼兒受到照顧的年齡層也愈來愈下降；我們也提供未來的教育上可能遭受失敗的瀕臨危險兒童，以及來自不同語系與文化背景的兒童。雖然在這一代幼教課程和服務有明顯地增加，惟未能提供所有需要幼兒教育課程的兒童，幼兒教育仍有極大的努力空間。

正如 Spodek 和 Saracho（*1994*）所強調的，今天幼兒教育以不同的課程為數量不斷增加的幼兒提供服務，而這些兒童的成長背景也日益複雜多元，當幼教課程被證明是成功的，且高品質的教育課程對兒童發展與教育皆具有長期影響之際，在我們社會之中仍有一些兒童的需求未獲適切地回應，這正是幼教領域今日和未來的挑戰。

第二節

學習環境設計的概念

環境的設計布置係將幼兒生活可獲得的經驗與遊戲器材、玩具

等「物」，其他幼兒與教師等「人」，身邊所發生的現象、時間、空間等相互關聯，組合成所需的教育環境（*黃朝茂譯，民 81*）。亦即將學習空間與器材設備作系統的安排，讓幼兒在其中產生主動的學習，以增進幼兒的學習效果。以下分別就學習環境的意含，規畫、設計與布置的區別，以及學習環境設計的涵義和目標加以探討。

一| 學習環境的意含

學習環境的意含，可探討範圍包括幼兒學習環境的意義、幼兒學習環境的範疇和幼教環境的相關概念。

㈠ 幼兒學習環境的意義

學習（learning）是一種心能活動（mental activity），經由練習或經驗，使人的行為或潛力產生較為持久改變的歷程（*張春興，民 83；Charlesworth,1992；McCown et al., 1996；Vasta et al., 1992*）。不同的理論學派有不同的學習觀點，發展學派（developmentalists）強調成長和學習間的互動，行為學派（behaviorists）則強調環境對學習的影響（*Charlesworth, 1992*）。就學校教育而言，學習是使情境和活動具有意義的終生歷程 （*Brause, 1992*），學習的發生係因學生瞭解它在他們自己生活中是重要的，當學生看到正式的學校教育（formal schooling）與他們自己的生活和經驗相關時，他們會認真地接受它（*Vogel, 1994*）。幼兒的學習有其基本的原則，教師必須瞭解並加以運用（*省立臺南師範學院幼教中心譯，民 79*）：

1. 兒童的發展是有階段性的。
2. 兒童的學習是一步一步來。

3.學習的最佳途徑就是親自經驗和參與。

4.幼兒是透過遊戲來將經驗轉換成瞭解的。

環境（environment）重要成分概括所有的空間（space）、設施（facilities）和設備（equipment）（*Aguilar, 1985*）；就幼兒學習環境而言，環境是使幼兒感覺安全和受保護的保育之地，並能激勵幼兒的好奇、探索，以及提供經驗發展的場所（*Ebbeck, 2002*）。依「日本幼稚園教育要領」，日本幼稚園教育的基本原理係依據幼兒的發展特性，透過環境而實施，這裡所說的環境包括遊戲器材、玩具、教具等所有物質的環境和幼兒、教師等人的環境，更指環繞在幼兒四周，幼兒所接觸的自然和社會現象，人與物交互作用所培養出的氣氛、時間、空間等一切環境（*黃朝茂譯，民81，第9頁*）。

因此，我們可以說，幼兒學習環境係為達成幼兒教育目標而設立的學習活動場所。就狹義而言，僅指幼兒園內作為一般學習用的「活動室」；就廣義而言，則涵蓋幼兒園內所有室內外學習活動設施，包括園舍（buildings）、園庭（gardens or yards）、運動遊戲場（play grounds）及其附屬設施（facilities）。其中，園舍專指園內的各類建築（如活動室、行政室等）；運動遊戲場主要為室外遊戲場，或包括跑道、游泳池等設施；園庭是指園舍與運動遊戲場所占用園地之外的庭院空間與設施；附屬設施則是配合園舍、園庭和運動遊戲場，使其功能更完備之各項建築、設備與器材。

探討幼兒學習環境時，經常會提到設備、器材和供應品等名詞，一般而言，「設備」（equipment）係指幼兒設施中較大而貴重，且長期投資的物體，包括固定的——如家具、墊子、沙箱；會活動的物件——如畫架、攀爬架、旋轉球、乘騎遊具、鞦韆等，是孩子在教育性活動時可以使用的。「器材」（materials）係指幼兒課程中經常更換補充，較小而便宜的東西，包括：(1)用完即丟的物件——如勞作紙、沙、蠟筆；(2)非用完即丟的物件——如積木、

球、拼圖、書本、益智遊具（games）和玩具等，孩子在教育性活動時可用手操作的物件（*Essa, 1996; Feeney et al., 1991; White & Coleman, 2000*）。至於，「供應品」（supplies）則是指消耗品，如顏料、紙張、膠水、膠帶（*Feeney et al., 1991*）。

(二) 幼兒學習環境的範疇

絕大部分的幼教學者，將幼兒學習環境或物質環境的範疇，概分為：室內環境（indoor environments）和室外環境（outdoor environments）（*省立臺南師範學院幼教中心譯，民 79；Brewer, 2001；Essa, 1996; Fein & Rivkin, 1991; Vergeront, 1987*）；或稱之為室內空間（indoor spaces）和室外空間（outdoor spaces）（*Click & Click, 1990；Robson, 1996；Seefeldt & Barbour, 1994；Shoemaker, 1995；Spodek & Saracho, 1994*）。陳麗月（*民 74*）將幼兒的學習環境分為室內學習活動環境和室外學習活動環境；White 和 Coleman（*2000*）則稱之為教室學習環境（classroom learning environment）和室外學習環境（outdoor learning environment）。

幼兒學習環境的內涵，Butin（*2000*）指出傳統上有六個主要的區域：教室、室外空間、多目的教室、健康中心、教師工作空間和行政辦公室。依教育部國民教育司（*民 78*）「幼稚園設備標準」之規定，幼稚園之建築應包括園舍、庭園及運動遊戲場所等部分，園地面積須能兼顧目前及未來社區幼兒人口成長之需要，其大小視幼兒人數多少而定，平均每一幼兒室內活動面積，院轄市不得小於 $1.5m^2$，室外應為 $2m^2$ 以上；省轄市室內活動面積不得小於 $2m^2$，室外應為 $4m^2$ 以上；郊區及其他地區，室內不得小於 $3m^2$，室外應為 $6m^2$ 以上。幼稚園園舍依其教育活動之需要，應有如下各種設施：

1. **園舍**：園門、活動室、遊戲室、保健室、觀察室、視聽、圖

書室、園長室、接待室、辦公室、教具室、儲藏室、寢室、備餐室（廚房）、餐廳、廁所及盥洗室、樓梯、地下室、走廊。

2. 園庭：前庭、後庭。

3. 運動場：分齡戶外遊戲活動場、室外運動活動場。

4. 其他設備：泥土地、水泥地、踏水池、砂坑、小木室、飲水器、升旗臺、停車場及車棚。

西德，日間保育設施及空間計畫，包括（*黃永材譯，民71*）：

1. 出入口周圍：擋風室、大廳（每每用做為體操場）、更衣室。

2. 保育空間：教室、午睡室、體操室（有時供兒童午睡使用）、運動場遊戲室、作業室、兒童用廚房、附有棚頂的戶外空間。

3. 衛生空間：廚房、調乳室、盥洗室、兒童用廁所、教職員用廁所。

4. 附屬空間：倉庫、掃具室、庭院內遊戲用具倉庫、教材室、鍋爐室。

5. 管理空間：園長室、家長談話室、醫務室、隔離室、教職員室。

6. 居住空間：應建築規模或實際上的需要，可建大小一致或不同的數間教職員宿舍，必要時亦可設自用停車場及汽車庫。

中國大陸，根據托兒所、幼兒園的使用要求，園、所的用地常由下列幾部組成（*黎志濤，民85*）：

1. 建築用地：包括幼兒生活用房、服務用房、供應用房三個部分。

2. 遊戲場地：在托兒所中包括嬰幼兒遊戲場、室外哺乳場、日光浴場。在幼兒園中包括幼兒遊戲場、戲水池、砂池、小動物房舍等。

3. 綠化用地。

4.**雜物用地**：包括曬衣場、雜物院、燃料堆場、垃圾箱等。

綜合上述，幼兒學習環境可概分為「室內學習環境」和「室外學習環境」二部分，其內涵主要有園舍、園庭、運動遊戲場及其附屬設施。本書論述幼兒學習環境的範疇，以幼兒「學習」的角度出發，亦即以幼兒為中心選擇與其學習關係最為密切、直接並經常接觸的環境為主，至於間接有關的學習環境則選擇較為重要者為輔，冀求獲致較完整之概念。

(三) **幼教環境的相關概念**

在幼兒學習環境中，有許多常用的相關概念，如：園地、園區、園庭等，極易產生混淆，茲就其涵蓋的區域範圍作一簡單的界定，並繪如圖2所示，以資釐清：

1.**園地**：幼兒園權屬土地。

2.**園區**：幼兒園權屬土地上的空間範圍。

3.**園庭**：幼兒園園舍與運動遊戲場所占用園地之外的庭院空間與設施。

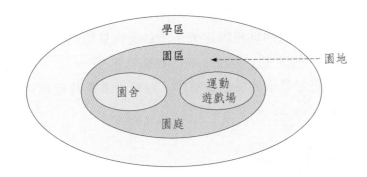

圖2：幼兒學習環境相關概念的區域圖示

二 規畫、設計與布置的區別

　　在幼兒學習環境研究中,常用的「規畫」、「設計」與「布置」等概念,值得在探討相關議題之前先行釐清。

(一) 規畫 (planning)

　　「規畫是想像期盼的未來和需達成的步驟」（*Oldroyd, Elsner, & Poster, 1996, p.51*）。

　　「規畫是設定目標與預定幼兒教育的細節,以達到個別和團體的目標」（*Hildebrand, 1991, p.78*）。

　　在幼兒學習環境的探討範疇中,規畫係指空間設施的設計與配置之歷程。

(二) 設計 (design)

　　「設計可視為一種按步就班的歷程（an ordered process）,其中將特定的活動自由地組織起來,並為達成具體的目的,就物質世界的改變作一些決定」（*Zeisel, 1981, p.5*）。

　　在幼兒學習環境的探討範疇中,設計主要是情境設備的組構與布置之歷程。

(三) 布置 (layout)

　　「布置本身有許多廣泛的目的,一是使其成為一個吸引人的場

地（an attractive place），是大人所希望的和幼兒所喜歡的，但以幼兒他們自己為主；此外，它們扮演一個對幼兒努力的公開表揚（a public acknowledgement），以及一種分享他們活動的方式；最重要地，它們兼用以刺激幼兒的興趣和知覺（awareness），並統合他們的理解」（*Robson, 1996, p.168*）。

在幼兒學習環境的探討範疇中，**布置主要是裝飾器材的安排與設置之歷程。**

須提的是，良好的規畫是順遂經營幼兒課程的關鍵（*Shoemaker, 1995*），許多教師視規畫為「繁忙的工作」（busy work），實際上它是教師角色最重要的一部分，規畫是一項專業性的責任（a professional responsibility），教師需運用知識和經驗，以確保幼兒活動的教育價值（*Spodek et al., 1991*）。就規畫與設計的關係來看，Spreckelmeyer（*1987*）說明：「規畫是界定環境問題並建議解決這些問題的策略給設計者的歷程」，並指出：「規畫是先於環境設計且為提供設計的功能技術與行為需求予設計者之活動。」（*p. 247*）；由此可知，設計工作是規畫的延伸，而規畫階段的各種決策與決定，要有明確的後續指示課題與方向，以供設計階段的銜續與參用（*黃世孟，民77*），詳如圖3所示。

由此我們可以瞭解，在內涵上，規畫涵蓋層面較廣，包含設計和布置活動；而設計與布置為規畫的一部分，包含於規畫歷程之中。在順序上，規畫在先，設計其次，布置在後。就幼兒學習環境而言，學習環境規畫是學習環境設計與布置的方針，而學習環境設計與布置是學習環境規畫的實踐活動；其中，規畫係幼兒園空間設施的設計與配置，較重整體幼教理念與空間設施的關係，設計係情境設備的組構與布置，較重教師教學與幼兒學習的情境需求，布置係裝飾器材的安排與設置，較重幼兒學習的準備與成果的呈現；在權責上，學習環境規畫以學校行政人員為主導，建築師為輔，學習

環境設計以教師為主導，學校行政人員為輔，學習環境布置則以教師為主導，幼兒為輔，共同建構優良的幼兒教育環境。

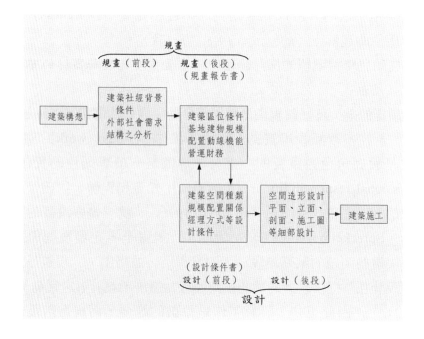

圖 3：建築之「規畫」與「設計」之關係

資料來源：從建築物用後評估探討學校建築規畫與設計之研究，黃世孟，民77，第
　　　　　49頁。載於中華民國學校建築研究學會主編，國民中小學學校建築與設
　　　　　備專題研究。

三 │ 學習環境設計的涵義

學習環境設計（the learning environment design）的涵義可從三方面加以分析：首先，在設計的內涵上，學習環境設計係以室內學習環境的設計布置、室外學習環境的設計配置、大人區與附屬設

施的設置等主要設計方法為範圍。

其次，在設計的基礎上，從教育理念來看，這些教學活動場所應符合教育目標、教學方法和課程設計的需求；從園舍環境來看，這些教學活動場所應融合學校的自然環境、社會環境和物質環境的脈動；從建築條件來看，這些教學活動場所應配合建築法規、建築技術和建築材料之規定。

第三，在設計的向度上，人、空間、時間和經費是學校建築規畫的基本要素（*湯志民，民 89*）。紐西蘭教育部（*Ministry of Education*, *2004*）指出幼兒中心（early childhood center）的建立，需要規畫、時間和經費。Pairman 和 Terreni（*2001*）認為幼教環境以幼兒學習為核心，有三個關鍵概念：(1)物質環境（the physical environment）——重組構和美學；(2)互動環境（the international environment）——環境內的社會互動；(3)時間環境（the temporal environment）——常規和時間。在幼兒學習環境上，Spodek 和 Saracho（*1994*）強調，教師須考慮不同資源的近便和使用，包括空間、物質資源（家具、設備和附屬品）、時間（日曆和時鐘）、人（大人和幼兒）；McAuley 和 Jackson（*1992*）也指出時間、空間和任務是教室極為重要的三個結構；Corter 和 Park 認為幼稚園景觀從幼兒的觀點來看有三個關鍵成分：(1)時間（time）——日課表和空間的組織；(2)人（people）——與課程有關的教師和家長；(3)物品（things）——幼兒使用的器材、玩具和設備（*引自 Doxey*, *2000*）。Bilton（*2002*）對室內外學習環境的組構與管理須思考的要素有細膩的分析：(1)教師——哲學、兒童觀、規畫、觀察及評鑑、教學風格、行為管理、他人管理、與幼兒遊戲和工作之取向及互動、期望幼兒行為（獨立、信任、自律、社會理解）、編組、家長等；(2)幼兒——學習模式、個人的、價值和期望形成的理解、使用和移動資源的程序、尋求協助的程序、幼兒的自我想像、行為期望、幼兒的

移動（室內、室外和兩者之間）、編組等；(3)時間——起始點、轉換和結束、設定和清除、幼兒時間的運用、大人時間的運用、活動的持續和有效等；(4)物質情境——空間的運用、家具、設備（固定的和移動的）、布置和設置、資源（豐富、多樣、近便）、學習灣（設置和安排）、邊界、走道、舖面、天氣（影響幼兒、教師和環境）、儲藏櫃、安全性、外觀舒適等。析言之，學習環境的設計應從使用者（幼兒和大人）的需求出發，將園地上的活動空間作最妥善完整的配置，並透過時間的延伸和建築經費的投資，使幼兒學習環境日臻理想完美。

簡言之，學習環境設計係以教育理念、學校環境和建築條件為基礎，以人、空間、時間和經費為基本向度，使室內學習環境、室外學習環境、大人區與附屬設施的配置能整體連貫之歷程（*湯志民，民90*）。幼兒學習環境設計涵義的概念模式，可繪如圖4所示。

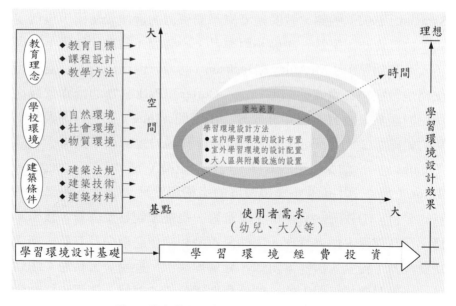

圖4：幼兒學習環境設計涵義的概念模式

第三節

學習環境設計的要向

本節學習環境設計的要向，擬從主動學習環境的要素和學習環
境設計的向度，分別加以探討。

一 **主動學習環境的要素**

教學是藝術（art）或科學（science）？有人認為教學是藝術多
於科學。G□rgiulo 認為教育幼兒包括科學──教什麼（the what of
teaching），以及藝術──如何教（the how of teaching），
Hildebrand 相信教師在幼兒發展、課程事物和輔導技術上需有很強
的基礎，以覺知其經驗及瞭解幼兒的個別需求。優良的教師是優質
幼兒教育課程最重要的成分之一，教師對教室所發生的事物有顯著
的影響，幼兒教育者對幼兒的影響是無遠弗屆的。Maxim 認為幼兒
教育教師的人格、行為和態度決定學習環境的風氣（*引自 Graves et
al., 1996*）。

雖然，教師、家長和幼兒間的感性互動極為重要，但大人對幼
兒影響的方式，係透過其對幼兒情境設計的物質特性（*Fein &
Rivkin, 1991*）。教育者的責任是提供激勵、支持和挑戰的情境，
以使學習發生並增進學生的學習（*Brause, 1992*）。因此，教師考
慮他們的物質情境以及其教室的發展計畫時，需問：「我如何使情
境成為幼兒在其中生活和學習的最佳可能場所？」（*Spodek et
al., 1991, p.101*）如果，教師希望支持獨立學習，必須提供允許

幼兒自由而合理地行為之教室,教室有學習區,可讓幼兒進入提供特定活動的區域;良好教室的安排,是以其協助幼兒達成課程目的的程度來測試,教師應試驗教室的情境並經常地修正,以提供一個動態的學習情境(a dynamic learning situation)(*Spodek & Saracho, 1994*),來促進幼兒主動的學習。

幼教情境並非都相同,Spodek等人(*1991*)認為規畫教室環境首先需考慮的是幼兒的投入,其次是教師期盼幼兒要完成的,另需關心的是幼兒的團體人數以及大人和幼兒的比例。據此,建構主動學習環境的要素,可加以延伸並從符應幼兒的發展、適宜的班級人數、幼兒中心的課程、學習者中心教室、近便的空間設備等(*湯志民,民90*),分別探討。

(一) 符應幼兒的發展

幼兒是學習歷程的中心(*Stinson, 1990*),幼兒導向的環境(a child-oriented environment)是以幼兒為中心,告訴幼兒這是他們的地方,這裡有許多有趣又有價值的事物,因為它的設計是配合幼兒的特質、年齡和能力(*Essa, 1996*)。幼兒有不同的風格和興趣,需要不同的學習支持(*Spodek & Saracho, 1994*),Hammad(*1984*)認為雖然每一個國家學童間的社會和文化背景不同,但從人類發展和幼兒的學習模式觀點,有其極為相似之處:

1. 幼兒有個別的學習率(rates of learning)。

2. 幼兒以不同的方式學習。

3. 幼兒從個別和團體二種經驗學習。

4. 幼兒主動投入之學習最好。

5. 幼兒的興趣是多變而短暫的。(*p.140*)

Santrock（*1993*）則強調在「幼兒中心幼稚園」（the child-centered kindergarten），教育包括「完整兒童」（the whole child）以及對幼兒身體、認知和社會發展的關懷；強調學習的歷程，而非學到什麼；每一個幼兒都有一個獨一無二的發展模式，並透過人和器材接觸的第一手經驗得到最好的學習；遊戲在幼兒的整個發展中最為重要，對優良幼稚園課程的描述，是試驗、探索、發現、嘗試、重組、聽和說。這些課程適合4歲和5歲的發展階段。

(二) 適宜的班級人數

團體或教室內的幼兒數，對設施設計有重要的涵義（*Shoemaker*, *1995*）。幼兒在預備幼稚園、幼稚園和低年級依年齡和年級組合，有些教育者則提倡混齡團體，預備幼稚園和幼稚園幼兒班級中的團體組合係依據活動，每天有全班、小團體和個別的活動，低年級幼兒則以學科工作（academic work）組合團體（*Spodek & Saracho*, *1994*）。依據1979年，Ruopp、Travers、Glantz和Coelen對全國托育中心的研究，幼兒生活品質最重要的預測變項之一是團體的大小（the size of the group），該研究將品質界定為：對幼兒有發展的利益（the developmental benefits），且其前提是幼兒與同儕和大人的互動必須是溫馨的、刺激的和挑戰的；Phyfe-Perkins 和Shoemaker（*1991*）根據一般學前學校的記載，班級團體12人或少於12人的大人─幼兒的互動，以及小次級團體的參與，具有高水準。Moore、Lane、Hill、Cohen和McGinty建議幼兒教室應為學前學校幼兒2～5名的團體，學步兒1～3名的團體，嬰兒2～5名的團體，布置連串「資源豐富的活動袋」（resource rich activity pockets）；根據Fitt的研究發現，學前學校教室安排一些容納5～8名幼兒的大區域，為的是喧鬧的、大肌肉的活動；而教室安排容納

2~3 名幼兒的小學習區,則是為較安靜的互動和較多的工作投入(引自 Phyfe-Perkins & Shoemaker, 1991)。

幼兒—教師的比例允許個別化（individualizing）,是高品質課程的指標之一（Klein, 1990）。幼兒大人比例,每名大人所帶的幼兒團體人數愈大,幼兒與大人及其同儕的語言互動會少於幼兒團體人數較低者（Essa, 1996）。教師—幼兒比例（teacher/child ratio）一般而言,愈低愈好（the lower the better）,雖然一項全國性的研究顯示在 1：5～1：10 區間內沒什麼關係,但 1：15 和更高的比例則不佳。不論每一個團體有多少大人,在一個房間或一個托育中心內,一起照顧的幼兒人數愈少對幼兒愈好;一個由 5 位大人照顧的 30 名幼兒團體,比三個 10 名幼兒團體分別由 1 位大人照顧者差（Bee, 1992）。年齡團體的發展特徵決定適切的團體大小,例如:1 位教育者教導 10 名 5 歲的幼兒團體,會比教導 25 名 5 歲的幼兒團體,更為成功;比適切團體大者,會成為「管理」而非「教學」（Graves et al., 1996）。

美國全國幼兒教育協會（NAEYC）建議 4～5 歲幼兒,20 名幼兒應有 2 名大人,與 Bredekamp 所建議的 10：1 相同。Steward 建議 3 歲幼兒與大人的比例為 8：1（引自 Essa, 1996）,美國全國幼兒教育協會要求「教職員—幼兒」的比例和團體規模,詳見表 2。Reynolds（1990）認為學前學校 4～5 歲幼兒和教師比例為 10：1。McAuley 和 Jackson（1992）認為大人—幼兒比例（the adult-child ratio）1：8、1：9、1：10 為「良」（good）,1：7、1：6、1：5 為「優」（excellent）。比之國內,幼稚園每班 2 名教師照顧 30 名 4～5 歲幼兒,教師—幼兒比例為 1：15,不盡理想,相對的教室空間、在學習環境的設計上,自會有所侷限。

表2 「教職員—幼兒」比例和團體規模

年　　齡	比　　例	最大團體規模
出生至1歲	1：4	8
2歲	1：5	10
3歲	1：10	20
4歲	1：10	20
5歲	1：10	20

資料來源：*Introduction to Early Childhood Education*（5th ed.），V. Hildebrand，
　　　　1991，p.68.

🔻 (三) 幼兒中心的課程

　　幼兒教育是一種統整的課程（a integrated curriculum）（*Stinson,
1990*），Brewer（*2001*）認為許多幼教課程的一般目的包括協助兒童：

1. 學習他們是有能力的學習者、他們能做選擇和尊重他們
   的想法。
2. 學習和應用技巧於有意義的環境中。
3. 探索多樣的器材。
4. 成為能溝通他們的需求和感覺。
5. 學習使用和欣賞許多資訊來源——人、繪圖器材、視覺
   器材。
6. 成為能創造性地表達他們自己。（*pp.76-77*）

Click 和 Click（*1990*）則認為幼兒課程應考慮：

1. 幼兒應學習解決他們自己的問題。
2. 幼兒有權作選擇。

3. 幼兒應學習尊重他人的差異（differences in others），
幼兒應以他們的文化背景為榮。

4. 學習應很有趣。

5. 幼兒的自尊比他們所學更重要。

6. 幼兒應學習服從和尊重大人的權威。（p.79）

　　基本上，幼教課程以幼兒發展理論和哲學的原則為基礎，是高品質課程的指標之一；因此，良好的幼教課程，教師應被視為學習的促進者，而非給予所有答案的權威者（Klein, 1990）。正如Reynolds（1990）的幼兒中心哲學（a child-centered philosophy）稱之為問題解決，強調設置「問題解決的環境」（the problem-solving environment）的重要性，認為幼兒受到信任並被鼓勵做其事時，幼兒具有解決其自身問題的能力。Reynolds並進一步對幼兒中心課程（a child-centered program）和大人中心課程（a adult-centered program）作一比較（參見圖5）。幼兒中心課程的哲學是問題解決，圖5中第一個圓圈的「孩子做其事」（kids doing what kids do）表示很少限制幼兒的自然行為，內中小圈顯示對幼兒自然行為的設限應占最小比例，在此環境中，幼兒學習尊敬他們自己和他人、接受其自身行動的責任、為他們自己思考、表達他們的情感、為他人設身處地、問題解決和有效的溝通；以下的第二個圓圈是大人中心課程，其幼兒間之關係是紀律（discipline），當幼兒的自然行為受到許多規定的限制，他們學到的是當大人看著他們時其舉動不同、他們依賴大人解決問題、靠外在控制而非內在控制、抑制他們的情感、順從團體、工作係為逃避懲罰、試圖誘過其同儕。

1. 幼兒中心

　問題解決
・主動聽取
・磋　　商
・情境設限
・正增強

孩子做其事

設　限

孩子學習：
尊敬他們自己和他人
接受責任
為他們自己思考
表達情感
為他人設身處地問題解決

2. 大人中心

　紀　　律
・權　　威
・控　　制
・指　　揮
・懲　　罰

規　定

孩子做其事

孩子學習：
大人看時舉動不同
依賴大人解決
靠外在控制
抑制情感
順從團體
逃避懲罰
責怪他人

圖 5：幼兒中心和大人中心課程的比較

資料來源：*Guiding Young Children: A Child-Centered Approach*（2nd ed.）, E. Reynolds, 1990, p.11.　　•

㈣ 學習者中心教室

教室管理（classroom management）長期以來被視為教學的一項基本責任，它的重要性係因其影響學生的行為、感情和學習（*McCown, Driscoll, & Roop, 1996*）。Evertson 和 Randolph 從教室管理的觀點，將教室分為（*引自 McCown et al., 1996*）：

1. **工作導向教室**（work-oriented classrooms）：在此教室中，學生依循教師的指導行事並有效率地完成工作。

2. **學習導向教室**（learning-oriented classrooms）：在此教室中，教師評價學習以增進而非指導學生的活動，學生發問並探索可能性。一個具管理效率的工作導向教室，安靜而有次序，如同一具運行狀況良好的機器；一個具管理效率的學習導向教室，喧鬧，如同鬧市活動。

學生在工作導向教室較喜歡重組資訊（reconstruct information），而學生在學習導向教室較喜歡建構知識（construct knowledge）。

因此，主動學習的幼教環境，不僅是一個學習導向教室，更是一個學習者中心教室。Brause（*1992*）認為「學習者中心教室」（the learner-centered classroom）的「教師角色」是指導、激起、支持和合作，「學生角色」是分享、探索和決定，「成果」則是精進於使用不同的資源和策略、增加個人的知識和自信、增進責任和獨立的決定、知識的渴望和真實的學習；反之，「教師中心教室」（the teacher-centered classroom）的「教師角色」是告之、監督、評量和片面的決定，「學生角色」是跟隨、重述和完成，「成果」則是疏離、孤立事實的累積、依賴領導者／教師、毫無疑問的順從、無趣和假的學習。

⑤ 近便的空間設備

Hohmann 和 Weikart 指出為孩子規畫主動學習環境時，無論是翻新現有的區域或者是設計與建造新的空間，都應考慮以下的建築問題（*倪用直等人譯，民88*）：

1. 空間的數目

主動的學習需要空間供孩子獨自或與他人互動、實驗和工作而不受干擾。評估可利用的空間時，想像有多少孩子會使用這個空間以及你期望在其中放置那些家具、器材與設置。在一個過小的空間裡，孩子移動與處事都很困難，而且可能會花更多的時間在麻煩的爭議上。而在一個過大的空間裡，孩子又傾向於縮聚在某些角落而沒有使用到整個空間。無論如何，在大空間中活動比在非常狹小的空間活動較舒適且親密。

2. 空間的整體形狀

每一種空間都有其特殊便點。在一個開放寬敞的空間，小孩與成人都較易找到器材和看見彼此。空間若擴及數個房間時，孩子可以在特別的角落遊戲而讓干擾減到最小。在一個多層面的空間裡，孩子們可以享受上下樓梯或斜坡的樂趣，並且又可將樓梯或斜坡充當為遊戲的區域。使屋子的空間讓孩子感覺猶如置身家中。戶外空間可以增進複雜的遊戲。雖然某些空間在安排與布置時較他者更具挑戰性，但幾乎任何空間都能被組織來增進主動的學習。

3. 設備與裝備

(1)水：在孩子方便取得的範圍內提供了洗手、刷牙、飲用、

清洗抹布、調顏料、清洗刷子、水桶裝水與倒水、替洋娃娃洗澡、洗碟子與玩具等活動。

(2)廁所：適合孩子的尺寸與高度，並設在靠近孩子遊戲的地方，這樣孩子需要時可以自己如廁。有標準設備的幼兒托育家庭，馬桶應設置階梯以便讓幼兒獨立使用。

(3)電源插座：設置在孩子碰觸不到的地方或是加蓋以免孩子將手指插入。

(4)地板鋪設：讓大人和孩子們容易清理，並且可以舒適地坐在上面和遊戲。

(5)永久展示空間：在孩子的接近範圍內，可將作品掛上去。木頭或灰泥上鋪上的軟木塞板，可使孩子輕易地張貼作品，還有衣櫥的門也都是很好的展示空間。

(6)窗戶：要低到讓孩子能看到窗外並且能讓光線照射進來，這樣孩子才能看到自己在做什麼。擁有越多的自然採光，孩子就越能注意到周遭環境日常的與季節性的節奏變化。在家中或大樓裡，窗戶高的話，應設置寬廣且堅固的階梯，讓孩子能爬上窗戶並且看到戶外。

(7)通往戶外遊戲空間的門：讓孩子與大人能輕易的從室內移動到室外，玻璃滑門讓孩子清楚地看到戶外並且輕易進出建築物。

4.非遊戲的空間

(1)室外衣物空間：在孩子穿著靴子及雪衣的季節裡，孩子需要有分離的空間——長凳或拼裝地板——舒服地坐下來脫掉這些厚重的禦寒衣、靴並且換上平常的衣服，同時用壁鉤和衣架將他們脫下來的衣服掛起來或披開來晾乾。

(2)室外儲藏空間：供室外使用的器材存放，如：有輪子的玩具、鬆散的沙水遊戲器材、園藝工具、球、繩子、帳蓬、木板、平

衡木與梯子等等。一個室外的儲藏小庫房,可以省去大人們每天搬運這些器材設備進進出出的麻煩。

　　(3)大人的儲藏空間:將孩子不會每天都用得到的器材與設備收藏在遠離孩子的視線及碰觸的範圍外。在幼兒托育家庭,如果所有的衣櫥空間都已占用,則可把這個收藏空間安排在冰箱的頂部。

　　(4)大人聚會空間:與孩子的遊戲空間分開,裡面布置著大人用的舒適家具供團體會議用,並有檔案櫃可存放孩子的美勞作品、緊急事件書寫樣本、大人的觀察筆記及小組計畫等等。

二 學習環境設計的向度

　　Jones 在 1977 年出版的「教—學環境的向度:教師手冊」(Dimensions of Teaching-Learning Environment: Handbook for Teachers)以及在1979年所出版的「教—學環境的向度」(Dimensions of Teaching-Learning Environment)一書中,提供可用來分析物質情境(a physical setting)的五種向度,此五向度能用以規畫物質設施以及選擇設備和家具,可作為我們設計布置幼兒學習環境的最佳參考,茲分述如下(*引自Feeney et al.,1991; Spodek & Saracho, 1994*):

(一) 冷硬—柔和(hard-soft)

　　「冷硬—柔和」係描述環境的特性。柔和可改變環境及其間所發生的特性和感受,柔和的環境可促成較多的生產力、較佳的技巧、較高的動機和士氣,以及較低的缺席。幼兒教室是家庭和學校的一道橋樑,必須反映家庭的柔和。冷硬環境的特性係由不毀的材

料（如水泥）、炫耀或單調塗色和刺眼的採光所形成，而冷硬環境
的塑造則因幼兒會破壞柔和與情境，以及此情境看起來嚴肅並有助
於工作。教師要軟化環境，可給予溫暖、與兒童做身體的接觸，也
可經由提供舒適的家具如長沙發、枕頭、地毯、草坪、沙、有毛皮
的動物、柔軟的玩具、吊索和懸吊輪胎、生麵糰、手指畫、黏土、
泥、水和其他零碎的器材。

(二) 開放—封閉（open-closed）

「開放—封閉」係指器材、貯存、課程和教師行為對兒童限制
的程度。開放和封閉間之差異，係以空間和兒童在時間上變化需求
來平衡。器材可視為一連續尺度，一端為封閉的器材，如迷宮在使
用上只有一條正確的路線，另一端則為開放的器材，如沙和水其變
通性則無限制。「開放—封閉」並不意味著好壞，開放的器材可激
發兒童創新和創造新挑戰，封閉的器材對兒童有足夠的挑戰和成功
的機會，也具有酬賞性。過度困難的器材會導致挫折，並會破壞器
材，年幼或缺乏經驗的兒童需更接近開放的器材，年長或較有經驗
的兒童既需要也喜歡開放的器材和封閉的器材。當兒童顯現厭煩或
挫折時，其原因可能在「開放—封閉」經驗的平衡上。

(三) 簡單—複雜（simple-complex）

「簡單—複雜」係描述設備吸引兒童興趣的方式。對缺乏經
驗、較不成熟的兒童，教室需單純些，使他們能集中注意以及作選
擇時不會困窘。年齡較大的兒童能掌握較多的複雜性，複雜性的增
加可以器材或教師為之，如進入裝扮區並說：「我想這個嬰兒餓
了」可使環境較為複雜。單純的器材具有一種明顯的用途，不允許

兒童操弄或即興而作，如三輪車、滑梯、迷宮和觀念遊戲（concept games）。複雜的器材允許兒童將二種不同遊戲器材混合使用，使遊戲較少預期性並更加有趣，它們能吸引兒童一段較長的時間，如附帶工具的沙箱、附帶支柱的積木和附帶顏料的拼貼。超級的器材（super materials）提供更多的可能性，也能吸引兒童注意更久，如附帶空心積木的攀爬架、附帶工具和水的沙盤，以及裝扮角配備家具、衣服和洋娃娃。

㈣ 干預─隱退（intrusion-seclusion）

「干預─隱退」係關於穿越教室間界限的人和事，包括室內與室外的人、景物、聲音和事物。干預增加新奇、刺激和強化學習。隱退係避開刺激，提供專心、思考和獨處的機會。當隱退的機會不存在，兒童通常以躲藏或以情緒上的退縮為自己製造隱退。桌子或黑板架靠牆排列提供「空間的隱退」（partial seclusion）；三面屏障的隔離空間可讓小團體分享隱私；躲藏的空間──在板條箱內、樓廂內或桌下舒適的封閉場所──能容納一、二位兒童藉以逃避教室的刺激。

㈤ 低活動性─高活動性（low mobility-high mobility）

「低活動性─高活動性」係形容身體的投入和動作的活動。高活動性包括大肌肉活動和積極的動作，低活動性包括小肌肉、須坐著的活動，這二種機會的提供都很重要。教室可有小彈簧墊並通往室外庭院，而室外也可提供安靜的活動，如繪畫、看書和桌上遊戲，但常被忽略。教師提供高和低活動性空間、器材、鼓勵並作示範，由於女生大運動肌通常不足，因此女性教師示範高活動性活動特別重要。

此外，張世宗（民85）的「十字定位分析法」，以及國內許多學者專家（林朝鳳，民77；陳麗月，民74；黃瑞琴，民81），參考1975年Brown之見解，以幼兒活動的動靜態和乾濕性（不用水和用水）二個向度，可區分為動態、不用水區（如：團體區、裝扮區、積木區、木工區、音樂區等）、靜態、不用水區（如：睡／休憩區、圖書區、益智區、電腦區、私密區、視聽區等）、動態、用水區（如：沙／水區等）和靜態、用水區（如：科學區、家事區、美勞區、餐點等）四區（如圖6）（湯志民，民90），以此作為幼兒活動室的區域設計與布置的依據，甚為簡易且具實用參考價值，茲據此繪一幼稚園教室（活動室）供參考，如圖7所示。

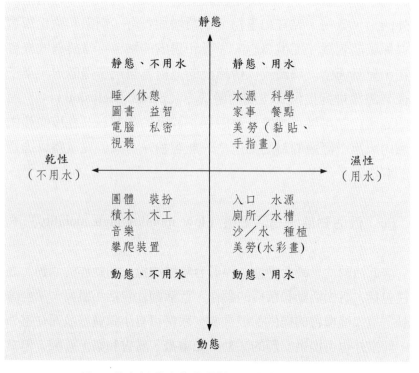

圖6：幼兒活動室的乾濕性和動靜態區域設計

資料來源：**幼兒學習環境的建構和設計原則**，湯志民，民90，第147頁。

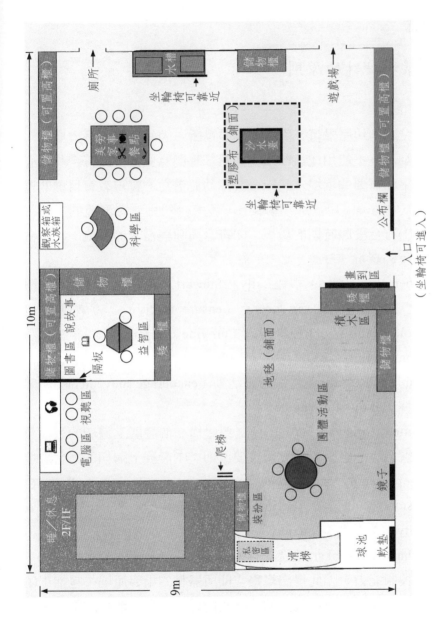

圖 7：幼稚園活動室的設計

第四節

學習環境設計的原則

　　幼兒園是幼兒學習、生活的重要場所。因幼兒尚未長大成人，故其活動環境不能用成人的眼光衡量，專門為兒童創設符合其身心發展水平和需要的環境，是充分發揮幼兒潛力、實現教育目標的重要途徑（鄭慧英，1996）。基本上，最適合幼兒教育環境的設計，應為：(1)符合發展時期的環境；(2)符合興趣與需求的環境；(3)符合生活過程的環境（黃朝茂譯，民81）。

　　Shoemaker（1995）根據Lally和Stewart之研究，指出理想的學前幼教環境應為：(1)確保安全（ensure safety）；(2)增進健康（promote health）；(3)提供舒適（provide comfort）；(4)相當便利（be convenient）；(5)幼兒尺度（be child-sized）；(6)最大彈性（maximize flexibility）；(7)激勵活動（encourage movement）；(8)允許選擇（allow for choice）。

　　White和Coleman（2000）認為要建構一個發展上適切的教室及室外學習環境，必須依循五項重要原則：(1)發展上適切的學習環境（developmentally appropriate learning environment）；(2)融合（inclusion）；(3)平衡（balance）；(4)持續性及彈性（continuity & flexibility）；(5)安全（safety）。

　　Hohmann和Weikart強調安排與布置幼兒園，要使兒童擁有較多的環境控制能力，因此提出規畫空間與器材的指導原則，包括：(1)空間對兒童而言是充滿魅力的；(2)空間區分成界定清楚的學習角，以鼓勵不同的遊戲型態；(3)提供結合團體活動、用餐、午睡和放置

幼兒個人物品的空間；(4)學習角的安排是為了增進各區域之間的可見性以及活動的容易度；(5)學習角可以彈性的順應實際的考量以及孩子變化多端的興趣；(6)豐富的器材並且鼓勵廣泛的遊戲經驗；(7)教學器材可以反映幼兒的家庭生活；(8)器材的收藏促進了「發現－使用－歸位（find-use-return）」的運作循環（*倪用直等人譯，民 88*）。

Feeney 等人（*1991*）認為學習環境應符應兒童的需求，以及教師的價值觀和發展目的；當教師設計此環境時，其所作的選擇直接地影響兒童與他人關係和學習器材的品質；因此，教師在作這些選擇時需考慮三個基本問題：(1)這個環境是否適合兒童的發展階段？(2)這個環境如何影響人際關係——兒童之間、兒童和大人之間，以及大人之間？(3)這個環境如何增進兒童的學習與發展（*p. 175*）？在組織和安排幼兒學習環境時，Seefeldt 和 Barbour（*1994*）指出須考慮：(1)情境的實際性（reality）；(2)課程的目的和目標；(3)衛生和安全的因素。Feeney 等人（*1991*）也認為對兒童而言，一個好場所是其彈性足以反映他們的需求，同時也應堅固而安全。

國內，蔡春美等人（*民 81*）強調幼兒園空間設計需具備的基本特徵為：(1)符合兒童發展需要；(2)富彈性及可變性；(3)提供豐富刺激的環境；(4)教材教具能讓幼兒自由取用；(5)能同時顧到團體、個別及特殊的需求；(6)注意聲音可能造成的干擾性。簡楚瑛（*民 77*）認為幼稚園環境空間的規畫與環境設備之設計與選購，其原則為：(1)彈性；(2)明確性；(3)和諧性；(4)安全性；(5)多樣性；(6)符合性；(7)複雜性。林朝鳳（*民 77*）提出幼兒學習環境規畫原則有九：(1)安全性；(2)啟發性；(3)參與性；(4)真實性；(5)完整性；(6)需要性；(7)特殊性；(8)和諧性；(9)可變性。張世宗（*民 85*）要述幼教學習空間的規畫原則有六：(1)安全原則；(2)自由原則；(3)彈性原則；(4)開放原則；(5)包容原則；(6)適中原則。魏亞勳（*民 79*）對幼稚園環境的規畫設計，提出一些原則性的建議：(1)使用者的社會尺度範圍；(2)

領域的建築；(3)選擇多樣性；(4)三度空間認知的遊戲設備；(5)隱退和獨處；(6)秩序／安全。

此外，鄭慧英（*1996*）認為幼兒園的建築設計要遵循安全、衛生、實用、經濟、美觀、舒適的原則；其中，安全、衛生是最基本的要求，以教育目標出發，符合兒童發展的特點和教育的需要，則是核心原則，同時也要儘量做到經濟、美觀和舒適，為幼兒的健康成長創造一個良好的環境。

湯志民（*民90*）綜合上述國內外相關研究，提出幼兒學習環境設計的七項原則：教育性（education）、探索性（exploration）、多樣性（variation）、可變性（changeableness）、舒適性（well-being）、安全性（safety）及參與性（participation），茲分述如下：

(一) 教育性（education）

幼兒學習環境的本質是「教育性」，幼稚園是推動學前教育的小天地，其空間的規畫與環境設備的添置均應以能充分支持課程之需求與滿足各種教學活動之進行為依據（*簡楚瑛，民 77*）。正如Poston等人（*1992*）所言：學校的形式或設施須依循功能或課程，教育環境是教育的一部分，一旦獲得並提供了該空間，應確保該設施對教育課程持續的維護和支持（*p.124*）。對此，White和Coleman（*2000*）提出「發展上適切的學習環境」（developmentally appropriate learning environment），意即在選擇器材及布置學習中心時，應考慮適齡（age-appropriateness）及適性（individual-appropriateness）。適齡是指特定年齡團體的一般發展性技能及興趣，而適性則是指孩子個別的獨特技能及興趣。教室和遊戲場的設計一般是由適齡的空間、教材、設備開始，隨後修訂以反映個別孩子的需求與興趣，同時「融合」（inclusion）不同能力和興趣的孩子。White和Coleman

認為以下的一些建議可以促進孩子的活動，以融合不同的能力：

1. 適合的活動、器材和課程表，讓所有的孩子都有同樣的
   成功機會。
2. 考慮到不同孩子完成一件作業所需的時間，讓較快完成
   作業的孩子在其他孩子仍未完成作業時，能繼續投入另
   一作業中。
3. 和行為專家協力，幫助孩子處理社會情感或認知的挑
   戰，讓活動的轉折更加順利。
4. 讓兩個孩子在同一主題上一起工作，如此可以增進兩人
   的實力。
5. 更改出入口、設備及結構，好讓行動不便的孩子得以進
   入教室及室外的所有角落。（*p.288*）

　　幼兒學習環境教育性的設計，可從支持環境、潛在學習和適合
發展等方面著手。首先，**支持環境上**，Marion（*1991*）認為良好的
幼兒教室設計應為一個「支持的物質環境」（a supportive physical
environment）——不論是庭園、遊戲室或幼兒教室——助長積極調
適的行為和增進自我控制及精熟的發展，並允許幼兒適當的控制其
環境。Shoemaker（*1995*）亦提醒為幼兒安排教室，應記住幼兒很
小，一般的世界對幼兒來說似乎大得不能管理，他們需有較強、較
大和較多能力的感覺，而透過想像和假裝，幼兒才可創造出他們能
控制的情境，或促進幼兒的問題解決和創造性設計，因此幼兒對其
行動需有思考和衡量結果的機會。「支持的物質環境」其特徵是：
(1)組構學習區；(2)發展足夠的學習區；(3)邏輯地安排學習區；(4)創
造吸引的、富感覺的學習區；(5)學習區應含發展上地適當活動；(6)
學習區含適當的器材；(7)使學習區人格化（to personalize）（*Marion,
1991*）。

　　其次，**潛在學習上**，良好規畫的幼教環境會成為幼兒最有價值的教師（*Shoemaker, 1995*），Castaldi（*1994*）認為潛在學習（incidental learning）會顯著地影響幼兒教育，這種學習可能會在潛意識中發生，潛意識的學習係Freud在心理學上一大發現，幼兒能在未瞭解到學習正在發生時而學習；潛在學習在任何學校都代表了一個「教育紅利」（an educational bonus），應加以利用規畫。例如，原本由金屬覆蓋的室內自動調溫器改以透明的塑膠來代替，可讓幼兒看見這控制儀器的內部運作情形；把溫度計、透鏡、簡單的機器及電壓電阻錶等科學設備及儀器，存放在玻璃或透明塑膠所圍住的架子或櫥櫃裡，好讓幼兒看得清楚；學校中的動物及花園也是另一個豐富的潛在學習材料；大部分的幼兒因無閱讀能力，因此每一樣設備的標籤資訊是沒什麼用的，為了促進潛在學習，教師必須指出和描述各種物件的標示，且一次僅討論一或二種物件，並解釋它的功能，也可提醒幼兒可能遭受的危險，一旦這種練習完成了，這些充滿好奇心年齡的幼兒，可能會潛意識裡一次又一次地觀察這些物件，而記住教師曾向他們解釋的事。

　　此外，**適合發展上**，幼兒學習環境應符應幼兒發展特性、操作能力、學習平衡及兩性融合的需求。在發展特性方面，因應幼兒不同階段的發展特性，提供富吸引力且可及性高的各類空間設備和器材，以引發兒童操作的動機，例如：較大孩子使用的設備，可以少強調平衡協調性及身體活動，加強複雜性和判斷力的培養（*魏亞勳，民79*）；在操作能力方面，幼兒活動的創作應為幼兒團體或個別所能完成者，依據 Vygotsky 的理念，協助幼兒學習必須思考幼兒的二個發展水準，一為現有的操作水準，另一為透過協助可達成的水準，此一「雙水準」（two levels）理念，要求老師給幼兒較高一點的水準，讓幼兒能完成並超越其能力（*引自 McAuley & Jackson, 1992*）；在學習平衡上，教材、學習中心和課程時間表

的平衡，提供孩子具發展上適切的學習環境，例如：靜態及動態段落之間的平衡，幫助孩子調節自己的精力；獨立及團隊活動之間的平衡，給孩子展示其獨立性及合作的機會；私密及公共空間之間的平衡，提供孩子個人物品的儲藏空間及其作品公開展示的空間；安全及創新之間的平衡，鼓勵孩子在探索新教材時，嘗試冒「安全」的險（*White & Coleman, 2000*）；在兩性融合方面，不論男孩或女孩，都應鼓勵參與所有的學習區活動，以儘量擴展其學習經驗和社交技能，例如：家事區可能放置了積木，以鼓勵男孩和女孩來建造一個家庭；在積木區也可能放置了洋娃娃，以鼓勵女孩和男孩建造一個飛機場，這樣一來，一群孩子就可以飛到度假中心去（*White & Coleman, 2000*）。

▽ (二) 探索性（exploration）

3～6 歲的幼兒應少予規範，而應提供給他們在工作發展中更多自發性和想像性的見識（*McAuley & Jackson, 1992*）。Shoemaker（*1995*）即指出，最佳規畫的室內和室外物質環境，應透過探索和學習的機會，以增進幼兒最好的成長和發展，空間適切地設計，如門、牆、窗、地板、家具和裝置物都能引起幼兒的好奇，增進幼兒學習的潛力，當教師能關注幼兒的活動而非室內或室外空間的不足，就會有較佳的幼教課程。幼兒學習環境不是資料的堆砌，更重要的是依幼教課程，設計與布置豐富的情境，才能激發幼兒的思考、想像、創造，並使之具有探索價值。對此，Taylor（*1991*）提出創造幼兒良好環境的五項主要原則，包括：

1. 給予幼兒最佳學習的適切方法、順序和時間。
2. 認識和修正有關幼兒行為和學習風格的錯誤觀念

（misconceptions）。

3.關注所有幼兒生活的概念（家、學校、區域、其他）。

4.接受和增進發展上適切的課程。

5.統整課程領域。（*p.1*）

其中，對於幼兒的錯誤觀念，幼兒教育家 **Elkin** 認為大人的重要誤解有五：

1. 幼兒的思考（thinking）最像大人，感覺（feelings）最不像大人。

2. 當幼兒坐直和傾聽時學得最好。

3. 幼兒能根據規定來學習和操作。

4. 加速（acceleration）勝於精密（elaboration）。

5. 家長和教師能提高幼兒的智商。（*引自Taylor, 1991, pp. 6-7*）

由此可知，大人應重新省思和認知幼兒的學習、探索和環境之關聯和重要。**Seefeldt** 和 **Barbour**（*1994*），即強調：

我們知道幼兒透過與環境互動來學習，因此教室要好好的安排，其結構必須讓所有幼兒在探索中的學習以及與他人和器材互動的學習能成功；該環境也必須安排得使幼兒的團體，在有秩序的狀況作功能上的結合──一起合作、溝通、分享和工作。（*p.99*）

幼兒學習環境探索性的設計，可從區位明確、空間開放、使用近便、可以操弄和具遊戲性等方面著手。首先，**區位明確**上，**Moore** 認為行為情境的良好界定，須限制一個區一種活動、圍繞的空間及

與其他行為情境應有清楚的界線，並至少有一部分聽覺和視覺的分隔。學習區的規模應為 2～5 名幼兒加 1 名老師，並包括儲物櫃、地面區和設備插座；反之，如學習區空間的界定不清楚、供團體使用的學習區太大或太小，或特定活動的資源和工作板面尚未備便，則為行為情境界定很差的活動區（引自*Phyfe-Perkins & Shoemaker, 1991*）。Hohmann 和 Weikart 進一步強調設置定義清楚的學習區是培養孩子進取、自治和社會關係等能力的一個具體辦法，因這些區域都是每天可進入的，而且孩子知道那些材料可以用，以及在那裡可以找到。不變而可靠的空間規畫，使孩子們有機會事先計畫，想在何處活動以及想用那些器材做些什麼，因此學習區應有能讓幼兒理解的簡單名稱，例如：沙水區、積木區、美勞區、玩具區、圖書區、木工區、音樂律動區、電腦區以及室外遊戲場（倪用直等人譯，民 88），以利於幼兒清楚選擇與探索。事實上，根據Phyfe-Perkins 和Shoemaker的研究證明「孩子們若能在各種定義清楚的活動環境中，依他們自己的步調進行選擇和工作，那麼孩子們會在活動中展現出高度的社會互動、自發行為以及更專注於活動。」（引自倪用直等人譯，民 88，第 166 頁）。

其次，**空間開放上**，「開放」有邀請、自由與選擇之意，利於幼兒探索，Prescott 雖警告沒有大人的規畫，開放結構的情境很容易被幼兒擾亂，也可能缺乏挑戰，但在此情境中，可以看到幼兒的主動力、幼兒互動、流動和環境操作的潛力，因此她強調：「開放的情境（open settings）必須有良好發展的空間且大人知道如何解決問題並觀察到幼兒」（引自*Phyfe-Perkins & Shoemaker, 1991, p.184*）；亦即，此一開放性空間是易於教師督導與幼兒能自由探索的空間。

第三，**使用近便上**，應增進學習區之間的可見性以及活動的容易度，以利幼兒轉換空間，Hohmann 和 Weikart 說明學習區間的可

見性，指的是妥當地安排整個空間，使得孩子們站起來時，可觀看到在其他區域內活動的同儕，以矮櫃區隔學習區可達此目的；活動的容易度，則應讓孩子們能隨意地從一個學習角移動到另一個，例如：幼兒不必穿越娃娃角就應能進到美勞角，如須穿越，則要規畫出一條通道，既可讓孩子方便進入各區域，而且孩子們的遊戲也不會被干擾，如果孩子的遊戲經常從一個區域延伸到另一個區域（如假想的遊戲從娃娃角轉移到積木角），那麼將這些區域規畫靠在一起是有意義的，不僅可以鼓勵發展相關的遊戲，還可減少進出走動的問題（*倪用直等人譯，民 88*）。事實上，幼兒為了特定的遊戲類型會結合幾個學習區，Seefeldt 和 Barbour（*1994*）特舉例說明，有助於瞭解使用近便、利於幼兒探索：

> *例如：一個 4 歲大的「母親」在家事區，打算使她的「娃娃」入睡，她忽然問道：「親愛的，故事能否幫助入睡？」，隨後她到圖書區選了一本書，並拖曳小圖書室的搖椅回到家事區，坐下來，拾起她的「娃娃」，開始讀了起來。（p.107）*

　　第四，**可以操弄上**，幼兒的學習應以經驗為主體，透過實際的操作，讓生活經驗具體化；因此，各學習區都應提供可讓幼兒實際動手操作的器材，如科學區有可供觀察的水族箱和可以操作的器材，圖書區有可供閱讀的圖畫書，美勞區有紙、筆和顏料，音樂區有樂器，家事區有圍兜、刀和叉，娃娃區有布偶，積木區有各種不同形狀的積木，益智區有拼圖，裝扮區有醫生、護士的衣服和聽筒，電腦區有螢幕和鍵盤，沙水區有沙、水盤和鏟子等，以豐富幼兒視覺、聽覺、嗅覺、觸覺的經驗和學習。

　　此外，**具遊戲性上**，幼兒最有效地學習是透過一個具體的、

遊戲導向的幼兒教育（*Taylor, 1991*）。遊戲性（playfulness）可界定為允許個體在活動中自然地行為的概念或態度，並對其選擇有逃避、假扮、想像和假裝的能力；遊戲性最重要的因素是自由的概念，包括界限的自由（freedom from barriers）（外在的影響）和自由的表達（freedom for expression）（內在的意願）（*Aguilar, 1985*）。Aguilar（*1985*）認為創造更具遊戲性氣氛，應考慮下列各點：

1. 增加自由的意義。
2. 提供自我表達的出路。
3. 鼓勵人「遊戲的」觀念（"play with" ideas），而非「工作的」解決（"work for" solutions）。
4. 允許操作；運用「人力的」精巧裝置（"people-powered" devices）。
5. 提供不同程度的冒險／挑戰。
6. 鼓勵問題解決的活動。
7. 合併美勞（音樂、舞蹈、戲劇）。
8. 有彈性的。
9. 對遊戲性行為少有或剔除否定的結果。
10. 允許逃避現實、幻想和想像。
11. 鼓勵和示範良好的幽默感。
12. 允許試驗／探索。（*p.76*）

〔三〕 多樣性（variety）

成功的幼教學習中心，應提供多樣性的器材讓幼兒開放地探索（*Graves et al., 1996*）。Shoemaker（*1995*）即強調由於幼兒有

許多潛能以及幼兒間不同的個別差異,幼教學習中心透過課程和設備,提供幼兒豐富且多樣的機會,甚為重要,而太多單一功能家具會限制活動和想像的運用。Robson（1996）也認為教室的文化需包含許多觀點和經驗,讓幼兒能從那裡獲得大多數的益處。因此,教室的安排應提供多目的和延伸的空間,例如:圖書區可提供為安靜區和視聽站,透過在圖書中心設置一張小桌子和一些椅子,教師可延伸該空間作為幼兒一起工作設計的小團體活動基地（Graves et al., 1996）。須提的是,幼兒和教師的空間知覺並不相同,幼兒園學習環境應注意幼兒和教師的個別性和團體性,正如 Moyer、Egertson 和 Isenberg 所言:

> 雖然幼兒和教師占著同樣的物質空間,他們的空間知覺和運用並不相同。幼稚園（和學前學校）教師必須以幼稚園生（學前學生）的觀點安排該空間。為建立共享的意義（a sense of community）,幼稚園（學前學校）教室應反映幼兒和教師的個別性和團體性。（引自Taylor, 1991, p.9）

幼兒學習環境多樣性的設計,可從活動的內容、方式、性質、器材、對象等方面著手。首先,**活動內容上**,室內活動應提供活動種類多樣的學習區,如科學區、圖書區、美勞區、音樂區、家事區、木工區、娃娃區、積木區、益智區、裝扮區、私密區、電腦區、沙水區等;室外活動應設計多樣有趣的遊戲場地,有各式遊具（如鞦韆、滑梯、蹺蹺板、攀爬架）、硬鋪面（可玩三輪車、扭扭車、直排輪）、草地、菜圃、動物區（養小白兔、小雞）、沙和水區等,以豐富幼兒學習的內涵,激勵幼兒學習的興趣和提供幼兒多樣選擇的機會。

其次,**活動方式上**,幼兒學習有不同的活動方式,就室內學習

區而言，應兼顧靜態活動（如科學區、圖書區、益智區、電腦區）和動態活動（如木工區、積木區、裝扮區、沙水區），用水活動（如美勞區、科學區、家事區、沙水區）和不用水活動（如圖書區、益智區、裝扮區、電腦區），喧鬧活動（如音樂區、積木區）和安靜活動（如圖書區、益智區、私密區、電腦區），團體活動（如積木區、裝扮區）和個別活動（如私密區、電腦區）；另外，有些學習區是終年固定的（如積木區、電腦區），有些則隨課程、時事、季節或節慶而變動（如主題區）。此一幼兒學習環境設計，不僅有靜態的多樣性，還有動態的變化性，對幼兒更有吸引力。

第三，**活動性質上**，幼兒在園內的主要活動有學習、用餐和休息，Hohmann 和 Weikart 即建議學習環境應提供結合團體活動、用餐、午睡和存放幼兒個人物品的空間，團體活動方面，各學習角最好沿著四邊周圍設置，空出中間部分供團體活動用（如晨間集會和運動），由此也很容易進入所有的學習角，如室內空間很小或形狀特異，可考慮替代方案，如使積木角能大到可供團體活動使用；用餐方面，儘量合併用餐和午睡的空間，以免占據學習區的空間，也可考慮在美勞角、玩具角和娃娃角的工作桌上用餐，惟如果空間夠大，且幼兒要待一整天，那麼另闢一間適合孩子使用的桌椅以及令人愉快景色的餐廳，將更有變化；午睡方面，如為幼兒作息之一，而且也有與學習區分開的午睡空間，孩子的休息不會受玩具和器材的干擾，但若空間有限，則可運用學習區的通道空間；置物方面，讓每個孩子擁有收納他們個人物品的置物空間，可能是一個收納箱、盆子、盒子、籃子或是小小的包裝盒，並貼有適當的標籤（*倪用直等人譯，民88*）。

第四，**活動器材上**，應提供豐富且具廣泛經驗的器材，Hohmann 和 Weikart 認為「豐富」即每個區域內要有足夠的器材，才能讓許多孩子同時在區域內遊戲，例如：要有足夠多的大型積木組可讓數

個孩子一起搭建建築物,同時也要有足夠多組的小型積木可讓孩子玩填裝和倒空的遊戲,以及用來建造東西;只要有可能,每件東西至少均要有二個,像垃圾車、鐵鎚、釘書機、裝扮的鞋子等。至於,廣泛經驗的器材,係提供適合幼兒興趣及能力萌發的廣泛遊戲,有感官探索、建造、製作物品、假想和玩簡單規則遊戲的器材,有能激發孩子們在藝術、音樂、戲劇、寫作和說故事、數字和物理等方面興趣的器材,還有能提供孩子們語文、創造力的表現、社會關係、相似與差異、序列與型式、數字、空間、移動和時間方面的基本經驗器材(*倪用直等人譯,民 88*)。

此外,**活動對象上**,有團體和個別的需求,需設置大團體區、小團體區和私密區。在大團體區方面,如教室內需有可讓全班幼兒匯集的團體活動空間,幼兒園也應有讓全園幼兒集合活動的劇場和室外空間;在小團體區方面,需有可讓 2~6 名小團體幼兒互動的室內外空間和設施;在私密區方面,提供個人隱藏的地方,避開其他的人,不受打擾,該區與其他活動區有明顯的界定但非完全隔斷,讓幼兒可以隨時離開群體,也可隨時重新投入活動。

(四) 可變性(changeableness)

學習環境的組構是一項持續性的活動,空間的安排絕不能考慮予以固定,如果教室沒有功能性的順暢,教師應再評估空間的安排;當幼兒成長和成熟或興趣有新的轉變時,環境也要改變(*Seefeldt & Barbour, 1994*),而室外遊戲區的想像運用和改變,與室內遊戲區一樣重要(*Shoemaker, 1995*)。1994 年,Bilton 引用 Gura、Moyles 所作的研究,建議:最有效的學習來自簡單且易變的器材和環境,它延伸兒童的想像而非設計者的想像,並可由兒童採擇符合他們瞭解和學習需求的水準(*引自 Robson, 1996*)。盧美貴(*民*

77）從發現學習這一派教育學者的觀點，也認為：

> 「快樂」是孩子的權利，兒童不是具體而微的成人，每一
> 個孩子的個別性和獨特性應該受到尊重與珍視。經常變化
> 而更新的學習環境，會使孩子看得多、想得多，也體驗得
> 更深刻。（第 305 頁）

　　幼兒學習環境可變性的設計，可從彈性空間、彈性學習、變化器材和變化功能等方面著手。首先，**彈性空間上**，運用可移動的矮櫃、隔板或設施，以變化學習空間，Castaldi（1994）即強調使用可移動的隔板（moveable　partitions）以增加教學區的彈性，並建議運用可破壞的隔板（destructible partitions）以改變未來建築物內部空間的配置，這種隔板可以提供一個實際而經濟的方法，解決不能預知的未來需求問題。Hohmann 和 Weikart 另建議替學習區的貯物架裝上腳輪或輪子，以方便轉動和移動靠牆存放，或將玩具籃及收納箱貯藏在有輪子的手推車上；同時，替貯物架裝上樞紐，讓它關起來像個箱子，或將桶子、盒子放置在適合的床下、沙發下和搖椅下，躺椅後面、櫥子裡、走廊上和入口通道處（*倪用直等人譯，民 88*），以增加學習空間運用的彈性。另外，室外遊戲器材如鞦韆、滑梯、蹺蹺板、鐵桿、攀爬架等須固定安裝者，應審慎配置，以能留下較大的空間供活動式或變化式器材之使用。

　　其次，**彈性學習上**，幼兒學習的場地、時間、主題應富彈性且多變化，以激勵幼兒學習興致和提高學習效果。在變化學習場地方面，Hohmann 和 Weikart 建議可依天氣變化空間的使用，當下雨、刮風、起霧、下雪或氣溫極低必須留在室內時，和孩子們可以決定移動置物架、桌椅和沙發，將室內空間轉變為一個開放空間，以進行有輪子玩具的遊戲或是跑步遊戲；當天氣晴朗時，和那群精力旺

盛的孩子們可以決定將全部的學習區（娃娃區、美勞、積木、水箱）挪到戶外（倪用直等人譯，民 88）；在變化學習時間活動，White 和 Coleman（2000）建議修改每日的課程計畫表，好讓孩子有多一點的時間，投入於有所興趣的方面；在變化學習主題方面，可配合季節或單元教材之進度，作有計畫性或臨時性的變化與調節。

第三，**變化器材上**，White 和 Coleman（2000）指出當孩子開始顯露出厭煩時，就引進新的教材，改變或創造新的學習區，以維持孩子們的興趣，並鼓勵他們去試驗，也可把類似的教材從原學習區移到另一學習區。另外，有某些區域過度或甚少使用、動線模式改變、實地運作經驗、重新制定規則、加入新器材以及對新奇的需求等因素，教師需在布置上做一些變換以順應孩子們的發展，Hohmann 和 Weikart 特舉四例說明教師如何改變學習區和器材，以回應孩子們的需求：

> 例 1：朵莉和山米已經在積木角拼構了機器人，因此大人們在美勞角添置了盒子、金屬箔片、鐵絲和一桶舊收音機的零件。朵莉和山米便利用這些器材製作了一個有移動裝置的大機器人。
>
> 例 2：老師斷定孩子並沒有使用玩具角是因為當他們使用該區時，他們無法從兩張桌子上方看過去，也搆不到玩具架，而且無法在地板上找到地方來玩。因此，老師便決定移掉一張桌子，並將另一張桌子移靠牆壁，而且換一個架子使得架子上的東西較清楚可見。孩子對這些改變的反應是，在該區遊戲彷如它是全新設計的。
>
> 例 3：此時天氣很好，沙臺正好在門外，緊臨著圖書角。大人決定將圖書角移到房間的另一邊，這麼一來孩子們就可以享受看書的樂趣而不會受到沙水角進出

走動的干擾。

例 4：在參觀雜貨店之後，大人們和孩子們重新安排娃娃
角，騰出空間讓孩子們搭設雜貨店商品架和設置一
個付帳櫃臺。（*倪用直等人譯，民 88，第 169-170 頁*）

此外，**變化功能上**，Hohmann 和 Weikart 強調多重運用，例如：
沙發可以是一個坐下來看書的舒適地方，也可做為戲臺，或為假想
病床或堡壘；而桌子可運用為用餐的地方、畫畫或玩黏土的工作
臺、堆建積木城堡的平臺，也可在桌面下玩或是將它假想為一棟建
築物（上面覆蓋一條毯子，它就是一間屋子，或者將它併靠著另一
張桌子，它就又變成了障礙道中的隧道了）；如果課程是在極小的
空間中實施，可以讓學習區循環更替，亦即一次只設二～三個學習
區，例如：先設娃娃區、積木區和圖書區，然後以美勞區、玩具區
和木工區循環輪替，這雖然不是安排環境的理想方法，但循環更替
學習區比同時設區，卻沒有足夠空間或器材讓孩子實際建構或畫畫
要好得多（*倪用直等人譯，民 88*）。黃世鈺（*民 88*）重視運用巧思，
她認為園所空間不是問題，靈活運用巧思才是最大的關鍵，家接區
在鄉間可以是榕樹下，在都市裡可以是辦公室一處半圓形的原木地
板，沙坑可以是裝生日蛋糕的保麗龍盒，窗臺上布丁的透明盒可以
種豆，加蓋的果凍盒上端打幾個透氣孔，可以是蠶寶寶的家，盆栽
上的愛心認養牌，可培育孩子責任感，也是自然觀察；圍高至足踝
的清洗區可以滿足踩水的嬉趣，可以赤腳、可以坐躺、可以滾翻的
有生命的綠草皮是童年仙境。

﹙五﹚ **舒適性**（well-being）

學校是幼兒「延伸的家庭」（extended family）（*Click &*

Click, 1990），幼兒學習環境的舒適性，從心理學來看，講求歸屬，應有溫馨家庭之感；從美學來看，講求美感，應有舒適布置之柔；從人體工學來看，講求適用，應為幼兒尺度之境；從生理學來看，講求衛生，應為整潔環境之地；從物理學來看，講求舒適，應重物理情境之順。對此，鄭慧英（1996）在幼兒園園舍建築設計「舒適的原則」有一段深入的描述，值得參考：

> 幼兒園的建築應為成長中的幼兒提供一個舒適的生活、學習環境，對幼兒的身心發展產生積極的影響。因此，幼兒園的園舍建築應給予幼兒溫度的舒適，為此要考慮幼兒用房的朝向、通風設備、遮陽設備、採暖及防暑設備，使室內溫度不致過高或過低；要給幼兒視覺的舒適，為此要注意照明採光適當和裝飾色彩的協調，光線不能過強或過暗，裝飾顏色不要過於鮮艷刺激，也不要單調、晦暗；要給予幼兒聽覺的舒適。因此，要注意隔音設備，以減少噪音；要給予幼兒空間的舒適，為此要注意幼兒用房室內高度及室內外活動場所、休息場所的面積。保證幼兒有寬敞的活動空間，空間的狹小、人群的擁擠會給兒童帶來煩躁的情緒和較多的攻擊性行為，並影響各種活動的開展。
>
> （第276頁）

幼兒學習環境舒適性的設計，可從溫馨家庭、舒適布置、幼兒尺度、整潔環境和物理情境等方面著手。首先，**溫馨家庭上**，Hohmann 和 Weikart 認為運用家庭式的物品、圖書、雜誌、圖畫、照片、洋娃娃和玩偶，描繪出孩子們的家庭與社區的真實情況是很重要的（*倪用直等人譯，民 88*）；Click 和 Click（1990）提出建立「家庭般的氣氛」（a home-like atmosphere）應包括下列中的七項：

1. 長沙發或柔軟舒適的椅子。

2. 大枕頭、裝豆子的小布袋椅。

3. 供幼兒放置書本、餐盒和夾克的地方。

4. 供他們儲藏尚待完成的設計作品（如郵票蒐集或木工作品）的地方。

5. 供幼兒儲藏從家裡帶來益智遊具的地方。

6. 可獨處的地方——箱子、閣樓、帳蓬、屏風。

7. 清潔用的掃帚、畚箕、水桶、拖把、海綿。（*p.302*）

其次，**舒適布置上**，應重視園舍造形和室內布置的效果。在園舍造形方面，鄭慧英（*1996*）認為園舍建築應給人親切、愉快、美的感覺，並強調環境藝術化是教育的一種手段，美觀大方的園舍建築對幼兒美感的培養有潛移默化的作用；因此，幼兒園建築設計中，總體布局要適當考慮對稱、協調的關係；同時，每座建築物應依其用途而有不同的造形表現，幼兒用房造形應力求別緻、多樣，色彩應以鮮豔的暖色為主；辦公用房則表現樸實大方，做到整體與局部和諧，內容與形式的統一；圍牆和大門造形親切、活潑，富於童話色彩和兒童情趣，很容易引起幼兒喜歡，無形中消除了幼兒的陌生畏懼感，留下很好的第一印象；有的幼兒園根據兒童的身高設計建造的娃娃城、兒童世界，充滿了濃郁的兒童生活氣息，富於童趣和童話色彩，深受兒童歡迎。在室內布置方面，Hohmann 和 Weikart 認為空間對兒童而言是充滿魅力的，讓幼兒空間既舒適又受歡迎的設計要素有：

1. **軟性**（softeness）：使用地毯、厚毯、搖椅、抱枕靠墊與枕頭、床墊、軟骨頭椅、摺疊椅、窗簾或窗幔，以及壁毯創造舒適的遊戲場地表面。這些柔軟的器材不只是舒適和吸引人，更有靜音效果。至於要創造舒適的戶外遊戲空間，就得

準備草地、砂子、罐子、樹、木頭、水、花卉、葉飾以及吊床。

2. **圓形化的角落**（rounded corners）：在角落放置大型盆栽、搖椅、枕頭以及掛上懸垂植物和織物吊飾，使尖銳的邊緣修正成圓形。

3. **令人愉快的色彩和質感**（pleasing colors and textures）：有些色彩和質感具有撫慰及吸引人的效果，有些則不然。檢查看看你的牆面、天花板和地面，假如它們讓你有想進入的念頭，那麼就是理想的，若沒有這種效果，你可能就得考慮換掉它們了。

4. **自然材料與光線**（natural materials and light）：運用木頭以及從窗戶和天窗照入的戶外光線，是將一絲許自然氣息帶入室內來柔化環境的另一種方法。

5. **舒適的角落**（cozy places）：一個置有靠枕與書本的柔軟、隱密或靠窗的位置提供兒童一個地方駐足、獨處、觀察和從事一些事情而不必去理會社會群體。舒適的角落對於全日制的幼兒而言尤其重要，因為他們需要從持續的互動中暫時退出，小憩片刻（*倪用直等人譯，民88*）。

　　第三，**幼兒尺度上**，兒童環境應符合幼兒的人體工學原理，重視幼兒動靜態活動之尺規（*Ruth, 2000*）。因此，教室的設計應坐下來用幼兒的視野來看（*Graves et al., 1996*），家具和設備的選擇必須適合幼兒的大小，也應易於重排以符應變化教室的需求（*Brewer, 2001; Click & Click, 1990*）；此外，教室內的水應易於取用，教室則應易達室外遊戲區及廁所設施（*Spodek & Saracho, 1994*）。

　　第四，**整潔環境上**，Bee（*1992*）強調在富色彩、整潔的環境，幼兒顯出更多的創造性遊戲和探索，也更適合幼兒遊戲；基本上，

幼兒園的衛生條件，直接關係到幼兒的身心健康，因之園舍建築設計必須注意採光、通風、防暑、取暖、給水排水與各種清潔衛生（鄭慧英，1996）。衛生的設計是教師基本的關切，雖然保持物質環境的衛生很費時間，但花一點時間全面地注意衛生設施，將會有更多的時間享受學習活動，而幼兒健康易於照顧、教導和相處（Seefeldt & Barbour, 1994），因而廚房、餐廳、廁所、水溝及飲用水和排水設施，應符合衛生條件，並注意確保所有內部的表面能輕易地維持並清理乾淨，遊戲設施及玩具的選擇也應考慮到是否在使用後，能確實地清理乾淨（Castaldi, 1994）。

　　此外，**物理情境上**，應注意採光環境、色彩運用、噪音控制和通風設施之設計。在採光環境方面，幼兒園的活動用房嚴禁設在地下室及半地下室，而應設置在當地最好之日照方位，並滿足冬至日底層滿窗日照不少於 3 小時的要求，溫暖地區、炎熱地區的活動用房應避免朝西，否則應設遮陽設施，幼兒用房選用的燈具應避免眩光，活動室、音體活動室、醫務保健室及辦公用房宜採用日光色光源的燈具照明，其餘場所可採用白熾燈照明（鄭慧英，1996）；室內主要學習區應提供高品質的人工光線，可使用一般照明加天窗，避免各種高反射表面或其他光源而來的眩光，如鏡子或玻璃，雪及天空的刺眼光線也應控制，人工的光線應均勻分佈在整個室內（Castaldi, 1994）。在色彩運用方面，幼兒較喜歡暖色系，並應多利用顏色的正面心理學功效，因顏色對房子的居住者有一定的心理影響（Castaldi, 1994）。在噪音控制方面，音體活動室、活動室、寢室等房間的室內噪音不應大於 50 分貝（鄭慧英，1996），聽覺環境應提供適宜的聽覺情況，除了潮濕區域外，地板上應覆有地毯，且吸音材料應放置在天花板及牆上層，以利創造安靜的氣氛（Castaldi,1994）。在通風設施方面，幼兒園活動用房應有良好的自然通風，廚房、衛生間等均應設置獨立的通風系統。

㈥ 安全性（safety）

　　安全的環境是適宜幼兒發展的必備條件（*Charlesworth, 1992*），在安全的環境裡，幼兒的生命獲得保障，才能快樂的學習、成長。White 和 Coleman（*2000*）清楚的界定「安全」係反映孩子身體、心理及社會性的舒適，這是由良好設計的學習環境而來的。學校負有安全責任，在象徵意義上是「保護」（protected），實際知覺上則有「協助」（helping）的意義（*Brause, 1992*），幼兒感覺安全和快樂的環境，就是他（她）能表現最好的地方（*Taylor, 1991*）。Brewer（*2001*）即說明教師應盡力提供安全的學習環境，教室配置的選擇、教學器材的蒐集，教室內和遊戲場上都要兼顧安全。因此，安全性的設計自是教師基本的關切，正如Beaty（*1992a*）所言：

> 安全性是所有學前學校幼兒教師基本的關切，在我們能為幼兒提供發展活動之前，我們首先須保證給他們一個安全的環境。盥洗室、出口、樓梯、室外遊戲區每天都要使之乾淨、清潔安全。幼兒需學習在教室內和遊戲場上如何使他們自己安全，教師也需學習協助幼兒在不安全的情況下如何保持安全。（*p.15*）

　　幼兒學習環境安全性的設計，可從建物內的安全、遊戲場的安全和校區的安全等方面著手。首先，**建物內的安全上**，園舍以平房為原則，建築必須堅固安全，建材必須經久耐用，以達到防風、防震、防火、防水的功能（*鄭慧英，1996*）；重要的是，教師需以幼兒的角度來檢查活動室的物質環境，如家具和設備應無會傷害幼兒的銳角或突起，交通模式（traffic patterns）的設計應避免碰撞，

室內攀爬設備應設置柔軟鋪面，教室如有行動不便的幼兒則其物質環境應另裝修並重新安排，易倒下的家具應設置支架以免滑倒（*Castaldi, 1994; Spodek & Saracho, 1994*）；幼兒經常出入的門，如活動室、寢室、音體活動室應設雙扇平開門，其寬度不應小於 1.2m，門的雙面均應光滑、無稜角，不應設門檻，外門宜設紗門；在距地 0.6～1.2m 高度內，不應裝易碎玻璃；幼兒經常出入的通道和衛生間應為防滑地面；幼兒經常接觸到的 1.3m 以下的室外牆壁不應粗糙，室內牆面宜採用光滑易清潔的材料；牆角、窗臺、暖氣罩、窗口豎邊等稜角部位必須做成小圓角；幼兒用房的散熱設備必須採取防護措施（*鄭慧英，1996*）。另外，教室至少應有二個出口以供急難之用，並清楚的標明緊急出口路線，任何潛在傷害性物品，如清潔劑或藥品，應貯存於教室外或帶鎖的櫥櫃內（*Essa, 1996*），並預留空間做為設備搬動之用。

其次，**遊戲場的安全上**，室外遊戲場應選擇安全耐用的器材，注意器材的安全間距，幼兒遊戲時宜有大人的督導，遊戲場跳落區保護面最小間距 1.5～2.1m，不得侵入區最小間距 1.8m，遊戲器材應定期檢查維護（*湯志民，民 87*）。室外遊戲場的鋪面應能防止幼兒跌倒與擦傷，鋪有草皮的區域看起來很美觀，但不如它所看起來的那樣柔軟，例如：草在黏土型（clay-type）的土壤中生長，並不能有效的保護幼兒避免擦傷；反之，厚厚一層鬆散的細小卵石之類東西，反而是鞦韆、滑梯及爬竿等遊戲場設施，比較安全的鋪面（*Castaldi, 1994*）。

此外，**校區的安全上**，學校前門入口應退縮不要臨路，並設計簡單的車道，以利接送兒童（*林朝鳳，民 77*）；幼兒遊戲區，不容許有任何車輛進入或靠近；有毒的植物，應避免或移開；室外的插座及電線應設置在幼兒搆不到的地方；容易翻倒的設備也應牢牢固定在地上，要不然就將它移開；校地上的障礙物應用亮漆來標明，

讓幼兒能從其角度輕易地看到它（*Castaldi, 1994*）。樓梯除成人扶手外，並應在靠牆一側設幼兒扶手，其高度不應大於 0.6m，樓梯欄杆垂直線飾間的淨距不應大於 0.11m，樓梯踏步的高度不應大於 0.15m，寬度不應小於 0.26m；還有在幼兒安全疏散和經常出入的通道上，不應設有臺階，必要時可設防滑坡道，其坡度不應大於 1：12（*鄭慧英，1996*）。

(七) 參與性（participation）

在學習活動中，幼兒是主體，必須扮演主動參與的角色。Hart（*1987*）強調，兒童參與學校環境的規畫設計，可使其對所屬的地區環境作最好的探究與瞭解；通常，兒童的設施（如教室），規畫者與兒童商議的情形非常普遍，兒童創造他們自己的場地最少始自 3 歲或更早，最早的場地形式是「發現的」（found）而非「建造的」（built），許多學校教師也看到允許兒童發現空間並在其內表演的價值。Hohmann 和 Weikart 認為當孩子們參與改變環境的工作時，例如：將美勞桌移開以騰出一個工作空間，可以使他們感覺到有控制自己世界的能力（*倪用直等人譯，民 88*）。因此，Shoemaker（*1995*）強調「規畫非為團體而做，但須由團體來做」（planning cannot be done for a group, but must be done by the group）（*p. 142*），正如 Robson（*1996*）一段師生共同布置教室的描述：

> 當然，有一個大型布置的場地，幼兒他們自己可擔負的責任比我所準備給他們的還多，而且他們能對進行怎麼樣的布置，以及如何完成它作決定。然而，較為普通的布置類型，須為幼兒個別的努力。再一次，幼兒有大人的協助和輔導，可勝任他們自己的工作，將它掛於牆上或置於櫃子

和桌上。（*p.167*）

　　幼兒學習環境參與性的設計，可從建構區域、收納器材、彩繪牆飾和植栽養殖等方面著手。首先，**建構區域上**，Robson（*1996*）認為設置一個區域，如理髮或庭園中心，或以方案或主題設計，應「能與幼兒一起完成，而不是做好給他們」（can be done with the children, not to them）（*p.167*），亦即教師可透過相關主題活動（如聖誕節、春節、校慶、國慶日或生日派對），與幼兒一起建構主題學習區；當然，教師也可從幼兒對學習區興趣的增加或減少，或與幼兒的討論中，與幼兒一起重新規畫或配置學習區。

　　其次，**收納器材上**，幼兒學習環境一般為開放的學習區、器材或設備，就近設置，以利幼兒隨時取用，為培養幼兒負責、辨識與維護環境整潔的習慣，並讓室內外學習區維持其功能，應教導並由幼兒在使用各項遊戲器材與設備之後，應隨即將之收納歸位，以利後來者隨時可用。

　　第三，**彩繪牆飾上**，幼兒的學習環境即為幼兒天賦表現的展示場，小孩子莫不喜愛塗鴉，給他們一塊牆讓他們隨興的畫畫，留下不加矯飾的童真；也可讓幼兒一起來完成一大幅壁畫，蓋蓋手印、腳印，留下歲月的足跡；另外，孩子的美勞、圖畫、陶土作品，也是布置教室的最佳材料；幼兒的家居生活照、心愛的收藏品、布偶或小玩具，都可拿到幼兒園與大家一起分享喜悅。

　　此外，**植栽養殖上**，讓幼兒栽植小花小草，或在苗圃種菜，一則觀其成長，瞭解自然，又可綠化美化；小朋友最喜歡小動物，讓幼兒養養小雞、小鴨、小鳥、小魚或小白兔，一則體會生命成長的奧秘，經驗飼養之責，又可增添園舍動態之美。

第五節

學習環境設計的步驟

　　設計和創造高品質的幼兒學習環境是一項複雜而漫長的歷程，Stoecklin & White（1997）提出四個重要的步驟，以供更新和規畫新設施之參考：(1)步驟 1：園地初訪（preliminary site visit），會見主要的教師、家長甚或一些幼兒，以獲致設計需求，如幼兒年齡和人數、團體大小、人員配備、課程目的、活動範疇、設計空間、面積需求、必要的規定／標準和美感的區域；同時調查現有的結構、數目的位置、現有園舍的建材、日照的位置、基地的排水設備、現有建築的機電系統等。(2)步驟 2：概念性設計（conceptual design），以探尋如何使課程最有效能，並提出園舍和空間的整體概念，如要繪圖不必太細，只要畫出毗連區域和大小的氣泡圖（bubble digrams）即可。(3)步驟3：基模設計（schematic design），包括繪製建築細部圖面、配置關係、基本家具布置、平面圖、機電和結構要素等。(4)步驟4：發展建造圖（the construction drawings）、教育計畫說明書（specifications）以及決定所有家具和設備，建造圖是申請經費和施工用，教育計畫說明書包括許多細節，如洗手槽高度和深度、馬桶高度、門的位置、地板鋪面、窗沿、採光和音響等，讓幼兒、教師和家長有最好的空間使用。

　　紐西蘭教育部（Ministry of Education, 2004）為使新設立的幼兒中心一開始就能做對並具有品質，特提供優質幼兒中心設立的12步驟，包括：(1)步驟 1～4：設何類型的幼兒中心（what type of center）；(2)步驟 5：核計預算（work out your budget）；(6)步

驟 6：設計和建立幼兒中心（design and build your center）；(7)步
驟 7：準備聘用教師（prepare for staff employment）；(8)步驟 8：
購置家具、配件和設備（get furniture, fittings and equipment）；
(9)步驟 9：設置運作系統（set up operating systems）；(10)步驟 10：
準備憑證、保險和手續（prepare charter, policies and procedures；
(11)步驟 11：衛生、消防和法定工事（health, fire and civil defence）；
(12)步驟 12：申請試用執照和許可證（apply for a probationary licence
and charter）。

　　Dunn、Dunn 和 Perrin（*1994*）認為教室再設計建基於個別的學
習風格，並提出 7 項規畫步驟：(1)界定學生的學習風格（identifying
students' learning styles）；(2)評估教室再設計的可能性（assessing
the classroom for its redesign possibilities）；(3)設置隔板（locating
dividers）；(4)清除地板區（clearing the floor area）；(5)加入學生
（involving the students）；(6)考慮其他區分（considering other
ramifications）；(7)設計教學中心（designing instructional centers）。

　　國內，張世宗（*民 85*）提出幼稚園空間的規畫和設計程序，具
實用價值，包括：(1)功能界定——依目標主題的需要，開發必要的
功能和教學活動——如不同的角落活動，並決定所需教材、設備等
資源的量與質（定量定性分析）；(2)功能分區——將分析所得的必
要教學活動、資源等，依功能特性，以及教室現況條件作合理的區
分配置；(3)平面配置——以動線區隔各分區，或利用裝置教學資源
的櫥櫃等活動單元行開放式彈性隔間；(4)立體配置——教室內空間
垂直區分成地面、幼兒操作、成人使用、天花板等四帶，將所需功
能行立體配置規畫；(5)方案發展（子系統設計）——教材歸位、使
用指引、活動引導、整體氛圍……等之設計。

　　茲參考幼教學者專家之見解（*田育芬，民 76；林朝鳳，民 77；張
世宗，民 85；Dunn et al., 1994; Graves et al., 1996；Ministry*

of Education, 2004；Stoecklin & White, 1997），將學習環境設計的步驟，分為目標設定、學習區劃、空間組構、情境布置和用後評估等五項（如圖8），並分別說明之。

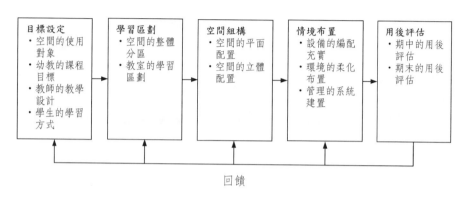

目標設定	學習區劃	空間組構	情境布置	用後評估
・空間的使用對象 ・幼教的課程目標 ・教師的教學設計 ・學生的學習方式	・空間的整體分區 ・教室的學習區劃	・空間的平面配置 ・空間的立體配置	・設備的編配充實 ・環境的柔化布置 ・管理的系統建置	・期中的用後評估 ・期末的用後評估

回饋

圖8：學習環境設計的步驟

一 目標設定

「目標設定」是學習環境設計的第一個步驟，先要確定該空間的使用對象、幼教的課程目標、教師的教學設計和學生的學習方式。

(一) 空間的使用對象

空間的使用對象，是大人，還是幼兒？大人是家長，還是教職員？教職員是行政人員，還是教師？幼兒是4歲、5歲，還是6～8歲？幼稚園是小班，還是大班？小學低年級，是一年級、二年級，還是三年級？有無行動不便幼兒？不同的使用對象，有不同的空間需求，影響幼兒園舍的整體規畫與興建。

(二) 幼教的課程目標

幼教的課程目標，是健康、保育，還是完整兒童的培養？根據教育部國民教育司（民76）「幼稚園課程標準」之規定，幼稚教育以生活教育為中心，課程領域包括健康、遊戲、音樂、工作、語文、常識，課程設計應以幼兒為主體，以活動設計型態作統整性實施，讓幼兒透過遊戲而學習；為達成維護兒童身心健康、養成良好習慣、充實生活經驗、增進倫理觀念、培養合群習性的幼教目標，須輔導幼兒關心自己的身體健康和安全，表現活潑快樂、具有多方面興趣、良好生活習慣與態度，對自然及社會現象表現關注，喜歡參與創造思考和解決問題的活動，能與家人、教師、友伴及他人保持良好關係，學習欣賞別人的優點，有感謝、同情及關愛之心，並能適應團體生活，表現互助合作、樂群、獨立自主及自動自發的精神。不同的課程目標，有不同的空間需求，影響幼兒室內外學習環境的設計與配置。

(三) 教師的教學設計

教師的教學設計，是傳統式教學、開放式教學，還是蒙特梭利教學？是啟發教學法、發表教學法，還是練習教學法？是分齡教學，還是混齡教學？大班教學、個別教學、分組教學，還是協同教學？教學型態是自由活動、個別活動、分組活動，還是團體活動？是室內活動，還是室外活動？根據教育部國民教育司（民76）「幼稚園課程標準」之規定，思想、概念的學習活動，宜採啟發教學的方法，指導幼兒提出問題、蒐集資料、分析比較等，以發展幼兒思考能力；語文、美術及音樂等學習活動可採發表教學法，指導幼兒

發表，以發展幼兒說話、繪畫及唱歌等能力；語文符號的熟識記憶、動作技能的學習活動，在理解之後，宜用練習教學法，指導幼兒練習。教師設計教學活動應注意室內與室外活動、靜態和動態活動，以及個別和團體活動的均衡。不同的教學設計，有不同的空間需求，影響幼兒學習環境的空間需求與關係。

(四) 學生的學習方式

學生的學習方式，在學習風格上，是視覺型學習、聽覺型學習，還是觸覺型學習？在道德發展上，是無律、他律，還是自律？在遊戲型態上，是練習性遊戲、表徵性遊戲、規則性遊戲？是漫遊遊戲、個人遊戲、旁觀者遊戲、平行遊戲、關聯遊戲，還是合作遊戲？不同的學習方式，有不同的空間需求，影響幼兒學習環境的情境需求與布置。

二 學習區劃

「學習區劃」是學習環境設計的第二個步驟，係根據第一步驟「目標設定」之空間的使用對象、幼教的課程目標、教師的教學設計和學生的學習方式，來作空間的整體分區和教室的學習區劃。

(一) 空間的整體分區

空間的整體分區，以內外部區分，可分為室內空間、半室外空間和室外空間；以功能性區分，可分為校門區、大人區（行政室、保健室、觀察室、家接區）、教室區（活動教室、遊戲室、圖書

室）、活動區（遊戲場、戲水池）、園庭區；以作息性區分，可分為教學區、午休區和餐點區。幼兒學習空間的整體分區，應依前述的「目標設定」，以空間的使用對象和幼教的課程目標為據，就園舍空間的大小和資源條件，做最佳的環境規畫。

▽ 教室的學習區劃

教室的學習區劃，以活動性區分，可分為科學區、圖書區、美勞區、木工區、工作區、音樂區、裝扮區、家事區、娃娃區、積木區、益智區、安靜區、私密區、電腦區；以動靜態區分，可分為喧鬧區、安靜區；以用水否區分，可分為用水區、不用水區；以用人數區分，可分為團體區、個別區、私密區；以設施性區分，可分為活動區、儲藏區；以變動性區分，可分為固定區、主題區。幼兒活動教室的學習區劃，應依前述的「目標設定」，以教師的教學設計和學生的學習方式為據，就教室空間的大小和資源條件，做最佳的環境規畫。

三 空間組構

「空間組構」是學習環境設計的第三個步驟，應根據第二步驟「學習區劃」之空間的整體分區和教室的學習區劃，來作空間的平面配置和空間的立體配置。

▽ 空間的平面配置

空間的平面配置，分為界定固定裝置、界分活動區域和導引動線設計等三部分，茲分別說明之：

1.界定固定裝置：每一所幼兒園學習環境皆不相同，在學習空間的平面配置上，首先要確定有那些固定裝置，如牆面、電插座、水源、光源、噪音源、窗戶、出入口通道、廁所、洗手臺、水槽、天花板高度、地板、固定櫥櫃……等，這些固定裝置的位置，影響學習區位的決定及環境的教學運用。

2.界分活動區域：確定學習環境的固定裝置之後，依第二步驟「學習區劃」的需求，作空間的整體分區和教室的學習區劃，以教室為例，可分為濕區、乾區、安靜區、喧鬧區（Graves et al., 1996；Olds, 2001），再依區域性質配置各學習區，如美勞區、科學區、家事區、沙水區等可配置於濕區；電腦區、益智區等可配置於乾區；圖書區、私密區等可配置於安靜區；木工區、音樂區、裝扮區、積木區等可配置於喧鬧區。

3.導引動線設計：動線是學習區域活動的命脈，動線活絡，會使整體學習環境運用的效能提高。就園舍而言，校門區、大人區、教室區、室外活動區和園庭區之關係，應配合課程、教學和作息，讓大人和小孩的活動動線不受干擾或交錯，園舍動線系統以廊道、穿堂、園路為主體，應配合園區整體設計。就活動室而言，動線是交通途徑，也是學習區的分界線，不當的動線安排會破壞學習區功能空間的完整性；為界定完整的功能性空間，張世宗（民85）建議地坪區隔的方法：(1)將空間地坪整體墊高（墊高地坪或墊高樓板均可界定空間）；(2)地坪加以不同材質之鋪面材區隔（如地板上鋪地毯）；(3)地坪鋪以不同質感或顏色之鋪面材（如組合地毯）；(4)在地面上貼以分隔線……等，值得參考運用。此外，運用活動隔板（正面供放置操作性教材，背面可設計成白板、洞洞板等功能性面板）、置物架、小櫃子區隔學習空間與導引動線，惟須注意不可擋住教師視線，以利班級經營及安全管理。

以活動室空間的平面配置為例，Graves等人（1996）提出設計

幼兒教室物質空間的步驟（steps in designing physical space for an early childhood classroom）（如圖 9 所示），值得參考。其步驟有三：(1)界定固定裝置（permanent fixtures）——物質空間運用的規畫，應考慮的一些可能固定裝置，包括：電插座、水源、光源、出入口通道、天花板高度、安靜區、喧鬧區、地毯、地板、建築物的傳音性（acoustics），這些教室的固定裝置，決定學習中心的最好區位以及環境的教學運用。(2)界定平常活動的區域——以固定裝置為基礎，將教室分為四區——濕區（drip areas）、乾區（dry areas）、安靜區（quiet areas）和喧鬧區（noisy areas），教師應記錄教室的另外固定物（如電插座），它可能限制或延伸特定運用的潛在性。(3)配置隔板和家具，確定學習中心的可用空間（the available space），並用置物架、書架和低隔板來引導動線。

(二) 空間的立體配置

空間是一個三度的內空量體，我們可以將立體的概念用線材、面材、塊材加以分隔，張世宗（民85）將教室內的垂直空間，依牆壁面高度分為幼兒操作帶、共同帶、成人利用帶、天花板等四帶，將所需功能作立體配置規畫，甚值參考，以下分別說明之：

1. 幼兒操作帶：約 120cm 以下之壁面。此帶是幼兒可及的操作帶，對成人取用物品反而不方便，應儘量配置成供幼兒操作學習的功能性設施。如：塗鴉牆等。

2. 共同帶：約 60～150cm 之壁面。此帶是幼兒、成人共同可及、共同使用的複合功能帶，應儘量配置以需要幼兒、成人共同利用的壁面功能。如：作品展示牆等。

3. 成人利用帶：約 120cm 以上之壁面。此帶是幼兒不可及的成人專用帶，可以作為幼兒的視覺帶，也可供放置對幼兒具危險性、

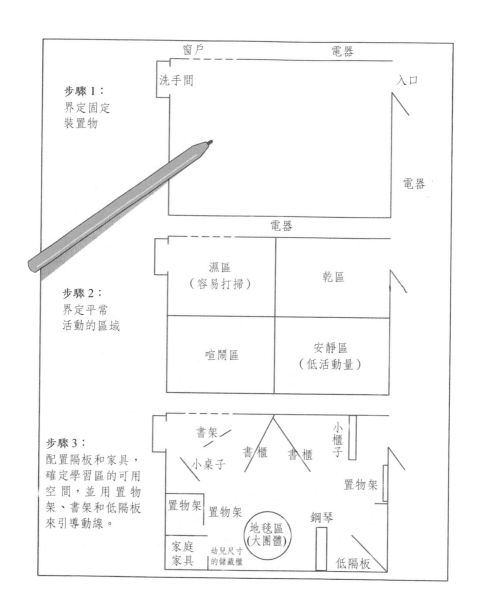

步驟1：
界定固定
裝置物

步驟2：
界定平常
活動的區域

步驟3：
配置隔板和家具，
確定學習區的可用
空間，並用置物
架、書架和低隔板
來引導動線。

圖9：設計幼兒教室物質空間的步驟

資料來源：*Young Children: An Introduction to Early Childhood Education*, S. B. Graves, R. M. Gargiulo, and L. C. Sluder, 1996, p.210.

或讓成人取用方便的物品（如圖10）。

4.**天花板帶**：天花板下是一個常被忽略的潛在功能空間，天花板一方面可固定區隔空間用的吊垂系統，一方面亦可懸掛視覺標示系統。

(1)吊垂區隔：天花板下吊掛質輕的張力建材乃一簡單、經濟的空間分隔方式，並且不會干擾地面交通或固定性地阻隔動線穿過。實際應用時可從天花板吊下垂直隔屏（如：布簾、珠簾等），也可在天花板下垂掛水平性的帳幕（如：布帳、有色透明膠布等）。

(2)視覺懸垂系統：用懸掛方式可呈現幼兒眼可見、手不可及的視覺展示或標示系統，例如：吊垂教材、展品、指示牌、海報、標語牌等。

圖10：教室內垂直空間的幼兒帶、共同帶、成人帶

資料來源：**幼兒學習空間的規畫與運用**，張世宗，民85，第30頁。

四 情境布置

「情境布置」是學習環境設計的第四個步驟，應根據第三步驟「空間組構」之空間的平面配置和空間的立體配置，來作設備的編配充實、環境的柔化布置和管理的系統建置。

㈠ 設備的編配充實

室內外每一學習區單元，通常都會涵蓋一個活動空間、固定和（或）活動的器材設備，以及儲藏設施。其中，活動空間，可能是平坦的櫸木地板（或地毯）、方桌或圓桌，也可能是器材本身（如遊戲場的遊戲架）；固定和（或）活動的器材設備，如沙水區的沙盤、水盤是固定的設備，鏟子、水管等是活動的器材，家事區的流理臺是固定的設備，刀、叉、碗、碟、筷子、湯匙等活動的器材；至於儲藏設施，如儲藏櫃、置物架、桶子、盒子皆可，有的固定，有的可移動，主要是收藏活動的器材之用，可移動的儲藏設施，還可達到資源分享之效。每個學習區各有其不同的設備，應依其需求編配充實。

㈡ 環境的柔化布置

室內學習環境的柔化布置，首先，運用地毯、搖椅、抱枕、靠墊、枕頭、軟骨頭椅、窗簾和壁毯等，以創造舒適的場地表面，且有靜音效果；其次，可在角落放置大型盆栽、搖椅、枕頭以及懸垂植物和織物吊飾，讓學習區角修正成柔和的圓形；第三，室內牆面

和材質，應有令人愉快的色彩和質感，或以幼兒的美勞或其他創作，懸掛或布置牆面，讓學習環境更為活潑。第四，運用自然材料（如木頭）及窗戶（或天窗）的自然光線，也可以讓環境舒適柔化之感；此外，可提供一個隱密或靠窗的位置，可以駐足、獨處和觀察，讓幼兒暫時退出群體活動，小憩片刻。至於，室外學習環境的柔化布置，就得準備草地、砂子、罐子、樹、木頭、水、花卉及吊床，讓生硬的泥地，充滿綠意，並有生氣盎然之息。

㈢ 管理的系統建置

學習情境布置系統化，利於運用與管理，也可提升學習區和設備器材的使用效能。而學習情境布置的系統化，須有效能的管理，方能克竟其功。管理的系統建置，包括幼兒活動人數的控制、教材用後的歸位和器材使用的指引。其中，活動人數的控制，可以空間大小、桌椅數、名牌掛鉤數，來控制在學習區活動的幼兒數；教材用後的歸位，甚為重要，儲藏櫃、置物架或收納箱，可畫上器物外形的指示板，或簡易的指示文字，讓幼兒按圖索驥，物歸原位；器材使用的指引，以圖示為準（或由教師說明），利於幼兒正確使用器物，避免不當之耗損。

五 | 用後評估

「用後評估」是學習環境設計的第五個步驟，應根據針對前四步驟「目標設定」、「學習區劃」、「空間組構」、「情境布置」，以使用者的角度，加以檢討，以利學習環境設計之改善。用後評估（post-occupy evaluation），就幼兒園學習環境的運用，包括期中

的用後評估和期末的用後評估。

㊀ 期中的用後評估

期中的用後評估，基本上是使用歷程的評估。亦即，學期中，教師在學習環境的運用中，發現環境的設計不能符應空間的使用對象、課程目標或教學方法的需求時，教師可隨時變更環境或設施的設計，以符實需。其次，幼兒是環境使用的主體，根據Day的生態系統觀點，環境設計是否符應幼兒需求，幼兒會透過三種方法來傳達（*引自田育芬，民76，第43頁*）：

1. **修飾**（modification）：指幼兒對於各學習區域之活動，在活動方式上的改變。這種改變與原先教師設計學習區域所想像之幼兒行為模式不同。

2. **建構**（construction）：指幼兒對學習區域內設備及教具之使用方法的改變，或為創新，或為重新組合，或為連結其他學習區的設備與教具。

3. **不參與**（non-participation）：指幼兒拒絕進入遊戲區域並拒絕參與活動。

學期中，若學習環境設計不符教師或幼兒的使用需求，通常只能作小規模或局部的變動，如換一個學習區、更新部分設備器材，或改變情境布置。

㊁ 期末的用後評估

期末的用後評估，基本上是使用結果的評估。亦即，學期末，在學習環境的運用中，發現環境的設計不能符應空間的使用對象、幼教的課程目標、教師的教學方法或幼兒學習方式的需求時，教師

應運用寒暑假期間，就空間的使用對象、幼教的課程目標、教師的教學方法、幼兒的學習方式，與「學習區劃」、「空間組構」及「情境布置」，作一整體性的通盤檢討，依照實需更新環境設計。

學期末，學習環境設計若不符教師或幼兒的使用需求，可以作大規模或整體的變動，如代換所有的學習區、更新所有的設備器材，或改變所有的情境布置。

Chapter 2

學習環境設計的理論基礎

幼兒需要適齡的物質環境，以支持和促進幼兒導向和幼兒創始的遊戲。環境必須提升並積極地支援幼兒與空間、器材和人的互動。教師和照護者也需要高功能、易於使用的環境，當環境支援並爲幼兒和教師而運作，則易使教師集中用於促進幼兒的遊戲和學習（Children need age-appropriate physical environments that support and promote child-directed and child-initiated play. The environment must promote and positively support the child's interaction with space, materials and people. Teachers and caregivers also need highly functional, easy-to-use environments. When the environment supports both and is working for children and adults, it is easier for adults to focus on facilitating each child's play and learning）。

——V. L. Stoecklin and R. White

設計高品質和適於發展的幼兒園設施（a high-quality, developmentally appropriate child care facility）是一項高複雜的任務，需要特殊和獨特的技能。物質環境的設計和布置，包括園舍、室內裝修、室外空間、設備選擇和教室的安排，對幼兒學習和行為有很深的影響，也影響到教師有效執行工作的能力（*Stoecklin & White, 1997*）。

學習環境設計的理論基礎，可從許多方面來探討，在此僅就教育哲學、學校建築學、美學、人體工學、發展心理學和環境心理學等六大層面，加以探析。事實上，教育哲學、學校建築學、美學、人體工學和心理學，對學習環境設計理論上的貢獻，並非截然畫分，其間仍有其重疊之處，特此敘明。

第一節

教育哲學

物質環境的設計和安排，反映幼兒機構的哲學，並顯著地決定幼兒如何在一個空間中遊戲和生活（*Phyfe-Perkins & Shoemaker, 1991*）。正如簡楚瑛（*民77*）所言：

> 幼稚園裡空間的設計與安排，以及室內、室外環境之設備的選擇均反應著該園長和老師們的教育理念。比如：若將教室的空間分成好幾個學習中心，每一個中心都有豐富的設備供學生自由選擇使用。在同一時段裡，可依個人之興趣分別進行不同的學習活動。從這樣的環境設計來看，我們可以看得出來這個幼稚園的教育是屬於開放式的教育模式；園長和老師的教育理念是：以兒童為本位、重視兒童的自我實現、強調學生有自由學習的能力以及重視個別差

異的學習。（*第 193 頁*）

　　基本上，整個學校結構的哲學和政策，影響組織中的每一個人和每一件事，包括教室和教導脈絡（tutorial contexts）。班級教室的結構有哲學（philosophy）和安排（arrangements）二個互動因素，班級教師的責任是使教室的安排與學校的哲學一致，對於 3〜6 歲幼兒的安排，更應以人（human）為目的而非以學科（academic）為目的（*McAuley & Jackson, 1992*）。因此，教師規畫供幼兒學習的物質環境時，應再三衡量重要的教育目標及基本理念，是否能在這樣的規畫中全部達成（*省立臺南師範學院幼教中心譯，民 79*）。

　　就幼兒教育而言，學習環境統整、教育哲學具體反映於課程設計上。Shoemaker（*1995*）即指出，幼教設施的建築設計應繫於課程的哲學（the program's philosophy），例如教師指導的哲學（a teacher-directed philosophy），其所需求的空間會少於以環境教學或透過遊戲學習的哲學（an instruction-with-the-environment or lcarning through-play philosophy）。Seefeldt 和 Barbour（*1994*）則進一步說明，課程的整體目的（overall goals）和特定目標（specific objectives）將協助教師如何決定安排學習環境，如果教師希望幼兒透過指定的工作學習特定的技巧，則可能安排供個別工作的學習站、小房間，或將桌椅排成列；如果教師目的在增長幼兒的問題解決能力，則須以身體和心理活動的學習區來安排教室，並提供幼兒確認和解決問題的機會；如為發展社會技巧，則須提供小團體工作的空間，積木區、裝扮遊戲區、家事區或美勞器材桌都會吸引幼兒團體；此外，每天的作息計畫也會影響空間和器材的安排，每一個作息計畫即為一種組構工具（organizational tool），該計畫含括為一項作息安排特定的設備或重組任何空間，這些安排為幼兒不同的活動作定位並使其輕易而快速的接近器材。因此，器材的選擇和教

室的安排，會反映出課程的哲學和目的，Graves 等人（*1996*）則依課程的哲學和目的，將學習環境分為：

一｜ 直接教學的課程環境
（direct instruction program environments）

教師導向的課程形成直接教學的模式，教室中的大人直接提供資訊給學生，並指導幼兒特定的經驗，其學習環境有下列三種：

㈠ 學科的學前學校環境（academic preschool environment）

強調學科或教學的學前學校環境，少有分心事物（distractions），視覺的和操作的也最少。在此教室內的玩具和刺激物受到限制，公布欄和作品展示被認為會使幼兒分心，幼兒係依循教師的指導學習。

㈡ 傳統的基本環境模式（traditional primary environment model）

雖然第一眼看過去，學科的學前學校對於幼教教室似有許多傳統的基本取向（the traditional primary approach），但卻有不同。在傳統的基本教室中，以發展上適切的標準（developmentally appropriate standards）來判斷，該情境有某些限制性，課桌成排或以模式配置，個別的座位是教室的中心焦點（the centeral focus of the classroom），工作桌子放在教室的後面，教師可一面與小團體工作，同時可以看到其他的幼兒。傳統的教室不同於學科的學前學校，有明顯的成品或教師製作的展示作品，觀察者也可注意到該傳

統環境情境所展示學生製作的美勞作品是示範或設計性的運用（the use of pattern or design）。

㈢ 行為的環境（behavioral environment）

行為導向的環境（behavioral-oriented environment）呈現管理的系統，如以星號圖記來認可學生的成就，而教師運用此一哲學所創的典型環境，要求幼兒遵守指定的規則系統（a prescribed system of rules），適切的反應則給予酬賞，用此哲學以激勵幼兒的教室設計，係以教師為據，遊戲器材則作為酬賞運用，通常儲藏在小箱子或儲藏櫃中，遠離一般的教室活動。

二 發展的與成熟的課程環境（developmental and maturational program environments）

教師的哲學強調幼兒是發展的或成熟的發現者（maturational discovers），其教室課程的重點與直接教學的取向相反，而有非常不同的環境，著重於符應幼兒發展的需求，其學習環境有下列三種：

㈠ 準備的環境（prepared environment）

Montessori 方法的教學和學習取向，是一個「準備的環境」之案例，有高度地個別化，Almy 指出其教室的器材可分為四種類型：(1)器材是以大肌肉活動為目標，如洗刷、清掃和清潔；(2)器材是激勵感覺的辨識技巧（sensory discrimination skills），透過視覺、觸覺、聽覺和嗅覺的經驗，以增進邏輯和語言；(3)器材是特別強調語

言訓練活動,透過命名、認識和發音;(4)器材是增進文化和藝術的刺激(引自Graves et al., 1996)。

參訪此型教室,你會發現該環境反映出的課程哲學設計在激勵自律(autonomy),器材是自我教學的(self-teaching)、自我檢核的(self-checking)和一種一個的(one of a kind),項目是經過組織和協調的,環境的尺度在物質上和概念上符應幼兒的需求。

(二) 認知導向的環境(cognitively oriented environment)

在許多環境中,可以看到Piaget觀念的影響,提供幼兒器材使其透過活動投入(activity involvement)和動手的經驗(hands-on experiences)來探究。Hohmann、Banet 和 Weikart 指出,器材設置在認知導向的環境,給予幼兒以關係為基礎來作分類項目的機會。物體也可透過大小、品質和數量等刺激的安排。空間關係的器材(spatial relations materials),如拼圖,應能有效的增進比例(proportion)和配置(placement)的概念。

時間關係的活動(temporal activities),讓幼兒能管理有起迄的時間,每日作息表讓幼兒在其間形成計畫並決定活動。教室有探索的區域,如積木區、家庭區或美勞區,也有大的聚集空間,讓團體能討論他們計畫的成果。

(三) 活動或學習區的環境 (activity or learning center environment)

拜訪以學習區為重點的教室,你會發現教室空間以相關的區域來組構。教室的安排建議濕的或污穢的活動,應設置於儘可能易於清洗的區域。你也會觀察到有家庭的氣氛(a home-like atmosphere),備置所有的東西,從模仿冰箱到打字機或電腦。積木和工具、紙和

筆、錄音機和書、遊戲生麵糰（play dough）和塑膠用具，已統合和凝結在此情境中。美勞展示作品和照片，皆在幼兒的眼界（the children's eye level）之內。有關的評鑑指出，此一教室實際上是教師以學習為發展取向所形成的環境。

環境的決定反映了教師的哲學和目的（*Brewer, 2001*），教師在設計幼兒學習環境的選擇上，許多幼教名家之教育哲思，應有所啟示。例如，十七世紀的捷克教育家Comenius在「大教育學」中，闡明了二個基本思想：⑴一切教學必須依循自然的秩序，⑵對幼兒傳授知識必須依靠感官的知覺，以求幼兒理解；亦即引導幼兒認知的最正確方式來自「實物」，當實物出現時，幼兒可以經由看、聽、摸、聞、嚐來獲取實物的完整知識（*引自周逸芬，民 83*）。

法人 Rousseau 強調以幼兒的自然發展取代社會化幼兒和為生活準備的教學，在 1762 年所寫的「愛彌兒」（Emile）一書中，寫道：

> ……自由（frcedom），非權力，是最好的。人欲表現其所能並能遂其欲（who desires what he is able perform, and does what he desires）才是真正地自由。這是我基本的座右銘，應用在幼兒期，所有的教育法則（the rules of education）源自於此。（*引自 Spodek & Saracho, 1994, p.27*）

Rousseau 將感覺準備（sense preception）視為人類知識的基礎，此一理念也出現在 Owen 的嬰兒學校、Montessori 的兒童之家以及當代的幼教課程。

瑞士教育家 Pestalozzi 認為教育的目的，在使真正的人性得到充分的發展，並且完成一個「人」的培養，為了達此目的，必須培

養或訓練幼兒的「腦」、「心」與「手」，此即所謂智育、德育、體育（包括勞作）三者並重的學說：(1)在**智育**方面，Pestalozzi 主張教育應以實物直觀教學，即應用感官直接接觸實際的事物，而獲得直接的經驗，惟直觀有程序之別，「不可跳躍，也不准許有間隔」，循序漸進，根基才能紮穩，並提出「由易及難」、「由簡入繁」等心理的認知原則；(2)在**德育**方面，Pestalozzi 認為教育是要引導「人」從純潔而本能的「自然人」（animal man）、經過抑制的「社會人」（social man），以達到自律自發的「道德人」（moral man）境界；(3)在**體育**方面，Pestalozzi提倡勞作教育，注重一個人實際能力的養成，他設立的實驗學校，即以家庭教育的方式教幼兒農耕紡織，因其確信勞作手工可達成幼兒注意力的保持，判斷力的訓練，以及感情與情操的開展。

幼稚園的創造者，德人Froebel重視教育即自我活動（education as self-activity）和遊戲的教育價值，「開展說」（Theory of Unfolding）是其核心思想，強調幼兒的內在潛力應藉由適當的教育方式予以「開展」，「開展」的途徑有二：(1)內在外在化（inner-outer），包括自由和鼓勵，即幼兒唯有在不加限制及充滿讚美的活動中，其內在的潛力才能發揮；(2)外在內在化（outer-inner），老師應布置各種有利於「開展」幼兒潛能的環境，以刺激幼兒的思索潛能及想像潛能，如外在環境未能被幼兒吸收而內在化，則此外在環境對幼兒不具任何意義與價值。

義大利教育家 Montessori 1907 年在羅馬創辦「兒童之家」（Children's House），主張教育的目的在幫助幼兒整體的發展，包括感官動作、智能、語言和道德發展等，使個體成為一個身心統整合一的人，為使幼兒成長為一個和諧健全的個體，最重要的是讓幼兒透過「工作」開展自然的秉賦，工作不僅影響幼兒感官、動作與心智的發展，更能幫助幼兒建構健全的人格。因此，Montessori

認為大人應該以幼兒為中心，為幼兒預備一個符合幼兒需要的真實環境，像家一樣充滿快樂和溫馨，並能提供幼兒身心發展所需之活動與練習，以發展自由與紀律，及從混齡的社會生活中學習彼此尊重和照顧（*周逸芬，民 83；Brewer, 2001；Castaldi, 1994；Essa, 1996；Graves et al., 1996；Spodek & Saracho, 1994*）。

美國教育家Dewey強調「教育是經驗不斷改造之歷程」，主張教育應以兒童為主體，提倡「做中學」（learning by doing），讓兒童在親自觀察與體驗中學習和成長。

此外，大陸幼教家陶行知（*1891～1946*）指出教育工作者要注意發揮孩子的創造力，可從五方面著手：(1)解放小孩子的頭腦，(2)解放小孩子的雙手，(3)解放小孩子的嘴，(4)解放小孩子的空間，(5)解放小孩子的時間。陳鶴琴（*1892～1982*）吸取了 Dewey 及陶行知等人的教育思想，創立了「活教育」的理論，其核心即要讓兒童從「做」中獲得身心全面發展，手腦並用，並提出十七條教學原則（*鄭慧英，1996*）：

1. 凡是兒童自己能夠做的，應當讓他自己做；
2. 凡是兒童自己能夠想的，應當讓他自己想；
3. 你要兒童怎樣做，就應當教兒童怎樣學；
4. 鼓勵兒童去發現他自己的世界；
5. 積極的鼓勵勝於消極的制裁；
6. 大自然大社會是我們的活教材；
7. 用比較教學法；
8. 用比賽的方法來增進學習效率；
9. 積極的暗示勝於消極的命令；
10. 用替代教學法；
11. 注意環境，利用環境；

12. 分組學習，共同研究；
13. 教學要遊戲化；
14. 教學要故事化；
15. 教師教教師；
16. 兒童教兒童；
17. 要精密地觀察。

陳鶴琴的「活教育」，重視「注意環境，利用環境」，因「兒童的興趣是由於環境的刺激而產生的」，兒童所處的環境——包括兒童周圍的人和物對兒童的影響。在幼稚園的環境布置方面，強調「變」，要求有時間性、季節性，「要根據自然現象和社會情況」變化，使幼稚園的環境和自然、社會的大環境配合，使之更貼近幼兒的生活經驗，並以經常變化的新異環境引起兒童的興趣（王倫信，1995）。

總之，教師導向的「直接教學的課程環境」，包括學科的學前學校環境、傳統的基本環境模式、行為的環境，其「以教師為中心」和「傳統教育」的環境模式，幼兒被動學習和重視行為管理的情境，對幼兒的發展與成長，較有負面影響，設計時應慎思；而著重符應幼兒發展需求的「發展的課程環境」，包括準備的環境、認知導向的環境、活動或學習中心的環境，其「以學生為中心」和「開放教育」的環境模式，透過自由遊戲和探索，較有利於幼兒發展與成長，值得學習環境設計之參採。

第二節

學校建築學

　　學校建築乃教育行政理論與實際研究之主要課題，也是一門綜合性的學門，內容牽涉教育學、心理學（教育心理學、發展心理學、環境心理學）、生理學、社會學、美學、人體工學、建築學和都市計畫學等等，同時亦具有環境設計研究的特性（*湯志民，民 89；黃世孟，民 89；黃世孟和曾漢珍，民 79；蔡保田，民 66*）。一百五十年前，美國的教育家和改革者，已開始呼籲學校建築是青少年教育的基礎；Barnard 即主張：學校建築應像教堂般，使每位學童在生理、智識和道德文化上受其感染，此一呼籲也受到 Mann, Dewey 和 Riis 等人的回應，不同的是，他們對中小學教育較有興趣，將學校建築與教育理論及課程緊繫在一起，使此二者成為學習歷程中的全程夥伴（a full partner），學校建築也因此成為教育者的領域（the territory of educators）（*Cutler, 1989*）。1911 年，自愛達荷州波伊思城（Boise, Idaho）率先展開學校調查（school survey）之後，學校建築學的研究日益受到重視，美國各大學亦不斷開設有關學校建築的課程（*蔡保田，民 66、69*），而二次大戰後，中小學和幼兒教育日益普及，中小學校舍和幼兒園大量興建，為配合教學理論和兒童發展的需要，在學校建築理論與實際研究的豐碩成果下，學校建築的規畫與設計更奠定雄厚的理論基礎。

　　學習環境設計，從字面來看，等於「教育理念＋建築設計」，這二項正是學校建築學立論的主要架構，有關學習環境設計的原則，在本書第一章已有詳細的分析與介紹，在此不再贅述，僅作如

下的概略性說明。

一 教育理念

　　學校建築不同於一般建築工程，除具有實體性、耐久性之外，尚具有教育性、統一性與象徵性等特性（蔡保田，民66），其規畫項目包括：校舍、校園、運動場及其附屬設施，所蘊含的教育理念，以教育哲學為導向，以學生為中心，配合教學課程的需求，而延伸出學校建築規畫與設計的原理原則，如教育性、整體性、安全性、經濟性、美觀性、舒適性、創新性、前瞻性、參與性等（于宗先，民79；林勤敏，民75；林萬義，民75；湯志民，民89；蔡保田，民66；AASA, 1949；Brubaker, 1998；Castalti, 1994；Hoppenstedt, 1989；Kowalski, 1989；Makenzie, 1989；Ortize, 1994；Sanoff, 1994），影響學校建築規畫、設計、興建與發展。在幼兒園舍建築與學習環境設計方面，許多幼教相關研究（林朝鳳，民77；倪用直等人譯，民88；張世宗，民85；湯志民，民90；蔡春美等人，民81；鄭慧英，1996；簡楚瑛，民77；White & Coleman, 2000），也提出教育性、探索性、多樣性、可變性、舒適性、安全性、參與性等設計原則，這些原則的應用，使幼兒園室內學習環境的設計布置、室外學習環境的設計配置、大人區與附屬設施的設置，更呈現出教育的精神、風貌與特質。

二 建築設計

　　學校建築設計方面，其構成理論以蔡保田（民66）在「學校建

築學」一書之論述最為精闢,對學校建築規畫設計之影響有其瞭解的必要與價值,茲扼要概述如下:

㈠**主體**:主體是指最主要的組成部分,具有領導作用、莊嚴氣氛、適中精神等特徵。傳統上,學校建築常將行政大樓作為主體建築物,其他各室再依地勢、面積與需要作適當分配。但在現代學校建築中,一般的趨勢又特別著重特別教室(如理化實驗室、家事教室、工藝教室)的興建,或將圖書館、禮堂,甚至體育館的建築列為主體,使其具有神經中樞式的積極領導作用。

㈡**賓體**:賓體用來輔助主體的建築或裝飾(decoration),具有使主體更為凸顯的呼應作用和均衡作用。在學校建築中,賓體可能是一幢建築物,也可能是很多幢裝飾建築物,或裝飾藝術。

㈢**背景**:即指環境。學校環境,一方面要清潔幽靜,以利教學;另一方面要有優美的自然環境,如叢林、花園、山景、河流等,以涵養學生的高尚情操。學校建築物也只有在這種背景下,才能使旁觀者判別主體所在的地點,及其固有的性格與精神。

㈣**平衡**:即「對等」或「均等」,其種類主要為絕對對稱的和不對稱的平衡。我國建築物的平面布置,多採用絕對對稱,能表現出整齊嚴肅的氣氛,及安靜和穩定的感覺;在歐美學校建築不對稱的平衡中具有瀟灑、輕鬆、自由及不拘束規格的特殊作風,足以予人一種愉快、歡樂與充滿青春氣息的意識。

㈤**比例**:乃各部分的使用上應有大小的區別。就學校建築而言,教室的門窗要與建築物成比例,校園要與校舍成比例,運動場要與校園成比例;此外,門的大小要適當,臺階的高度要適當,走廊的寬度要適當,欄杆的高度要適當,粉筆板的高度要適當,課桌椅的大小要適當等,都是比例上的問題。其次,在建築物方面,重要的建築物其比例要大,不重要的建築物其比例要小;在設備方面,體型較大的學生,應使用大型的設備,體型較小的學生,應使

用小巧的設備。

　㈥**韻律**：乃是一種有組織的行動。韻律的造成，多是由線形、色彩在感官上所引起的微妙運動感覺；例如，形狀的往返、面積的變化、形式的連續運動。學校建築方面，門、窗口間的大小不同距離，可表達簡單的重複律動；雕刻的花樣，粗糙的原石，圓形的基柱，百葉窗簾等可構成韻律的活動；校舍的體量與細部的布置，亦應有韻律的存在。

　㈦**性格**：性格是個別的及內在一致的表達其獨特的性質與用途，包括想像的性格、自我的性格、效用的性格和樂觀的性格。例如：就自我性格而言，學生餐廳的神態應是活潑、生動、整潔，且有愉快的感覺；足球場應是寬闊豪邁，如野馬奔馳的原野，一望無際似的；籃球場要平坦、整齊，適於短兵相接的競技場所。就樂觀性格而言，學校建築應是生動活潑、亦莊亦諧，而富朝氣的，要有厚望無窮，前進樂觀的氣氛。

　㈧**權衡**：是各部形象的關係與各部分之間的相互關係。這些關係中，經常有幾何上的與算術上的比率因素，作為選擇上的依據。傳統的校舍設計中，其圖案一直不能脫離幾何圖形，如圓形、三角形和正方形，都各有其特點。在平面設計中，以圓的或方的東西作為全圖的焦點。在立面設計中，正方形常有呆板的感覺，多以長方形代之。二十世紀，由於鋼筋混凝土的普遍應用及都市人口集中，校地往往不能依照標準而購置，致校舍不得不競向高空發展，為顧及校舍形體上的美觀及正面適當的處理，所以在權衡方面仍應多加注意，以便刻畫出莊嚴、自由、輕鬆與新穎的適當性格。

　㈨**對比**：係兩種不同部分，經過變化而產生明顯現象，如校舍設計中的方形和圓形的對比、大小的對比、明暗的對比、體量的對比、方位的對比等。在學校建築中，如有校舍的某部分能與其他部分做競爭式的表現，則亦稱對比。有對比的校舍設計能充分表達

「優美」、「趣味」與「舒適」的情感，使學生身處其間，有心情愉快的感覺。

　　(十)**和諧**：即統一之意，乃是以上各項原理的綜合而促成具體的最高表現；其種類有完整式的和諧、造型上的和諧和色彩的和諧。學校建築在設計中，應注意主體、賓體、背景、平衡、比例、韻律、性格、權衡、對比等相互間保持合宜的關係，使其具有柔和而融洽的感覺，並在整體上表現完整的美感。

　　值得一提的是，許多專著、研究或期刊（*李健次（主編），民 86；建築設計資料集編委會，2001；國家教育委員會計畫建設司和東南大學建築設計研究院，1991；黃世孟和劉玉燕，民 81；黃永材譯，民 71；黎志濤，民 85；集文社譯，昭和 61；建築思潮研究所，1985、1995、2003；American School & University, 1996、1997、1998、1999、2000、2001；Asensio, 2001；Dudek, 1996、2000*）對美、英、德、日、丹麥、挪威、荷蘭、澳洲、大陸及國內等幼兒園舍建築與設計之介紹，圖文並茂，對幼兒學習環境設計理論基礎的建立，亦提供甚具參考價值的實證資料。

第三節

美　學

　　美學（aesthetics）是一種對事物美好感受的抽象表達，目的在建立一種能夠客觀鑑賞及表達事物形式美醜的方法與架構（*黃耀榮，民 79，第 260 頁*）。就建築而言，美學的研究主要在創造可以引領愉悅反應的環境外觀（*Bell, Greene, Fisher, & Baum, 2001*）美學的主要理論思想，約可分為三大類（*鄒德儂，民 80*）：

*1.*形式主義：認為美是形式上的特殊關係所造成的基本效果，諸如高度、寬度、大小或色彩之類的事情。這種美學思想，在建築評論中激起了建築設計比例至上的觀念，熱衷於高、寬、厚、長的數學關係中尋找建築美的奧妙。

*2.*表現主義：其基本概念強調藝術作品的表現，表現十分得體，形式才美。許多更近代的評論家則認定，建築美的重要基礎之一是表現建築物的功能或使用目的。

3. 藝術的心理學理論：以尹夫隆（Einfuhlung）和格式塔（Gestalt）的心理學理論最為重要；前者認為，當觀者覺得他本身彷彿就生活在作品生命之中時，這一藝術作品即有感染力的美，是人們在一個事物裡覺得愉快的結果。在建築學中，美是由觀者對建築物現實作用的體驗而得來的，如簡樸、安適、優雅——可以說愉快寓於建築物強烈感人的風采之中，寧靜寓於修長的水平線中，明朗寓於輕鬆的率真之中；後者認為，每一個自覺的經驗或知覺都是一個複雜的偶發事件，因此，美的感受並不是簡單、孤立的情緒，它能從其他所有的情緒裡被抽象出來，並做獨立研究。換句話說，它是一種感覺、聯想、回憶、衝動和知覺等等的群集，迴盪於整個的存在之中，抽掉任何一個要素，都會破壞這個整體。

從建築美學的觀點來看，人們譽稱建築是「形象的詩」、「凝固的音樂」和「立體的畫」，正因為建築如同詩、音樂和繪畫一般，既追求藝術的意境也講求節奏與旋律，同時也利用線條、色彩、質感、光影來創造視覺形象（*王宗年，民81*）。

對學習環境設計而言，美學是重要的理論基礎之一，如果幼兒園舍所提供的視覺感受雜亂無章，幼兒受其影響，在身心健康和情緒發展上，必然有所妨礙；反之，幼兒園舍所提供的視覺感受有條不紊且賞心悅目，則幼兒在身心的健康、愉快和滿足，必然會明顯地增加。美學最主要的兩大論點是「形」與「色」，形是指造形，

色是指色彩（*黃耀榮，民 79*），以下擬就美學的形色基礎和幼教環境的美學加以論述。

一 美學的形色基礎

美學以「造形」與「色彩」為立論基礎，茲就造形的設計和色彩的運用分別說明之。

(一) 造形的設計

造形（form），狹義言之，是外形、塊體、結構的總合；廣義言之，是外形、塊體、結構、空間、時間、色彩、質感的綜合（*蔡保田、李政隆、林萬義、湯志民和謝明旺等人，民 77*）。在學習環境設計上，應先掌握的造形四要素的特質，如：(1)點（point）——是造形之最基本元素，僅具有位置（position）；(2)線（line）——是點的移動軌跡，具有長度、方向和位置；(3)面（plane）——是線的移動軌跡，具有長度、寬度、形狀、表面、方位和位置；(4)體（volume）——是面的移動軌跡，具有長寬高、造形、空間、表面、方位和位置（*李琬琬，民 78*）。其次，幼兒園舍建築造形必須從外形的美醜、塊體的量感、結構的力學原理，空間模式的變化、造形的象徵性、時代的意義性、陽光與陰影的變化、以及色彩、質感所產生獨特風格的藝術效果等等，加以探討。Keats 曾說「美即是真，真即是美」，美唯有當造形不論是哥德式（Gothic）建築或後現代式（post-modern）建築，能滿足最高的教育目標、教學需要、文化與環境的協調，始得稱為永恆的美，亦即至真至善至美（*蔡保田等人，民 77*）。

(二) 色彩的運用

色彩（color）是透過藝術的形式，給予人們美感舒適的享受，並藉以激勵情緒，助長文化的進步，而增進人類生活幸福的一種藝術活動（蔡保田，民66，第129頁）。優美的色彩，對兒童們具有陶冶身心，激發學習興趣、誘導情緒正常發展、培養對美的鑑賞、維持視覺舒適，使兒童心情輕鬆精神愉快等作用。此外，Vickery（1972）認為色彩對學校重要的原因有四，在幼兒學習環境設計上亦值得我們注意：

1. 不同的色彩給予學生不同的情感反應（如興奮、平靜）；
2. 色彩可使空間形式和特性表達更明顯，有助於學生的知覺發展；
3. 色彩調節室內的日光反射，可提高照明度；
4. 非常技巧的使用，色彩有助於減少眩光引起之不適。
   （p.93）

事實上，色彩的運用，如橙、黃、紅等暖色（warm color）具有前進性、積極性，以及活力、熱情之聯想；而青、青紫、青綠等冷色（cool color）具有後退性、消極性，以及沉靜、悠久、理智之聯想（國立編譯館，民72）。在幼兒學習環境設計上，色彩的運用應更為豐富，並適切的表現園舍建築與設備、教室學習區之特性及不同功能。

二 幼教環境的美學

　　幼教環境之美，處處顯現——幼兒的追逐嬉鬧、園庭花草的搖曳、建築光影的變化、亂中有序的器材、充滿童稚的畫作、反覆不停的疑問、目無旁人的遊戲、日食三餐的作息、姿勢不論的睡相、滿室未乾的乳臭……——用心即可體會，善用童真更可輕易讓幼兒學習環境的形色呈現美感。例如，許多幼兒園採兒童樂園的城堡造形，色彩繽紛，熱鬧非凡，易顯童趣、童稚意涵，即讓幼兒的學習天地有如夢幻仙境，充滿想像與喜悅。

　　此外，幼教環境以教室（活動室）為其幼教生活主體，教室環境美感的增進，對幼兒的成長與發展，自有其不可忽視的影響力量。Feeney 和 Moravcik 曾提出增進幼兒教室美學品質（aesthetic qualities）的構想，值得參考（*引自Spodek ＆ Saracho, 1994*）：

　　*1.*色彩（color）：強烈、艷麗的色彩會使教室黯然失色且可能降低藝術和自然的美感。牆壁和天花板應選擇柔和、淡雅、中性的顏色。各學習中心的色調應調和，感覺上它們是一體的而不是零散的部分。任一場所過多的花樣會導致幼兒分心，應避免之。

　　*2.*家具（furnishings）：相似的家具應放置在一起。顏色必須自然、中性，讓幼兒的注意力集中於書架的學習教材上。

　　*3.*儲藏櫃（storage）：架子上的教材應常更換，每次只放一些用得上的教材，而不讓許多教材堆在一起。教材應放在吸引人的容器內。例如，儲物筒應一起放在一個架子上，厚紙板盒應上顏色或包上素色的色紙。

　　*4.*裝飾（decoration）：幼兒的作品在展示前應先裱背。教室內應展示一些美術家的作品，而不是張貼一些俗麗、老套的海報。幼

兒和美術家的作品展示應與幼兒的視線等高。雕像、植物及其他具自然美感的物體（如貝殼、石頭、水族箱），若非老師要用的教材則展示於架子的頂端。如果老師缺乏儲物空間，可以開闢儲物小天地，擺放一個有蓋的盒子或儲物筒。

5.**室外環境**（outdoor environment）：遊戲結構應加以設計和組織，它是大自然的延伸而不是負擔。自然的教材，如木頭、麻織類的材料便可取代上色的金屬、塑膠或纖維玻璃（fiberglass）。這些教材只要適當的儲放便可以長久保存。幼兒、家長和教職員可以協助維持一個乾淨、沒有垃圾的室外環境。一座庭園、石頭擺置或其他適度的安排，都能傳達出值得留意和關心的室外美感。

第四節

人體工學

人體工學（human engineering）屬於系統工程學中研究人體的諸種複雜因素，其工作方向的分工甚微，因此產生了許多不同意義與相近的名稱，如人體因素工程學（human factors engineering），人體條件學（human conditioning），人體因素哲學（human factors philosophies），生物工程學（bioengineering; biotechnology），人體——機械系統（man-machine system）等。美國以往用「human engineering」的名稱，近年則改稱「human factors engineering」，英國則稱之為「ergonomics」，中國大陸稱之為「人類工效學」或「工效學」，國內則譯為「人因工程」（*侯東旭和鄭世宏，民 92；許勝雄、彭游和吳水丕，1991；張建成譯，民 87；廖有燦和范發斌，民 72；劉又升譯，民 91；劉其偉，民 73*）。

一 人體工學的涵義

　　人體工學研究涵義，可從下列各學者專家對人體工學的界定中瞭解其梗概：

　　㈠ **Wood, Woodson 和 Floyd 等人**：均認為人體工學是在追求人與機械間合理化之關係（*引自廖有燦和范發斌，民 72*）。

　　㈡ **Kroemer, Kroemer 和 Kroemer-Elbert**：人體工學是研究人類特性，以尋求適合生活與工作環境的設計（*劉又升譯，民 91，第 I 頁*）。

　　㈢ **Sanders、McCormick，侯東旭和鄭世宏**（*民 92*）：人因工程在發現關於人員的行為、能力、限制和其他特性等知識，而應用於工具、機器、系統、工作方法和工作環境等的設計上，讓使用者能在安全、舒適的狀況下，發揮其最大的工作效率與效能（*第 6 頁*）。

　　㈣ **谷口汎邦**：人體工學是為了使人類所接觸的機械、裝置、道具、生活環境等的計畫能適合於人體的使用特性，所研究發展出來的一種學問（*李政隆譯，民 71，第 229 頁*）。

　　㈤ **廖有燦和范發斌**（*民 72，第 6 頁*），**徐金次**（*民 75，第 1 頁*）**劉幼懷**（*民 89，第 6 頁*）：人體工學是在設計上，使產品、設備、裝置等適合人的特性之一種綜合性研究。

　　㈥ **李琬琬**（*民 78*）：人體工學是指「研究人體活動與空間、設備間之合理關係；試圖以最少的精力而獲得最高機能效率的一種專門性科學」（*第 25 頁*）。

　　㈦ **黃耀榮**（*民 79*）：人體工學是為了使人類所接觸的機械裝置、道具，生活環境等計畫能適合於人體的使用特性，所發展出來的一門學問（*第 160 頁*）。

　　由此可知，人體工學是在追求人與生活環境或設備的合理化關

係，以符合人體使用特性的一種研究。因此，人的官能、行為和思想過程、人體計測以及工作安全等等，都是人體工學的研究範疇；值得注意的是人體工學設計時是以「實用」條件為前提，不是為「美」而設計（劉其偉，民73），Kroemer 等人即強調人體工學最崇高的理想是「人性化」的工作，其目標以「容易與有效」（E & E）作為所有技術系統和其組成要素的設計指南（劉又升譯，民91，第I頁）。以下二句話可簡潔而適切地表達人體工學研究範圍的特性：

「為適合人們使用而設計」（designing for human use）
「追求工作和生活條件的最佳化」（optimizing working and living conditions）。（許勝雄等人，1991，第7頁）

二 學習環境與人體工學

從人體工學的觀點，學校建築規畫與設計應注意人體計測的兩種基本尺規：(1)結構的（structural）尺規——它是一種「靜態」的數據，包括頭、軀幹及手足四肢的標準位置；(2)機能的（functional）尺規——它是一種「動態」的數據，包括在工作上的活動位置或空間，測量也比較靜態要複雜得多（劉其偉，民73）。常用的人體計測術語有：高（如坐高）、長（如手長）、寬（如肩寬）、深（如胸厚）、曲（額曲）、圍（如胸圍）、及（如肘之手及、踵之足及）、突（如鼻突）、重（如身體總重量）等等（許勝雄等人，1991），這些都是在幼兒學習環境設計的重要參照點，而除了學生身體的生理基本尺寸及活動行為所需方便性之外，學生的領域感、私密性等心理因素，亦構成使用者對於使用空間的尺寸、面積、密度的大小，空間的種類、服務設備、動線、可變性等性能舒適性的基本需求。

　　就幼兒園而言，學習環境的設計與設備器材的配置，應以主要使用者——幼兒的生理和心理活動的基本尺度為據，而後決定其大小、高低，以及空間的位置、配置，方才適切。Vergeront（1987）即說明幼兒生活在成人的世界中，四周圍繞成人尺度的建物，大型開放的高天花板課室冷淡地否定了幼兒感覺有能力的機會，也使幼兒覺得渺小並引致無目的行為（aimless behavior）。為使大型開放課室接近幼兒的尺度，可將空間分隔為幾個小區域，懸掛罩蓋物（canopy）以降低天花板高度，提供 1、2 名幼兒使用的空間，採用幼兒型號的家具（child-sized furniture），並涵蓋一些幼兒本身可安全移動的物體：條板箱、枕頭、可爬入的立方體物等等。

　　人體工學之研究，日本建築學會提供的幼兒（1～8 歲）人體測量值（詳如表 3）（*崔征國譯，民 86*），西日本工高建築連盟（1990）提供的日本幼兒人體工學幼稚園細部規畫尺寸（詳如表 4），對於幼兒學習環境和幼稚園設備標準的訂定，有重要的參考價值。須提的是，美國、英國亦已分別建立兒童身體各部分的坐立姿尺寸圖（*小原二郎，1991；Ruth, 2000*），惟國內尚未針對幼兒建立完整的人體工學資料，僅教育部體育司每年就臺閩地區 6～22 歲男女生身高體重胸圍平均值作一統計報告，人體工學資料可說是嚴重不足，尤其是幼兒方面的人體工學資料更亟待建立，以利幼兒學習環境設計之參考。

表3 人體測量值

部 \ 年齡（歲）		1	3	5	6	7	8
1.身高	男	77.4	93.2	107.1	111.7	117.1	123.2
	σ	2.8	4.4	3.5	4.5	4.7	5.0
	女	75.8	93.8	107.1	110.4	116.1	121.8
	σ	1.9	2.5	4.0	4.5	3.4	51
2.眼高	男				99.2	105.9	111.7
	女				99.6	104.6	110.7
3.恥骨高	男				52.0	55.9	59.5
	女				52.5	55.3	59.3
4.肩峰高	男	57.6	70.5	82.2	86.7	92.4	97.2
	女	56.2	69.5	82.8	85.7	91.3	96.3
5.肘頭高	男				67.7	71.6	74.9
	女				66.7	70.9	74.6
6.指端高	男	26.8	32.4	37.4	38.6	42.3	44.7
	女	25.4	30.7	38.8	39.0	42.4	45.6
7.上肢高	男	30.8	38.1	44.8	48.2	49.9	52.4
	女	30.8	38.8	44.0	47.2	48.9	51.6
8.指極	男				108.5	114.4	121.1
	女				107.7	112.6	119.3
9.前方腕長	男				54.0	56.0	58.5
	女				54.0	56.0	58.5
10.肩寬	男	20.1	24.2	26.7	28.0	29.0	30.0
	女	19.9	24.6	26.6	28.0	29.0	30.0
11.胸寬	男				17.9	18.4	18.9
	女				17.5	18.1	18.6
12.胸部矢狀徑	男	12.7	12.9	13.1	13.1	13.2	13.4
	女	12.0	12.3	13.0	12.2	12.5	13.1
13.胸圍	男				55.6	57.1	59.0
	女				54.1	54.4	57.7
14.下腿高	男	15.6	22.5	26.9	27.0	28.9	30.5
	女	15.3	22.9	27.0	27.1	28.5	30.2
15.座高	男	44.6	54.2	60.7	63.4	66.0	68.3
	σ	2.2	2.3	2.3	2.8	2.2	2.9

表3 （續）

部位 ＼ 年齡（歲）		1	3	5	6	7	8
	女	43.8	53.4	61.0	62.9	65.2	67.8
	σ	2.2	2.1	2.6	2.5	2.4	2.8
16.座面肘頭距離	男				17.5	18.2	18.6
	女				17.1	18.1	18.7
17.座位膝蓋骨上緣高	男				31.0	33.0	35.4
	女				30.0	32.8	34.9
18.座位臀寬	男	12.9	19.1	20.7	20.9	21.8	22.7
	女	12.8	19.5	21.2	21.2	21.9	23.1
19.座位臀膝窩間距離	男				30.0	31.4	33.0
	女				30.5	31.1	32.8
20.座位臀膝蓋骨前緣距離	男	20.4	27.7	32.8	36.2	37.9	40.2
	女	20.4	29.2	33.6	36.5	37.8	40.2
21.座位下膝長	男	38.4	48.5	56.2	61.5	65.0	68.5
	女	38.9	49.5	58.9	61.5	65.0	68.5
22.體重（kg）	男	10.1	14.1	18.1	21.7	20.9	23.5
	σ	0.9	1.5	2.9	3.0	2.9	3.1
	女	9.3	14.0	17.8	18.3	20.0	23.4
	σ	0.6	1.0	2.4	2.3	2.7	3.8

（單位：cm）　　　　σ：標準差

資料來源：**最新簡版建築設計資料集成**，崔征國譯，民86，第60頁。

表4 幼兒人體工學幼稚園細部規畫尺寸　　　　　　　　　　　　　　（單位：㎝）

項　　目	高　度	人 體 工 學 的 對 照	計 算 公 式
窗　臺	最低 53.1 平均 61.4 最高 81.3	平常坐姿＋站立 最低 4 歲兒的胸高，可外望 最低的幼兒，勉強可外望	48.1 ＋ 5.0 （78.6 － 10.0）－（3.6×2.0） 88.9 －（3.8×2.0）
水　槽	最低 48.1 最高 50.25	最低 3 歲兒的肘高 4 歲兒平均的肚臍高	54.3 －（3.1×2.0） 100.5/2
階　梯	最高 13.6	最低 3 歲兒膝處直角彎區的高度	〔35.0 －（2.6×3.0）〕/2
扶　手	最低 52.8 最高 68.6	最高的 5 歲兒肚臍高 4 歲兒的平均胸高	105.6/2 78.6 － 10
扶手欄 杆間隔	最大 10.8	最低 3 歲兒的頭大小	14.4 －（1.2×3.0）
舞　臺	最低 12.0 最高 48.9	最低的階梯一級高度 3 歲兒的平均坐位眼高	〔35.0 －（2.6×3.0）〕/2 48.9
展覽臺	最低 43.7 最高 71.4	最高 5 歲兒的垂手指尖處高 最低 3 歲兒的站立之眼高	38.7 ＋（2.5×2.0） 82.5 －（3.7×3.0）
揭示板	最低 45.0 最高 136.3 181.3	最低 3 歲兒的肘高最高 5 歲兒的伸手高 最低成年女性的伸手高	54.3 －（3.1×3.0） 126.7 ＋（3.2×3.0） 194.7 －（6.7×2.0）
黑　板	最低 41.7 最高 136.3 181.3	最低 3 歲兒的坐位眼高 最高 5 歲兒的伸手高 最低成年女性的伸手高	48.9 －（2.4×3.0） 126.7 ＋（3.2×3.0） 194.7 －（6.7×2.0）
廁所門	最低 103.6 最高 116.2	最高 5 歲兒的眼高 最低成年女性的眼高	93.8 ＋（4.9×2.0） 124.4 －（4.1×2.0）
衣　架	最低 — 最高 78.6	大衣尺寸 4 歲兒的平均肩高	— 78.6
洗腳處	最高 42.25	最低 3 歲兒的肚臍高	94.7 －（5.1×2.0）/2
飲水機	最高 65.9	最低 3 歲兒的肩高	72.5 －（3.3×2.0）
洗手臺	最低 43.7 最高 48.1	最高 5 歲兒的垂手指尖處高 最低 3 歲兒的肘高	38.7 ＋（2.5×2.0）

表4 （續）

項　　目	高　　度	人 體 工 學 的 對 照	計 算 公 式
桌	5歲	最低 55.6 平均 62.8 最高 70.0	最低 5 歲兒的坐直肘高 5 歲兒的平均坐直肘高 最高 5 歲兒的坐直肘高	62.8 － (3.6 × 2.0) 62.8 62.8 ＋ (3.6 × 2.0)
	4歲	最低 52.2 平均 58.8 最高 65.4	最低 4 歲兒的坐直肘高 4 歲兒的平均坐直肘高 最高 4 歲兒的坐直肘高	58.8 － (3.3 × 2.0) 58.8 58.8 ＋ (3.3 × 2.0)
子	3歲	最低 48.1 平均 54.3 最高 60.5	最低 3 歲兒的坐直肘高 3 歲兒的平均坐直肘高 最高 3 歲兒的坐直肘高	54.3 － (3.1 × 2.0) 54.3 54.3 ＋ (3.1 × 2.0)
椅	5歲	最低 21.9 平均 25.7 最高 29.5	最低 5 歲兒的膝高 5 歲兒的平均膝高 最高 5 歲兒的膝高	25.7 － (1.9 × 2.0) 25.7 25.7 ＋ (1.9 × 2.0)
	4歲	最低 20.8 平均 24.6 最高 28.4	最低 4 歲兒的膝高 4 歲兒的平均膝高 最高 4 歲兒的膝高	24.6 － (1.9 × 2.0) 24.6 24.6 ＋ (1.9 × 2.0)
子	3歲	最低 20.4 平均 23.4 最高 26.4	最低 3 歲兒的膝高 3 歲兒的平均膝高 最高 3 歲兒的膝高	23.4 － (1.5 × 2.0) 23.4 23.4 ＋ (1.5 × 2.0)

資料來源：新建築設計ノート：幼稚園・保育所，西日本工高建築連盟，1990，
第 38 頁。

第五節

發展心理學

發展心理學（developmental psychology）是心理學的一個分支，研究發展過程中行為和能力的改變（*Vasta et al., 1992*）。基本上，幼兒的發展受到四個因素的影響：(1)成熟（maturation），(2)活動經驗（active experience），(3)社會互動（social interaction），

(4)文化和情境脈絡（cultural and situational contexts）（*McCown et al., 1996*），對幼兒而言，良好的環境就是能符合其發展的地方（*Taylor, 1991*）。

　　基本上，幼稚園的設備必須參酌幼兒身心發展特性，以增進幼兒健康、養成良好習性、涵養學習興趣和啟發幼兒知能為目標（*教育部國民教育司，民78*），亦即幼兒學習環境的設計，也應能符應幼兒的發展任務和身心發展特性。以下分別就幼兒身心發展的特徵、幼兒發展與學習環境、幼兒發展與器材設備等三部分，加以探討說明。

一 幼兒身心發展的特徵

　　幼稚園以招收 3～5 歲的幼兒為主，根據 Taylor（*1991*）之資料，其身心發展的特徵如下：

(一) 3 歲幼兒的特徵

　　1. **與人的關係**：(1)自我方面，大部分時間仍是自己玩；自我中心的（通常只有投入自己）；是「做事」的年齡。(2)家庭方面，和媽媽一起有「我們」的感情，偶爾獨立的；喜歡再體驗嬰兒期；能在家中做一些小雜務。(3)他人方面，開始接受建議；傾向與大人建立社會契約，模仿大人的行為；開始與同儕的友誼，並區別團體中的敵人；友誼是短期間的。

　　2. **身心的發展**：(1)身體的發展方面，協調尚未發展出來，在先畫好的線上作小肌肉活動（如切、結、上色等）仍有困難；畫畫未成熟；幼兒未準備好不會作壓力性活動；成長逐漸細長並減少食物

攝取，自己吃飯（慢慢地）並在吃東西時四處閒逛；跑、跳、單足跳、爬樓梯（交換腳）；有時候自己穿衣和沒穿衣都希望或要求協助；在平衡木上行走，騎三輪車；能短時間單腳站立；喜歡參與和聽音樂；是一個偉大的「實行家」（a great "doer"）。(2)情緒和社會的發展方面，從「規範」中獲得安全（有些人、有些活動、有些時間）；如果很無趣，希望獲得一個短短的注意；開始測試別人設定的限制；在兩案中學習做選擇；能以塑形黏土、積木、美勞材料遊戲；喜歡編劇；喜歡手指遊戲、編歌、四處跑和其他的活動。(3)智能和語言的發展方面，瞭解語言和跟隨更正確的指示；學習反覆的數數和一些字母；喜歡說話和問很多問題，嘗試新字和發聲；喜歡簡短的故事；能學習一些外國字；稍能分辨真實和假裝。(4)道德的發展方面，依賴家庭給予性別角色模式、尊重、安全感、身體安全的指導、家庭的價值和目的、攻擊的控制。

(二) 4歲幼兒的特徵

1. **與人的關係**：(1)自我方面，是獨斷的、誇耀的；在成就上顯示驕傲；積極的點出大人的消耗（exhustion）；想要發掘事情；逐漸獨立。(2)家庭方面，表現對別人照顧的行為，對家庭和家開始有強烈的感情；學習家庭的期望。(3)他人方面，喜歡做同儕的助手；與同儕合作的遊戲，想要新鮮的觀念；預想與誰或做何遊戲；以問問題挑戰大人，需要更多的督導，嘗試限制；發展領導品質；20～50％的幼兒希望有想像中的同伴。

2. **身心的發展**：(1)身體的發展方面，已發展較高級的大肌肉技能（能丟球，開始學接球）；刺激的競爭；跑、跳、爬更有信心，輕易使用器皿吃東西，不費力的在平衡木上行走；獨立的穿衣，但要易整理的衣服（拉鍊、大鈕扣、鬆緊腰帶）；大肌肉和小肌肉的

協調在增進中；體能增加；小肌肉比以前發展得更好，喜歡畫大寫字母，能使用塑形黏土；能做餅乾。(2)情緒和社會的發展方面，嘗試獲得注意，作秀；失望時大聲表達不高興或攻擊，能容忍一些挫折；比以前的年齡更害怕（怕陌生的環境、寂寞、黑暗）；喜歡和小團體中的其他幼兒遊戲，或與其他人玩；開始合作的遊戲，男女生玩在一起；開始發展幽默感（謎語、笑話、無聊的話）。(3)智能和語言的發展方面，語言增加，喜歡說話，問為什麼和如何的問題，並真的聽答案；想要人或動物的玩伴；能識別一些形狀和顏色；顯示讀書和畫字的興趣，喜歡一些故事，一遍又一遍；學習找方向和依循規範，也是告密者；活在現在（過去和未來對幼兒有些不明確）。(4)道德的發展方面，學習區別對與錯；學習將父母和功能獨立的分開。

(三) 5歲幼兒的特徵

1. **與人的關係**：(1)自我方面，尋求贊許，避免大人的反對；自我擔保和遵從規範。(2)家庭方面，感覺在家庭中有點安全，接受父母期望的性別角色。(3)他人方面，喜歡同年齡和性別的幼兒；喜歡持續的合作遊戲；面對學校的新要求，佩服老師，渴望學習；希望有想像中的同伴。

2. **身心的發展**：(1)身體的發展方面，能掌控自己的日常盥洗；能吃，能掌控器皿；有良好的身體控制，能擲球、接球、爬、跳、跳躍協調好；能協調隨音樂運動；自己穿衣，能繫鞋帶；跳繩，在直線上走，騎兩輪車，對同儕重要的身體技能；能繪一些簡單的幾何圖案和形狀；有較好的小肌肉和手眼協調，能剪貼但要在剪貼和彩繪前先畫線才無困難。(2)情緒和社會的發展方面，傾向服從、合作，希望愉快；友善，開始有同理心；在作業上（繪畫、建造）花更

多時間；吹噓新的成就和技能；會有經常性短暫的爭吵；自由的表達感情，通常以偏激的形式（害怕、愉悅、愛慕、生氣、害羞、嫉妒）；喜歡作業，喜歡小團體，能獨自遊戲，有選擇性的遊戲。(3)智能和語言的發展方面，能說完整的句子，運用子句和慣用語；仍有一些發音或拼字的問題；開始區別音調、發聲的異同；瞭解押韻的原則，喜歡文字遊戲，問嚴肅的問題並希望誠實的回答；區別真實和假裝；連接過去和現在的事件；瞭解的語言比運用的語言多；想用攻擊性語言；喜歡故事；能記得數字、文字和兩種以上概念的順序；是一個熱切的學習者。(4)道德的發展方面，能分享和輪流；日常打掃能合作，如有合作的方式；在判斷和決定能多想；比較誠實。

二│ 幼兒發展與學習環境

從上述可知，幼兒的發展主要可分為身體的發展、情緒和社會的發展、智能和語言的發展、道德的發展，以下將以此分別探討學習環境之關係。

(一) 身體的發展與學習環境

幼兒期幼兒平均一年身高成長 2.5 英寸（6.35cm），體重增加5～7磅（2.27～3.18公斤）。腦的大小，3歲幼兒是其成人的3/4，5歲則為成人的9/10；腦的重量，5歲約為成人的90%（*Santrock, 1993*）。以日本為例，根據日本厚生勞動省雇用均等‧兒童家庭局在平成 13 年（2001）所發佈的一項乳幼兒身體發育調查報告：幼兒身高，3歲男生94.7cm，女生93.7cm，到了6歲男生長為114.9cm，女生長為 113.8cm；幼兒體重，3 歲男生 14.13kg，女生 13.62kg，

到了 6 歲男生增為 20.56kg，女生 20.04kg；幼兒頭圍，3 歲男生 49.6cm，女生48.7cm，到了6歲男生長為51.6cm，女生長為50.9cm（*引自小川かよ子和遠矢容子，2003*）。

幼兒 3 歲的身體發展，協調尚未發展出來，小肌肉活動（如切、結、上色等）仍有困難；自己慢慢地吃飯並在吃東西時閒逛；會跑、跳、單足跳、爬樓梯（交換腳）；自己穿衣和沒穿衣都希望協助；在平衡木上行走，騎三輪車；能短時間單腳站立；喜歡參與和聽音樂；是一個偉大的「實行家」。4歲，已發展較高級的大肌肉技能（能丟球，開始學接球），跑、跳、爬更有信心，能輕易使用器皿吃東西，並不費力的在平衡木上行走，可以獨立的穿衣但要易整理之衣服（拉鍊、大鈕扣、鬆緊腰帶），大肌肉和小肌肉的協調在增進中，體能增加，小肌肉比以前發展得更好，喜歡畫大寫字母，能使用塑形黏土。5歲，能掌控自己的日常盥洗；能吃，能掌控器皿，有良好的身體控制，能擲球、接球、爬、跳、跳躍協調好，能協調隨音樂運動，能自己穿衣和繫鞋帶，能跳繩並在直線上走，騎兩輪車，能繪一些簡單的幾何圖案和形狀，有較好的小肌肉和手眼協調，在剪貼和彩繪前先畫線才無困難（*Taylor, 1991*）。

據此，學習環境設計（尤其是球場和遊戲場的設置），除依人體工學原理之外，應注意：幼兒的大肌肉活動場所（遊戲場、活動中心等）及設施，在造形、材料及施工的細節處理上，須特別注意其安全性，以防止意外的發生；其次，學步兒和4、5歲幼兒的遊戲場，應分開設置，遊戲設施規格和功能也各不相同。此外，根據邱永祥（*民77*）的研究，為3歲幼兒設計草坪及水泥地，在樹下或棚架下設置盪椅、鞦韆爬繩、小爬梯，提供場所供幼童自行玩顏料、泥土、水和沙；為4歲幼兒設置小屋、獨木橋提供幼童訓練平衡的機會，供給需要更成熟的協調設備，供給更長的活動時間；為5歲幼兒提供多量的戶外活動，讓兒童能安全地使用大型玩具和器具。

(二) 情緒和社會的發展與學習環境

　　幼兒 3 歲的情緒和社會發展，從「規範」中獲得安全（有些人、有些活動、有些時間），希望很無趣時獲得一個短短的注意；開始測試別人設定的限制，在兩案中學習做選擇；能以塑形黏土、積木、美勞材料遊戲，喜歡編劇，喜歡手指遊戲、編歌、四處跑和其他的活動；4 歲，嘗試獲得注意，喜歡作秀，失望時大聲表達不高興或攻擊，能容忍一些挫折，比以前更害怕（怕陌生的環境、寂寞、黑暗），喜歡和小團體中的其他幼兒遊戲，或與其他人玩，開始合作的遊戲，男女生玩在一起，開始發展幽默感（謎語、笑話、無聊的話）。5 歲，傾向服從、合作，希望愉快，友善，開始有同理心，在作業上（如繪畫、建造）花更多時間；吹噓新的成就和技能；會有經常性短暫的爭吵；自由的表達感情，通常以偏激的形式（害怕、愉悅、愛慕、生氣、害羞、嫉妒）；喜歡作業，喜歡小團體，能獨自遊戲，有選擇性的遊戲（*Taylor, 1991*）。大體上，幼兒的社會和情緒發展，根據 Erikson 的社會心理發展論（theory of psychosocial development），處於 3～6 歲的「自動自發／退縮內疚期」（initiative vs. guilt stage），亦即幼兒更為獨立和自動自發，打算接受超過其掌控能力的責任，惟如發展不良則會退縮內疚（*Shaffer, 1999；Woolfolk, 1998*）。在學習環境設計上，根據邱永祥（*民 77*）的研究，為 3 歲幼兒提供小天地，以滿足幼童的安全感，提供情境及適當的活動、材料以滿足幼童探索環境的欲望，提供適宜的學習環境或遊戲設施，增加接觸機會，促進社會行為發展。為 4 歲幼兒提供安全的環境，讓兒童自由自在表達這些感情，並接納幼童的情緒，同時設置小團體分工合作的場地和遊戲設施，以及供幼童自我選擇的學習環境和遊戲設施；為 5 歲幼兒提供情

境，使兒童成為他人注意的中心，並轉移幼童不合意的活動，同時
提供團體活動的場所和遊戲場，以及能獨自學習，不受干擾的環境。

（三） 智能和語言的發展與學習環境

　　幼兒 3 歲的智能和語言發展，能瞭解語言並跟隨更正確的指
示，學習反覆的數數和一些字母，喜歡說話和問很多問題，嘗試新
字和發聲，喜歡簡短的故事，能學習一些外國字，以及稍能分辨真
實和假裝；4 歲，語言增加，喜歡說話，問為什麼和如何的問題，
並真的聽答案，想要人或動物的玩伴，能識別一些形狀和顏色，顯
示對讀書和畫字的興趣，喜歡一些故事，一遍又一遍，學習找方向
和依循規範，也是告密者，尤其是活在現在（過去和未來對幼兒有
些不明確）；5 歲，能說完整的句子，運用子句和慣用語，仍有一
些發音或拼字的問題，開始區別音調、發聲的異同，瞭解押韻的原
則，喜歡文字遊戲，問嚴肅的問題並希望誠實的回答，能區別真實
和假裝，能連接過去和現在的事件，瞭解的語言比運用的語言多，
想用攻擊性語言，喜歡故事，能記得數字、文字和兩種以上概念的
順序，是一個熱切的學習者（Taylor, 1991）。

　　大體上，幼兒的認知發展，根據Piaget的認知發展論（cognition
theory of development），處於 2～7 歲的「運思預備期」
（preoperational stage），逐漸發展語言的運用，能運用符號（如
以想像和文字）來表達物體和經驗，並能採單向邏輯的思考，但在
瞭解人的觀點上仍有困難（Shaffer, 1999；Woolfolk, 1998）。在
學習環境設計上，根據邱永祥（民77）的研究，為 3 歲幼兒設計室
內活動室內應多設置發展大肌肉的玩具，利用娃娃、木偶，培養想
像力；為 4 歲幼兒設計討論、故事、遊戲方式，以培養幼兒對他人
及活動對興趣，並提供情境，使兒童瞭解事物的因果關係；為 5 歲

幼兒提供情境，讓兒童對事情共同討論、設計和評價，同時創造環境，讓幼兒自由自在地玩，並和他人溝通觀念。

㈣ 道德的發展與學習環境

幼兒 3 歲的道德發展，依賴家庭給予性別角色模式、尊重、安全感、身體安全的指導、家庭的價值和攻擊的控制；4 歲，學習區別對與錯，學習將父母和功能獨立的分開；5 歲，能分享和輪流，日常打掃如有合作的方式則能合作，在判斷和決定能多想，比較誠實（*Taylor, 1991*）。

大體上，幼兒的道德發展，根據 Kohlberg 的道德發展階段論（stage theory of moral development），處於「道德成規前期」（preconventional level），亦即幼稚園和小學低中年級其判斷係根據個人的需求和他人的規定，此期又分為二階段：⑴**階段一**是「懲罰—服從導向」（punishment-obedience orientation），為避免懲罰而服從規範，好事或壞事係以行為的結果來判定。⑵**階段二**是「相對功利導向」（personal reward orientation），以個人的需求決定是非，會陷於「你抓我的背，我也抓你的背」（you scratch my back, I'll scratch yours）的相對行為（*Vasta et al., 1992; Woolfolk, 1998*）。就幼稚園幼兒和國小低年級學生而言，道德發展大體上正值 Piaget 的「他律期」（heteronomous stage）（5～10 歲），幼兒認為規範是由權威的上帝、警察或他們家長所制訂，是不可侵犯的和不變的，如果因衝到醫院急救而超速，幼兒也認為你違規而要受罰，他律期的幼兒認為規範是道德的絕對，也相信道德的議題皆有「對」和「錯」兩端，而依照規定永遠是「對」的（*Shaffer, 1999; Vasta et al., 1992*）；依 Piaget 的研究，兒童的道德意識發展（moral sense develops）來自於發展思想結構

（developing thought structures）與擴展社會經驗（widening social experiences）間之互動（*Pillari, 1988*；*Vasta et al., 1992*）。據此，幼兒學習環境設計，在提供開放空間讓幼兒探索之餘，應適度規畫大人可以輕易督導幼兒的空間環境，控制學習區的使用人數，以及學習器材設備用後歸位的管理系統，以利幼兒探索、遊戲、互動行為，能在避免衝突、最安全和有效率的情境中，有最大的自由度。例如：活動室的設計，學習區的區隔宜以矮櫃或矮隔板，讓大人的視線可以遍及各學習區角，學習區設計管理栓，或以桌椅、空間大小控制使用人數；其次，教師辦公室和幼兒活動室之間可設置單面透視鏡，活動室採全透明玻璃窗，讓大人可以從室外觀察到幼兒的活動情形；第三，室外遊戲場的位置，可在樹前，不可在樹後，可在蔭涼空曠處，不可在園區死角處，讓幼兒園的大人可在室內或室外輕易督導幼兒遊戲；此外，幼兒的廁所，馬桶可免設門板，如設置門板應以幼兒的身高為參照，讓大人可以督導幼兒如廁為原則。

三 幼兒發展與器材設備

就器材設備而言，其與幼兒年齡的成長、身體的發展、情緒和社會的發展、智能和語言的發展、道德的發展等，亦有值得瞭解的密切關係。

首先，隨幼兒年齡成長，教室的器材設備需求有所不同，Clayton 和 Forton 在「有效的教室空間」（Classroom Spaces That Work）一書中，說明教室中 4～8 歲幼兒有不同的家具需求：(1) **4 歲**幼兒，教室的開放空間要比家具更多，家具要限量，尤其是桌椅，用家具排出寬敞和開放的興趣區（interest areas）；(2) **5 歲**幼兒，設置一

些數學和閱讀區,學習區四周以低分隔物形成具保護性的工作空間,並確定分隔物要低到讓幼兒視線可以跨越;(3) **6 歲**幼兒,提供足夠的開放空間以允許學童伸開四肢的躺臥姿勢(sprawl)並在工作中移動,並非所有的工作舖面都需要課桌椅或長桌;(4) **7 歲**幼兒,家具的配置要讓幼兒與夥伴或單獨的工作比團體工作多,此年齡的學童基本上喜歡個別的書桌,不喜歡工作區的長桌;(5) **8 歲**幼兒,教室的家具要配置課桌群或與同儕一起的長桌,並確定家具易於移動(*引自 Kennedy, 2004*)。

其次,Shoemaker(*1995*)說明裝備幼教中心需清楚的瞭解其標的,如果幼教中心強調完整兒童(the whole child)的培養,可在設備選擇上,增進社會的、情緒的、身體的、智能的發展和自我實現之目的。Shoemaker 的建議:(1)提供**情緒紓解**的設備——包括雜亂的,如手指畫、黏土、沙、水和泥土;創造的,如顏料、海報、剪刀和膠水;還有,寵物。(2)提供**社會發展**的設備——包括設置裝扮遊戲和家事區;適切數量和種類,如電話、娃娃車、熨斗、嬰兒車和三輪車。(3)提供**身體發展**的設備——包括大肌肉設備;增進知覺經驗器材;符合身體需求設施。(4)提供**智能發展和激勵**的設備——此類包括以上所有設備,加上一些以挑戰性為成長標的之特定活動,如書籍、拼圖、樂透紙牌遊戲(lotto games)、木偶、洋娃娃、貨車、積木,以及適於幼兒的科學和其他學科的器材。Spodek等人(*1991*)亦曾列表詳細介紹幼教器材和設備與身體、社會、智力、創造、語言和情緒的發展領域間之關係(詳見表 5),在此不再贅述。此外,Taylor(*1991*)強調器材應適於幼兒的發展水準,並以 2~3 歲、4 歲和 5 歲等三個年齡層為軸,分別說明在身體的、社會的和情感的、智力的發展領域上有關的器材設備(參見表 6),同時更詳細的列表分析,積木(大的、小的)、粉筆、黏土、美術拼貼、蠟筆、切割和黏貼、家事區、繪畫(畫架、手指、海綿或積

木）、沙、串起、水和木工等器材之特定活動，對學前學童知覺經驗、探索、滿意和愉悅、自我表達、操作、情緒紓解、練習想像和自發性、好的工作習慣、學習經驗、技能和專心、手眼協調、調和、韻律、平衡、洞察自己的感覺、發展大肌肉和發展小肌肉的價值（詳見表7），有精闢的分析，值得幼教老師設計幼兒學習環境之參考。

表5 幼教器材和設備與發展領域間之關係

發展領域	器　材　和　設　備
身體的發展	攀爬架、輪車玩具、積木、輪胎、球、扣鈕釦設備、綁鞋帶的鞋子、珠子串線、模型卡片、平衡木、階梯、剪刀、木工器具、玩沙工具、拼圖和其他可以讓幼兒培養其大或小肌肉協調統合的器材或設備。
社會的發展	小道具箱，包含關係幼兒經驗的設備，例如：郵局、消防局、雜貨店；家事用具、積木、裝扮衣服，以及可以讓兩個或更多幼兒一起工作的活動或經驗。
智力的發展	動物、植物、操作器具、沙、水、木材、積木、天秤、放大鏡、配對遊戲、積木小道具（禁止標誌、玩具卡車等）、書籍、唱片、錄音機、葉子、石頭、細枝、花、圖畫、拼圖、烹飪活動，以及其他可以讓幼兒仔細考慮、行動和學習的器材。
創造的發展	各式各樣的顏料、各種尺寸、形狀和質料的紙、麥克筆、黏土、廢物、豆子、米、通心麵、麵糰、鐵絲、布、線、編織架、直尺、剪刀、蠟筆、畫筆、印刷設備、積木、裝扮衣服、稻草、木材，以及其他可以讓幼兒展現、描述其世界的器材。
語言的發展	書籍、唱片、語言經驗圖解器材、故事、手指遊戲、玩偶、幼兒製作的書籍、辦家家酒的裝扮衣服、社會情境、田野旅行、與幼兒和成人間互動的機會。
情緒的發展	讓幼兒體驗成功的器材，具挑戰性，不會有挫敗感，讓幼兒有成就感。

資料來源：*Foundations of Early Childhood Education: Teaching Three-, Four-, and Five-Year-Old Children* (2nd ed.), B. Spodek, O. N. Saracho, and M. D. Davis, 1991, p.104.

表6 不同年齡和發展領域的遊戲物

年齡	身體的	社會的和情感的	智力的
2 ~ 3 歲	積木：單元、空心塑膠和硬紙板 木製雕像 搖擺船 簡易攀爬設施 大型木製休憩箱 大型車子和卡車 輪車玩具 畫架、顏料、畫筆	娃娃屋 洋娃娃 填充玩具 簡單的洋娃娃衣服和毛毯 電話 幼兒尺寸的家具（如：水槽、桌子、爐子、碗櫃、水壺和鍋子、桌子和椅子） 辦家家酒用具 裝扮衣服 乘車玩具	書籍 唱片 錄音機 拼圖 蠟筆 麥克筆 彩色畫筆 黏土 軟球
4 歲	增加： 行走板 厚板、箱子 獨輪手推車 三輪車 鞦韆 滑梯 木工臺和工具 玩沙玩具 三角板 滑輪車 立體方格鐵架 枴杖馬 球 鐵環	增加： 衣櫃 玩沙和水的桌子 曬衣繩和別針 玩偶 玩偶劇場 職業服裝 戲服 寵物 烹飪家具	增加： 粉筆、掛釘和布告 安全剪刀 大彩色珠和和模型架以供串珠 操作玩具 紙牌遊戲 水族箱
5 歲	增加： 巨型骨牌 建築組合 球 溜冰鞋 踏板車 放大鏡 建造組合 階梯、繩索 跳繩	增加： 印地安帳篷 交通號誌	增加： 法蘭絨板和計算練習設備 計算遊戲 磁鐵

資料來源：*A Child Goes Forth: A Curriculum Guide for Preschool Children*, B. J. Taylor, 1991, p.27.

表7 特定活動對學前兒童的價值

活動＼價值	知覺經驗	探索	滿意和愉悅	自我表達	操作	情緒紓解	練習想像和自發性	好的工作習慣	學習經驗	技能和專心	手眼協調	調和、韻律、平衡	洞察自己的感覺	發展大肌肉	發展小肌肉
積木															
大的	▲	●	▲	□	▲	●	▲	▲	▲	□	▲	●	●	●	▲
小的	□	●	▲	□	●	▲	▲	▲	▲	□	▲	●	▲	▲	●
粉筆	▲	▲	▲	▲	▲	▲	▲	▲	▲	▲	▲	●	▲	▲	▲
黏土	●	●	□	●	●	●	●	●	●	●	●	□	▲	●	●
美術拼貼	●	●	●	●	●	●	●	●	●	□	□	●	▲	▲	●
蠟筆	▲	▲	▲	▲	▲	▲	▲	▲	□	▲	●	▲	▲	●	▲
切割和黏貼	□	□	□	□	□	□	□	□	●	□	●	▲	□	▲	□
家事區	□	●	●	●	□	●	●	●	●	□	□	□	▲	●	□
繪畫															
畫架	□	●	□	●	□	●	●	●	□	▲	▲	●	●	□	□
手指	●	□	●	□	●	□	●	●	□	▲	▲	●	●	●	□
海綿或積木	□	□	□	□	□	□	□	●	□	□	□	▲	□	□	□
各種的	□	□	□	□	□	□	□	●	□	□	□	▲	□	□	□
沙	●	□	□	●	□	●	●	●	●	□	□	□	▲	●	●
串起	▲	▲	□	▲	□	▲	□	▲	●	●	●	□	▲	▲	●
水	●	●	●	●	●	●	●	●	●	□	□	□	●	●	●
木工	●	●	●	●	●	●	●	●	●	●	●	□	●	●	□

●最好　□普通　▲最少

資料來源：*A Child Goes Forth: A Curriculum Guide for Preschool Children*, B. J. Taylor, 1991, p.70.

第六節

環境心理學

　　環境心理學（environmental psychology），此一研究領域興起於 1950 年代，到 1970 年代，由於 Proshansky, Ittelson 和 Rivlin（*1976*）的「環境心理學」，Craik 的「環境心理學」和 Canter（*1969*）主編的「建築心理學」（Architectural Psychology）等書，以及「環境與行為」（Environment and Behavior）、「設計與環境」（Design and Environment）和「建築研究與教學」（Architectural Research and Teaching）三份期刊的發行，使得環境心理學的研究達到高峰，也奠定了此一學科的基礎（*王錦堂譯，民 74，序文*）。環境心理學的定義，可由下列權威人士的定義知其梗概：

　　1. Bell等人（*2001*）：環境心理學是行為和經驗（behavior and experience）與人造和自然環境（the built and natural environment）間質量關係（the molar relationships）的一種研究（*p.6*）。

　　2. Cassidy（*1997*）：環境心理學是個體與其社會物質環境（socio-physical environments）間互動的一種研究。

　　3. McAndrew（*1993*）：環境心理學是以個案（以及相對的大團體或社會）對環境（人造、自然和社會環境）的反應為重點之研究。

　　4. Baron, GraZiano和Stangor（*1991, p.568*），Stokols和Altman（*1987, p.1*）：環境心理學是人類行為和舒適（human behavior and well-being）與社會物質環境（the sociophysical environment）之間關係的一種研究。

　　5. Gifford（*1987*）：環境心理學是個體與其物質情境（physical

settings）間互動的一種研究（*p.2*）。

6. Heimstra和McFarling（*1978*）：環境心理學是有關人類行為和物質環境之間關係的一門學科（*p.2*）。

7. Heyman（*1978*）：環境心理學是空間如何影響態度、情緒和行為的一種研究（*p.7*）。

綜上可知，**環境心理學是行為和經驗與人造、自然及社會環境間質量關係的一種研究**。Wolfe（*1986*）曾以環境心理學的觀點解釋教育環境在兒童社會化歷程的影響；並進一步指出，學童所成長的環境給他們有關他們是誰，以及在他們社會中能為何的訊息，經由社會化歷程，使兒童適應規範的社會秩序、物質和社會概念，包括學校本身的經驗。環境心理學有幾項研究重點與學校建築規畫有密切關係，例如：密度、擁擠、私密性、領域和個人空間等等，在社會心理學的一些專書中（*例如Baron & Byrne, 1987；Baron et al., 1991；Deaux, Dane, & Wrightsman, 1993；Deaux & Wrightsman, 1988；Taylor, Sears, & Peplau, 1997*）亦將這些概念分別列為論述重點。以下先就這些環境心理學研究的重要概念作一扼要的介紹，再就環境心理學對學校學習環境設計之理論作一說明。

一 環境心理學研究的重要概念

(一) 密度（density）

基本上，密度係一種客觀性、物理性的概念，Stokols（*1972*）和Altman（*1975*）均認為密度是「每一單位空間的人數或動物數」，Gifford（*1987*）亦認為密度是「每一單位區域的個體數」（*p.164*）。

在實驗操作上，常把密度區分為兩類：(1)**社會**密度（social density），是指不同大小的團體在相同的空間，亦即在相同大小的空間中，使用者的人數有不同的改變；(2)**空間**密度（spatial density），是指相同大小的團體在不同大小的空間，亦即使用者的數量相同，而空間大小有所改變（*Baron et al., 1991；Gifford, 1987；C. S. Weinstein, 1979；Taylor et al., 1997*）。在數學上，這二種程序所得的密度相同；但在心理學上，這二種程序所得的結果不同（*Gifford, 1987*）。

(二) 擁擠（crowding）

環境心理學家或社會心理學家，大多認為擁擠係一種主觀性、心理性之概念，例如Taylor等人（*1997*）認為：「擁擠是指覺得被抑制或是空間不夠的主觀感受」（*p.553*）；Baron等人（*1991*）進一步說明：「擁擠是個體在人己之間需要更多空間和物質間距（physical separation）所感知不舒適的心理陳述」（*p.607*）；Cohen（*1975*）將擁擠簡單界定為：「空間太小的經驗知覺」（*p.3*）；Stokols（*1976*）亦認為：擁擠是個體在經驗上對所知覺的有限空間有拘束的觀感（the restrictive aspects）（*p.50*），也是一個人對空間的要求超過所能用的一種心理壓力形態（a form of psychological stress）（*p.63*）；而 Altman（*1975*）則認為擁擠是私密性機制（privacy mechanism）尚未能有效發揮作用的一種社會狀況，致產生過多不需要的社會接觸。由此可知，擁擠與「感受到擁擠」（perceived crowding）或「擁擠感」（crowding perception）同義（*陳水源，民77*）。

陳水源（*民77*）依Stokols（*1972*）之見解將擁擠區分為：(1)**非社會性**擁擠（nonsocial crowding），意指所感受到之空間不足係純

粹因實質因素所造成。(2)**社會性**擁擠（social crowding）：意指所感受到之擁擠係因其他人太多而產生。Stokols（*1976*）另就阻礙的結構（the construct of thwarting），將擁擠分為中性的擁擠（neutral crowding）和個人的擁擠（personal crowding），前者是在物質環境的空間需求（space desired）大於能用的空間（space available）；後者則是在物質和社會環境的距離需求（distance desired）大於能用的距離（distance avaiable）。

(三) 私密性（privacy）

Altman（*1976*）認為私密性是「人際界線控制的歷程」（an interpersonal boundary control process）（*p.7*）。Moffitt、Golan，以及 C. S. Weinstein（*1982*）將私密性界定為「身體上獨處的選擇」（chosen physical aloneness）。Heyman（*1978*）認為私密性是「對於接近自己或自己的團體的選擇性控制」，比較狹義的定義是「視覺和聽覺的分隔」（visual and acoustical separation）（*p. 13*）。Wolfe 和 Laufer 研究 5 歲到 7 歲的小孩，結果發現四個主要觀念，依其提及次數之順序分別為：(1)控制訊息（controlling information）；(2) 獨處（being along）；(3) 無人打擾（no one bothering me）；(4)控制空間（controlling spaces）（*引自 Smith, Neisworth, & Greer, 1978*）。

Westin 則認為私密性是一個社會單位，包括獨處感（solitude）、親密感（intimacy）、匿名性（anonymity）和保留感（reserve）；並進一步說明私密性具有四種功能：(1) 個人自律（personal autonomy），與自我獨立和自我認同有關；(2)情緒鬆弛（emotional release），從社會角色、規範和習俗中獲得解脫。(3)自我評價（self-evaluation），包括個人經驗的統合和計畫未來行動的機會。(4)溝

通的限制和保護（limited and protected communication），亦即提供與特定的人分享秘密之機會（引自 Altman, 1976）。

（四）領域（territoriality）

領域（territoriality）係由個人或團體以所知覺的物質空間所有權（ownship of physical space）為基礎，所展現的一組行為和認知（Bell et al., 2001）。Brown（1987）將眾多而分歧的領域界定概分二大類，第一類強調占有（occupation）和防禦（defense），例如 Altman 和 Haythorn、Altman, Taylor 和 Wheeler，以及 Sundstorm 和 Altman 認為：領域包括個人和團體彼此對區域和物件的獨占運用（exclusive use of areas and objects）；Hall 認為：領域是宣告及保衛領土的行動；Sommer、Sommer 和 Becker、Becker，以及 Becker 和 Mayo 認為：領域是藉由私人化或標記方式以防他人侵犯之地理區域；其他還有 Ardrey、Eibl-Eibesfeldt、Davies，以及 Dyson-Hudson 和 Smith、GoffMan，以及 Van 和 Berghe 等人之界定亦是持類似之看法。第二類強調**組織的功能**（organizational functions）或**情感的功能**（attachment functions），例如 Altman（1975）認為：領域行為是人我界線的規則機制（a self-other boundary regulation mechanism），包括個人或團體對地方或物品的人格化或作標記，以告之這是「屬於我的」（owned）；Austin 和 Bates 認為：領域是重要物品及空間的所有權；Sack 認為：人類的領域性是經由對一個地理區域的維護和強力控制，以企圖影響或控制行動以及人、事之互動關係；其他還有 Bakker 和 Bakker-Rabdau、Brower、Edney、Malmberg，以及 Pastalan 等人之界定亦是持類似之看法（引自 Brown, 1987）。

Altman（1975）將人類領域的類型分為三種：(1)初級領域

（primary territory），僅為一個人或一個團體所擁有與使用，例如家、辦公室。(2)次級領域（second territory），是一個自己經常使用，但卻與他人共有的空間，例如教室。(3)公共領域（public territory），在這個領域裡，每個人都有平等的使用權，例如海灘。

(五) 個人空間（personal space）

人將身體周圍的物質空間（the physical space），視為自身的一部分，這個區域（zone）即稱之為個人空間（*Taylor et al., 1997*），有人將其視為包圍一個人的囊包（an envelope）或氣泡（a bubble）（*Heimstra & Mcfarling, 1978*）。Smith 等人（*1978*）認為個人空間是人們在不同的社會情境中，彼此間所保持的間距量（the amounts of separation）；Bell 等人（*2001*）則強調個人空間是一個真實的人與人間的連續距離（an interpersonal distance continuum）。

人類學家 Hall（*1966*）在「隱藏的空間」（The Hidden Dimension）一書中，以空間距離（space distance）為單位，將社會互動的個人空間區域，分為四種：(1)**親密**距離（intimate distance）（0～18寸，0～45cm），在這一個距離之內，視覺、聲音、氣味、體熱和呼吸的感覺，合併產生一種與另一個人真切的親密關聯。(2)**個人**距離（personal distance）（1.5～4尺，45～120cm），是大多數與他人互動所使用之常見距離，移至比這一距離更近的距離時，就進入了親密的區域，會使他人產生不舒服的感受。Hall 同時認為，在個人距離的區域內，近接的部分（1.5～2.5尺，45～75cm）是保留給親密朋友的，Hall 將這個區域視作親密和正式公眾行為之間的傳統範圍。(3)**社交距離**（social distance）（4～12尺，120～360cm），是通常用於商業和社交接觸的，如在桌邊對坐討

論，或在雞尾酒會中之交談等。(4) **公眾**距離（public distance）（12～25 尺，360～750cm），係用於較正式的場合，如演講或與地位較高的人之間的互動之時；在此一區域中，溝通意見之管道比在前述各種區域任何一種，均要受到更多的限制。

由上述可知，密度、擁擠、私密性、領域和個人空間是幾個關係相當密切的概念，其間也有一些區別存在。

就密度和擁擠而言，基本上，密度是一項物理學的概念，而擁擠卻是一項心理學上的概念。密度並無所謂愉不愉快，但是擁擠依定義來看，大約是不愉快、負面的感覺。析言之，擁擠則是個人的主觀反應，來自空間太少的感覺，雖然密度是一項必要的條件，但只有密度並不一定足以產生擁擠的感覺（*Heimstra & Mcfarling, 1978; Taylor et al., 1997*）；簡言之，「密度」是產生「擁擠」之必要條件，而非充分條件（*Stokols, 1972, 1976*）；Rapoport則將擁擠稱之為情感密度（affective density），乃是對於知覺密度（perceived density）的一種評估或判斷（*引自Heimstra & Mcfarling, 1978*），Baum和Paulus（*1987*）也認為擁擠是密度的評價（crowding as an appraisal of density）。

再就領域、領域行為和個人空間而言，Tarlor 等人（*1997*）認為領域是指由某人或某團體所控制的區域；領域行為，包括以各種標誌、或是用圈圍的方法，表示出領域，並且聲明其所有權。個人空間是指與個人有關的物理空間——指個人身體和他人之間的距離；領域則不一定需要身體、物理上的呈現。

最後就擁擠、私密性、領域和個人空間的關係來看，Altman（*1975*）在「環境與社會行為」（The Environment and Social Behavior）一書導論中，有一段精闢的說明，並將其繪如圖11：

在此要說明的主要理念是，「私密性」的概念是中心的一

—它使四個概念結合在一起。私密性被視為一個中心的調節歷程（a central regulatory process），經由此一歷程，個人（或團體）可以使自己對他人作或多或少的接近和開放，而個人空間或領域行為的概念乃是被用以獲致所希望私密程度的「機制」（mechanism）。擁擠將被描述為私密性機制尚未能有效發揮作用的一種社會狀況，結果產生過多不需要的社會接觸。（p.3）

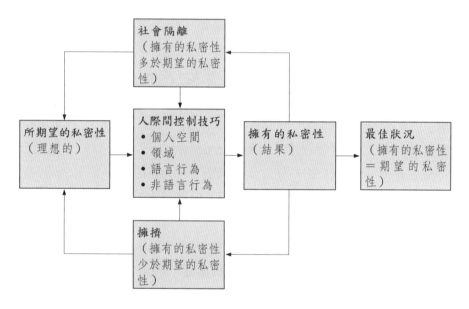

圖11：私密性、個人空間、領域和擁擠整體關係圖

資料來源：*The Environment and Social Behavior,* I. Altman, 1975, p.7.

二 環境心理學與學習環境設計

　　從環境心理學對密度、擁擠、私密性、領域和個人空間之研究中，可以抽繹出幾個中心概念——「人」、「空間」、「互動關係」和「控制力」，這些要素正是環境與行為研究的重點，也是學習環境設計應考慮的重點。例如，Zlutnick 和 Altman, Stokols 分別在其對擁擠感的研究上，提出類似的關聯變項（*參閱陳水源，民 77；Heimstra & Mcfarling, 1978*），包括：(1)環境因素，如密度，空間數量、類型、布置和配置，地位和權力的分配，壓力源（如噪音、眩光、污染、溫度、曝露時間等），以及協調問題和競爭所形成之社會干擾；(2)人際因素，乃一個人與其他人互動的控制能力。(3)心理因素，包括個人的往昔經驗、人格特質，認知上之不協調和情緒不穩定（感覺受侵擾、疏離感）等對壓力之體驗；並由此探究行為、感受或認知上的種種反應。

　　就學習環境設計而言，Bell 等人（*2001*）強調幼兒的特質之一是注意力集中的時間很短，且易因視覺的動作或噪音而分心，據此幼稚園環境設計特色包括：鋪設地毯來減少噪音，及架設隔間板來減少視覺的干擾。Graves 等人（*1996*）認為幼兒需有個人空間（personal space）、分享空間（shared space）和私密空間（private space），使其成功。而環境心理學對密度、擁擠、私密性、領域和個人空間研究所提供的理論基礎，提供了應在使用者（人）、活動空間和彼此的互動關係上作適當調適的重要理念。在實際作法上，可從整體環境規畫和細部情境設計二方面著手：在整體環境規畫方面，首先應對幼兒園規模作一理想的控制，例如幼兒人數、室內面積、室外面積和活動室數量應有適量的配合，以提供最佳的園

舍密度（m^2／人）和活動空間；其次，幼兒園的配置、整修、維護和校園環境的綠化美化，應有整體性的配合，以免過於凌亂徒增使用者之擁擠感。在細部情境設計方面，首先應先降低班級規模或增加活動空間；其次，活動室情境的布置，包括座位的安排、採光、噪音、色彩、通風和櫥櫃設備等等，都應有適量適用的設計；第三，活動室、圖書室、遊戲室等學習區的規畫設計應考慮私密性、領域和個人空間之需求；第四，儲藏櫃除公共物品之貯存外，尚需提供個人的儲藏櫃，以儲藏個人物品。此外，園庭設施的布置，在休憩空間設計上亦應兼顧適當的隱密性。附帶一提的是，從環境心理學的角度來看，學習環境設計在密度的掌握、擁擠感的消除，其所顯示的另一層意義，正是對幼兒個人空間和私密性的尊重。

學習環境設計與幼兒行為

離開環境即無行為可言（There is no behavior apart from environment）。

——R. Sommer

愉悅、良好組構的環境，提供幼兒適齡的多樣活動，用以支持幼兒各層面的發展並促進學習（A pleasant, well-organized environment that provides children with a variety of age-appropriate activity options supports children's development in all domains and enhances learning）。

——E. Essa

環境和發生其間的活動是很難分開的（*Poston et al., 1992*），Locke 即認為人的環境和經驗是瞭解人類行為的關鍵（*引自 Vasta et al., 1992*）。的確，環境對人的行為具有強烈的「暗示」與導引性，人在不同的空間會有不同的「空間行為」，蔡春美等人（*民 81*）認為影響幼兒行為表現一個很大的因素是環境的設計與空間的規畫。

David 和 Weinstein（*1987*）在「人造環境與

兒童發展」（The Built Environment and Children's Development）一文中也說明，兒童與物質情境的互動有直接的關係且易於觀察，雖然學習隨年齡而成長，但兒童期的環境經驗卻持續的影響。兒童發展的歷程會受物質情境特性的影響，有關兒童及其與人造環境互動的系統性知識，可用以改善兒童情境的設計。在探究兒童與人造環境間互動上，David 和 Weinstein 提出七項普遍性的共識：

1. 人造環境對兒童兼具直接和象徵的影響（direct and symbolic impacts）。

2. 人造環境和兒童發展的研究將可獲益自多元情境觀點（a multisetting perspective）。

3. 所有為兒童設的人造環境，應提供尊重兒童發展的功能：增進個人的認同、鼓勵能力的發展、提供成長的機會、提升安全和信任的意義、兼顧社會互動和私密性。

4. 在情境的運用和解釋上，有實際的個別和文化變異性（cultural variations）。

5. 不論何處，兒童應主動參與其所生活物質情境的規畫與安排。

6. 人造環境的影響必須在社會和文化系統的脈絡中檢視。

7. 兒童非家庭、學校和特別托育環境（special-care environment）的唯一使用者（還有家長、教師和其他大人等共用這些情境，亦要知其需求）。

心理學上，研究影響幼兒行為發展，主要有三大理論：(1)**遺傳論**（predeterminism）：遺傳論者雖然不否認環境對個體行為的影響，但仍認為遺傳才是形成個體行為的唯一原因，因此視行為的發展為人類天性或本質的「展開」（unfold）。在兒童行為方面，Gesell曾以兒童發展有系統的觀察記錄研究，以統計方法求出大量資料的平均值，製成「兒童發展常模」，從研究中，發現幼兒之間的發展過程有高度的相似性存在，故主張兒童基本行為並不由外界

刺激所決定的,乃是由神經系統之生長所決定,與幼兒經驗無關;後雖不再完全否認經驗對發展的重要性,但仍然主張發展乃是兒童天性的開展。(2)**環境論**(environmentalism):環境論者認為行為的發生完全是個體接受環境中的「輸入」(input)而產生「輸出」(output)之結果,個體的行為任其所處的環境來形塑而不是與生俱來的。在兒童行為方面,其發展主要是環境塑造的,亦即行為乃是環境與經驗影響的結果,Watson、Skinner 等人即持此看法,並強調兒童的發展主要決定在環境,教師如果要控制兒童行為的發展,可以經由操縱環境力量來達成此一目的。(3)**交互論**(transactionism):認為遺傳或環境都可以解釋行為的發展。在某些行為的發展上,環境對個體的影響,遠超過遺傳的支配;在另一些行為的發展上,則只是等待個體的成熟始能學習。一般而言,早期的發展或簡單的行為反應,較容易受遺傳因子影響;較複雜的行為或個體年齡愈大,則受環境的影響愈深。在兒童行為方面,主張兒童的發展乃是個體和環境交互作用的結果,Bandura、Erikson、Piaget 等人即持此觀點,並強調人類的發展不但源自體內,也是外在環境的力量,故遺傳和環境都是影響人類發展的重要因素(*田育芬,民 76;林朝鳳,民 77*)。

　　事實上,不論遺傳論、環境論或交互論,都承認遺傳和環境對兒童行為的重要,只是強調的重要性不同而已。須提的是,遺傳是行為發展的主觀因素,與生俱來,不可改變,而環境卻是行為發展的客觀因素,可操弄或改變。行為學派(behaviorism)的行為理論,即主張:(1)發展產生自環境的學習中(development occurs through learning from the environment),(2)如果改變了幼兒的環境,其行為也會改變(behavior can be changed if a child's environment is changed);他們認為人類行為是學來的,幼兒行為塑形於其與環境之互動,改變幼兒行為最有效的方式是改變幼兒的

環境（*Marion, 1991*）。

　　由上述可知，學習環境設計與幼兒行為有密切的關係，本章擬就環境行為的理論研究、學習環境與幼兒行為，分別加以探究，以深入瞭解其間的影響關係。

第一節

環境行為的理論研究

　　環境與行為的研究，在當代許多社會科學與環境專業領域（如環境心理學、環境社會學、人體工學、室內設計、建築研究、庭園建築研究、都市計畫研究、資源管理、環境研究、都市和應用人類學、社會地理學等等）的努力開發下，雖已累積豐碩的成果，但理論的建立仍有待加強；Moore（*1987a*）即以「環境─行為」研究與運用音階圖（the gamut of environment behavior research and applications）說明「環境─行為」的理論及基礎研究是該領域理論研究的主流。由此可知，「環境─行為」的理論與研究有其加以開發統整的必要性。

　　本節擬就環境與行為的基本概念、環境與行為的研究類型、環境與行為的研究模式和環境與行為的研究方法，分別作一概略性的整理與介紹。

一| 環境與行為的基本概念

(一) 環境與行為的意義

1. 環境的意義

　　根據韋氏辭典的定義:「環境是圍繞人們的事件(circumstances)、事物(objects)或情況(conditions)」(*Webster's Ninth New Collegiate Dictionary, 1987, p.416*)。從教育、心理和環境設計的觀點來看,下列各個學者專家之界定,可以讓我們對環境的定義有更清楚的概念:

　　(1) Good(*1973*):環境是個體所能接受到並受其影響的一切事物(objects)、勢力(forces)和情況(conditions)之總稱(*p. 214*)。

　　(2) Zeisel(*1981*):環境是人們生活、工作及遊戲的情境,該情境具有實質的、管理的及社會的特性(*p.xi*)。

　　(3) Candoli、Hack、Ray 和 Stollar(*1984*):環境是影響人類變更其行動、心理和生理的舒適,以及視聽能力的周遭情況(the surrounding conditions)(*p.262*)。

　　(4) Oldroyd、Elsner 和 Poster(*1996*):環境是周圍或情境,一如教室環境、學校環境,包括物質的、美學的、社會的和其他變項(*p.24*)。

　　(5)張春興(*民80*):環境乃是指個體生命開始之後,其生存空間中所有可能影響個體的一切因素(*第349頁*)。

(6)林萬義（民75）：環境實為個人所面臨的一切外在事情、條件、狀態、境遇之總稱（第17頁）。

綜上可知，環境是個體生存空間中一切人、事、物的總稱（湯志民，民89）。就環境的類別而言，Pillari（1988）認為環境的概念涵蓋物質、社會和文化三個層面，其中物質環境（the physical environment）主要由人造環境（the built environment）和自然環境（the natural environment）所組成；社會環境（the social environment）包含各種組織層次的人際關係網路，而物質環境和社會環境都受文化價值、規範、知識、信念及社會互動模式之影響。Evans和Schmid（1989）以生態系統（ecosystem）的觀點將環境分為三種類別：(1)生理環境（the physiological environment），包括健康和有機組織的因素；(2)物質環境（the physical environment），包括教室、桌子、紙張、溫度、採光、功課表及其工作區等情境因素；(3)心理環境（the psychosocial environment），包括情感、情緒、價值和期望等因素；上述每一種生態系統環境，在分析時，都與另外二種有關聯。

另外，在兒童與環境的研究上，Bronfenbrenner的環境生態模式（ecological model of the environment）（參見圖12），以幼兒為中心，將其所處的環境由近而遠分為：(1)小系統（microsystem），最接近幼兒，如家庭、學校、教堂、遊戲場等等；(2)中系統（mesosystem），係幼兒小系統間的關係系統，如家長與幼兒教師的關係，以及幼兒的兄弟姊妹與鄰居朋友的關係等等；(3)外系統（exosystem），係社會情境可影響幼兒，但幼兒卻不直接的參與，如地方政府（決定嚴格的空氣污染標準並實施）、學校董事會（設定教師薪資，建議新教科書和設備的預算）、母親的工作地（建立產假、設托兒設施）等等；(4)大系統（macrosystem），係幼兒生活中的文化和次文化，透過信念、態度和傳統影響幼兒，如幼兒生

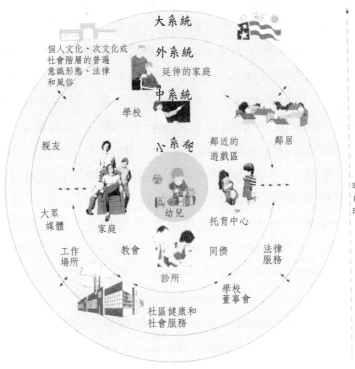

大系統

個人文化、次文化或
社會階層的普遍
意識形態、法律
和風俗

外系統

延伸的家庭

中系統

學校

親友

小系統

鄰近的
遊戲區

鄰居

時間系統
（人和環境隨
時間的改變）

大眾
媒體

家庭

幼兒

托育中心

工作
場所

教會

同儕

法律
服務

診所

學校
董事會

社區健康和
社會服務

圖 12：Bronfenbrenner 的環境生態模式

資料來源：*Developmental Psychology: Children & Adolescence* (5th ed.), D. R.
Shaffer, 1999, p.64.

活在美國，則會受民主和平等信仰，以及資本主義優點和自由企業
的影響（*Vasta et al., 1992*）。

2.行為的意義

行為（behavior）是心理學上最重要的一個名詞，有廣狹二義；
就狹義而言，行為只限於個體表現於外而且能被直接觀察記錄或測
量的活動，如說話、走路、打球、游泳等活動，都可以錄音機、照
相機、計時錶、量尺等工具加以記錄並分析研究處理；就廣義而

言，行為不只限於直接觀察可見的外顯活動，而是擴大範圍包括以觀察所見的活動（包括語文與非語文的）為線索，進而間接推知內在的心理活動或心理歷程，基於此，一個人的動機、思考、恐懼、知覺、態度等，也都是行為（*張春興，民78*）。

從場地論（field theory）的觀點，著名社會心理學家 Lewin 以形勢幾何學（topology）的圖式來描述人與環境，強調行為（B）是人（P）與環境（E）互動的結果，可以 B=f（P, E）表示之（參見圖 13），式中人與環境兩者並非完全獨立。例如，學童對於事物的看法視兒童的發展階段及性格而定，並受兒童的意識形態（ideology）影響；新生兒、1 歲幼兒及 10 歲兒童，雖處於同一物質或社會環境，其所體驗的世界不盡相同；同一兒童在飢餓或腹飽以及精力充沛或虛弱的不同情境下，相同的環境對他卻構成不同的意義世界。每個「人」（person, P）都生活在「心理環境」（psychological environment, E）中，心理環境係存在於人周圍的物質和社會影響力（the physical and social influences），是能在

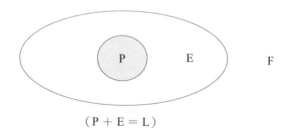

$$(P + E = L)$$

說明：每個人（P）都生活在心理環境（E）中，共同形成生活空間（L），生活空間
　　　之外的外緣（F）是世界的一部分，尚未經人的知覺或意識併入生活空間。

圖 13：Lewin 心理學觀簡化圖

資料來源：*Environmental Psychology: Principles and Practice,* R. Gifford, 1987,
　　　　　p.80.

某一時空中影響或決定個人行為的一切環境因素或心理事件。人與環境相互影響，形成個人的「生活空間」（the life space, L），生活空間是人的內在和外在事實的總合，包含了人及其心理環境，生活空間之外的「外緣」（the foreign hull, F）是世界的一部分，由物質和社會環境中無關聯的事實（alien facts）所組成，Lewin強調生活空間與外緣的邊界是有滲透性的（permeable）──亦即物質環境（the physical environment）中，某些個人原本無動於衷的層面，有朝一日可能在個人心理上產生重要的影響。而「行為」（behavior, B）是：(1)科學地表現生活空間；(2)生活空間相關物的函數，此函數通常稱為法則（law）；因此行為又可以 B ＝ f（P, E）＝ f（L）表示之，換言之，個人行為隨其生活空間而變化（*引自陳雪屏主編，民 68；Gifford, 1987*）。

　　Lewin 也是環境心理學最具影響力的先驅之一，雖然 Lewin 的理論中，曾被批評對心理環境和物質環境的差別說得不夠清楚，但其混淆反而助長了理論的影響，社會心理學家把 E 拿來作為社會和物質世界在個人認知上的呈現，有些環境心理學家將 E 當作客觀的物質世界（the objective physical world）（*Gifford, 1987*）。Lewin 認為人的行為和物質環境有緊密的關聯，實際的物質環境是生活空間中有力的心理事件之一（*McAndrew, 1993*），物質環境在我們心中的呈現以及一些未呈現的物質環境要素（外緣）影響我們的行為與經驗（*Gifford, 1987*），例如人在教室的行為可能與派對的行為大不相同，同樣一個人在不同的環境則有不同的行為（*Deaux, Dane, & Wrightsman, 1993*）；就學校而言，學校建築設施所建構的環境，是學生學習、互動和休憩的生活空間，學校建築規畫對學生行為自有其影響（*湯志民，民 80*）。

(二) 環境知覺的概念

1. 環境知覺的涵義

環境知覺（environmental perception）的涵義，可先從最早提出環境知覺概念的 Brunswik 之透鏡模式（lens model）瞭解其梗概。Brunswik 將環境知覺視為一個訊息處理的系統，他以生態線索效度（ecological cue validity）的觀點提出環境知覺的透鏡模式，並進一步說明有機體將遠處分散的環境刺激重組，正如同透鏡捕抓光線並將其聚集於單一平面一般（*引自 Ittelson Proshansky, Rivlin ,Winkle, & Dempsey, 1974*）；在此一訊息處理系統中，Brunswik 強調人在知覺過程的選擇及主動性角色。舉例來說，有一些情境本身的重要品質，例如「美」，並非直接感知，但是Brunswik 認為它們可從客觀可測量的情境特徵之「遠側線索」（distal cues）呈現出來，而「最近線索」（proximal cues）是觀察者對這些遠側線索的主觀印象（subjective impressions），而知覺的美則是基於觀察者對「最近線索」的統整，知覺的美（perceived beauty）和實際的美（actual beauty）如達成（achievement）下列幾點，則會非常相似：(1)實際的美能真正在遠側線索中呈現，亦即有高的生態效度（ecological validity）；(2)最近線索和遠側線索密切相關；(3)最近線索與判斷的美密切相關，亦即觀察者能有最好的線索運用（cue utilization）（*引自 Gifford, 1987*）。Brunswik 的透鏡模式，詳如圖 14 所示。

對環境知覺領域探討最徹底的Ittelson（*1978*）則明確的指出：環境知覺包括認知的（cognitive）、感情的（affective）、釋義的（interpretive）及評估的（evaluative）成分，並在同一時間經由一

情境：

要判斷的品質：美

情境本身	遠側線索的選擇	最近線索的選擇	情境判斷

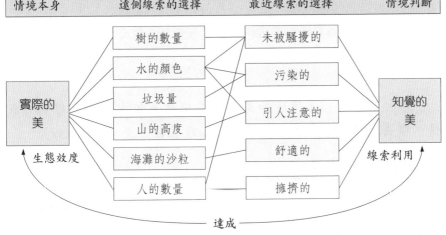

圖 14：Brunswik 的透鏡模式

資料來源：*Perception and The Repressentative Design of Psychological Experiments,* E. Brunswik, 1956.（引自 Gifford, R.（1987）, *Environmental Psychology: Principles and Practice,* p.28.）

些感覺形態（several sensory modalities）一起運作。Bell 等人（*1996*）繼而說明，環境知覺除了 Ittelson 所提的四個成分之外，尚有三個特性：(1)人們知覺環境為一個整體，人與環境的系統可說是環境知覺研究的基本單位；(2)環境知覺的心理功能是具有選擇性

的，接受環境的訊息乃受人格、目的和價值所影響；(3)知覺環境的訊息須透過行動來經驗，人們帶著期望、價值和目的進入環境，並透過行動知覺環境所提供的訊息。此外，黃茂容（民78）曾就國外相關學者之看法，將環境知覺定義為：

> 「具有人格價值等特質（trait）的人們，帶著動機、期望和目標等心理狀態（state），進入實質環境脈絡（context）中，透過感覺與行動，選擇接收環境訊息，根據過去的環境經驗，經由一系列的感情（affect）和認知（cognition）等心理轉換，處理環境訊息的心理過程。」（第9頁）

綜合上述可知，環境知覺是人在環境系統中，透過認知、感情、釋義及評估以處理環境訊息的心理歷程（湯志民，民89）。

2. 環境知覺的重要

環境知覺是人類行為和社會物質環境的研究重心，Daniel 和 Ittelson（1981）即指出，環境知覺的研究目的，在發現環境的物質／社會特質（physical/social features）和人類知覺及行為的關係；deHaas和Gillespie（1979）則列舉環境知覺重要性的理由如下：

1. 環境知覺對學校參與者而言，為一影響因素。
2. 環境知覺幫助人們運用現有的環境以改善態度及行為。
3. 環境知覺協助人們在其環境中能有積極的改變。（p.7）

在環境與行為的關係上，個體對環境刺激的認知與訊息處理是其行為選擇的重要關鍵。馬信行（民78）即綜合個體的內在動機、

外在動機及行為的工具性概念，以 Deci 和 Ryan 的行為選擇過程模式（詳如圖 15 所示），來說明個體對環境刺激的認知與訊息處理，是選擇行為與調整行為的轉折重點。

就學校教育情境而言，學校物質環境和規定的建構行為，對學校的參與者（school participants）——包括行政人員、教師、學生和家長，有極深的影響（*deHaas & Gillespie, 1979*）；而 Moos（*1979*）所言：學生的知覺對教育情境（educational setting）可提供重要的概念，更強調了環境知覺在學校物質環境研究上的重要性。

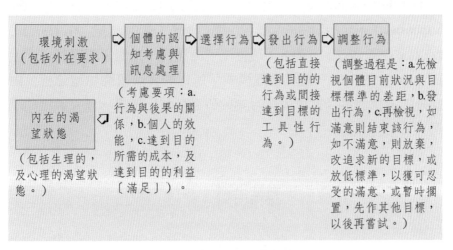

圖 15：行為選擇模式圖

資料來源：*Intrinsic Motivation and Self-determination in Human Behavior*, E. L. Deci and R. M. Ryan, 1985, p.241.（引自馬信行（民 78）。認知的行為改變及其對說服的涵義。**政大學報**，59，267。）

二　環境與行為的研究類型

環境與行為的研究類型，可以從 Stokols 依人類由一般性的環

境到特定環境情境之互動本質所作的分類系統,獲得較清楚的概念。Stokols的「人—環境處理模式」（modes of human-environment transaction）是以下列二個層面的互動為基礎：(1)認知的（the cognitive）與行為的（the behavioral）層面,係依研究變項的本質；(2)主動的（the active）與反映的（the reactive）層面,係依主體決定研究結果的程度。此二層面的結合形成四種處理模式：(1)解釋的（the interpretive）,包括空間環境的認知陳述和人格變項；(2)操作的（the operative）,包括生態相關行為的實驗分析；(3)評估的（the evaluative）,包括環境態度和評估；(4)反應的（the responsive）,包括環境的影響和生態心理學（引自Schez, Wiesenfeld, & Cronick, 1987）。表8,是將拉丁美洲六十三個主要實驗研究,依 Stokols 的「人—環境處理模式」所作的實驗研究類型分析。由此分析,我們可以對環境與行為的研究類型,獲得一個大致性的瞭解。

三| 環境與行為的研究模式

　　行為不是發生於抽象的空間（abstract space）中,而是受特定環境情境的影響；物質環境能透過直接的物理效應（physical effects）、心理效應（psychological effects）或社會效應（sociological effects）,影響居於其間的人類行為（Smith et al., 1978）。以下介紹的四個「環境—行為」研究模式,前二個係探究一般性的「環境—行為」關係,後二個則涉及物質學習環境和教育情境。

表8 Stokols 的「人─環境處理模式」：拉丁美洲實驗研究的分類和次數

處理的方式	處 理 的 形 式	
	認知的	行為的
主動的	解釋的 空間環境的認知陳述 （例如：成人與兒童的都市認知陳述；空間知覺為環境表徵的一項功能） 人格和環境 （例如：內外控、居住密度和擁擠知覺間的關係） N＝15	操作的 生態相關行為的環境分析 （例如：有關燃料消耗的內外控和態度改變的效應；大學校園的垃圾管制計畫） 人類空間行為 （例如：在不同社經地位人群中私密性獲得的調適技巧；兒童學前環境的應用） N＝8
反映的	評估的 環境態度 （例如：使用者對於公共交通工具的態度；有關髒亂行為的意見） 環境評估 （例如：教育環境和不同的公共住宅發展之評估；使用者對他們能力職位的滿意） N＝13	反應的 物質環境的影響 （例如：密度對於團體凝聚力和合作性的效應；住宅型態和犯罪行為間的相關性） 生態心理學 （例如：夜校環境的行為生態；參與是教室再設計的結果） N＝27

註：N 是實驗研究數。

資料來源：Environment Psychology, D. Stokols, 1978, *Annual Review of Psychology, 29.*（引自 Sánchez, E., Wiesenfeld, E., & Cronick, K. (1987). Environmental psychology from a Latin American perspective. in D. Stokols & I. Altman (Eds.), *Handbook of environmental psychology*, p.1349.）

(一) Bechtel, Marans 和 Michelson 的研究模式

Bechtel Marans 和 Michelson（1987）在「環境與行為研究法」（Methods in Environmental and Behavioral Research）一書中，提及現今環境與行為方法學的主要問題是說明並檢視那些存在於環境中，影響行為的整組環境變項（sets of variables）。而該書中大部分的研究方法，重點在於瞭解行為和態度（依變項）受環境影響之歷程。Bechtel 等人並將環境與行為研究中，自變項與依變項的關係，分為三種觀點（如圖16所示）。其中，情境 A，是簡單而

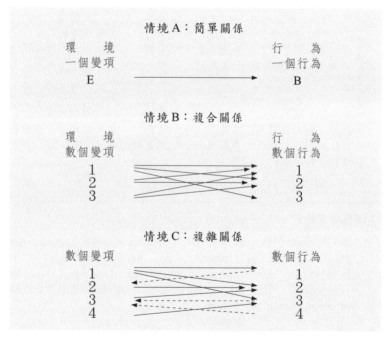

圖16：環境與行為研究中自變項與依變項關係的三種觀點

資料來源：*Methods in Environmental and Behavioral Research*, R. B. Bechtel, R. W. Marans, and W. Michelson, 1987, p.396.

直接的一對一關係,亦即一個變項引起一個行為;情境B,較符合現實的情境,是由幾個變項引起一個行為;情境C,是更複雜的現實觀點,先由幾個變項引起幾個行為,然後反過來影響這些變項本身。

(二) Bell, Greene Fisher 和 Baum 的研究模式

Bell等人(*2001*)在「環境心理學」(environmental psychology)一書中,將環境心理學在「環境─行為」關係理論探討的七個研究取向──喚起(the arousal)、環境負荷取向(the environmental load)、刺激不足取向(the under stimulation)、適應水準理論(adaptation level theory)、行為限制(the behavioral constraint)、Barker的生態心理學(ecological psychology)和環境壓力取向(the environmental stress),加以綜合整理,提出一個環境與行為關係理論概念的折衷模式(an eclectic model of theoretical perspectives),詳如圖 17 所示。其中,客觀的物質狀況(objective physical condition),如人口密度、溫度、噪音程度、污染程度、存在的獨立個體等;個別差異(individual differences),如適應程度、知覺控制、人格、私密性偏好和處理環境因素的能力;社會狀況(social condition),如對情境中他人的喜歡或敵意;環境知覺,係根據客觀物質狀況本身、個別差異,以及態度、感知和認知的歷程,此一主觀的知覺如果感受環境刺激在最佳的範圍內(within optimal range of stimulation),其結果為穩定平衡狀態(homeostasis)。反之,如果所感受之環境刺激在最佳的範圍外(outside optimal range of stimulation),如壓力過重或不足或行為受約束,則會有一種以上的心理陳述:喚起(arousal)、壓力、超負荷(overload)或對抗(reactance),導致需要調適(coping)。如果調適策略成功,產

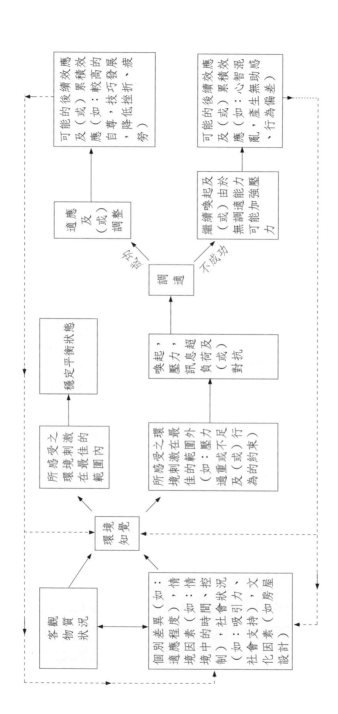

圖17：「環境—行為」關係理論概念之折衷模式

資料來源：*Environmental Psychology* (5th ed.) , P. A. Bell, T. C. Greene, J. D. Fisher, and A. Baum, 2001, pp.132-133.

生適應（adaptation）或調整（adjustment），其可能的後續效應（aftereffects），如較高的自尊、技巧發展、降低挫折、疲勞；累積效應（cumulative effects），可能包括上述這些，但也會增加自我信念，增進對抗未來非期望環境刺激的學習力。如果調適策略失敗，喚起和壓力會持續，並緊繫策略失敗的個別知覺，可能的後續效應及（或）累積效應，如心智混亂、產生無助感、行為偏差。最後，回饋圈所指的是，環境知覺經驗有助於個別差異的未來經驗。此一模式，雖如 Bell 等人所說明並非發展的相當完整，但對於解釋環境、環境知覺和行為的一般性影響關係，卻有其貢獻與價值。

（三） Gifford 的研究模式

Gifford（*1987*）在「環境心理學」（Environmental Psychology）一書中，以圖 18 之模式探討學習和物質環境（learning and the physical environment）之關係。該模式主要在說明學生的個人特徵（過去的學校經驗、學習態度、年齡、性別、人格）與學習設施的

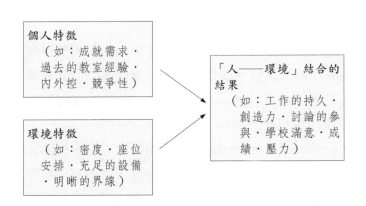

圖 18：學習設施中「人—環境」關係的概念架構

資料來源：*Environment Psychology,* R. Gifford, 1987, p.268.

物質特徵（規模、噪音程度、氣溫、人口密度、與設計）和「社會—組織」氣氛（規則、課程、教學風格、進步的或傳統的導向等）間之互動，產生與學習有關的態度（對學校的滿意、教室的不滿意、學習承諾等）及行為（班級參與、對學習材料的注意、發問、適當或不適當的活動、持久、創造力、學習和表現）；並提及學習者與環境之間缺乏調適，將導致低成就（lower performance）、低滿意（lower satisfaction）和高壓力（higher stress）。

㈣ Moos 的研究模式

Moos（1979）在「教育環境評鑑」（Evaluating Educational Environments）一書中，強調環境對學生行為和態度影響的重要性，並提出一概念的架構（a conceptual framework），以說明四種環境變項領域對教育環境評鑑的適切性。Moos 所提的環境和個人變項與學生穩定性及改變之間關係的模式（如圖 19 所示），其主要內涵如下：

1. 環境系統（environmental system）

包含四個主要層面：物質情境、組織因素、人類群集和社會氣氛，每個層面可以直接地或經由其他因素間接地影響教育的成果。

(1)物質環境（physical setting）：指建築和物質的設計，可以影響心理狀態和社會行為。

(2)組織因素（organizational factors）：指學校的大小，師生的比例、平均薪資、以及學校經費的多寡，這些層面與學生的行為或成就有關。

(3)人類群集（human aggregate）：指學生的年齡、能力、社經背景，以及教育成就等群集的特性，是與環境特徵有關的情境變項。

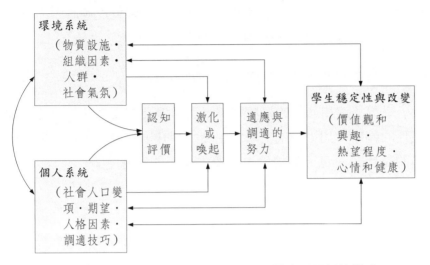

圖19：環境和個人變項與學生穩定性及改變之間關係的模式

資料來源：*Evaluating Educational Environments*, R. H. Moos, 1979, p.15.

(4)社會氣氛（social climate）：是環境變項的第四個層面，也是影響其他三個層面的主要媒介（mediator）。

2.個人系統（personal system）

包括年齡、性別、能力水準、興趣、價值和自尊等因素，這些因素有助於決定環境對個體的意義，以及瞭解什麼資源對適應情境是有效的，智力和認知發展的程度可以影響學生尋求或使用訊息的能力；其他的個人因素，則包括態度、期望和角色等等。

3.中介因素（mediating factors）

中介因素包括認知評價和激化個人和環境因素彼此影響，產生了認知評價（cognitive appraisal）的歷程；認知評價是個人的環境知覺，可以瞭解環境是具有傷害或是有益的。激化（activation）或

喚起（arousal）通常發生於當環境被評價為需要反應時，而調適或適應的努力可改變環境或個人系統。

4.調適和適應（coping and adaptation）

學習調適和適應的情境選擇，通常涉及主要生活的改變；惟一般性的轉變，如第一次上學或由高中剛升上大學等，都需要使用調適的技巧，而每天的情境也可要求調適的反應。

四 環境與行為的研究方法

環境與行為的研究方法，一般而言，仍十分複雜而分歧。在 Zeisel（1981）「研究設計：環境與行為的研究工具」（Inquiry by Design: Tools for Environment-Behavior Research），以及 Bechtel 等人（1987）「環境與行為研究的方法」（Methods in Environmental and Behavioral Research）二本專書中，對環境與行為研究的方法、使用的工具及其運用的方法，均有非常詳實的說明與介紹。以下僅就一般性的「環境─行為」研究法，以及學校物質環境與學生行為的研究設計，分別作一概略性的介紹以明其梗概。

㈠ 一般性的「環境─行為」研究法

就一般性的「環境─行為」研究而言，問卷、觀察和訪談仍然占極重要的地位，惟不同的是，認知圖（cognitive maps）、行為圖（behavioral maps）、日記、照片、模型屋（model room）和錄影帶等方法與工具，在此一領域的研究運用上，甚為廣泛。以用後評估（post-occupancy evaluation, POE）為例，POE 是用以檢視環

境設計對使用者之效果,其常用的方法,據Bechtel和Srivastava指出有十四種之多,包括:(1)訪談,開放式(interviews, open ended);(2)訪談,結構式(interviews, structured);(3)認知圖;(4)行為圖;(5)日記;(6)直接觀察;(7)參與觀察;(8)縮時照相(time-lapse photography);(9)連續照片(motion-picture photography);(10)問卷;(11)心理測驗;(12)形容詞檢核表;(13)檔案資料;(14)人口統計資料(*引自Zimring, 1987*)。

在「環境─行為」的測量技術方面,每一種方法與工具的運用,都應在研究對象的年齡層次上,作一適當的考量與選擇,通常年齡較小的所能用的測量技術限制較多,Lozar即曾將適合各年齡層之環境與行為測量技術,作一分析摘要(詳如表9所示),對有興趣從事環境行為研究者,甚具參考價值。

㈡ 學校物質環境與學生行為的研究設計

在學校物質環境與學生行為的研究設計方面,Weinsten(*1979*)在「學校物質環境:研究文獻探討」(The Physical Environment of the School: A Review of the Research)一文中,曾將上百篇的研究報告所用的研究設計,作了一個簡潔的分類與整理,茲概述如下:

1. **一個情境內的相關研究**(correlational studies within one type setting):這一類的研究,是將檢視、描述和解釋學生行為,作為情境特性之功能。觀察單位可能是一個教室或整個學校,例如Adams和 Biddle, Sommer 的傳統教室座位之研究即為例證。當然,如同所有相關研究的設計一樣,不能將環境視為肇因(the causal factor),但在研究方案的探索階段,此種研究有其價值。

2. **情境間的相關研究**(correlational studies between setting):

表9 Lozar 的適合各年齡層之環境與行為測量技術摘要表

測　量　技　術	適合的年齡分類			
	嬰兒	學前兒童	學童	青少年
自我陳述				
1.調查態度工具				
・開放式問題				X
・直接式問題				X
・Likert 量表				X
・語意差異				X
・認知圖			X	X
・日記—活動日誌			X	X
・照片模擬		X	X	X
・遊戲		X	X	X
・各式模型		X	X	X
2.訪談技術				
・非結構的		X	X	X
・結構的		X	X	X
・參與訪談		X	X	X
・內容分析		X	X	X
・Q-種類		X	X	X
非自我陳述				
3.工具的觀察				
・縮時照相	X	X	X	X
・靜態相片	X	X	X	X
・錄影帶	X	X	X	X
4.直接觀察				
・行為情境		X		X
・個人空間			X	X
・時間樣本			X	X
・製圖	X	X	X	X
・結構式觀察	X	X	X	X
・樣本記錄（來自雙親）	X	X	X	X
5.感官刺激的觀察				
・光線		X	X	X
・噪音	X	X	X	X
・溫暖設備	X	X	X	X
6.間接方法				
・行為方式		X		X
・記錄	X	X	X	X

資料來源：*Measurement Techniques Towards a Measurement Technology*, C. Lozar, 1974.（引自 Ziegler, S., & Andrews, H. F. (1987). Children and Build Environments. In R. B. Bechtel, R. M. Marans, & W. Michelson（Eds.）, *Methods in Environmental and Behavioral Research*, p.330）

亦即在一特定環境層面比較二種以上的情境，但即使是受試者和情境可以相契合（matched），我們也很難確定這二個情境是否真的能比較，譬如智商、年齡、性別和建築特徵也許較易配合，但教學類型、人際氣氛和學生的動機則較難配合。Zifferblatt 在二間開放教室的物質設計與行為研究，Sommer 所作的研討室與實驗室的語言互動研究，以及大多數開放空間和傳統學校的比較研究，都是屬於這一類的研究。

3.**單一單位沒有控制組**（single-unit interventions with nocontrol group）：此一研究在探討教室或學校環境的改變，對行為的影響；如果沒有作先前的觀察，這種研究實際上是一種個案研究；如果有「前」、「後」資料，則是一個團體的前後測設計。Sommer 和 Olsen 的「軟性教室」（soft classroom）研究，即屬此類之研究。

4.**單一單位有不等的控制組**（single-unit interventions with a nonequivalent control group）：這一種準實驗設計（quasi-experimental design），要求二個研究情境儘可能相近相似，並以前測建立二個團體的基線資料（base line data），然後作實驗情境的環境操控。這種研究設計實質上比上一種要好，因為大大的減少了內在的無效性（internal invalidity），但也有二個問題存在：(1)由於受試者是隨機安排於二個情境中，這些樣本實質上不完全相等，很難重複測試，在結果的解釋上也會有所混淆；(2)要找到可以實際比較的物質環境很困難。雖然如此，這類研究在環境與行為關係的檢證上，仍然極為重要。Evans 和 Lovell 在一個開放空間學校所作的分隔牆效果研究，就是此類型之研究，雖然在研究中小心翼翼的進行，研究者認為此一設計仍有其困難之處。

5.**單一單位簡單的時間序列設計**（single-unit intervention simple time-series design）：此一準實驗設計也同樣的是一個團體的前後測設計，不同的是在環境改變前後作了大量重複的觀察，以

一段延伸時期（an extended period of time）來決定變化的模式（patterns of variation）。即使如此，時間序列仍會遭遇到內在效度的問題，此係受未規畫的外來事件（unplanned extraneous events）的影響。當然，時間序列會比個案研究或前後測設計還要理想。C. S. Weinstein於 1977 年所作的開放教室物質設計改變，對二、三年級學生行為的影響，就是一個簡單的時間序列研究案例。

此外，Earthman（1986）在「教育設施規畫領域的研究需求」（Research Needs in the Field of Educational Facility Planning）一文中曾說明，最近十年，有關學生成就／行為和物質環境關係之實驗和調查研究大量增加，但仍有需要作更多研究，並從更廣泛的量表和綜合性的研究上獲瞭解。由於物質環境和學生成就及行為之關係錯綜複雜，但大多數的資料是從實地行為觀察的結果中蒐集資料；因此，也需要嘗試將所有的研究發現運用後設分析（a meta-analysis）予以統合迄今的研究，並使研究者發展系統的策略，以指引未來探究的需求領域。

第二節

學習環境與幼兒行為

學習環境影響幼兒的行為和態度（The learning environment influences children's behavior and attitudes）。

—— J. A. Brewer

不僅環境影響兒童，兒童也能影響環境（Not only does the environment influence the child; the child can also influence the environment）。

—— T. D. Wachs

　　環境會改變我們的心情與感受，在一個愉悅的情境裡，我們感覺滿意；在不愉快的情境裡，則不快樂並急著想離開。同樣的，教室的環境影響幼兒感覺的方式、行為的表現和其所學。如果我們想要幼兒感覺勝任，我們必須提供一個可以發展的情境；如果我們希望合作的行為，我們必須設計一個可能的配置；如果我們想要幼兒去學習，環境必須邀請他們去探索（*Click & Click, 1990*）。

　　Beaty（*1992a*）即表示，在幼兒教室裡，物質的設備和器材配置常決定發生何事。物質的安排傳遞給幼兒一個訊息，告訴他們何者可做或不可做，以及我們對他們的期望。寬廣開放的空間邀請幼兒奔跑和歡呼，窄小封閉的空間表示安靜以及限制幼兒一次只能有少數幼兒通過。鋪上地毯的區域邀請幼兒坐在地板上，枕頭靠近書架訴說：「輕鬆些，看看書」，水盤盈滿告之可灑水，水在盤底1、2英寸給幼兒自由轉動而不溢出。填塞著美勞器材的高架對許多幼兒說：「這不是給你碰的」，對愛冒險的幼兒則是說：「看看你是否能搆得到我」。一張桌子配四張椅子，邀請四位幼兒來坐，只有一個迷宮在桌上則引來一個小口角。因此，你如何安排教室也協助決定其間會發生何事。我們希望發生什麼？許多幼兒課程的基本目的是促進幼兒積極的自我形象（self-image），如果那也是你的目的，則需要安排你的教室以協助幼兒發展信心、協助他們善待自己一如他人，並協助他們在學習活動中能自我指導（self-directed）。

　　學習環境與幼兒行為有相當密切的影響關係，本節將整理相關研究，大致分為：(1)活動室設計與幼兒行為；(2)遊戲場設計與幼兒行為等二部分，分別作一介紹與探討，以作為設計幼兒學習環境之參考。

一 | 活動室設計與幼兒行為

幼兒活動室的設計，如空間的安排、動線的流暢、私密性的提供、設備擺設位置、空間密度等，會影響幼兒的學習和行為。Stockard 和 Mayberry（1992）即認為，教室環境在影響學生對學校的態度以及他們的成就上甚為重要。Graves 等人（1996）亦強調教室的安排、色彩、組構（texture）、溫度和時間表（schedule），影響在教室內工作、成長和學習的人。McCown 等人（1996）則進一步說明，透過教室和器材之組構，可避免不適切的學生行為，並使該物質環境有助於學習，而發展教室管理計畫最好著手的地方就是物質環境，雖然教室的物質安排不能保證有效的管理，但經深思的安排，有助於教師所想要的學習結果。

空間安排的研究上，蔡春美等人（民 81）綜合許多研究，就環境的設計，如空間密度、適度的隔局或畫分界限、動線的流暢性、隱密處的提供、取用方便、柔軟度等，對幼兒行為的影響，整理如表 10 所示，甚具參考價值。

動線流暢的研究上，Rogers 觀察了 21 名 4～5 歲的幼兒在兩種遊戲空間安排下的行為表現，結果顯示，環境中有流暢的的動線及剩餘空間至少占全部面積 1/3 以上，幼兒語言的表現多於身體動作的表現；在身體動作的表現中，促進成長的行為多於抑制成長的行為，而在語言的表現中也是如此。Sheehan 和 Day 於其研究中發現，在開放的空間中，若沒有屬於幼兒獨處的地方時，幼兒表現的多是游蕩、攻擊或焦躁不安的行為，但是一旦使用了一些矮櫃來區分活動區域後，不但合作的行為增加了，也較能安靜的進行活動。

表 10 環境設計與幼兒行為反應表

	環 境 設 計	幼 兒 行 為 反 應
空間密度	1. 每位幼兒室內活動空間不宜少於 2 平方公尺。	1. 當空間密度低於此限時,容易引發幼兒的攻擊性行為,降低社會互動。
適度的隔局或畫分界限	2. 提供家長休息室。並藉靜態活動區和遊戲場分開,使家長可以仔細觀察兒童行為。 3. 分割活動室成較小的學習區域,且容易讓幼兒辨識。 4. 遊戲場應設不同的活動區域,並加強對圍內各角落的利用,以形成靜態活動。 5. 活動場應設置各種大小的活動分區,以供應大小不同的活動團體。	2. 家長的來訪容易引起兒童情緒上的興奮。 3. 在分割的學習區中,幼兒會以較安靜的方式參與工作及進行互動,亦能增加幼兒與設備間的互動。 4. 兒童在遊戲場除進行動態活動外,亦有部分兒童進行靜態遊戲。 5. 兒童的活動形態常是大團體與小團體雜在一起。
動線的流暢性	6. 服務部門採不同的出入口和道路,或另設停車空間,以減少意外事件發生。 7. 活動室的動線規畫宜注意流暢性,並保持 1/3 以上的剩餘空間。	6. 服務性車輛和空間常是幼兒躲藏、追逐的好場所。 7. 在左述的環境中,幼兒語言的表現多於身體動作的表現。且在身體及語言的表現中,促進成長的行為多於抑制成長的行為。
隱密處的提供	8. 在活動室中提供一些隱密的角落。 9. 善加利用教室周圍的角落,但要注意安全性。	8. 幼兒在可以獨立遊戲且隱密性的區域活動時,合作性行為增加,且較能安靜地進行活動。 9. 幼兒喜歡在各屋角處遊戲。
取用方便	10. 將經常使用的教材、教具放在幼兒容易取用的地方。	10. 方便取放的教材使用率較高,且幼兒互動的行為較多。
柔軟度	11. 提供柔軟度高的物理環境,如地毯、坐墊、明亮的色彩等。	11. 柔軟度高的環境予幼兒一種親切溫暖、像家的感覺。

資料來源:**幼稚園與托兒所的環境規畫**,蔡春美、張翠娥和敖韻玲,民 81,第 144-145 頁。

　　私密性提供的研究上，Gramza 對幼兒對教室中隱密處的需求做了二個實驗；在第一個實驗中，Gramza 設計了一個有不同開放程度（由開一面到六面全開）的立方體遊戲箱（play boxes），供幼兒自由進出的玩耍，結果發現這只遊戲箱在只開一面的時候最受幼兒的歡迎。另一個實驗中，Gramza 建了三座同為 32 寸的立方體，各採用不透明、半透明及透明的材質，結果顯示幼兒喜歡選擇不透明及半透明材質所建的立方體來玩；由此可知，隱密處是一個受幼兒喜愛的地點。

　　設備擺設位置的研究上，Witt 和 Gramza 操弄活動室中設備的位置，發現若將這些櫃子或架子集中在活動室中間，比放置在角落中更能增進使用率，且更能促進幼兒的互動行為；Murphy 及 Leeper 認為擁擠或不良的空間安排會造成個體的緊張與疲勞；Fitt 則指出，若將活動室安排成許多大的學習區域時，則會引導出較吵雜且活動量大的活動來，反之，若分割活動室成較小的學習區時，幼兒就會以一種安靜的方式參與工作及進行互動；Day 也指出，這種沒有分割的寬敞空間，常會抑制幼兒促進成長行為的表現，而封閉式的空間安排，卻有助於促進成長行為的發展；Pollowy 也強調，若活動室中之學習區域很容易被幼兒辨認的話，則會促進幼兒與設備間的互動。田育芬（民 76）綜合上述動線流暢、私密性提供和設備擺設位置的相關研究報告，提出三點見解，值得參考：

1. 空間的安排是影響幼兒行為的主要因素。

2. 幼兒互動品質的增進或改善，有賴於空間品質的提升。在經過設計之高品質的環境下，有助於幼兒語言的發展，愉快的學習，促進成長行為的培養及對教具的使用。

3. 沒有一個絕對標準理想的空間模式，惟有考慮所處環境的主觀條件與限制，靈活運用這些影響行為的因素，有計畫的安排，才能促進幼兒一切的發展。

　　空間密度的研究上，McGrew 將擁擠的定義區分成二種：一種是社會密度（social density），即在一空間裡，人數增加所造成的密度；一種是空間密度（spatial density），即人數維持不變，縮小空間的大小所形成的密度。McGrew 發現：不管同一空間裡的人數有多少，當空間縮小時，兒童跑的行為減少了；兒童間的身體接觸較多。但在空間維持不變，兒童人數增加時，兒童跑的行為不受影響；獨自的活動較少；較多攻擊性行為。Loo 的研究發現是：在高空間密度情況下，兒童攻擊性行為和社會互動行為皆顯著地減少，有較多打岔的行為（*引自簡楚瑛，民 77*）。

　　而 Peck 和 Goldman 的研究中則發現，社會密度的增加，會導致幼兒想像性遊戲（imaginative play）及注視行為的增加；Shapiro 比較了 17 所空間密度介於 29 至 52 平方英尺／人（2.69 至 4.83m^2／人）的學前教育機構的幼兒行為時發現，當空間密度小於 30 平方英尺／人（2.79m^2／人）時，幼兒不參與活動的比例達 26%；當空間密度介於 30 至 50 平方英尺／人（4.65m^2／人）時，比例降至 15%；當空間密度在 50 平方英尺／人以上時，這個百分比又升到 20%；Smith 和 Connolly 接續空間密度小於 30 平方英尺／人部分的研究，更深入的觀察後指出，當密度降至 25 平方英尺／人（2.32 m^2／人）時，是引發幼兒表現攻擊行為的開始。Peice 以及 Loo 的研究也指出，當空間密度降至 20 至 15 平方英尺／人時（1.85 至 1.39m^2／人），幼兒社會互動的次數會降低；Smith 和 Connolly 提出了一項於空間密度的研究中會造成影響之中介變項（parameters）——設備密度（Dp）及空間密度（Ds）的數種實驗研究；其中，設備密度（Dp）＝團體中的幼兒人數（N）／設備資源（Rp），空間密度（Ds）＝團體中的幼兒人數（N）／空間資源（Rs）。

　　在實驗 I 中，維持設備密度及空間密度與幼兒人數於固定比例之下，而操弄幼兒的人數，結果發現，在人數少的組別，幼兒混亂

的遊戲行為（tumble and rough play）也有顯著減少的現象。實驗Ⅱ中，教室裡維持 24 名的幼兒人數，而操弄空間及設備密度，則發現空間密度分別在 25、50、75 平方英尺／人時，幼兒的團體遊戲及攻擊行為等表現都沒有顯著的差異，惟在空間密度 25 平方英尺／人的環境中，幼兒混亂行為才會顯著的降低。田育芬（民76）認為上述的研究結果顯示了以下的意義：

　　1. 密度確實會影響幼兒的行為及社會互動。

　　2. 密度又可細分為空間、社會及設備密度等三類，操弄每一種類別的密度變項，都會對幼兒的行為產生不同的影響。

　　3. 適度的空間密度，才會促使同儕的互動增加（pp. 31-32）。

　　綜合上述可知，活動室設計確會影響幼兒行為，相關研究亦不少，茲僅扼要臚列犖犖大者，以明其梗概：

(一) Nash 之研究

　　Nash（1981）在「教室空間組織在 4 歲和 5 歲幼兒學習上之影響」（The Effects of Classroom Spatial Organization on Four- and Five-Year-Old Children's Learning）一文中，說明其在加拿大安大略（Ontario）作了一個三年的研究，對 19 間隨機安排的教室與空間縝密安排以增進學習的教室，比較其間幼兒的學習。這二種教室的設備配件、數量和學習器材的類型皆相同，老師的分類也相等，分為「指導者」（directors）或「促進者」（facilitators）;惟「隨機」教室（the "random" classroom）的設備設置係根據「管理的」（housekeeping），其重要的考慮是噪音、水的近便、可能髒亂的減少、桌子的疊用（供午餐）等等；「空間規畫」教室（the spatial planned classroom）則依據學習目標來思考，不同類型的活動分配特定的教室空間。

在「空間規畫」教室內有四個區，各符合下列不同類型的活動：(1)數量和科學概念發展；(2)口語（oral language）；(3)良好運動、視覺和聽覺的準備；(4)創造技能和理念；此外，還有第五個儲藏運動設備和激發性道具（motivating props）的地方（如圖 20 所示）。

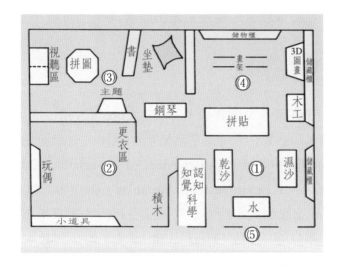

圖 20：Nash「空間規畫」教室的學習環境

資料來源：*The Effects of Classroom Spatial Organization on Four-and Five-Year-Old Children's Learning,* B. Nash, 1981, British Journal of Educational Psychology, 51, 146.（引自 McAuley, H., & Jackson. P.（1992）. *Educating Young Children: A Structural Approach,* p.62.）

研究目的為：檢視依學習目標的設備安排是否在幼兒的學習上有測量的效果。為達此目的，每一年觀察每一位幼兒在二個或更多的「學習區」之活動，評量係依學習課程的特定目標，並在事前獲得研究者與教師的同意。研究結果發現：其學習結果有明顯的差異，在隨機安排教室的幼兒比空間規畫教室的幼兒，較少有發展的

證明；亦即，幼兒的創造、認知和語言發展在規畫環境中有增進。

　　McAuley 和 Jackson（*1992*）依研究證明，空間規畫應與顯明的結構（transparent structure）而非與意義不明的結構（opaque structure）聯結；並依 Nash 的研究，建議教師們應視其設定活動所用之標準，並考慮群聚特定的活動以協助聯結或結合；惟他們在顯明的結構中應審慎的處理，才能使其可能有較大彈性，而幼兒也不會以僵化的語彙想像、描述和運用教室的不同區域。

㈡ Teets 之研究

　　美國田納西州卡爾森紐曼學院（Carson-Newman College）家政系 Teets（*1985*）在「透過環境變項的操作改變學前幼兒的遊戲行為」（Modification of Play Behaviors of Pre-school children Through Manipulation of Environmental Variables）研究中，以同一托育中心的三間教室來研究，所有幼兒團體受相同的哲學指導，幼兒團體分別為 2 歲 11 名、3 歲 14 名和 4 歲 14 名，每一間教室編配教職員為 1 名主任教師、1 名助理教師和 1 名實習教師。教室環境品質指標係採用 Prescott、Jones 和 Kritchevsky 的「環境量表」（the Environmental Inventory）來評定，評等基點是以環境的五項特徵：組織性、複雜性、每一幼兒可用的場地數、多樣性和特別的問題，評分 1 代表最高可能品質，7 代表最差。研究目的在空間評鑑工具的運用和其後環境問題的改善是否在幼兒行為上產生良好的改變。

　　研究程序分為三個階段，每階段約二週，第一階段期間，對幼兒所作的觀察在 5 分的低品質情境；第二階段期間，教室安排達到 1 分的高品質情境；第三階段期間，教室再次安排為 5 分的低品質情境。每一階段隨機觀察每名幼兒，直到選出 20 個行為樣本，觀察程序是看 15 秒，記錄 10 秒，找尋下一名幼兒 5 秒；每名幼兒

行為編錄分類如下：⑴幼兒—幼兒互動（child-child interaction），包括語言互動（verbal interaction, VI）、身體互動（physical interaction, PI）、旁觀的結合（associative on looking, AO）、平行的結合（associative parallel, AP）、非語言溝通的結合（associative with nonverable communication, AC）和無互動（non-interactive, NI）。⑵教師—幼兒接觸（teacher-child contacts），包括語言個別的（verbal individual, VI）、語言團體的（verbal group, VG）、非語言個別的（nonverbal individual, NVI）和非語言團體的（nonverbal group, NVG）。⑶在適當區域使用器材（use of materials in appropriate areas），包括區域內使用（use of area, IN）和區域外使用（use out of area, OUT）。⑷投入器材的水準（level of involvement with materials），包括建構的（constructive, C）、中立的（neutral, N）、旁觀的（onlooking, O）、反常的處理（deviant conduct, DC）和隨機的（random, R）。

本研究的統計方法採三因子變異數分析，即年齡團體（age group）□研究階段（phase of the study）□行為（behaviors）（幼兒—幼兒互動、教師—幼兒接觸、在適當區域使用器材和投入器材的水準），當細格平均數顯示出行為因研究階段而有差異時，則進行事後比較。

研究結果指出，教室環境的改變確能促進幼兒行為的改變：包括「幼兒—幼兒互動」、「教師—幼兒接觸」、「適當區域使用器材」、「投入器材的水準」和「年齡差異」在研究階段和行為之間有顯著的交互作用效果。

研究者並依研究的資料和數據，為教師或行政人員以空間運用為工具來改善幼兒課程，提供下列指引：

1. **組織性**（organization）：在本研究中，發現所有組織性的改變，是所有環境評分改善和其後幼兒行為改變的一個主要促進因

素，教室組織性的改善建議如下：

(1)環境的通道應清晰而無阻，以促進交通的流暢。

(2)在決定教室角落設置區位前，應先注意興趣區域內所發生的活動，例如美勞和家事必須靠近水源，需要安靜的圖書和科學區，須與活躍的、喧鬧的遊戲區隔離。

(3)興趣區應以易識的邊界清楚的界定，以促進幼兒在適當區域使用器材，才能使設備和器材的遺失和誤用量降至最少。邊界也能減少進行中活動的中斷次數，以增進較多的投入程度。

(4)器材應以增進幼兒選擇和使用的方式陳列。例如，操作的器材需在能見的容器內，幼兒才能看到並知道器材放回何處。美勞器材、裝扮遊戲器材、操作器材和積木應以系統的方式陳列，幼兒才能看到器材如何分類。

(5)設備使用的地板空間大約 1/2 到 2/3，其餘作為自由空間（free space），室內才不會感覺擁擠。

2.**複雜性**（complexity）：環境的複雜性轉換成幼兒的興趣水準，增進教室中興趣水準的指引如下：

(1)每天器材和設備結合使用的選擇，需評估其複雜性。本研究複雜性的界定，採 Prescott、Jones 和 Kritchevsky 的三種單元水準。簡單單元（a simple unit）是以遊戲單元只有一種明顯的用途且沒有任何配件（sub-parts）或並置器材，如三輪車；複雜單元（complex units）是遊戲單元有配件或有二種不同遊戲器材並置，範圍從封閉的（拼圖和模板）到開放的（美術拼貼或水遊戲）；超級單元（super units）是複雜單元外配一種以上的並置遊戲器材（遊戲生麵糰桌配置工具或沙箱配置沙玩具和水）。

(2)一般而言，簡單、複雜和超級三種單元應均衡。超級單元有最大的掌握力（holding power），並提供最多的投入和創造思考的機會。

(3)評量學習區的複雜性不能忽略教師的在場，Rosenthal 指出教師在學習區現場是掌握幼兒興趣的一項最重要的變項。教師可透過與幼兒的互動增加學習區的複雜性，他們應瞭解幼兒傾向置身於教室的何處，如果他們對於某一個區域的選擇多於其他的區域，幼兒則會使用該區域更多次。

3. **多樣性**（varity）：多樣性分數的計算係透過幼兒不同選擇的數量和選擇的新奇程度（the degree of novelty）來認定。

(1)幼兒每天應能在任何一次充裕的自我選擇活動時間中，就多樣的活動作選擇，並允許在一項活動中深入的投入（in-depth involvement）。

(2)每天的活動應變化並經常提供新奇的活動（在幼兒已適應學校常規之後）。興趣中心很少受到注意時，則應審慎的檢視以決定是否有方法增加該區的新奇性和多樣性。

(3)教室內所有的空間需定期地作不同方式的安排，以調整特別的問題或強調特定的興趣區域。

4. **每一幼兒可實作之數量**（amount of to do per child）：自我選擇活動時間的價值之一是幼兒能選擇最符應其需求的活動。

(1)教室應評量以決定幼兒所有的選擇數量，並考量教室中的興趣中心數量，以及每一個興趣中心在任何一次時間所能服務的數量。

(2)依環境量表，每名幼兒最少需 1.5 場地方能接受評為高品質環境，即使此空間小而不足致一些選擇受限。

5. **特別的問題**（special problems）：大多數的教室有教師難以處理的設計問題；通常，許多問題是設備和器材的安排與陳列。一般發生於許多教室的問題是：

(1)兩個團體或學習區可能設置於一個物質空間。例如，在一間教室內音樂和科學活動發生在一個大的覆毯區，很清楚地，這非

共容的活動（compatible activities）。

(2)設備可能修補不足，如遺失拼圖片。簡陋的設備導致遊戲投入的減少。

(3)環境的美觀吸引力低，或教室內的一個學習區比其他區的吸引力少。在圖書區附加地毯、鋪毯凳和軟墊以增加使用。

(4)在自我選擇活動時間，不該幼兒使用的設備可能準備地太靠近。例如，在一個興趣中心，供室外使用的三輪車貯存在外門附近，但幼兒經常騎著它們進入其他幼兒的積木結構內。

最後，研究者強調教師和行政人員須審慎評量其環境特性所造成的教室內行為問題，只有系統的評量教室環境，並結合對幼兒所能改變的平常觀察，才能產生所需的結果。

(三) Bagley 和 Klass 之研究

Bagley 和 Klass（1997）在「學前學童在辦家家酒式和主題式社會戲劇遊戲中心中遊戲品質的比較」（Comparison of the Quality of Preschooler's Play in Housekeeping and thematic Sociodramatic Play Centers）之研究中，首先說明，「社會戲劇遊戲」（sociodramatic play）係指具某共同目標或主題的團體裝扮遊戲，社會戲劇遊戲可促進認知及社會發展——透過符號的操弄促進認知的發展，透過與其他兒童的互動促進社會發展。「主題式的」——讓幼兒可以扮演與某些主題有關的角色的遊戲中心，如：醫生的辦公室、雜貨店和麵包店等等。「辦家家酒式的」——讓幼兒扮演熟悉的家庭角色的遊戲中心，主要的遊戲道具有廚房器具或家庭工具。本研究問題為：(1)學前兒童在「辦家家酒式」和「主題式」社會戲劇遊戲中的遊戲品質是否有顯著的不同？(2)男孩與女孩在社會戲劇遊戲中心的使用情況上有無顯著的不同？

　　本研究以一學年（九月至隔年五月）時間觀察研究，以美國中西部中型城市 18 個學前學校的班級，隨機選取 68 名幼兒為研究對象。學生為 3～5 歲，其中以 4 歲兒童為最多，來自各社經與種族背景，足以代表該城市的人口。每一個班級選擇一種型式的社會戲劇遊戲中心（辦家家酒式或主題式），並維持該遊戲形式於觀察的一學年當中。18 個班級中有 12 個班級選擇「辦家家酒式」遊戲中心，有 6 個班級選擇「主題式」遊戲中心。在衡鑑工具與程序方面：(1)每二週以攝影的方式（錄影帶）記錄每個班級中兒童在自由遊戲時間（free choice time）時於社會戲劇遊戲中心的遊戲情形，錄影帶共分為四學期（一學年當中）；(2)錄影帶首先由初級研究員來觀察紀錄遊戲事件（play episode）的始末，所謂的遊戲事件意為一個或一些兒童持續地進行一個故事或主題遊戲；兒童的非遊戲行為（non-play）或打鬧活動（roaming activity）不被紀錄在內；(3)所謂的「品質」指的是據以瞭解兒童的表徵、語言和社會技巧的變項。每一個「遊戲事件」以初級（beginning）或進階（advanced）來描述記錄，並使用 Smilansky 對社會遊戲行為的分類標準評斷兒童的遊戲品質；(4)遊戲品質的指標包含初級或進階的角色扮演（role-play）、道具的使用（the props utilized）、裝扮的品質（the quality of make-believe）、時間（amount of time）、互動（interaction）及溝通（communication）；(5)進入社會戲劇遊戲中心的男孩與女孩數亦被記錄在內；(6)以 MANOVA 來進行資料的處理，瞭解不同社會戲劇遊戲的形式（主題式或辦家家酒式）的遊戲品質是否有顯著的差異，並瞭解因不同性別使用社會戲劇遊戲中心的比率。研究結果：

　　1. 在 8 個遊戲品質的指標當中，「主題式」遊戲中心在角色選擇、道具使用、裝扮和遊戲時間 4 個指標當中，較「辦家家酒式」遊戲中心有較高的遊戲品質，另角色如何扮演、道具的類型、互動

和溝通4個指標則無顯著的差異。

2.「主題式」社會戲劇遊戲中心中,幼兒有較高品質的社會戲劇遊戲:(1)幼兒扮演較多家庭以外的角色;(2)表現較多其扮演角色的各面向;(3)較高層面象徵性道具的使用;(4)且玩得比較久。幼兒教育者選用「主題式的」社會戲劇遊戲中心獲得此研究支持證明。

3.在性別差異方面,雖然在該學年當中,女生使用社會戲劇遊戲中心的比例高於男生,但是MANOVA檢測兩者的差異並未達顯著。

問題討論:

1.或許此研究結果(「主題式的」遊戲中心較好)只是更確定不同遊戲材料與遊戲組織方式對兒童的重要性,也就是說,是因為不斷變換遊戲環境,而非因為是「主題式」遊戲中心而促成進階性遊戲活動的增加。

2.事實上有許多老師支持「辦家家酒式」遊戲中心型態,因其對兒童而言是一個較熟悉、友善、溫暖的遊戲環境,而這些老師其實也同意在「辦家家酒式」遊戲中心出現「非辦家家酒式的」遊戲(non housekeeping play),他們並不會去限制兒童任何主題或道具的選擇。

3.其中一個出現顯著差異的遊戲品質是「道具的使用」,在「主題式」遊戲中心的兒童較會以象徵性的方式使用遊戲道具,而遊戲道具之所以重要,是因為藉由這些道具,兒童可以嘗試去扮演他們原本不熟悉的角色,進而學習適當的行為。

4.如果教師希望兒童在「辦家家酒式」遊戲中心有更多進階的裝扮遊戲,應該要以較抽象的、需要較多認知轉換(cognitive transformation)的遊戲器具(如:積木、黏土)代替熟悉的、具體的遊戲道具。而不管是較具體或較抽象的遊戲器具,都應該要能符

合兒童的興趣、需求和先備經驗。

5.在「主題式」社會戲劇遊戲中心裡，兒童有較高層次的裝扮遊戲（make-believe play），也就是說「主題式」遊戲中心可以提供兒童較多學習與他人相關事物的機會。

6.對年紀大一些的學前兒童而言，「辦家家酒式」遊戲中心裡的角色愈熟悉，愈引不起兒童的興趣，因為這些熟悉的角色並不能提供多樣化的活動，且不足以引起兒童的興趣，也不能增加兒童更多的經驗。

總言之，學前兒童教育者在提供兒童「辦家家酒式」遊戲中心之外，也應該提供「主題式」遊戲中心，多樣化的遊戲主題與內容，更能促進兒童健全、完整地發展。

四　Read、Sugawara 和 Brandt 之研究

Read、Sugawara 和 Brandt（1999）在「物質環境的空間和色彩對學前幼兒合作行為的影響」（Impact of Space and Color in the Physical Environment on Preschool Children's Cooperative Behavior）之研究中，研究對象為美國西北部大學校園的兒童發展中心（Child Development Center），四個半天制的幼稚園班級中的 32 名美國白人（Anglo-American）小孩，男孩、女孩各 15 名。依年齡可分為三組：(1)幼齡組（Younger）為 3 歲 9 個月～4 歲 3 個月，有 14 名；(2)中齡組（Middle）為 4 歲 4 個月～4 歲 11 個月，有 13 名；(3)高齡組（Older）為 5 歲～5 歲 7 個月，有 5 名。該研究將 32 名兒童分為 8 組，依據年齡，每組分有 2 名男孩、2 名女孩，並儘量使這 8 組兒童的年齡相似。所有受試兒童的辨色力皆正常。

根據 Gibson 1986 年所提的視覺生態學理論（Ecological Theory of Visual Perception），環境提供給兒童的訊息是多樣而複雜的，

兒童透過視覺來從環境當中獲得知識並學習，兒童天生即是主動的觀察者，在環境當中發現、探索、參與、發掘訊息並分辨事物，他們被環境中所提供的豐富訊息所促動著，帶引著他們向更高層去探索學習，因此，環境的特徵被認為是其「供給物」（affordance），指的是環境所提供給兒童觀察學習的內容。依據 Gibson 的理論，我們可以推論物質環境所提供的內容會影響兒童在該環境中的觀察（perception）、學習（learning）和行為（behavior）。

據此，該研究的架構認為物質空間的「垂直空間」（vertical space）、「牆壁顏色」（wall color），垂直空間和牆壁顏色交互作用，會影響幼兒的合作行為（cooperative behavior）。

該研究的實驗室長 15 英尺 4 英寸、寬 6 英尺 11 英寸、高 9 英尺，北端置單面透視鏡，木門在西側，東邊為透明玻璃窗（有板子可調整太陽光強度），房間當中有 36 平方英寸的軟墊，軟墊上擺有中性顏色的木質積木和圓柱體，而為使兒童在受試過程中不覺得無聊，兒童在四次實驗情境中各變換四種玩具，包含：(1)四個動物玩具；(2)四個木頭娃娃；(3)四個不同顏色的黏土；(4)多種顏色的樂高玩具。實驗情境有四：(1)情境一：一般的天花板高度和牆壁顏色；(2)情境二：不同的天花板高度和一般的牆壁顏色；(3)情境三：不同的牆壁顏色和一般的天花板高度；(4)情境四：不同的天花板高度和牆壁顏色。其中，不同的天花板高度，為 5 英尺 6 英寸～9 英尺高；牆壁顏色方面，東面的牆掛有中性顏色（不十分白的）的織布或掛有色彩明亮的（紅色的）織布，其他三面牆壁為中性顏色的石膏板牆，天花板亦為中性的顏色。

資料蒐集程序，首先，實驗實施前 2 週，研究者每天都去拜訪這些幼稚園兒童，實驗實施前 1 週，幼兒到實驗室中熟悉環境，實驗時間為 5 週，各組幼兒輪流於 4 個實驗情境當中，每個實驗情境進行（錄影）時間為 5 分鐘。其次，幼兒合作行為的編碼，根據

「奧瑞崗學前人際合作測驗」（The Oregon Preschool Test of Interpersonal Cooperation, OPTIC），該測驗是一個觀察的評定量表，將合作行為分為七個層級：(1)完全合作（full cooperation）（6分）、前合作（precooperation）（5分）、主動互動（active interaction）（4分）、平行遊戲（parallel play）（3分）、旁觀（watching）（2分）、最小互動（minimal interaction）（1分）、阻礙性互動（obstructive interaction）（0分）。OPTIC的發展根據 Parten 1932年對學前兒童社會遊戲行為的分類，OPTIC 評分者間信度為89％至100％；在該研究中，由於研究者認為「完全合作」與「前合作」難以區分，所以將此二層級合併為一，成為一個Likert式五點量表，合作行為分為以下六個層級：(1)合作（cooperation）：兒童合作製造一成品或解決一問題（5分）；(2)主動互動（active interaction）：兒童彼此回應，通常是使用相同的遊具、從事相同的活動，但並沒有合作進行（4分）；(3)平行遊戲（parallel play）：兒童和其他兒童於同一區域遊戲，但其注意力主要集中在他自己的遊戲內容上（3分）；(4)旁觀（watching）：兒童主要是觀看其他兒童遊戲或聽其他兒童聊天，偶爾也會和其他兒童聊天（2分）；(5)最小互動（minimal interaction）：兒童一個人獨自遊戲，且其遊具與鄰近兒童不同（1分）；(6)阻礙性互動（obstructive interaction）：兒童使用語言或肢體上的活動來阻礙某一目標的達成（0分）。然後，由6位評分者根據OPTIC來評定5分鐘錄影時間中兒童的合作行為，評分者事先受訓；在5分鐘的錄影帶片段當中，以10秒鐘為單位（10秒×30次＝300秒＝5分鐘），每次（共30次）評定4名受試兒童合作行為的分數，最後再將每一受試兒童在該情境中（30次）的紀錄分數平均，本實驗評分者間信度達87%。

該研究為 2（性別）×3（年齡）×4（情境）的多因子混合實驗設計，經多變項變異數重測分析（multivariate repeated-measures analysis of variance）結果：

1.「情境」對兒童合作行為的分數的主要效果達顯著，各個情境的合作行為分數呈非線性的關係（a nonlinear relationship），「情境一」到「情境二」合作行為分數增高，「情境二」到「情境三」些微降低，「情境三」到「情境四」繼續降低，最後「情境四」稍高於「情境一」。

2.研究結果顯示：兒童在不同的天花板高度（情境二）或是不同的牆壁顏色（情境三）之下，合作行為的分數高於在不同的天花板高度和牆壁顏色（情境四）及一般的天花板高度和牆壁顏色（情境一），再者，兒童在「情境一」與「情境四」當中合作行為分數並無顯著的不同。

3.「年齡」與「性別」在合作行為分數主要效果達顯著。高齡組的兒童合作行為分數顯著地高於低齡組的兒童。而在所有的實驗情境當中，男孩的合作行為分數顯著地高於女孩的合作行為分數。

雖然該研究有抽樣過程及樣本數太小的限制，但研究結果仍有幾點重要的意義，其建議事項如下：

1.幼教行政人員與幼教機構規畫者應該更重視物質空間的差異對兒童可能產生的影響。

2.根據研究結果，降低天花板高度或是變化的牆壁顏色和兒童合作行為的提升是相關的。

3.改變天花板高度或牆壁顏色其實不一定要花大錢或一定要永久性的，不同顏色的網布或是布料固定在天花板上，就可以是新的天花板，而粉刷牆壁也不用花太多錢，就可以為環境作一些改變。

4.根據研究結果，同時改變天花板高度與牆壁顏色（情境四）與低合作行為分數相關，雖然這樣的研究結果可能與研究空間的大小有關，但是可能也暗示著過度變化的環境對兒童而言可能太過刺激了。就整個研究結果而言，過度簡化的環境（情境一）或是過度

刺激的環境（情境四）對兒童的發展都有不良的影響。

5.而關於性別與年齡的相關研究結果也應該要受到重視，空間的設置應該平等地促進兩性的發展，並且要能夠考量兒童的年齡，設置適合其年齡發展階段的空間。

㈤ 田育芬之研究

田育芬（民76）在「幼稚園活動室的空間安排與幼兒社會互動關係的研究」中，擇定某國立大學的附設實習幼稚園為觀察研究的場所。該園被觀察班級的活動室空間密度，在取樣時為1.52，介於公立及私立幼稚園空間密度之平均數之間。研究對象，以立意選取大、中班各一班，各班中隨機抽取 10 名男童、10 名女童，共 40名，大班幼兒年齡範圍是：62 至 71 個月；中班幼兒年齡範圍是：52 至 60 個月。研究問題及目的：(1)瞭解不同的空間安排，對幼兒社會行為及遊戲類型的關係；(2)瞭解相同的空間安排，對不同年齡幼兒的社會行為及遊戲類型的關係。

活動室空間安排上，兩班共同設置了玩具角、娃娃家、積木角、語文角及工作角等，為配合本研究的需要，就該兩班現有的設備，設計了兩種環境，且儘量求設備安置及角落布置的位置相似，重複操弄環境，以觀察幼兒社會互動的表現：

1.環境 I 的空間安排，是將櫃子靠牆安置之敞開的空間，亦即以空曠、不具隔局的原則為主，將各角的櫃子、工作櫃等平行地靠牆擺置，並拆走地毯、柵欄等分隔意味的設備。

2.環境 II 的空間安排，是將活動室分割成半封閉性的空間，亦即利用現有的櫃子、地毯、柵欄等，使各角間產生分割的感覺。

幼兒的社會行為，包括語言互動（verbal interaction）、身體互動（physical interaction）和非語言的互動（nonverbal interaction），

凡有助於幼兒社會發展的行為是為正向反應，有礙社會發展的行為則為負向反應；「遊戲類型」分為：徘徊行為（unoccupied behavior）、注視行為（onlooker behavior）、奔跑追逐行為（running and chase）、單獨遊戲（solitary play）、平行遊戲（parallel play）和團體遊戲（group play）。

研究方法，採錄音觀察法，研究者只須靠近觀察樣本，悄悄地將所觀察到的行為說到錄音帶中，這種方法又稱為 APPROACH 法（A Procedure for Patterning Responses of Adults and Children）。研究工具，包括蒐集觀察資料的錄音機、錄音帶及資料轉換的行為歸類表。觀察進行，以 4 分鐘為時間取樣單位，觀察 1 名目標幼兒（target child），每名目標幼兒中間間隔 15 秒鐘，每日連續觀察 10 名目標幼兒；觀察結束時，每名幼兒在環境 I 及 II 中，各有 6 次被觀察的機會，合計共 12 次，也就是每名幼兒共被觀察 48 分鐘。四個月的觀察時間中，大班幼兒的出席率始終維持在 93% 以上；中班幼兒的出席率多維持在 87% 左右，另有二次達 78% 的出席率，有兩次只有 72% 的出席率。每次的錄音敘述，分為當日狀況及目標幼兒之行為敘述兩部分：

1. **當日狀況描述**：在每次錄音的開始時記錄，包括對班別、環境、出席人數、該週單元及配合單元於角落內所增置的設備、當時的活動室情況等之描述。

2. **幼兒行為敘述**：敘述的內容包括目標幼兒的名字，活動的地點，活動的內容及方法、友伴、互動的內容、周圍的環境等。

研究結果，根據研究資料分析得到下列結論：

1. 環境 I 中，大班與中班幼兒將教具拿到區域外使用的次數多於在環境 II 中。中班幼兒無論在環境 I 或 II 中，在區域外使用教具的次數均多於大班幼兒。

2. 娃娃家、積木角是最容易表現出團體遊戲的角落，工作角、

語文角則是最容易表現出單獨遊戲的活動區。

3.單獨遊戲行為受環境及年齡交互作用的影響。環境Ⅱ中，大班單獨遊戲行為較中班為多。大班在環境Ⅱ時，和中班在環境Ⅰ時，均有較多的單獨遊戲行為。

4.團體遊戲行為亦受環境及年齡交互作用的影響。在環境Ⅱ時，中班較大班有較多的團體遊戲行為，且較其本身在環境Ⅰ中有較多的團體遊戲表現。

5.非語言正向的反應亦受環境的影響。在環境Ⅱ中的次數較環境Ⅰ中多，且以中班幼兒的增加較為明顯。

6.其餘未達顯著水準的交互作用或主要效果，由其平均數可得到：

(1)在大班，環境Ⅰ比環境Ⅱ有略多的徘徊、注視及平行遊戲行為。

(2)在中班，環境Ⅱ比環境Ⅰ有略多的徘徊、注視行為及略少的奔跑、追逐行為。

(3)環境Ⅰ中，大班有略多的注視及平行遊戲表現。中班有略多的徘徊及奔跑、追逐等行為。

(4)環境Ⅱ中，大班有略多的注視及平行遊戲行為。中班則有略多的徘徊及奔跑、追逐行為。

(5)在大班，環境Ⅰ比環境Ⅱ有略多的語言負、中性反應及非語言的中性反應。

(6)在中班，環境Ⅰ有略多的負向反應。

(7)環境Ⅰ時，大班有略多的語言及非語言的正、中性反應和身體負向反應。而中班則有略多的語言負向、身體正、中性反應及非語言負向的反應。

(8)環境Ⅱ時，大班有略多的身體負向及非語言負、中性反應。中班則有略多的語言互動反應及身體正、中性反應。

　　研究者根據以上發現加以討論，有其參考價值，要述如下：

　　1.在敞開式與半封閉式的空間安排下，幼兒的遊戲行為會受部分的影響，其中以單獨及團體遊戲最顯著。較大幼兒在半封閉式環境下之單獨遊戲比其在敞開式環境下多，而團體遊戲在半封開式環境下則比敞開式環境下少。較小幼兒則正好相反；在半封閉式環境下有較多之團體遊戲，在敞開式環境下有較多之單獨遊戲。

　　2.在敞開式與半封開式的空間安排下，幼兒的社會互動行為會受到部分的影響，其中以正向互動行為最顯著。不論大班或中班，在半封閉式環境下所顯現正向互動行為都比在敞開式環境下多。進一步分析更發現在正向互動行為中，以非語言正向最顯著。

　　3.敞開的空間的確會暗示幼兒將玩具拿到角落以外的地方去玩。以大班言，增加了3.6倍；以中班言增加了1.5倍。

　　4.敞開的空間也會促使幼兒在其間奔跑追逐。以大班言，該項行為並沒有因環境不同而有所改變；就中班而言，增加了1.6倍。Cowe認為活動室中間空著，無異是創造了一個空間來暗示幼兒，允許幼兒在其間奔跑、追逐。中班研究結果印證了Cowe的觀點，大班幼兒在兩種環境下的表現沒有差異，是否與其有過多目標導向的單獨遊戲行為有關，則有待進一步探討。

　　5.在角落與遊戲類型的分析中顯示出娃娃家、積木角是最容易表現出團體遊戲行為的角落。工作角及語文角則是最容易表現出單獨遊戲的活動區。本研究的發現與Smith、Connolly以及Quay等人對教具所做之社會價值評估的結果相符。

　　㈥　黃世鈺之研究

　　黃世鈺（民 88a）進行角落教學法與講述教學法的教學實驗，主要在探討角落教學方法與講述教學法對幼兒學習的影響。「角落

教學法」強調幼兒中心，呈現經驗與活動課程型態，包括探索活動（主角落說明）、發展活動（分角落操作）與綜合活動（綜合角討論）等流程；「講述教學法」主張教材中心，呈現學科課程型態，包括提示要點（引起動機）、詳述內容（解釋引導）與綜述要點（歸納討論）等過程。

實驗教師，由實驗幼稚園園長從全園 21 名教師中指派 2 位資深、曾接受過幼稚園的教學方法研習並具有多年任教大班經驗的老師擔任教學實驗教師。依照幼稚教育法規定，幼稚園以每班設置 2 名教師為原則；兩位老師在教學實驗中係同時擔任實驗組與控制組的教學，此排除實驗目的以外的無關變項。為達成教學實驗目的，為擔任教學實驗教師實施進修講習，每週 4 次、全程共計四週 36 小時。教學情境規畫，教師所規畫與設計的角落教學法教學情境與講述教學法教學情境，均布置供幼兒操作的各式學習角，以配合幼兒的學習活動，期能達到預定的教育目標；惟角落教學法以非固定的教學角安排幼兒操作學習，而講述教學法以排排坐的方式讓幼兒在固定的空間裡聽老師的指示學習。

研究對象，研究者先以「幼兒認知能力測驗」進行樣本篩檢，從 213 名幼兒中篩取高、低智力幼兒各 66 名，再由 132 名幼兒中抽取樣本各 32 名，隨機分派於實驗組與控制組，每組各有高智力 16 名，低智力 16 名。依據抽樣與隨機分派結果，以「學前認知能力測驗」進行前測，以瞭解受試幼兒的起點行為；其次利用「學前認知充實方案」進行角落教學法（實驗組）與講述教學法（控制組）的教學實驗，最後再以「學前認知能力測驗」實施後測，以得知幼兒的學習效果。

在教學實驗中，以「學前認知能力測驗」為教學評量工具，以「學前認知充實方案」為教學活動設計，進行前後測以及為期十週的實徵性教學活動。「學前認知充實方案」內容強調透過具體操

作、讓幼兒從遊戲中學習：包括：指指點點（分類能力）、甜甜圈（大小序階）、排排坐（符號替代）、我的另一半（對應關係）、走迷宮（方位辨識）、猜猜看（推理）、趣味拼圖（視動知覺）、請你跟我這樣做（記憶力）、五花八門（數量概念）、糖果屋（空間組織）等十個教學單元。每一教學單元分別顯現角落教學法與講述教學法的教學流程與特性，方案中各項教學活動設計均包括：

    *1.*教學活動目標：分為探索活動、發展活動與綜合活動等項。

    *2.*教學活動內容與方法：

      (1)角落教學法：分為主角落、分角落操作與綜合角等項。

      (2)講述教學法：分為引起動機、解釋引導與歸納討論等項。

    *3.*教學資源：為教學過程中所需運用的資源，其數量多寡，係依據幼兒人數決定。

    *4.*教學評量：依照下列標準，進行畫記或勾選：

    5＝未受任何協助，幼兒能獨立達成學習目標。

    4＝在教師口頭暗示下，幼兒能達成學習目標。

    3＝在教師動作提示下，幼兒能達成學習目標。

    2＝在教師口頭暗示與動作提示下，幼兒能達成學習目標。

    1＝幼兒完全不會。

    研究方法：(1)教學實驗情境採「回歸主流」方式，在一般常態化的的普通幼稚園，大班教室中舉行。(2)受試樣本分為實驗、控制兩組，以隨機抽樣方式，每組分別抽取高、低智商幼兒各15名。(3)依據幼稚園課程標準要求，每組教學活動由兩位老師搭配進行教學。(4)以十項教學單元分於十週內進行教學。(5)實驗組、控制組兩組幼兒分別接受角落教學法與講述教學法兩種不同的教學方法，惟在課程、教材與師資方面均相同。統計分析，採前後測控制組實驗

設計進行教學實驗，並以獨立樣本二因子變異數分析處理資料。教學實驗結果：

1. 就全量表言

教學法的 F 值為 285.00，高於顯著水準的 F 值 4.00，可證知角落教學方法與講述教學方法對幼兒認知學習效果，具有顯著差異。角落教學法對於幼兒認知學習效果較講述教學方法高出 1.56 個標準差；實驗處理後，其統計關聯強度可以解釋認知學習效果分數達 40%。

2. 就分測驗言

角落教學法對「幼兒分類能力」、「幼兒大小序階」、「幼兒符號代替」、「幼兒對應關係」、「幼兒方位辨識」、「幼兒推理能力」、「幼兒視動知覺」、「幼兒記憶力」、「幼兒數量概念」和「幼兒空間組織」的認知學習效果較講述教學法高。

綜述本研究發現：角落教學法具體豐富、生動有趣，比講述教學法更能提升幼兒的認知學習效果，為適宜學前階段實施的教學方法。

(七) 張雅淳之研究

張雅淳（民 90）在「臺北市公立幼稚園學習區規畫及其運用之研究」中、探討教師規畫及運用學習區的理念、分析學習區空間及器材設備規畫的現況、瞭解教師對學習區的運用情形、研究教師在學習區的規畫及運用上的問題及建議，最後並做出幼稚園學習區規畫及運用的建議事項。該研究對臺北市 121 所公立幼稚園教師進行普查（有效樣本 428 人），並隨機抽取臺北市 6 所幼稚園，請園長推薦該園的 1 位教師及其規畫的學習區為參觀訪問對象，觀察紀錄

6班（園）學習區規畫及師生活動情形，並針對學習區理念、規畫及運用方式等，與該班教師教師進行訪談。在資料分析上，觀察與訪談主要以描述性的方式記錄，問卷調查的結果主要以次數百分比統計與 Cochran Q 考驗進行分析。經研究結果與分析發現：

1. 教師規畫及運用學習區的理念

(1)教師規畫學習區的目的以達成個別化學習為主。

(2)教師在學習區配合單元及主題的實施意願上，較為消極。

2. 學習區空間及器材設備規畫的現況

(1)學習區的規畫多能兼顧「柔和-冷硬」「開放-封閉」、「簡單-複雜」、「高活動量-低活動量」的向度。

(2)學習區的規畫多能符合「教育」、「開放」、「舒適」、「安全」的原則。

(3)教師對器材設備的選購原則多重視「安全」、「實用」、「多功能」及「可移動」。

(4)最常見的學習區類型為美勞區、益智區、積木區、圖書區及娃娃家；最容易布置及管理維護的學習區為積木區；幼兒最喜歡的學習區為娃娃家。

(5)男童最喜歡的學習區是積木區，女童最喜歡的學習區是娃娃家。

(6)教師對一般國小教室大小的空間內，實際所規畫的室內學習區數量多於理想上的數量。

3. 教師對學習區的運用情形

(1)在個別化學習的落實性上，主要視教師所安排的活動及扮演角色的不同而有所不同。

(2)教師對學習區統整性的落實方法並不明確。

(3)教師對學習區活動評量的落實可再加強。

(4)學習區的管理維護賴於師生的共同努力，整體維護管理情

形良好。

4.教師在學習區的規畫及運用上的問題

(1)「空間限制」是影響教師規畫學習區的最重要因素,也是教師在規畫上的最大問題。

(2)「器材設備」在種類及數量的豐富性及實用性不足。

(3)在規畫或運用學習區上的「人力不足」。

根據研究發現,提出主要建議如下:

1. 在隱退及個人化空間方面的設計可再加強。

*2.*可以考慮以積木區、圖書區、娃娃家、美勞區、及益智區為優先的選擇。

*3.*選購並善用安全、實用、多功能並可移動的器材。

*4.*注意各學習區類型中,兩性的均衡。

*5.*應多利用走廊甚至戶外空間來設置多樣化的學習區。

*6.*學習區的活動設計應以落實個別化、統整學習為主。

*7.*應重視並落實學習區的評量。

二 | 遊戲場設計與幼兒行為

遊戲場強烈影響遊戲經驗的品質,對幼兒的成長和發展至為重要,Monroe(*1985*)即根據許多學者專家的研究文獻指出:遊戲場的空間量、設備和器材的可用性,影響幼兒遊戲的數量、變化性和創造性。

Prescott、Jones 和 Kritchevsky 以及 Kritchevsky 和 Prescott 之研究進一步說明,遊戲設備建基於複雜性、多樣性和每名幼兒活動的數量(*引自 Phyfe-Perkins & Shoemaker, 1991*):

1. **複雜性**(complexity)可增進注意、裝扮遊戲和社會互動,

遊戲單元愈複雜，幼兒在遊戲中的選擇愈多，對團體遊戲愈有潛力；簡單的器材（simple materials）（如鞦韆和三輪車），只有一個明顯的用途，沒有分支部分（subparts）；複雜的遊戲單元（complex play units）（如附帶家具的遊戲屋、附帶設備的水臺），有分支部分或包括毗連的二種不同類型器材，可讓幼兒即興遊戲和操作；超級複雜的單元（super-complex units）（如水和度量器材加上沙箱、箱子和木板配合立體方格鐵架使用），包括三種或更多類型的器材。

2. **多樣性**（variety）是指可運用物品的不同種類數，多樣性可增進幼兒，對自己所期望遊戲課程的自由選擇。

3. **每名幼兒活動的數量**（amount of activity per child）是估計每名幼兒遊戲空間數，幼兒期望以其速度選擇他們自己的活動，遊戲空間須比一個人大，其他的遊戲空間須就近，以便利幼兒結束一個遊戲後之移動，如果近便的遊戲空間較少，則需大人帶領幼兒來去。

　　一般而言，傳統、固定設備的遊戲場，對兒童的遊戲是貧乏的場所（poor places）。Hayward 等人的研究指出，兒童的傳統遊戲場較之現代或冒險遊戲場，不僅參加率低，而且該情境對遊戲形式也有所限制；Wolff 的研究也指出，視障兒童的團體，在固定的遊戲場遊戲比之冒險遊戲場，較少有社會合作遊戲；此二研究證明了，傳統遊戲場所建立的是貧乏的遊戲環境品質（Naylor, 1985）。此外，Hayward, Rothenberg 和 Beasley 的研究發現，在冒險遊戲場（an adventure playground）有最大的使用者團體，占全體使用者的 45%；其次是現代遊戲場（the contemporoary playground），占 22%；最少的是傳統遊戲場（a traditional playground），占 21%。Heusser, Adelson 和 Ross 觀察低年級兒童傾向於在器械上玩，高年級兒童則傾向於參與球類遊戲；女生很少玩團體遊戲，較喜歡四方

格、繩球和跳房子，而男生則未見玩跳房子；Beth-Halachmy 和 Thayer則發現不同年齡或性別在小學兒童的遊戲場使用上並無顯著差異，所有的兒童絕大部分的休閒時間用在球類遊戲上，僅 6%的時間兒童玩固定的遊戲設備；這些時間大部分用在木製遊戲架，幾乎很少用傳統的金屬製遊戲設備（*引自 Weinstein 和 Pinciotti, 1988*）。

另外，Shaw（*1987*）在「行動無礙和行動不便兒童設計遊戲場」（Designing Playgrounds for Able and Disabled Children）一文中，綜合相關的遊戲場兒童行為研究，提出一些非正式探索卻值得省思意見，對遊戲場的設計與幼兒行為的研究甚具參考價值：

1. **仿效**（mimicking）：兒童喜歡從觀察中仿效別人的行為，一個遊戲場有豐富的三層面疊層空間（three-dimensionally stacked spaces），會因視覺接觸的增加而增強仿效行為。

2. **我傷到自己**（I hurt myself）：兒童常跳落卻很少不弄傷，如果他們知道大人看到了或衝過來協助，則會哭泣並尋求大人的撫慰。

3. **重要他人**（significant others）：兒童在遊戲場上通常為大人或其他兒童表演，「看我做這個」是一個普遍的要求，遊戲環境愈豐富，「看著我」活動所受的支持愈廣泛。

4. **協助**（help）：兒童喜歡「協助」遊戲指導者（the play leader），好的活動可從允許協助遊戲指導者開始，如找遺失的玩具或協助擺繩。

5. **遊戲種類**（play variety）：一個綜合性的遊戲庭院會支持廣泛的行為，不會讓兒童只能看所有的使用者玩單一的團體活動；此外，遊戲場的「關鍵場地」（key places）很均衡，則無法預測每一天任何特定的使用型態。

6. **聲音**（sound）：有些特定的器材走上去、打下去或大聲喊，

會發出有趣的聲音,在選擇建構器材時應予記住。

7. **遊戲時段的長度**(length of play period):較長的遊戲時段會有較廣的遊戲行為,會更豐富兒童的經驗;遊戲時段短會促進激烈、反覆的遊戲型態,使用者無法深入的探索庭院。

8. **遊戲團體的規模**(size of play group):兒童太少,無法從他人獲得足夠的激勵,但是兒童太多將會製造紛亂;兒童在團體內的年齡、體型和流動性,也會影響能最佳運用遊戲環境的次數。透過嘗試與錯誤,機靈的遊戲領袖能使每一個團體規模適應該遊戲場。

9. **遊戲的時間**(time of play):兒童在庭院遊戲的時間影響遊戲經驗的特性和品質,遊戲時間在午睡後與在午餐前不同,每個團體的遊戲時間在學年期間應予改變以資補償。

10. **天氣**(climate):特別的天氣狀況會改變遊戲的運用,使用者在遊戲場,陰冷天會找溫暖日照的地方,熱天則會到蔭涼處;此外,遊戲場上的大人,因通常活動性少,似乎比兒童更受天氣的影響。

11. **大人的角色**(adult roles):遊戲場在不同的遊戲指導者之下會成為不同的場地,太多的行政規定會抑止潛在興奮的遊戲場設計,熟悉複雜的遊戲環境之遊戲指導者,比不熟悉者較少作限制規定。因此,正如 Allen 和 Lambert 所提:遊戲指導者的工作是簡單的給兒童遊戲所需的空間和範圍,讓兒童自由並給他們最大可能的延伸。

還有,Bruya 和 Hixson 所提出的「遊戲場上幼兒和遊戲行為描述模式」(詳見圖 21),對遊戲場上,幼兒和遊戲行為的描述,有相當清晰的說明模式,亦有其參考價值。

有關遊戲場設計和幼兒行為方面的研究不少,僅此扼要臚列犖犖大者,以明其梗概。

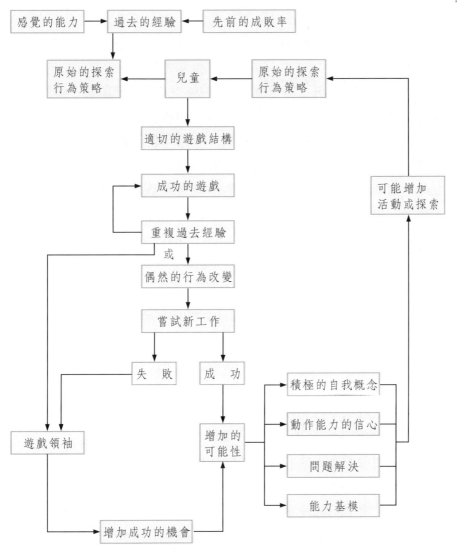

圖 21：遊戲場上幼兒和遊戲行為描述模式

資料來源：*A Model for the Play Environment Relationship to Chilidren,* L. D.
Bruya, and P. K. Hixson, 1980.（引自Bruyb, L. D. （1985）.
Design Characteristics Used in Playgrounds for Chilidren.
In J. L. Frost & S. Sunderlind （Eds.）, *When Children
Play: Proceedings of the International Conference on Play and Play
Environments,* p.218.）

㈠ Frost 和 Campbell 之研究

Frost 和 Campbell 在 1977 年的研究中，比較傳統遊戲場（traditional playground）和創造遊戲場（creative playground），兒童的認知性遊戲和社會性遊戲行為間的差異。所謂「傳統遊戲場」是指典型的平坦地，裡面有鞦韆、蹺蹺板、攀爬杆等鐵製的設備、固定在地上的，這些設備的設計主要是針對著練習遊戲而設的；所謂「創造遊戲場」指的是半正式的環境，它融合了「傳統式」專業建築師所設計的「現代遊戲場」（contemporary playground）和充滿原始材料，可以任自由運用、遊戲的「冒險遊戲場」（adventure playground）的特色，以配合學校的需要而設計的。

Frost 和 Campbell 根據 Piaget—Smilansky 的認知遊戲方式和 Parten 社會分類方式來分析資料。研究結果發現：

1. 在認知遊戲類別中，傳統遊戲場地裡的功能性遊戲（占77.9%），顯著地多於創造遊戲場地裡的功能性遊戲（占43.7%）。

2. 創造遊戲場地的戲劇性遊戲行為（占39%），遠多於傳統遊戲場地裡的戲劇性遊戲行為（占2%）。

3. 在創造遊戲場裡有較多的建構性遊戲行為；而在傳統遊戲場地裡有較多規則性遊戲。

4. 在社會遊戲類別中，合作性遊戲在二種場地下的頻率大致相近（傳統式占45.6%；創造式占50.2%）。

5. 在創造遊戲場裡有較多的獨自遊戲（11%比3.4%）和聯合遊戲（12%比8.5%）。

6. 傳統遊戲場有較多的平行式遊戲行為（29.5%比12.6%）（引自簡楚瑛，民77）。

(二) Frost 和 Strickland 之研究

美國德州大學（The University of Texas）Frost 和 Strickland（*1985*）在「幼兒自由遊戲期間的設備選擇」（Equipment Choices of Young Children During Free Play）研究中，以德州奧斯汀（Austin）雷第摩魯塞倫學校（Redeemer Lutheran School）幼稚園 2 班 34 名幼兒、一年級 2 班 48 名幼兒和二年級 2 班 56 名幼兒，計 138 名幼兒為觀察對象；研究的主要目的係比較幼兒在三種室外環境自由遊戲期間的設備選擇，此三種遊戲環境的設計略述如下：

1. 遊戲環境 A——由一個複雜的單元結構（a complex unit structure）所組成，其組構為供攀爬和裝扮的內部和外部空間，兩個輪胎鞦韆、一座滑梯、消防員杆和梯子，為了安全，將其安置於沙區內。

2. 遊戲環境 B——由十六項加壓處理的松木構造物（pressure-treated pine structures）組成，包括平衡桿、單槓、障礙攀爬架、吊橋、滑梯、立體方格鐵架和其他相關的設備。此設備的設置是以統整或連環的「遊戲學習」（play's learn）模式，或以障礙課程設計以「協助認知發展所需的廣泛概念技能（perceptual-motor skills）發展」，沙區設在臨界區（critical areas）作為安全的跳落區（fall zones）。

3. 遊戲環境 C——由雷第摩學校的師生和家長，依研究者的設計布置來建構，是一種採用相關而不貴的商品設備和未加工建材（raw building materials）的混合物。包括滑梯、堡壘、船和汽車、沙、儲藏屋、野餐桌、攀爬架（三種）、輪車、輪車軌（舊轉運帶）、舊輪胎、線軸（spools）、桶狀物、鐵軌栓（railroad ties）、電線桿和建造零件等。

遊戲環境 A、B 和 C 可視為三個分離的遊戲環境，遊戲環境 A 是單一結構（a single structure），遊戲環境 B 是組合結構（a combination of structures），此二者設計基本上提供一種遊戲形式（one form of play），惟非「完整的」遊戲環境（"complete" play environments）；而遊戲環境 C 則設計以進行運動遊戲、結構遊戲、裝扮遊戲、規則遊戲，並能激勵社會互動。

資料蒐集，研究對象的教師蒐集、觀察和紀錄每一名幼兒在自由遊戲時所使用的設備，計 6 週，每週一次 30 分鐘。每一名研究對象在遊戲期間的設備選擇紀錄三次：進入遊戲時、遊戲中和遊戲離開後，觀察者直接紀錄在遊戲環境布置圖上。遊戲期間，教師允許幼兒作自己的設備選擇，教師既不鼓勵也不指導幼兒選擇任何特定設備類型或遊戲形式，他們在遊戲場隨機移動，以避免吸引幼兒到任何特定區域。資料處理，資料先分析次數和百分比，然後登錄在 IBM 卡上，以電腦分析個別遊戲型態、性別差異和設備選擇差異的顯著水準。研究結論，經整理主要為：

1. 在年級層的遊戲環境選擇上，遊戲環境 C 最受歡迎，而幼稚園幼兒選擇遊戲環境 C（74.32%）又高於一年級幼兒（59.12%）和二年級幼兒（59.64%）；一、二年級幼兒的遊戲環境選擇，則幾乎相等（參閱表 11）。

2. 在遊戲環境 A 上，具有活動特性的鞦韆，占遊戲的半數；在遊戲環境 B 上，最複雜的攀爬結構，超過遊戲數的 1/4。

3. 裝扮遊戲的設備（例如船、汽車、輪車、家事）設計或選擇，較受年幼幼兒的喜歡。

4. 有規則的益智遊戲，則典型地非常受 7～8 歲幼兒的歡迎。

5. 最受幼兒歡迎的遊戲場是一個容納不同遊戲型式的設備和空間。

6. 年級層增加，競爭的活動和運動的活動增加。

表 11　年級層的遊戲環境選擇

	幼 稚 園		一 年 級		二 年 級	
	觀察人次	觀察百分比	觀察人次	觀察百分比	觀察人次	觀察百分比
遊戲環境 A	145	18.90	245	26.43	210	23.54
遊戲環境 B	52	6.78	134	14.46	159	17.83
遊戲環境 C	570	74.32	548	59.12	532	59.64

資料來源：*Equipment Choices of Young Children During Free Play*, J. L. Frost, & S. D. Strickland,1985. In J. L. Frost & S. Sunderlind （Eds.）, *When children play: Proceedings of the international conference on play and play environments,* p.99.

7.固定的結構基本上符應運動遊戲，但比之年長的幼兒，較不受年幼幼兒（4～6 歲）的歡迎。

8.遊戲結構須再設計，以提供年長幼兒（6～9 歲）更多的挑戰。

㈢　Bruya 之研究

美國北德州大學（North Texas State University）體育系Bruya（*1985*）在「遊戲組構差異對學前幼兒遊戲行為之影響」（The Effect of Play Structure Format Differences on the Play Behavior of Preschool Chilidren）研究中，從課程類似的日間托育中心和學前學校，隨機選取低中收入家庭的 3 歲幼兒 18 名、4 歲幼兒 25 名和 5 歲幼兒 15 名為觀察研究對象；遊戲器具組構，有二種：其一為傳統分離結構（traditional separated structure），包括二個現代、獨立且自立（free-standing）的結構，採分開設置或傳統的組成；另一為現代統整連結結構（contemporary unified linked structure），

包括二個獨立自立的結構，採合併設置或現代的組成。

研究程序，每一年齡團體計觀察240分鐘，在二種遊戲組構上各120分鐘，資料蒐集分四個遊戲期，每一遊戲期30分鐘。觀察者在蒐集資料前皆受過專為該研究資料蒐集形式的訓練，觀察者間的信度為.92。每一觀察期採同樣的教學，研究對象抵遊戲場之前隨機排成一線，以進入木製圍籬遊戲場，教學用語為：

「今天我們有半小時在遊戲場遊戲，誰記得遊戲場的規定？

1. 不可以丟沙子。

2. 不可以丟碎石。

3. 不可以推人。

每個人是不是準備好了？你們可以開始了。」

在二種遊戲組構「上」「下」的計算，採15秒時間抽樣技術（a 15-second time sampling technique），「上」（on）的界定是「遊戲結構支持著幼兒的體重」，「下」（off）的界定是「遊戲結構面的下方和四週支持著幼兒的體重」。幼兒遊戲期間所選用的「動作模式」（motor patterns），以及幼兒與同儕、督導者的「身體接觸」（physical contacts）都加以記錄。研究結果：

1. 在傳統組構上，3歲幼兒有48%的時間在「上」，4歲幼兒有53%的時間在「上」，5歲幼兒有57%的時間在「上」。在現代組構上，3歲幼兒有54%的時間在「上」，4歲幼兒有76%的時間在「上」，5歲幼兒有58%的時間在「上」。簡言之，幼兒在現代組構的遊戲時間較長，但非如傳統組構隨年齡層提高呈線性增加。

2. 幼兒在傳統和現代組構遊戲期間所選用的動作模式都很類似。在傳統組構的動作模式，有34%站、22%坐、22%掛、14%斜、12%盪、6%爬、8%跑；在現代組構的動作模式有32%站、28%坐、

22%掛、14%斜、14%盪、5%爬、4%跑。

3.幼兒與同儕、督導者的身體接觸，包括牽手、搭肩，甚至打架（惟資料蒐集期間無打架行為）等任何有意圖的接觸行為。就各年齡層幼兒而言，在傳統組構上，3歲幼兒與同儕身體接觸的時間占8%，4歲幼兒與同儕身體接觸的時間占11%，5歲幼兒與同儕身體接觸的時間占16%；在現代組構上，3歲幼兒與同儕身體接觸的時間占20%，4歲幼兒與同儕身體接觸的時間占10%，5歲幼兒與同儕身體接觸的時間占30%。就全體幼兒而言，在傳統組構上，幼兒與同儕身體接觸的時間占11%，幼兒與督導者身體接觸的時間占2%；在現代組構上，幼兒與同儕身體接觸的時間占 18%，幼兒與督導者身體接觸的時間占 0.9%。簡言之，現代組構增加幼兒同儕的接觸，同時減少大人督導的接觸。

四 Henniger之研究

美國中央華盛頓州立學院（Central Washington State College）幼兒教育系Henniger（1985）在「學前幼兒在室內和室外環境之遊戲行為」（Preschool Children's Play Behavior in an Indoor and Outdoor Environment）研究中，以德州大學幼兒發展實驗室二個上午班托兒所的28名幼兒為研究對象，其中7男6女來自大幼兒團體（the older group）（平均年齡5歲），8男7女來自小幼兒團體（the younger group）（平均年齡4歲）。托兒所的室內環境由8個中心組成，每週放置不同的器材，包括裝扮區、操作玩具角、家事中心、音樂區、科學桌、積木區和安靜／拼圖區。室外環境由固定的和活動的設備所組成，站區設備（stationary equipment）包括附滑梯和階梯的樹屋平臺、立體方格鐵架、水泥腳踏車道、戲水區和鞦韆組；活動設備（movable equipment）每週重排或更換，包

括船、裝在箱內的方向盤、附梯子的金屬三角攀爬架、小屋型攀爬物（atepee-type climber）、大型木製板條箱、金屬桶狀物和一批木盒及輪胎。儲藏設施室外給幼兒近便使用三輪車、許多弄沙玩具、戲水器材、鏟子、耙子、球、椅子、繩子、交通標誌和搬運車。

研究程序，研究者依Smilansky的認知遊戲（the cognitive play）類別：單獨遊戲（solitary play）、平行遊戲（parallel play）、互補遊戲（complementary play）、合作遊戲（cooperative play）和Parten 的社會遊戲（the social play）類別：功能遊戲（functional play）、建構遊戲（constructive play）、裝扮遊戲（dramatic play）、益智遊戲（games play），併研究對象幼兒的姓名建一檢核表，用以觀察幼兒的自由遊戲，觀察期計六週，所有幼兒均觀察，室內和室外各 20 次，每次觀察依檢核表上幼兒的姓名序逐一進行，先觀察 1 名再觀察另 1 名，中間間隔 30 秒，每天觀察的順序會改變。觀察時至少要有 10 名幼兒在場，指導教師不在則不觀察。研究者在資料蒐集期間，為檢核記錄遊戲行為的信度，也請另一人在研究的開始和結束記錄遊戲行為，評分者間信度平均各為.81 和.82。

須強調的是，本研究用以比較室內外遊戲的幼兒和情境，並非大多數托兒所課程的樣式，此二環境有許多的設備和器材可增進幼兒的遊戲，高技能的教師和 1：5 的低師生比例，是一個適宜觀察遊戲的情境。研究結果，分二部分摘錄要述如下（參閱表 12）：

1. 室內環境部分

傳統上，室內遊戲區比之室外情境，被認為是對幼兒發展最有價值的環境。本研究發現室內環境對三類遊戲行為似有所促進：

　　(1)裝扮遊戲在女生和小幼兒方面有較大的顯著差異，由於裝扮遊戲是社會關係發展的重要手段，此一發現甚為重要。

　　(2)室內環境在建構遊戲上有很強的影響，從各層團體觀之，

表 12 社會和認知遊戲類別的室內和室外環境平均值

類別	全體 (n＝28) 室內	全體 室外	大幼兒 (n＝13) 室內	大幼兒 室外	小幼兒 (n＝15) 室內	小幼兒 室外	男生 (n＝15) 室內	男生 室外	女生 (n＝13) 室內	女生 室外
社會遊戲										
單獨遊戲	4.07	3.25	3.83	4.15	4.67 (t＝3.21 p＜0.01)	2.47	4.47	3.20	3.61	3.30
平行遊戲	8.36 (t＝－3.44 p＜0.01)	10.32	8.38	9.15	8.33 (t＝－4.86 p＜0.001)	11.33	8.33 (t＝－2.43 p＜0.05)	9.87	8.38 (t＝－2.45 p＜0.05)	10.84
互補遊戲	1.00	0.79	1.00	0.92	1.00	0.67	0.67	1.13	1.38	0.38
合作遊戲	2.46	2.39	2.54	3.38	2.40 (t＝2.23 p＜0.05)	1.53	2.47	2.80	2.46	1.92
認知遊戲										
功能遊戲	0.43 (t＝－11.72 p＜0.001)	6.79	0.15 (t＝－7.69 p＜0.001)	5.15	0.62 (t＝－10.33 p＜0.001)	8.20	0.40 (t＝－8.64 p＜0.001)	6.07	0.46 (t＝－8.61 p＜0.001)	7.61
建構遊戲	6.86 (t＝5.42 p＜0.001)	3.18	7.30 (t＝2.87 p＜0.05)	3.62	6.47 (t＝5.56 p＜0.001)	2.80	7.47 (t＝6.48 p＜0.001)	2.33	6.15	4.15
裝扮遊戲	8.29	6.36	7.38	8.00	9.07 (t＝4.57 p＜0.001)	4.93	7.73	8.13	8.92 (t＝5.42 p＜0.001)	4.30
益智遊戲	0.29	0.36	0.38	0.77	0.20	0	0.33	0.47	0.23	0.23

資料來源：Preschool Children's Play Behavior in an Indoor and Outdoor Environment, M. L. Henniger, 1985. In J. L. Frost and S. Sunderlird (Eds.), When children play: Proceedings of the international conference on play and play environments, p.147.

有一致的趨勢顯示室內環境比室外環境有更多的建構遊戲活動；由於此一遊戲協助動作技能有好的發展，並給予幼兒發展其創造技能的機會，因此室內環境仍然提供另一個豐富的成長環境。

(3)室內環境有刺激托兒所幼兒間單獨遊戲的趨勢，惟與室外環境相較，只在小幼兒團體有顯著差異。雖然多數托兒所課程的基本目的是發展幼兒間互動的技能，但幼兒能有舒服感覺單獨遊戲也很重要，因為每一個人都需要在社會時間與獨處時間之間有一健康的平衡，單獨遊戲的價值則需進一步釐清。

2.室外環境部分

(1)室外環境對各層團體的功能遊戲均有激勵，這些反覆的肌肉運動對特定的幼兒發展動作技能、成功的感覺和自我價值，甚有價值。

(2)合作遊戲是社會遊戲的最高階段，在室內和室外環境上幾乎相等而無差異，惟在小幼兒團體有顯著差異（小幼兒在室內環境比之室外環境，較喜歡合作遊戲）。

(3)室外環境對男生和大幼兒的裝扮遊戲有很強的影響，亦即男生和大幼兒在室外環境有較多的裝扮遊戲。

(五) Weinstein 和 Pinciotti 之研究

Weinstein 和 Pinciotti（1988）在「改變學校庭院：意向、設計決定和行為結果」（Changing Schoolyard: Intentions, Design Desions, and Behavioral Out-comes）研究中，研究輪胎遊戲場（a tire playground）興建前後對學生行為改變之影響。該輪胎遊戲場係由紐澤西州（New Jersey）一所都市化中型小學的家長教師組織（Parent Teacher Organization, PTO）透過家長和行政人員的理念，

由原來空盪的柏油面遊戲場改裝而成，占 1/3 的空間。受試者是該小學所有的學生，從幼稚園到三年級約 400 人，觀察時間係利用每天的五次休閒時間，每次依序觀察一個年級，每次的遊戲團體人數為 60 到 125 人。興建該輪胎遊戲場之前，先觀察兒童的行為二星期，興建後再觀察兒童二星期。為避免影響前後測研究（a pre-post study）的內在效度，乃採用時間序列的設計（a time-series design）。

　　研究結果發現，該遊戲場的興建使組織化的遊戲（organized games）、不參與行為（uninvolved behavior）和打鬥明顯的減少，而主動遊戲和裝扮遊戲則顯著的增加，其他說話、轉換、安靜的遊戲和攻擊，在二次前後測上則無顯著差異。

（六） 楊淑朱和林聖曦之研究

　　楊淑朱和林聖曦（*民 84*）在「國小二年級學童在現代和傳統遊戲場的遊戲器具選擇及遊戲行為之比較研究」中，觀察美國德州奧斯汀城二所私立教會學校國小二年級學生，比較其在現代遊戲場（男 18 位，女 12 位）和傳統遊戲場（男 33 位，女 7 位）的遊戲器具選擇及遊戲行為。每位目標學童被觀察 12 次，每位學童的觀察時間為 1 分鐘。資料蒐集採行為觀察記錄表、時間取樣及軼事記錄。研究結果顯示：

　　1. 在認知性遊戲方面，傳統遊戲場出現較多的規則遊戲，現代遊戲場則出現較多的功能性遊戲；在社會性遊戲方面，現代遊戲場出現較多的聯合遊戲，傳統遊戲場出現較多的合作遊戲。

　　2. 現代遊戲場的學童在遊戲器具選擇上偏好拉環滑行，傳統遊戲場的學童則偏好在開放區玩球類活動。

　　3. 質的分析更進一步地發現，現代遊戲場的多樣化遊戲器具，能提升較高的遊戲品質，也有助於學童的體能、社會、情緒、語言

及認知的均衡發展。亦即,現代遊戲場比傳統遊戲場更能激勵學童參與不同類型的遊戲。

㈦ 吳旭專之研究

吳旭專(民89)在「臺北市國小兒童遊戲與優良遊戲場規畫之研究」中,以臺北市12所有優良遊戲場之國小(包括民權、信義、龍安、吉林、東門、永樂、大理、辛亥、東新、南湖、雨聲和洲美國小)及其學生為研究對象。研究目的,主要在探討臺北市國小遊戲場規畫現況、遊戲場維護管理情形、國小兒童遊戲行為與遊戲場類別的關聯性、分析臺北市國小兒童遊戲興趣、國小兒童遊戲場使用理由與使用情形、國小兒童對遊戲場看法與期望。

本研究探討的遊戲的內涵包括:兒童遊戲行為、兒童遊戲興趣、兒童遊戲場使用理由及情形、兒童對遊戲場看法與期望。在遊戲行為方面包含:認知性遊戲行為、社會性遊戲行為、遊戲設施中的遊戲行為;在兒童遊戲興趣方面包括:遊戲場地選擇、遊戲活動選擇、遊戲設施選擇;在兒童使用遊戲場的理由與情形方面包括:兒童平時下課去或不去遊戲場的理由、兒童使用遊戲場的頻率、兒童在遊戲場中通常和幾個友伴一起玩;在兒童對遊戲場的看法與期望方面包括:兒童對遊戲場大小、遊戲設施多寡、遊戲場位置及遊戲場好玩與否的看法、期望遊戲場增加或改變的部分。

研究方法,包括觀察法、訪談法、問卷調查法,研究者到十二校每校觀察一個上午,三節下課分別觀察傳統遊戲場、現代遊戲場中的兒童遊戲行為,以及兒童在主要遊戲場與鄰近主要遊戲場區域的活動內容和人數分佈情形。同時實施問卷調查,各校依低、中、高年段抽出二、四、六年級各一班,計三十六班,調查919位學生(男494人、女425人;二年級296人、四年級318人、六年級305

人）。另，從問卷抽樣班級中隨機抽樣每班4人，計144人（男、女各72人，二、四、六年級各48人），進行訪談。研究結果：

*1.*臺北市國小兒童**遊戲場維護管理情形**：(1)遊戲場依不同年齡的兒童分區，但管理不易落實。(2)遊戲場維護情形良好，行政單位會定期巡察維修遊戲場，但學校缺乏一更明確的維修標準。(3)校園開放後，遊戲場也面臨維護管理問題。

2.臺北市國小兒童**遊戲行為與遊戲場類型的關聯性**：(1)在認知性遊戲行為方面，傳統遊戲場所促動的幾乎都是功能性遊戲行為，而現代遊戲場則以功能性遊戲行為和規則遊戲行為為主。(2)在社會性遊戲行為方面，現代遊戲場可以促動更多種類、更高層的社會性遊戲行為，在傳統遊戲場中以平行遊戲行為為主，在現代遊戲場中，以互動遊戲行為為主。雖然，傳統遊戲場也有不少互動遊戲行為，但主要是小群體的兒童坐或攀附在遊戲設施上的口語互動，較少引發大群體兒童追逐、身體互動的遊戲。(3)在設施中的遊戲行為，一般而言，傳統遊戲場或現代遊戲場都引發一定比例的機能性遊戲行為，但在傳統遊戲場中，比較少遊戲設施可以使遊戲行為發展成社交性遊戲行為，相對的在現代遊戲場中則以社交性遊戲行為為主。

3.臺北市國小兒童**遊戲興趣**：(1)兒童下課最喜歡去的地方是「教室」、「遊戲場」、「運動場」、「走廊」和「球場」。(2)兒童下課時間最喜歡的活動是「和同學聊天」、「打躲避球」、「追逐遊戲」、「休息」和「去遊戲場玩」。(3)「組合遊具」最受兒童歡迎，兒童喜歡某遊戲設施的理由以其「好玩與否」、「能否滿足各種體能的、遊戲的需求」為主。(4)男女生的遊戲興趣大致相同，但男生較喜歡動態活動，女生較傾向靜態活動。(5)低、中、高年級遊戲興趣有明顯差異，低年級兒童比較喜歡遊戲場，高年級兒童比較喜歡球類運動。

4.臺北市國小兒童**使用遊戲場情形**：⑴有約 1/4 的兒童「幾乎每天去」遊戲場玩，但有半數以上的兒童「幾乎很少去」遊戲場玩。⑵兒童在遊戲場中以團體（2～3 人或一群人）一起活動為主。⑶男、女生遊戲場使用情形有顯著的差異，男生去遊戲場的頻率顯著地高於女生，男生在遊戲場中以大團體的活動為主，女生則以 2～3 人的小團體活動為主。⑷低、中、高年級兒童使用遊戲場的情形有差異，二年級兒童使用遊戲場的頻率最高，六年級最低；二年級兒童較多單獨（自己玩）或小團體（2～3 人一起玩）的活動，而四年級、六年級兒童則較傾向大團體（和一群人一起玩）的活動。

第二篇

環境設計

Chapter 4

室內學習環境的設計配置

空間規畫是學習脈絡結構的關鍵因素（Space planning is a key factor in the structuring of learning contexts）。

——H. McAuley & P. Jackson

　　幼兒教育者對教室組構的物質觀念（the physical aspects of classroom organization）甚有興趣，主要在於幼兒與環境互動對其發展至為重要，或更實際的是能以環境設計來管理幼兒行為，Phyfe-Perkins 和 Shoemaker（1991）認為設計和安排物質空間，重點在用以：(1)控制幼兒互動團體的大小；(2)提供多樣的經驗和空間，規畫並設計以增進幼兒的遊戲；(3)激勵和支持幼兒發展社會互動；(4)在大人與幼兒相處中給予支持；(5)為每位幼兒提供一個優質的情境（a quality setting）。因此，室內空間設計對規畫幼兒的學習和經驗非常重要，教師需檢視下列因素：(1)幼兒平常互動的團體大小；(2)多樣的遊戲經驗和遊戲空間以及他們如何運用；(3)一對一（one-to-one）和小團體互動的規定；(4)提供大人和幼兒身體舒適和個人化（personalization）的程度。

Pattillo 和 Vaughan（*1992*）進一步更詳細的說明教室組構應考慮下列要素：

*1.*動態和靜態區應分開。幼稚園的動態區包括音樂、積木、裝扮遊戲、建構和大肌肉活動；幼稚園的靜態區包括美勞、發現、圖書、益智遊戲、溝通和數學。低年級的動態區包括美勞、積木、裝扮遊戲和音樂；低年級的靜態區包括創作、閱讀、寫字、拼音、圖書、數學、科學和社會研究。

*2.*相容的學習區應毗鄰設置。美勞和建構的設置皆需靠近水源。積木和裝扮遊戲可結合以增進遊戲內容，例如中空的積木可用以組成雜貨店的櫃子。

*3.*不相容的學習區應分離。建構區和積木區應分開設置，以免幼兒將積木用在木工活動，而美勞器材應與圖書區的書本分開。

*4.*學習區應足夠大，使附加的空間能在幼兒工作時發生效用，並讓幼兒依其所需自由的變換學習區。

*5.*大團體群集場地應設置。

*6.*教室固定的設施，如水、窗、門和電插頭，應予考慮。

*7.*交通流動方式（traffic flow patterns）應予考慮。門、盥洗室和飲水器四周高交通區，應有便於進入之通道。幼兒應能環繞教室，而不會穿過其他的學習區和打擾工作的幼兒。

*8.*低的小櫃子和隔間物，供作區隔並減少視覺的擾亂。

*9.*每一學習中心需要桌子或地板工作空間和架子，以容納一些活動。

*10.*需有空間供個人置放物品，如外衣、美勞作品和計畫。

*11.*教師器材的儲藏櫃須予考慮。學習中心運用許多實際動手做的器材（hands-on materials），它們可儲存在相容的箱子並作為教室的隔間物。

*12.*教室應以協調的方式平衡空間的運用。教室應有開放的外觀

（an open appearance），但不用的大區域空間應避免。

由此可知，室內學習環境的設計配置，有許多值得深入探究的內涵。本章擬就幼兒活動室的配置、幼兒學習區的設計、低年級教室的設計、蒙特梭利教室的設計和幼兒遊戲室的設計等五部分，分別加以探討說明。

第一節 ➤

幼兒活動室的配置

通常，兒童的學校建築經驗都是受制於他（她）自己的教室（*Proshansky & Fabian, 1987*），就幼兒園而言，活動室是幼兒學習和生活的核心，幼兒活動室的空間設計和配置，對幼兒的成長和發展自有舉足輕重的影響。簡楚瑛（*民85*）從幼稚園班級經營探討教室的空間規畫，Graves等人（*1996*）認為活動室的配置要以增進學習的方式配置學習環境內的學習區、設備和器材。本節擬先說明幼兒活動室的配置原則，其次探析幼兒活動室的設計要項，再就幼兒活動室的配置範例加以介紹說明。

一 幼兒活動室的配置原則

White和Coleman（*2000*）參考許多學者專家的研究和建議，以「多元」（multis）的方式探討0～8歲幼兒學習環境中教室空間配置原則，包括簡易性、舒適性、感官性、刺激性、穩定性、安全性和衛生性，茲整理要述如下：

㈠ 簡易性（simplicity）

保持教室設計簡易化，可避免幼兒過於擁擠，雖然幼兒需要豐富的環境，但也不能太過頭。White 和 Coleman 曾參訪過嘈雜的教室，因教師在狹小空間加入了太多的學習區，致教室充滿混亂、爭執及緊張感，且大部分的幼兒（大人也是）在擁擠的情況下會變得不知所措，並易感挫折。因此，設計學習區時，應不斷回應、省思，與你的同事一起工作，並選一組你有興趣的年齡團體（age group），為這些幼兒選擇學習區，配置一個教室學習環境，不一定一下子要把教室弄得很完美，你可以不斷地修正你的原始設計。

㈡ 舒適性（softness）

幼兒不待在家裡的時間越來越多，不管是課前、上課中或課後。因此，讓教室有像家一樣的舒適感，變得很重要。亦即，教師應注意學習區所有的不只是教育特質，也要考量使之成為「舒適的場所」（soft spots）。例如，壁飾可以放在科學區中，沙發、軟椅等家具及填充玩具可以放置在家事區；地毯可以鋪設在閱讀區，幼兒們的小櫃子也可飾以家庭照片。這些教室的柔性物品，可以提供更多「像家」的感覺，有些柔性物品是「助於」吸收噪音的，另一些則能提供舒適感，還有一些具感官吸引力，有助於集中幼兒注意力。

㈢ 感官性（senses）

幼兒如同大人一樣，會被感官經驗所吸引，因此考慮學習區的

感官特質也是很重要的。學習區應該有各種教材,供幼兒觀察、感覺、試聞、傾聽或品嚐。如何讓這五種感覺結合在學習區中,教師可以要求幼兒:

1. 觀察木材、葉片及樹皮的顏色。

2. 感覺樹皮的質感。

3. 試聞不同種樹木的味道(例:白樺、香柏、松樹)。

4. 分辨不同建造技術的聲音(例:釘東西、鋸東西)。

5. 品嚐由樹木所產的食品(例:堅果、糖漿)。

並非所有的感覺在每個學習區都得如此明確,但儘可能考慮到多一點的感官經驗,以擴充幼兒的學習機會,有了這個想法,你可以準備進一步地來修改你的教室設計了。

⧄ 刺激性(stimulation)

簡易性、舒適性及感官經驗的原則,都有助於影響在教室中刺激感的種類及程度。此外,其他的教室刺激性因素包括:

1. **近便性**(accessibility):當教材具近便性,放置在幼兒的視線高度左右的開放性架子上時,會激勵幼兒參與活動,而開啟的容器也比封閉的容器更具近便性。

2. **色彩**(color):教室的牆壁及天花板的顏色,也助於塑造不同的教室氣氛。例如,紅色塑造興奮的情境,深紫及綠色有助於鎮靜,黃色給人寧靜的感覺,Caples是一位學校設備的專門設計師,他也建議使用「種族」(ethnic)的獨特色彩,來塑造幼兒社群的尊榮感及聯繫感。

3. **自我選擇**(self-selection):給予幼兒選擇機會,會激勵他們參與學習活動。例如,用指派的方式讓幼兒到學習區去,不如允許他們自己選擇,當各該學習區額滿時,你可以幫助幼兒做其他的

選擇，讓他們也有機會回到那些經常額滿的學習區去。為了保持安全、互助及有品質的學習經驗，常追蹤在學習區的幼兒數目是必要的。有些不同的技巧，可以用來使幼兒及大人注意到學習區空間的使用情形，其中有一常用的技巧是：讓幼兒在學習區外面懸掛一薄片製成的名牌，當一個學習區的所有鉤鉤都被掛滿時，幼兒就會知道他們必須做其他的選擇。而當幼兒在學習區間移動時，幼兒就會移開他們的名牌。這技巧在刺激幼兒為他們的選擇承擔自我責任，並和別人合作以維持有秩序的教室環境。

在教室的學習區中加上種族或文化的設計，就美國而言，可考量以下的社群：非裔美國人、古巴裔美國人、阿帕拉契美國人、印地安人及越南人。要完成這工作，你必須瞭解你的學生社群之文化及種族背景，可以參觀博物館及當地種族或文化鄰近地區、閱讀圖書或看錄影帶，或在大學院校裡向社會學者或人類學者諮詢。然而，別依賴大眾文化（例：電視及雜誌），因他們有時候所表現的只是種族及文化團體的刻板印象。

（五） 穩定性（stability）

在教室配置中，最重要的要素之一，是創造一個穩定的、一致的環境，在這樣的環境中，幼兒能有同等的機會參與活動。平衡是一個有助於創造穩定環境的要素，其他有助於穩定的學習環境要素，包括：

　1. **角區的配置**（center arrangements）：當安排一個穩定的教室空間，以提供幼兒安全感及協調性時，有些類型的活動是特別重要並要去考慮的，包括：易髒亂的和乾淨的活動；個別的和團體的活動，獨立的和合作的活動；安靜的和吵雜的活動。一開始就要考量發生在學習區裡的活動類型，例如：安靜及吵雜的學習區要隔

開,若把積木區(吵雜的)安排在閱讀區(安靜的)旁邊,是不明智的,若把閱讀區安排在寫作區(兩個安靜的區)旁邊,則是較佳的組合。另一種考量,專門給容易髒亂的學習區,如美勞區、烹飪區及沙/水區,這些學習區應被安排在水源附近,需要用水或清理時才會便利;還有,在這些區域鋪設磁磚及軟塑膠地板,也較易清理。此外,教師通常會注意到教室沒有足夠的窗戶,或窗戶位於不正確的位置;事實上,在任何學習區設置窗戶都有正當的理由:科學及勞作區的窗戶可讓實驗時注入自然光線(例如太陽的熱能、稜鏡的光效或透明的美勞教材)。窗戶也提供閱讀、音樂及寫字區自然的光線,做為一位教師,必須決定窗戶如何能對教室裡的幼兒最有益。

2. **團體聚會**(group meetings):大團體聚會是一天中的重要要素,幼兒及教師在早晨通常有集會,來檢視每日的課表、發通告(make announcements)、分享經驗及為學習區的轉變做計畫,團體聚會也會整天進行著,如口述或閱讀故事、唱歌及檢視團體方案等。在團體聚會時,許多教師會使用大塊彩色的地毯,幼兒可以自由在地毯上,或他們可能被指派到特定的區域去坐,以方便他們進出團體;而教室空間較小的教師們,通常會把團體聚會空間合併在學習區旁。因此,把團體聚會空間安排在易收拾的學習區旁,是較佳的選擇,如積木或閱讀區可以兼任團體聚會的空間。

3. **展示**(displays):數量多、種類也多的幼兒作品展示在教室裡,是一個很好的「發展上適切的教室」之指標,想一想在教室中,能將幼兒的作品展覽在幾種不同的地方呢?天花板是一個可展示活動雕塑的地方(風鈴)、勞作品(例:圖畫)及模型(例:行星)。此外,天花板也是最適於大人觀視的地方。想一想,你能把展示幼兒的作品在教室的哪些其他部分,而且在其眼睛高度左右的呢?

4. **融合**(inclusion):能融合不同能力的兒童也是穩定環境的

特色之一，要滿足這些需要是不困難的，只要減少同一時間在一學習區的幼兒數目，可能就能照顧到坐輪椅的幼兒。另一個例子是，將坐輪椅的幼兒融合到積木區，在積木區，因為坐輪椅的孩子坐著比他的同儕還高，所以他有一項優勢將使他及他的同伴一起成功，他可作為建造經理（因為他對地板上的構築工作有較佳的視野），而且他也能堆放較高位置的積木，因此，當建造物升高時，他會在建築更難的部分中，扮演更重要的角色。當然，並非所有的行動不便者都是天生而且是身體上的，如特別害羞的孩子，也必須有平等接近教室活動的機會，為這些孩子安排空間來觀察，並和他的老師討論他的活動選擇，最後也許會讓他更容易加入活動中。同時，教師通常也能溫和地接近及加入害羞幼兒的大人或同儕，這樣一來可以讓幼兒建構他自己的學習環境。想一想，如何能進一步修改你的教室，以滿足害羞幼兒的潛在需要？如何能進一步修改你的教室，來滿足有聽覺障礙的幼兒？

㈥ 安全性（safety）

在教室配置上，安全性也是重要的要素，評估教室安全性時，一般會考慮到下列的原則：

1. **交通動線**（traffic flow）：在學習區間的動線應流暢，如此一來，教室的噪音及潛在的危險才會減少。良好動線的要素，首先，學習區傾向位於牆邊，地板的中央要有開放空間，這會讓幼兒及大人更容易在學習區間做活動；第二，在學習區之間的分隔物要低矮（在幼兒眼睛高度以下），好讓幼兒及大人能看到彼此的移動情形；第三，每個區域都有它的儲藏區，這有助於幼兒限定在進行活動的角區移動；最後，教室入口要保持淨空，便於觀看，並和學習區隔開，而在門口提供足夠的空間以便幼兒及家長的出入，也是

很重要的。

　　2. **角區間隔**（spacing between centers）：我們已注意到限制在一學習區中的幼兒數目的重要，以避免過分的擁擠及混亂，而提供學習區間的足夠空間，讓團體間的活動不致互相衝突，也是重要的。

　　3. **浴廁**（toileting）：衛浴設備可位於幼兒教室裡面或外面，如果設置在教室裡面，依常規要把衛浴區布置得儘量開放式，好讓教師能處理幼兒的衛浴需求，然而，遵守政府及學校的規定，特別是幼兒的隱私權，也是重要的。當廁所位於教室外時，需有幫助幼兒能更方便使用衛浴的指導方針，並記得適齡和個別的問題，有些幼兒，不管年齡是幾歲，還是會比其他的幼兒需要更多的幫助。

　　4. **每日的檢查**（daily inspections）：每天早晨檢查教室是一個好習慣，可以減少潛在的危險。在幼兒上學前實施檢查，因為危險之源也許在每日例行公事後容易被忽略。檢查是否有東西可能會掉落在地板上、清理遺漏在櫃臺上的溶劑，以及是否有破損的教材或設備需要替換或修理。

　　修正你的教室配置，並考慮安全預防的問題，特別是交通動線，和你的同儕一起分享你的修正計畫。

　　(七)　**衛生性**（sanitation）

　　衛生是安全性的一項特殊觀念，幼兒及大人每天都使用教室，所以地板上會有許多泥沙，教材、設備也會髒亂，以下是一些重要的衛生原則：

　　1. **定期清理**（cleaning routines）：有些教材需要較常去清理，例如：布做的書籍和玩具常會被嬰兒及學步兒放到嘴邊玩，這些教材需要每天清洗，而較大幼兒所用的教材及設備就較不需要那麼常清理了，但也要定期清理，以避免疾病的散佈。其次，可清洗的教

材及設備可以用清潔劑及清水沖洗，而表面也要用肥皂水或洗潔劑擦乾淨。此外，窗戶、牆壁、地板及窗簾也需要定期清理，使灰塵及其他潛在的污染源維持在一個可清理的程度內。另外，當地的衛生所也能提供有關清潔計畫、溶劑及清理特定教材或設備作法的建議。

2.**洗手**（washing hands）：要保持教室清潔的最佳辦法就是有效的洗手。經常性的洗手也有助於控制傳染病的散佈，可邀請健康專家到教室來指導洗手的技巧及液狀或固狀肥皂的優缺點。

3.**烹飪**（cooking）：烹飪可提供幼兒有關數學（測量）、勞作（食物的展示）、社會行為（合作）及閱讀（食譜）等重要的知識，然而必須小心確保食物適當的洗淨及處理，以避免疾病的散佈。在每次烹飪活動前，可先和食物專家或學校營養師討論，以鑑定特定的衛生步驟，來保障幼兒的健康。

4.**沙水桌**（sand and water tables）：沙箱及水桌在沒有使用的時候，依規定是要蓋住的，否則它們很容易會被污染；除此，銳利的物品也要收藏好，以避免切、挫傷手，遮蓋好的水桌及沙箱也能避免貓狗跑來使用；最後，在每次的使用後，要排水及清理水桌及玩具，以避免病菌的孳長。

現在，你已初步瞭解活動室的配置原則，接下來將進一步說明活動室的設計要點。

二｜ 幼兒活動室的設計要項

幼兒活動室的設計要項，可從空間大小、學習區量、區位安排、動線設計、情境布置、教室管理、物理環境等，加以說明。

(一) 空間大小

幼兒活動室空間大小，較值得探討的是幼兒活動室應有的面積和空間太大或太小的處理。

1. 幼兒活動室應有的面積

幼兒活動室應有多大的面積較為適宜？美國，依聯邦或州政府的規定，每一名幼兒需有 30～50 平方英尺（2.8～4.6m²）（*Beaty, 1992a*）。但，美國全國幼兒教育協會（NAEYC）和有許多州要求學前學校班級的室內空間，每名幼兒至少 35 平方英尺（3.2m²）；Butin（*2000*）根據研究指出，每名幼兒應有 42～50 平方英尺（3.9～4.6m²），紐澤西州（New Jersey）規定每生至少 50 平方英尺（4.6m²）（*Association for Children of New Jersey, 2002*），有些機構則要求每生 100 平方英尺（9.2m²），其中包括設備空間及幼兒在教室的移動空間（*Graves et al.,1996; Shoemaker, 1995; Spodek & Saracho, 1994; Spodek et al., 1991*）。當空間受到限制，幼兒在活動中較少參與且似有社會性地退縮；當空間減少，身體的攻擊也會增加（*Weinstein, 1979*）。Seefeldt 和 Barbour（*1994*）指出，每名幼兒少於 30 平方英尺（2.8m²）的空間，會引致擁擠並限制探索器材與設備之機會，大團體活動也很困難。Phyfe-Perkins 則認為每一名幼兒應避免少於 25 平方英尺（2.3m²），否則會增加攻擊行為並抑制社會互動和參與（*引自 Essa, 1996*）。

日本，依文部省「幼稚園設置基準」之規定，每班幼兒 40 名以下，保育室之面積，36 名幼兒之保育室約 66m²（8.1m×8.1m），40 名幼兒之保育室約 72m²（8.0m×9.0m）（*西日本工高建築連盟, 1990*）。

西德,幼稚園教室的面積,每一間教室應以 20～25 人為標準的人數,假如以每一兒童占地 1.5～2m² 來計算,則教室面積達 40～70m²(*黃永材譯,民71*)。

大陸,依國家教育委員會 1987 年「托兒所、幼兒園建築設計規範」之規定,幼兒園活動室的面積最小為 50m²(大班,30～35 名 5～6 歲幼兒);國家教育委員會 1988 年「城市幼兒園建築面積定額(試行)」之規定,幼兒園活動室的面積為 90m²(*黎志濤,民85*)。

臺灣,依教育部國民教育司(*民78*)「幼稚園設備標準」之規定,平均每一幼兒室內活動面積,院轄市不得小於 1.5m²,省轄市不得小於 2m²,郊區及其他地區不得小於 3m²。

綜合上述可知,美國幼兒活動室空間之規定標準最高,每生平均 3.2m²,餘者大同小異,每生平均 1.4～3m² 之間(參見表 13 之比較)。鑑於活動室空間對幼兒行為的影響、幼兒的活動性質及學習區的設計之需,建議幼兒園以每班 30 名幼兒,活動室面積 90m²,每生平均 3m² 為理想。

2.空間太大或太小的處理

幼兒活動室空間太大或太小皆非所宜,根據 1993 年 Ladd 和 Coleman「幼兒同儕關係:形式、特徵和功能」(Children Peer Relations: Form, Features and Functions)之研究,空間太小會妨害幼兒的社會互動(*引自 Spodek & Saracho, 1994*);反之,更多的空間並不一定是需要的,Seefeldt 和 Barbour(1994)指出,當空間太大,幼兒似乎會在教室中迷失,他們也不會喜歡聚成小團體和彼此互動,他們也會什麼都不做,因為他們甚至無法看到可以選擇的;此外,開放空間促使幼兒在教室內四處疾馳和衝撞,以及秩序問題的增加。對於幼兒教室空間太大或太小的處理,Seefeldt 和 Barbour(1994)提供一些值得參考的建議:

表 13 中、美、日、西德幼兒活動室空間規定比較表

國　　別		每生平均面積	每間活動室面積	每班幼兒人數
美　　國		$3.2m^2$		30 人
日　　本		$1.8m^2$	$66m^2$	36 人
			$72m^2$	40 人
西　　德		$1.5\sim2m^2$	$40\sim70m^2$	$20\sim25$ 人
臺灣地區	院轄市	$1.5m^2$		30 人
	省轄市	$2m^2$		
	郊區及其他	$3m^2$		
大陸地區	最小	$1.4\sim1.7m^2$	最小 $50m^2$	$30\sim35$ 人
	城市	$2.6\sim3m^2$	城市 $90m^2$	

(1)教室空間太小的處理

　　如果教室太小，可考慮移動家具、運用平臺或改變規定，並試著為特定的學習活動找尋園舍內或室外的另一空間。

　　①檢視家具及其運用。例如，注意每一件家具使用的次數、何時使用和如何使用，移開任何一件現在不用的，包括教師的桌子，教師的桌子占了很大的空間，且通常在幼兒情境中也不需要，可以用檔案抽屜、鋼琴蓋或高櫃代替，或將教師的桌子移入大廳，將機密的檔案鎖在抽屜內或存放在園長室或主任室；幼兒在幼教課程中很少需同時坐下，他們大部分在地板上工作或在團體中出入，教師可移開一些桌子，如果為了特別的活動需所有的幼兒坐下，偶而可用摺疊式桌椅（folding tables and chairs）。

　　②考慮家具的多種用途。例如，櫃子可作為教室的區隔物、貯存區或類似木偶戲（puppet shows）的活動劇場；直立式鋼琴背面覆以紙張，可作為教室的區隔物及告示板；將櫃子轉向牆面

以利幼兒大團體聚集，聚會時間結束時，將櫃子轉回來以作為興趣中心（interest centers）和學習器材展示的空間。

③運用平臺可成功的擴充有限的空間。例如，教師可請志願者為教室建一個樓廂（a loft），幼兒可在樓廂頂找到書本以及安靜讀書或研究的地方，其下層是最好的裝扮空間（space for dramatic play），爬上爬下可讓幼兒作大肌肉運動並提供機會宣洩被抑制的精力（pent-energy）。

④當空間有限，很好的管家工作變得很重要。例如，每一物品歸位、清理廢物，並維持教室的整潔以作小空間的最大運用；為調適有限的空間，分析教室規定，團體如何再分組？能否多利用室外？能不能變更課表使空間更多？能否由另一位教職員協助在大廳或室外帶一組幼兒工作，或占更多空間而有所妨礙？

(2)**教室空間太大的處理**

太大的教室需要區隔，一部分可配置大肌肉活動區，但只能用於室外遊戲有困難時。你可以現有的家具作為區隔物以提供安靜區，如果要在教室內提供一個大體育室或會議廳，可能需運用室內的另一部分，並以櫃子區隔一半的大型空間或小房間，須注意的是，安排室內空間並無「對」的方式，可輕鬆的的嘗試實驗和創新的方式來處理。

(二) 學習區量

活動室的學習區，提供幼兒探索、遊戲和學習的空間，應使幼兒活動有足夠的空間，改變活動時不必等待。Spodek和Saracho（1994）即強調，在不間斷的遊戲（uninterrupted play）時間，應供給大量的空間和設備，透過遊戲活動的參與，幼兒能和同儕體驗社交，並有機會發展身體、智能、語言練習及批判的思考，讓幼兒每天在學

習區的時間,都能得到許多具體和感知性經驗。幼兒活動室學習區量的決定,可從學習區的種類、學習區的數量和學習區的空間著手。

1. 學習區的種類

幼兒活動室應提供多樣化的學習區,學習區的種類,較常設計使用的有:美勞區、積木區、裝扮區、圖書區、科學區、建造區、音樂區、沙水區、電腦區、益智區和私密區。幼教教師可依課程目標、教學方法、幼兒人數、興趣和能力以及空間大小,加以選擇。須注意的是,幼兒選擇活動係基於他們的興趣、多樣的需求、社會互動的便利,以及活動區域的吸引力,因此 Vergeront(*1987*)建議應為每一個學習區建立明確的場地意義(a sense of place),以反映該區的特性和品質,其方法為:(1)在一個學習區提供一種主要的活動及其他輔助活動,並提供這些活動的資源;(2)賦予每一學習區個性(personality),運用色彩或標示主題與風格;(3)為學習區命名並以符號顯示。

2. 學習區的數量

Marion(*1991*)認為學習區數的決定,應考慮幼兒的數量和年齡,例如班上有 20 名 5 歲的幼兒,通常規定教室內約需有二十七個工作空間,包括二個私密空間(private spaces)、四個小團體區(small-group areas)和一個大團體區(large-group areas)。一般而言,幼兒年齡愈大、班級人數愈多,小團體區的數量需愈多(參見表 14)。

3. 學習區的空間

每一個學習區的的空間分配,取決於該學習區的活動性質和同一時間使用該角區的幼兒人數。

表 14 活動區的數量以班內幼兒數和年齡為基礎

活動區類型	幼兒年齡	班 內 幼 兒 數			
		～9	10～14	15～24	25～29
私 密 區	3～4	1	1	1	2
	5～6	1	1	1	1
小 團 體 區	3～4	1	3	4	5
	5～6	2	2	4	6
大 團 體 區	3～4	1	1	1	1
	5～6	1	1	1	1

資料來源：*Arranging the Classroom for Children*, Alward, 1973.（引自Marion, M.（1991）, *Guidance of Young Children*（3rd ed.）, p.92）

(1)幼兒活動團體大小不一，需設置不同大小的空間（spaces of different sizes），以供大團體和小團體以及動態和靜態活動之用。設計時，應確定空間的大小、形狀和位置，使全班能集合，半班能聚集活動，小團體能作動態的遊戲，4～6 名幼兒能安靜的遊戲，以及 1～2 名幼兒能獨處（*Vergeront*, 1987）。

(2)以臺灣的國小附設幼稚園為例，通常每間教室 67.5m²（9m□7.5m），若依 Alward 之研究，小團體區和私密區，計七區（大團體區併入設計），每區平均約 6.5m²（約 2 坪）（一般通道約占教室 1/3 面積），設計時可依實需合併調整。

(三) 區位安排

許多幼兒活動室並非大的可用吵鬧／安靜理論（the noisy/quiet theory）加以區分，因此學習區的配置，可以幼兒常穿梭角落間的

相關性為思考。例如，幼兒雖在堆砌積木，但他們也想看上週野外郊遊所拍攝的建橋照片，因此會到展示這些照片的寫字區去；或者是，幼兒會從積木區移到裝扮區，因為幼兒假裝是建築工在造橋（*Beaty, 1992b*）。幼兒活動室的區位安排，可從學習區的相關角區、相關學習區的配置、學習區的邊界界定著手。

1. 學習區的相關角區

Beaty（*1992b*）依幼兒在角區之間穿梭的結果，將學習區與相關角區列如表 15，其中與積木區最有關的是裝扮區，而與裝扮區最有關的也是積木區，因此可將積木區與裝扮區毗連設置；其次與電腦區最有關的是寫字區，而與寫字區最有關的也是電腦區，因此可將電腦區與寫字區毗連設置。

表 15 學習區與相關角區

學　習　區	相　關　角　區（依序排列）
1. 積木區	裝扮區、寫字區、美勞區、大肌肉區、操作／數學區、故事區
2. 電腦區	寫字區、操作／數學區、美勞區、故事區
3. 操作／數學區	電腦角、積木角、科學角、大肌肉角
4. 故事區	寫字區、裝扮區、積木區、電腦區、科學區、音樂區
5. 寫字區	電腦區、故事區、裝扮區、積木區、美勞區
6. 美勞區	電腦區、裝扮區、寫字區、積木區
7. 音樂區	大肌肉區、故事區、操作／數學區
8. 科學區	故事區、操作／數學區、電腦區
9. 裝扮區	積木區、美勞區、寫字區、故事區
10. 大肌肉區	積木區、音樂區、操作／數學區、裝扮區

資料來源：*Preschool: Appropriate Practices*, J. J. Beaty, 1992b, pp.5-6.

2.相關學習區的配置

為利幼兒教師設計自我指導的學習環境（self-directed learning environment），Beaty（*1992b*）建議不妨製作十張方形紙片，先以大字寫上十個學習區的名稱，再於其下以小字寫上二個最有相關的角區名稱，然後以一大張紙作為活動室的地面，並配合課程將最有相關學習區的方形紙片四處移動，作最佳之配置（參閱圖 22），

說明：（　）內表示最相關的角區

圖 22：活動室相關角區平面配置模式

資料來源：*Preschool: Appropriate Practices,* J. J. Beaty, 1992b, p.8.

同時活動室的大小、形狀、門、污水槽和其他特別的細節也應一併考慮。此外，亦可以幼兒活動的動靜態和乾濕性（不用水和用水）二個向度，將幼兒活動室區分為動態、不用水區（如：團體區、裝扮區、積木區、木工區、音樂區等），靜態、不用水區（如：睡／休憩區、圖書區、益智區、電腦區、私密區、視聽區等），動態、用水區（如：沙／水區等）和靜態、用水區（如：科學區、家事區、美勞區、餐點等）四區（*湯志民，民90*）。

3.學習區的邊界界定

(1)室內空間的界定，應確定地毯、平臺或矮櫃能清楚地告知幼兒活動區的起始和終界，Phyfe-Perkins 和 Shoemaker（*1991*）建議地板顏色、結構或水平的改變，垂直邊界如小櫃子、書箱和展示單元，以及採光程度或品質的改變，必須謹慎的規畫使其與學習區的邊界與特徵能一致。

(2)學習區邊界不清楚或與其他區域重疊，將會造成使用的混淆和貧乏，Vergeront（*1987*）認為學習區的邊界可以接觸（meet），但不能重疊（overlap），界定邊界的方法，可以地毯邊（carpet ends）、分隔物、書架、懸掛罩蓋物（canopy），甚至以色帶在地板界定邊線等方式處理。

(3)教室的安排，應使教師適於督導幼兒的工作及其在室內的移動，教師的視線應能穿透區隔物和邊界，並進入每一個空間（*Seefeldt & Barbour, 1994*）。宜善用邊界，使幼兒在教師督導時仍有其私密性，其類型有四：(1)聽覺的私密；(2)視覺的私密；(3)領域的私密；(4)整體的私密；例如，Dunn和Perrin（*1994*）建議學習區可用彩線或堅固的細繩、紙鏈或塑膠圈作區隔物（如圖23），以提供可透視（see-through）但具私密性的分隔區域，以及彩繪教室的氣氛，並可讓幼兒個別的、成對的或小團體一起工作。

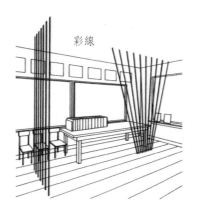
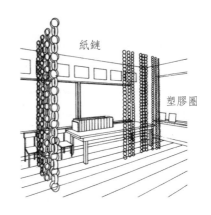

圖 23：彩線、紙鏈或塑膠圈作活動區的區隔物

資料來源：*Teaching Young Children Through Their Individual Learning Styles:Practical Approaches for Grades K-2,* R. Dunn, K. Dunn, and J. Perrin, 1994, pp.64-65.

（四）　動線設計

　　幼兒應知道他們的走向，如何穿過一個空間，以及到達一個學習區最快的方式，Vergeront（*1987*）強調很難到達的學習區使用度會降低，通道切穿學習區會妨害幼兒的工作進展和分心，狹窄的通道則會造成擁塞。活動室的動線設計，可從動線的流暢和安全，以及動線影響教室配置著手。

1. 動線的流暢和安全

　　⑴活動室的動線規畫要注意流暢性，並保持 1/3 以上的剩餘空間（*蔡春美等人，民 81*）。

　　⑵教室的形狀影響配置和督導，Mayesky認為長方形的教室比正方形更適合，而 L 形教室則會造成督導的問題（*引自Essa，1996*）。

(3)建立通道網（network of pathways）以連絡學習區，並注意：①通道網應限制穿越活動區，例如一個學習區一個入口；②通道應清楚、寬闊、延伸並環繞（非穿越）學習區，使學習區沒有死角；③可以家具和改變地板的覆蓋物界定通道的邊界（*Vergeront*, *1987*）。

(4)教室至少應有二個出口以供急難之用，並清楚的標明緊急出口路線，門口和其他出入口應無障礙（*Essa*, *1996*）。

2.動線影響教室配置

Graves 等人（*1996*）引用 Shapiro 之見解，建議教室內以 L 型和 U 型來區隔，可增加學習區安排成功的機會，L 型可得到角落的使用，U 型提供單一的出入口，而家具、櫃子、書架和低分隔物可用以形成交通流動模式（traffic flow patterns），並決定學習區可能的數量（如圖 24 所示）。

㈤ 情境布置

情境布置是幼兒學習環境的重要組成部分，對幼兒的環境知覺有最直接且細膩的接觸與作用。Graves 等人（*1996*）即強調每一個幼教環境的概念，提供一個學習經驗的可能性，有效的學習環境，是從慎擇器材、引人的展示和安排開始的。Spodek 等人（*1991*）亦說明應考慮教室優美的氣氛（the aesthetic climate），色彩應柔和、不分心，引人的圖畫、織物、鮮花和愉悅的展示品，皆會增加幼兒的學習經驗。情境布置，也是一種裝飾，以特有的設計方式，將空間環境與幼兒組成非語言性的信息交流場，對幼兒的心理產生潛移默化的影響（*賴佳媛和姚孔嘉，1998*）。幼兒活動室的情境布置可從情境布置的主題、教室情境的設計和教室立面的布置著手。

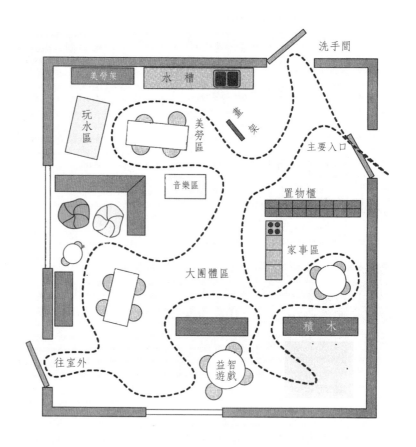

圖 24：潛在性動線影響活動室配置

資料來源：*Room to Grow: How to Create Quality Early Childhood Environments*, L. Ard and M. Pitts (Eds.), 1990, p.20.（引自 Graves, S. B., Gargiulo, R. M.,& Sluder, L. C.（1996）. *Young Children: An Introduction to Early Childhood Education*, p.231.）

1.情境布置的主題

　　幼兒園的情境布置，無論是室內還是室外，都是以幼兒的實際生活和所見所聞的事物為主要創造題材，以師生共同創造為主要形

式，採用多種材料，其目的是幫助幼兒加深對事物的感受，擴大對生活的體驗，以瞭解自己及其生存的自然界。情境布置的題材，據賴佳媛和姚孔嘉（1998）之整理，大致可分為以下幾類：

(1)**幼兒生活題材**，如跟媽媽進城──城市中的各種設施、建築、交通、市場、街道、醫院、郵局、街心公園等，還有城市中發生的各種事情。盪鞦韆──樹下，幾個幼兒在盪鞦韆，其他幼兒在觀看。

(2)**社會生活題材**，如我們的村莊──田野、村舍、牧場、工作的人們及設備。海濱度假──海濱街景、碼頭及海上各種船隻、在海裡游泳及在沙灘上玩沙的人們。

(3)**科學自然常識**，如歡樂的大海──海岸、海中的魚類、船隻、在大海中工作的人們、海員、潛水員、打撈員、採油工人。海底世界──用保麗龍飯盒、盤子及彩色紙板製作，把海洋動物掛在曬衣繩上，只要繩子一拉，動物們就在水中游動。動物王國──可愛的、形態性格各異，有各自的生存方式的動物。環境保護──植樹、落葉、河水、雨等。

(4)**節日**，在兒童的生活中有重要意義，每個節日都對幼兒產生影響，如春節──又快過年了，又可以吃到年糕了，又長大1歲了，期待的心情難以表達。春節可以向幼兒展現人們為節日作準備，歡度節日的情景──購物、街上燈火輝煌、家家戶戶快樂地聚在一起，放鞭炮、看花燈、做年糕、舞獅子。此外，還有中秋節、兒童節等等。

(5)**特定場合**，如──入園、畢業、生日會、音樂表演會、美術作品展示會等。

(6)**童話、神話、民間故事**，如──小貓釣魚、猴子撈月亮、白雪公主和七個小矮人。

(7)**以能力、概念發展為線索的圖畫**，如給動物找家──大樹上掛著各種房子，鳥、哺乳動物、昆蟲等在找自己的家。豐收時

節——車上裝滿各種果實,向市場開去。

　　此外,就時間單元而言,教室布置有每日、每週、每月、節日、季節或整年的布置,表 16 所顯示的是教室布置以年為單位,分成四種不同的主題,這些主題是幼兒所熟悉且有高度興趣的,每一個教學單元包含許多的目標、經驗、概念和活動,以及需要特別的器材或設備,教師應記住這些特別的需求,並據以計畫和安排教室(*Spodek et al., 1991*)。

表 16　教室布置以年為單位的方式

規畫依據: 月份	季　節	節　日	主　題
9 月	秋天		學校與我
10 月		萬聖節	自己和家庭
11 月		選舉日 感恩節	我們吃的食物
12 月	冬天	寒假	幫助他人
1 月		馬丁路德· 金紀念日	動物
2 月		情人節 總統節	溝通
3 月	春天		恐龍
4 月		春假	成長的事物
5 月			鳥
6 月	夏天		機器
7 月		獨立紀念日	空間
8 月			交通

資料來源: *Foundations of Early Childhood Education: Teaching Three-, Four-, and Five-Year-Old Children* (2nd ed.), B. Spodek, O. N. Saracho, and M. D. Davis, 1991, p.105.

2.教室情境的設計

幼兒對外界事物的反映受其認識發展的限制，往往不很完整，只注意他們感興趣的部分，因此他們或將物象簡化，或將其局部強調誇張，或把物擬人……而裝飾性圖畫不完全是物體的如實描繪，它可以寫意變化，並追求事物內在生命力和主觀情感的表達（*賴佳媛和姚孔嘉，1998*）。教室情境的設計，參照賴佳媛和姚孔嘉（*1998*）的相關分析，其方法有：

(1)**寫實**：為了真實且正確地表達事物的形象及特徵，往往採用寫實的手法，如人體器官、動植物等。

(2)**擬人**：在幼兒看來，事物都是有生命、有感情的，將人類的某些特徵、情趣轉介於動、植物身上，使之人格化、情感化；亦即，這些動、植物除具有自身的基本特徵外，還加上人類特有的趣味動作和喜、怒、哀、樂的表情，它們從造形到圖案和色相都與幼兒天真活潑的心理特徵相一致，風趣、幽默、具有魅力，如：水果娃娃、青蛙先生。還有，亦可將動、植物或其他自然界事物相互比擬，以增加吸引力，如：動物鐘、花時鐘、彩虹橋。

(3)**誇張**：將對象的特點和個性中美的方面明顯的加以誇大、減弱或變形，造成一種新奇變幻的情趣，使人產生驚訝、諷刺、幽默的感覺，或使對象特徵更鮮明、更典型。誇張必須以自然形態為基礎，必須與整體協調。

(4)**象徵**：用具體形象表現人類之間共同的概念或印象中的事物，即不特定專指某一個人或一件事物，而是傳達事物的大致功能。如，用鴿子象徵和平，用心、花朵或葉芽象徵兒童、教育等。

(5)**抽象**：將抽象的觀念、思想視覺化，使人透過視覺的感受去瞭解。使圖畫具有抽象的意味，如隨便一個人的形狀，只要具備了頭、身體、四肢，基本上就可傳達人的意念了。其他如：山、樹

木、房子、太陽、河流等也可用抽象的手法去表現。

(6)**比喻**：用某些有類似特徵的事物來比擬要想說明的某種概念，藉以更生動地揭示事物的本質。

(7)**幾何型化**（剪影、七巧板、蛋形板等）：幼兒往往會將對象加以簡化，用輪廓線勾勒對象的特徵，最常用的是幾何形體造型，如正方形、六邊形、圓形及其部分（圓弧）等，作為構圖的題材，用於基本造形和局部裝飾。由於幾何形體在大小、方向、質感及外觀上具有相同性，可以構成強烈的韻律感，並使形象更具有簡潔和整齊美。在幾何圖形中，六邊形在體量銜接上比較自然，且功能布置易於處理又利於連接再生；圓形因其線形的流動感，特別符合幼兒好動的特性；而採用長短、錯位、正反等各種組合形式，則能創造出一種豐富多變而又統一協調的形式，從而體現幼兒園的活潑感及個性。

3.教室立面的布置

教室立面的布置，主要係指牆壁和天花板空間的裝飾和運用。Evertson, Emmer 和 Worsham（2000）指出，牆壁空間和公布欄所提供的區域可以展示學生的作品、教學的相關教材、裝飾物品、工作分配、規定、課程表、時鐘和其他有趣的物項，天花板空間也能用以懸掛活動物、裝飾品和學生的作品，教師準備這些區域時，應考慮下列六點：

(1)開學之初至少應在牆壁和粉筆板展示：①班級規定；②日常工作分配；③一些可以引起學生興趣的裝飾展示，如「歡迎回到學校」（Welcome Back to School）的圖示公布欄或呈現班級每一幼兒的姓名；④行事曆；⑤緊急逃生路線（通常貼於入門處）。

(2)許多有用的其他展示，包括馬上要用的報告案例和相關內容的呈現，如聚光顯示即將教學的主題（soon-to-be-taught topic），

張貼閱讀和寫字有用策略的海報。

(3)展示也可用來瞭解學生的行蹤,教師可以製作一張海報,每名兒童在上面有一個如同裝圖書卡的小袋子或半截信封,並標示兒童的姓名,當兒童離開教室時,要插上冰棒枝或標示目的地的紙條。此一類似的設計,也可用以製作工作記錄,或呈現榮譽記錄,如當上排長(the line leader)。

(4)教師可能需以張貼彩色紙覆蓋在大型的公布欄區,並用整捲的彩色紙(通常放在辦公室或器材室),如無則自行購置,教師可以皺紋紙修整公布欄的邊緣。

(5)裝飾教室或配置展示品,可請教其他教師,或到其他教室觀摩,可能給教師一些新觀念。

(6)可留下一、二塊空白,以後增加展示,或讓幼兒以美勞作品裝飾或作為科學或社會學科單元的一部分。不要過度裝飾(overdecorate),牆壁空間太瑣碎雜亂或天花板懸掛物過多,會干擾學生並使教室看起來比較小。

(六) 教室管理

教室管理(classroom management)的重點在維持教室的秩序,Spodek等人(1991)即指出,保持教室的整潔和愉悅是重要的,雜亂的架子、殘破的設備和缺乏照顧的展示,皆給幼兒同樣的訊息:雜亂是可以接受的以及他們的活動是沒有價值的。就幼兒教育而言,其主要目的之一是協助幼兒能自我指導(self-directed)和自律(self-disciplined),使幼兒不再依賴權威,而靠思考和分析情境來作適切的決定。教師可輔導幼兒,並透過社會互動和溫馨的個人關係來影響他們的行為;教師也可透過安排物質環境和提供特定設備與器材的間接引導,來協助幼兒發展適切的行為,例如規畫良好

的學習環境，協助維護動線的順暢，以同時進行多樣的活動，並提供充足的器材（如紙張、剪刀和漿糊），使幼兒不致輪流等待或爭取不足資源，以減少爭吵。此外，教師也可移開激起競爭和引起衝突的設備。

因此，為使教室的設備、器材能有效的運用和維護，教室管理主要可從幼兒紀律的要求、學習區人數的管制和附屬設備的管理著手。

1.幼兒紀律的要求

紀律（discipline）是教室管理系統中一個重要的部分，也代表組織和管理教室的一種適切方式。Spodek等人（1991）認為對幼兒的行為設限總是需要的，這些限制協助幼兒社會化，並使其區別可接受和不可接受的行為；此外，由於幼兒通常缺乏適切的經驗和判斷，設限可保護幼兒的健康和安全。因此，教師需發展一個可行的管理系統以符應教室中的個別差異，教室管理系統應以適切的方式協助幼兒發展自我控制，幼兒應成為更獨立的、學習自助和學習與環境抗衡；同時，教師應協助幼兒管理他們的衝動和精力。總之，幼兒紀律的要求應合理，教師可依循下列指引（Spodek & Saracho, 1994）：

(1)幼兒應知道何種行為是被期望的，不合宜的行為可能是被忽略的結果，因此在他們瞭解之前，應在各種情境中不斷的重複教導。

(2)應告知幼兒為什麼規定有其效力，即使幼兒無法完全瞭解，也應告知訂此規定的理由。大多數學校行為的規定是合理的，兒童可經由排隊等滑梯或限制一位兒童騎腳踏車的時間來瞭解其原由，他們可以瞭解在一個擁擠的午餐室和他們在自己教室中的行為是不一樣的，以及為什麼在教室中、在走廊上或校車中，要有不同

行為的規定。

(3)幼兒應有機會觀察和練習合宜的行為,幼兒需要示範（demonstrations）,他們經由模仿而學習,同時他們必須從教師的回饋中練習合宜的行為。

(4)期待幼兒的行為應是他們能力所及,幼兒並非成人的縮影,也不應期望其行為像大人一般。教師應對幼兒的行為發展出合理的期望,例如,不能期望幼兒安靜的坐著或長時間的注意,當他們成熟時,他們可發展出較長的注意廣度（attention spans）和能力,並能持續較久的時間。

(5)不能期望幼兒永遠有合宜的行為,沒有人是完美的,包括成人。我們不期望大人永遠做得很好,對幼兒也是一樣,不應永遠期望他們比大人更能遵守模範行為的標準（stands for model behavior）。

(6)教師的行為應有一致性,教師行為的訊息,向幼兒傳達何種行為是可接受的和適切的,以及何種行為是不可接受的和不適切的。如果教師猶豫不決或有時接受這種行為,有時又拒絕或懲罰相同的行為,會使幼兒混淆,並使他們的目標變得不清楚。雖然教師行為不能始終一致,他們應以此目的為標的。

2. 學習區人數的管制

學習區應儘可能保持簡單易於管理,讓幼兒能獨立地使用器材和設備,並能輕易地擺開。更重要的是,學習區的安排應能讓好幾名幼兒一起使用,不致太過擁擠或為了器材而打架（*Reynolds, 1996*）。因此,學習區應分析並決定多少幼兒可舒適地在同一時間投入,也應讓幼兒知道每一學習區使用人數的限制（*Spodek et al., 1991*）,而幼兒選擇活動的機會,至少為幼兒數的 1.5 倍,如為 10 名幼兒則應提供十五個機會（*Vergeront, 1987*）。至於,學

習區人數的管制，應建立一個有組織性的系統，其方式如下（*Brewer, 2001; Pattillo & Vaughan, 1992*）：

(1)採用學習區計畫板（a center planning board），配上圖片和掛鉤用以標示學習區的空間（參見圖 25）。例如，美勞區有四個鉤，表示空間可供 4 名幼兒使用，當幼兒去該學習區時，他將名字或圖片掛在學習區計畫板上，如果一個特定學習區的鉤已掛滿，幼兒則須選擇其他的學習區；幼兒掛上名字後，該幼兒到教室的那一個學習區並開始工作；當幼兒準備更換學習區，他回到該學

圖 25：學習中心計畫板(一)

資料來源：*Learning Centers for Child-Centered Classroom*, J. Pattillo and E.
　　　　　Vaughan, 1992, p.27.

習區計畫板並更換他名字的位置。

(2)另一種學習區計畫板（如圖 26），是在每一個學習區旁掛上該區的圖片和名稱，幼兒將他們的名字掛在每一個個別的學習區，而非掛在學習區計畫板。

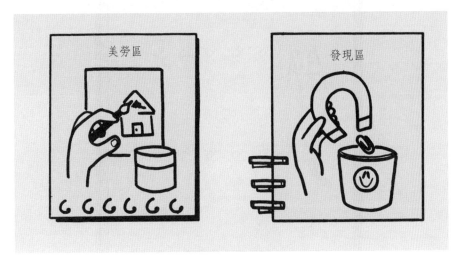

圖26：學習中心計畫板㈡

資料來源：*Learning Centers for Child-Centered Classrooms,* J. Pattillo, and E. Vaughan, 1992, p.28.

(3)以色彩碼（color-code）標示每一學習區，並設置同樣顏色的曬衣夾在該區的板上，曬衣夾數代表同一時間可在該中心的幼兒人數，幼兒將該曬衣夾夾在衣服上。採用此一系統，教師瞄一眼該彩色曬衣夾，即知誰應在該學習區，誰不應在該學習區。用鈕扣和鬆緊帶製作的臂鐲（bracelets），也可以類似的方式運用。

(4)有的教師喜歡用木栓板系統（a pegboard system）（如圖27），木栓板左邊的圖代表學習區，讓幼兒藉以區辨，木栓數代表同一時間可以使用該學習區的幼兒數，每一位幼兒都有一個名牌，

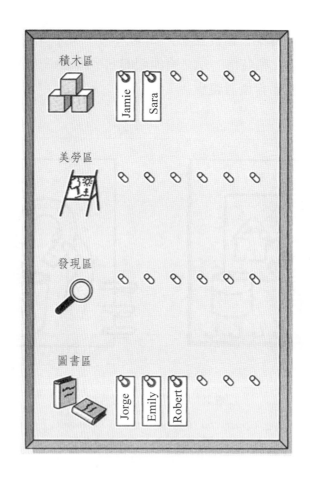

圖 27：木栓板

資料來源：*Early Childhood Education: Preschool Through Primary Grades*（4th ed.），J. A. Brewer，2001，p.96.

當他想去積木區時，則將名牌掛在積木區的木栓上，如果積木區沒有空的木栓，幼兒則須作其他的選擇。如果某學習區因故不能使用，該學習區的木栓在那一天就會被移開。此一木栓板系統也可協助幼兒作新的選擇，例如，如果有一位幼兒總是選擇美勞區，而教

師認為她已發展出足夠的信心到別的學習區工作，教師會限制美勞區的木栓數，讓該生作其他的選擇，教師並應確認幼兒的選擇是她有興趣的，同時在剛開始的幾分鐘陪她一起遊戲。

　　(5)對於小學低年級兒童，可以用較正式的計畫。有一種方式是提供幼兒計畫單（a planning sheet）（如圖 28），上面列出當天的功課表（the scheduled events），每位學童過目功課表之後，可以核對當天想做的計畫。

姓名：＿＿＿＿＿＿＿＿＿＿＿＿＿＿

□ 獨自閱讀／寫字
□ 和老師一起寫字
□ 和老師一起閱讀
□ 和同伴一起閱讀
□ 特殊活動
□ 數學活動
□ 室外遊戲
□ 和小組一起工作
□ 圖書區
□ 視聽區
□ 益智區
□ 特殊課程

圖 28：計畫單

資料來源：*Early Childhood Education: Preschool Through Primary Grades*（4th ed.），J. A. Brewer，2001，p.97.

3.附屬設備的管理

(1)教室應有足夠的儲藏和鑰鎖設施以保管幼兒的衣服、鞋子、其他的衣物和個人用品,並供教師儲物之需;此外,應提供器材和設備多樣的儲藏空間,大輪子玩具、紙張和美勞用具皆需不同種類的儲藏設施(*Spodek & Saracho, 1994*)。

(2)教師應確定幼兒可輕易的接近器材而不必爬上椅子或桌子,不讓幼兒使用的書籍、資源和器材,應收存於教師的儲藏空間,並離開幼兒視線,不讓幼兒觸及。

(3)學習區的器材應定期更換,以反映幼兒的興趣、季節、節日和單元;如果,幼兒對一個學習區失去興趣,其器材可拿開幾個月,取回時將使該器材看起來像新的活動和器材,他將再燃起興趣,且通常會使該學習區再次轉為受歡迎的學習情境。

(4)電插座的位置決定電唱機、水族箱或其他需用電設備的設置所在,電線需沿著牆壁離開地板,延長線除非絕對必要而不要使用,並只可安全地沿護壁板(the baseboards)裝置以及以膠布緊固於地板,鬆弛的金屬線留置地板會使人絆跌,應注意處理。

(5)教師必須經常檢查教室的物質安排以確定其安全,如家具和設備須無銳利的邊緣,破舊和不安全的設備應予修繕或移出教室之外,動線設計應避免引起衝突,攀爬設備應有柔軟鋪面,家具需再安排或在桌腳上裝置止滑物(crutch tips);當教室中有行動不便幼兒,需做額外的修飾,使學習活動儘可能完全地近便,並提供一個安全的環境;此外,教師和幼兒應建立使教室運作的安全性規定(*Spodek et al., 1991*)。

(6)所有牆上的電器開關、插座距地面均不得小於 1.7m,以避免幼兒觸摸(黎志濤,民85)。

⑺ 物理環境

噪音、採光、色彩、溫度和濕度影響教室的情境（*Graves et al., 1996*），Spodek 等人（*1991*）指出教室的溫度、噪音程度和採光，會影響幼兒的行為方式以及他們的學習效果。因此，幼兒活動室的配置，應重視此四項物理環境的設計。

1. 教室的噪音

噪音對幼兒的聽覺、生理、動機和認知等會有負面的影響，但幼兒活動室空間的設計，應能容許幼兒製造噪音卻又不會傷害到他們，一項針對 4 所學前教室（3～5 歲）的研究指出，軟鋪面教室（地毯、枕頭、窗簾）的噪音程度較低（平均 65～71dBA），而硬鋪面和水泥牆所分隔的教室噪音程度平均高達 78dBA，最高可達 90dBA（*Maxwell & Evans, 1999*）。Graves 等人（*1996*）指出，在幼兒教育環境中，幼兒對於噪音影響有幾種反應的方式：有些幼兒會關切的拉開嗓子表示「太吵了」（it's noisy），並要求教師使其他幼兒安靜；有些幼兒，會遠離他人而隱遁在桌子下或角落邊；有些幼兒則會逃離聲音的壓力，花更多的時間在洗手間。教室噪音的控制上，應注意（*Graves et al., 1996*）：

　　⑴長方形教室可提供物質空間更多創造性運用的機會，但正方形教室噪音較少。

　　⑵學校是傳統的硬鋪面環境，桌子、課桌和天花板高度增加聲音的反響，透過環境的柔化（softening），不僅可減少環境的噪音，而且能提供視覺上和結構上的親和性教室（inviting classroom）。

　　⑶軟性家具、地毯、植物、枕頭和寵物，可吸收音波並將噪音減至最低。

(4)解決教室噪音污染的十個步驟：鋪地毯、掛窗簾、降低天花板、栽植物、養寵物、教室內散佈枕頭、運用教師的影響力、提供書籍和報章雜誌、運用籃框、增加公布欄（詳如表17）。

表 17 教室噪音污染的解決

達到安靜環境的十個步驟	
1. 鋪地毯：吸音並能用於特定的場地，如圖書或家庭中心。	6. 教室內散布枕頭：豆莢袋子、擲枕和填充動物吸收振動，並提供獨處和分享經驗的溫馨。
2. 懸掛窗簾或將布摺綴在窗上，或將幼兒的美勞作品掛在窗戶或窗簾上：影響教室的採光和聲音。	7. 運用教師的影響力：柔和的聲音、有計畫的活動和建立可預知的場地。
3. 降低高天花板，透過運用固定的移動物、從天花板懸吊學習中心的名牌，或以細線懸掛幼兒美勞作品，以吸引參觀者的視覺，並協助回音。	8. 提供書籍和報章雜誌：教材可影響教室的每一個區域，這些工具增進閱讀能力並吸收活動的聲音。
4. 教室布置植物：吸收聲音、過濾空氣，提供幼兒關照和學習植物的機會。	9. 運用籃框作容器和轉換工具，提供引人的和防音的變化。
5. 安置寵物：寵物在某種程度上軟化環境，幼兒通常對自然的寵物降低他們的聲音。	10. 增加公布欄：覆布的公布欄吸音，如室內展示空間有限，提供可移動板或在牆上覆布另創空間。

資料來源：*Young Children: An Introduction to Early Childhood Education*, S. B. Graves, R. M. Gargiulo, and L. C. Sluder, 1996, p.213.

2. 教室的採光

陽光，自然地照射教室，對幼兒的健康和發展極為重要（*Shoemaker, 1995*）。基本上，幼兒的心情和心性會受到光線的影響，因此評估幼教環境，應仔細地考量適切的採光，並注意幼兒視覺活動的範圍和情緒的舒適性（*Graves et al., 1996*）。教室採光的控制上，應注意：

(1)幼教情境的採光,通常規定為無眩光照明(glare-free illumination)50～60 尺燭光(534～640 米燭光或勒克司[Lux])(*Graves et al., 1996*)。幼稚園室內光線,以雙面自然採光為主,人工採光為輔,其照明度不得低於 250 勒克司,且不可有眩光和強烈的輝度比;窗臺平均高度為 50～60cm,窗戶之總面積應占建坪面積的 1/4(*教育部國民教育司,民 78*)。單側採光的活動室,其進深不宜超過 6.6m(*城鄉建設環境保護部和國家教育委員會,1987*)。

(2)最有效的採光環境,是符應幼兒活動的需求,如美勞活動在有自然採光的地方,會有較顯著佳績;相反的,自然採光對閱讀活動太過強烈。此外,也應避免某些活動的整個區域是自然採光,對於因教室安排之考慮而缺乏光線的其他角落,則有需要強烈的光線。

(3)如需增加光線,可增置燈管以增加反射光的量,而特殊區域如圖書區,應謹慎地配置採光。

(4)如教室太暗,可重新安排採光,運用反射面,如瓷釉塗料的明亮色彩或謹慎的配置鏡子,明亮的水族箱和植物配合教室的光線,有助於照明的延伸。

(5)如教室太亮,教師重新安排屋頂上的採光,配置可移動的低瓦數燈泡,而彩色的窗簾既不反光的構造和陰影,則可提供安逸的效果(a cozy effect)(*Graves et al., 1996*)。

(6)運用局部的或聚光燈採光(spotlight lighting),可增加學習區的明亮和吸引力,淺色的牆壁、淺色的桌子,甚至淺色的地板,也可增加教室的明亮和吸引力。

(7)陽光使教室明亮,並提供機會以觀察日常時間的轉逝以及物體在不同階段日光下的變化。

(8)眩光可運用百葉窗、羽板窗(louvers)、窗簾和背景屏飾來控制(*Shoemaker, 1995*)。

3.教室的色彩

教室的色彩氣氛應為激勵的（stimulating），而非擾動的（agitating），色彩和平衡的設計應引導幼兒學習而不會使其分心。教室色彩的設計上，應注意：

(1)調和色系（coordinated color schemes）對於學習最有益，幼兒偏好明亮的色彩，但太多明亮的色彩會促成過度的活動。

(2)紅色有助於幼兒身體活動、整個大肌肉技能和概念形成等；在黃色系的美勞區和音樂區，幼兒積極主動地反應；綠色、藍色和紫色適用於閱讀和語言學習區。

(3)柔和的色彩，對大人來說是平靜的、緩和的，以幼兒的眼光來看，則認為是毫無趣味的。

(4)色彩和採光與環境有關，如教室窗戶設在南面或西面牆上，柔和的色彩可有效的吸收光線；惟如光線較小時，對從學習區北面引入的自然光線，黃色或白色的反射是最好的選擇（*Graves et al., 1996*）。

(5)色彩的使用應與當地氣相適應，如大陸南方氣溫高、日照多，室外照度高，空氣透明度大，不宜過多使用暖色，宜用淺淡的冷色調或中間色，使之有固定、舒適的感覺；大陸北方氣候寒冷，日照少，室外照度低，空氣透明度小，一年中有近半年時間仆於冰天雪地的環境，選用暖色調為宜。此外，陰雨天氣較多的地區，應用亮度較高的色彩（*賴佳媛和姚孔嘉，1998*）。

4.教室的溫濕度

舒適的溫度和濕度影響幼兒合作和智能的發展。教室溫濕度的控制上，應注意：

(1) 教室舒適的溫度為 68~72°F（20~22°C），濕度為

50～60%，會增加幼兒的舒適和表現（*Graves et al., 1996; Shoemaker, 1995*）。國內幼稚園室溫的規定，以 20℃～25℃為宜，濕度以 60～65%為宜（*教育部國民教育司，民 78*）。

⑵將溫度計低置於牆上，或置自動示溫器於幼兒可視處，以監督該區的溫度。

⑶教室如未設置增濕器（humidifier），可以開放的水族箱、植物和水桌增加濕度（*Graves et al., 1996; Shoemaker, 1995*）。

⑷良好的通風也很需要，尤其是幼兒教室設置空調時，不要封閉空間或減少通風。此外，幼兒活動室的換氣，每小時 1.5 次（*黎志濤，民 85*）。

三 幼兒活動室的配置範例

以下將先說明一般幼兒活動室的配置，再就無障礙幼兒活動室的配置舉一案例，以供統整思考。

㈠ 一般幼兒活動室的配置

1. Wolfgang 和 Wolfgang 的範例

Wolfgang和Wolfgang（*1999*）在「幼兒學校：發展上適切地練習」（School for Young Children：Developmentally Appropriate Practices）一書中，提供一幼兒活動室實例配置圖（參見圖 29），並作一詳細的配置說明。首先，將整個教室分為 A1、A2、B1、B2、C1 及 C2 六區。其中，A1 和 A2 兩區的地板都有永久性的油布。A1 區由非固定性的建構區（the fluid-construction area）（有

二個畫架、沙／水桌、二張各附有 8 張椅子的圓桌，及放有剪刀、勞作紙、膠水等類似物件的隱匿收藏區）及一個鄰近的水槽構成。此外，在這一區也會進行再建構（restructuring-construction）的活動（如紙巾捲的切割、紙的切割等）。

　　A2 區包括入口、附簽到簽退單的家長聯絡簿、家長公布欄、鑲嵌在牆上並靠近門的鏡子，及上面有水族箱及盆栽等等的科學桌，還有二張椅子（一般來說，這是「旁觀」的活動，而椅子一方面也是為了標明此區一次所能容納的小孩數目）。另外，介於 A1 和 A2 區之間的，是一座長長的置物架，置物架下層是供大人使用的儲藏櫃，而上面是飲水機及水槽。

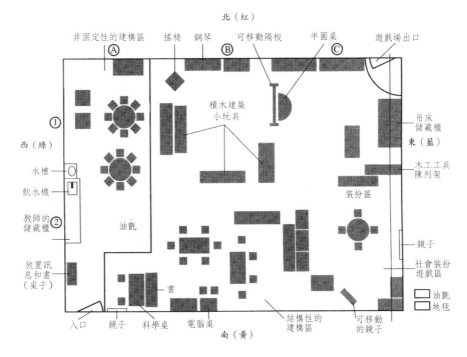

圖 29：活動室配置示例

資料來源：*School for Young Children: Developmentally Appropriate Practices*（2nd ed.），C. H. Wolfgang and M. E. Wolfgang, 1999, p.38.

在 B2 區，有多種的器材——結構性的建構（a structured-construction）拼塊（如拼圖、樂高等）；小肌肉（fine-motor）的物件（如裝扮襯墊、花邊襯墊等），和練習知覺的物件（如聞香瓶、音樂盒、色帶等）——及二張附椅子的矩形桌、兩座儲藏架、一張自然桌、一開架書櫃，擺一張舒適的長沙發供孩子休息或「閱讀」，可能也要附加一個「音樂欣賞站」（tape-listening station）（如收錄音機及耳機）在長沙發邊。如果能在長沙發的後面設計個窗戶來引進自然光線供孩子閱讀，那就更完美了。

電腦屬於結構性的建構物件，有研究指出：幼兒配對學習的效果是最好的，所以建議在電腦前要擺二張椅子。

A1、A2 及 B2 區包括所有在座位上進行的活動，並有能容納 30 名幼兒的位子，我們建議所有建構型的活動要在桌面上進行，而不是地板，因為零碎的物件在地板上可能較易遺失或因被踐踏而損壞，桌子有助於「控制錯誤」（control of error）。

B1 區是結構性的建構活動，它包括一個微象徵遊戲區（a microsymbolic play area）和一個團聚區（the circle area），裡面有一個大人尺寸的搖椅、鋼琴和視聽中心（錄音帶和CD音響）。

節奏樂器也被架設在鋼琴上方的展示板上，而攝影機、電視裝置要放在約與肩同高之處，不是在鋼琴上，就是架設在牆上。積木則全存放於三個置物架上，在置物架的上層擺設了四個有手把的水果籃，還有猛獸玩具（如獅子、老虎等）、溫馴動物玩具（如牛、雞等）、塑膠小人偶及小家具。

我們可以把最靠近 C1 區的積木及玩具儲存架附上輪子，讓它沿著可移動的分隔板而向後推，這樣可以增加說故事／團聚時的空間，或休息時間放吊床的空間。也可以在靠著分隔板或牆邊放一張半圓桌，這樣可以創造潛在單元空間（potential unit space）。積木及小玩具可以在地板上玩，地板也鋪有地毯，如此可以避免積木

掉落時所產生的噪音；而孩子在圍圈圈坐時有地毯鋪著也是較舒適的，在這一區鋪設地毯比在別區鋪設要來得恰當。

C1 區有衣物櫃、遊戲場出口、吊床儲藏櫃及開架式木工工具陳列架。要注意的是，在木工桌要有較多的空間，讓孩子有足夠的肘部活動空間；另外，因為區域畫分之故，所以不太會有孩子在此區閒晃。室外晴天之時，可以把木工桌搬到外面，但要在教師的視線內，以減輕鋸木屑的問題。

整個 C2 區都用來供社會活動使用，在中間放了一張幼兒用的桌子，還有四張小椅子，另外並架設一固定的鏡子（可移動的也可以）。還要注意的是，除了在畫架和沙桌之外，幼兒會在 B1、C1 和 C2 區遊戲活動或站或動。

2. Brewer 的範例

Brewer（2001）在「幼兒教育：從學前學校到小學低年級」（Early Childhood Education：Preschool Through Primary Grades）一書中，介紹一個學前學校或幼稚園的活動室配置案例（如圖 30），並提供教師應注意的幼兒活動室配置指引：

1. 空間必須多用途，因教室很少足以使每一項活動有它自己的學習區；因此學習區須有一種以上的用途，如積木區在一天中的其他時間，也可作為說故事之用。

2. 用水區，如美勞區、科學區和水桌，應儘量靠近水源。

3. 安靜區，如圖書區、寫字區和視聽區，應靠在一起，讓想安靜工作的兒童能隨其意，但安靜並非指幼兒都不能說話，而是比其他學習區的活動更自然的安靜。

4. 吵雜區，如積木區和裝扮區，應群聚於活動室的另一邊，遠離安靜區。

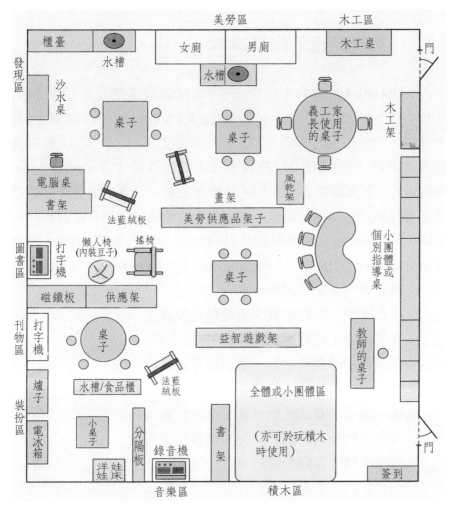

圖 30：學前學校或幼稚園的活動室配置

（Macario Garcia Elementary School, Pasadena, Texas）

資料來源：*Early Childhood Education: Preschool Through Primary Grades*（4th ed.）, J. A. Brewer, 2001, p.81.

㈠ 無障礙幼兒活動室的配置

White 和 Coleman（2000）在「幼兒教育：建立教學哲學」（Early Childhood Education:Building a Philosophy for Teaching）一書中，說明沒有一樣幼兒教室的設計是完美的，從圖 31 教室學習區的安排，你能看出反映活動需求的組織模式（organizational pattern）嗎？你認為還可以加入什麼？如果想考慮坐輪椅幼兒的需求，應如何修正？這的確是一個有趣而挑戰性的思考，就圖而言，White 和 Coleman 認為考慮坐輪椅幼兒的融合教育和教室配置（inclusion and classroom organization）（參見圖 32）可考慮：

1. 可調整的桌腳（adjustable table legs），以撐高桌腳。
2. 修正桌子尺寸和形狀，使輪椅易於靠近。
3. 寬的通道，以符應輪椅移動。
4. 可調整的儲藏置物架，讓輪椅易於靠近。
5. 重新安排馬桶，使輪椅易於靠近。
6. 增加扶手，有助於幼兒從輪椅轉換到馬桶。
7. 提高馬桶，有助於幼兒從輪椅轉換到馬桶。
8. 調整水槽，讓輪椅可以靠近。

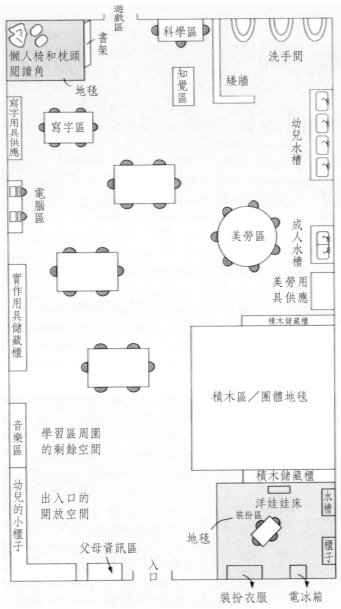

圖 31：原教室設計

資料來源：*Early Childhood Education: Building a Philosophy for Teaching*, C. S. White and M. Coleman, 2000, p.307.

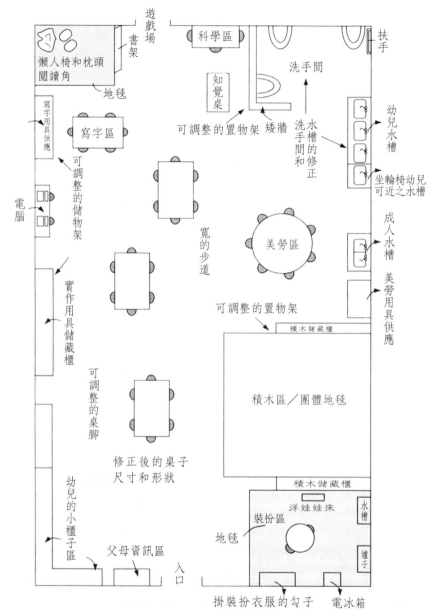

懶人椅和枕頭

閱讀角

書架

遊戲場

地毯

寫字用具供應

寫字區

電腦

可調整的儲物架

實作用具儲藏櫃

可調整的桌腳

修正後的桌子尺寸和形狀

幼兒的小櫃子區

父母資訊區

入口

科學區

知覺桌

可調整的置物架 矮牆

洗手間

洗手間和水槽的修正

扶手

幼兒水槽

坐輪椅幼兒可近之水槽

成人水槽

美勞用具供應

寬的步道

美勞區

可調整的置物架

積木儲藏櫃

積木區／團體地毯

積木儲藏櫃

裝扮區

洋娃娃床

水槽

爐子

地毯

掛裝扮衣服的勾子

電冰箱

圖 32：融合教育和教室配置

資料來源：*Early Childhood Education: Building a Philosophy for Teaching*, C. S. White and M. Coleman, 2000, p.310.

262

第二節

幼兒學習區的設計

　　學習區（learning areas）有許多不同的名稱，國外有稱之為
「學習中心」（learning centers）、「學習域」（learning zones）、
「活動區」（activity areas）、「活動中心」（activity centers）、
「興趣區」（interest areas）、「興趣中心」（interest centers）、
「學習站」（learning stations）、「自由選擇區」（free-choice
areas 〔或 booths〕）、「活動袋」（activity pockets）、「豐實中
心」（enrichment centers）或「遊戲單元」（play units），國內也
有稱之為「學習角」、「活動角」或「探遊區」，本書皆以「學習
區」定名之。學習區的特質，Olds（*2001*）認為有五項：(1)物質的
位置，(2)視覺的邊界，指出活動區的開始和結束，(3)遊戲和坐位的
鋪面，(4)器材的儲藏櫃和展示，(5)基調（mood）。學習區的意義，
可從相關學者專家的界定知其梗概：

　　1. Hildebrand（*1991*）：「學習中心」是一種為 4～6 名幼兒設
置於遊戲室或庭院內的空間，並配置供探索或發現學習的器材（*p.*
580）。

　　2. Pattillo 和 Vaughan（*1992*）：「學習中心」是一個界定的空
間，其器材所組織的方式，使幼兒的學習不需教師時常伴隨和指
導。亦即，學習中心是教室內指定的場地（通常是一個小區域），
該區的幼兒與器材及其他幼兒互動，以發展特定的學習（*p.13*）。

　　3. Seefeldt 和 Barbour（*1994*）：「興趣中心」是經清楚描繪、
組構的主題工作和遊戲區，也是設計以增長整體幼兒課程廣泛目的

之區域。

4. Spodek 和 Saracho（*1994*）：「活動中心」是教室的一個區域，其器材係以學科區域（subject area）或主題（topic）為基礎，用以支持幼兒的學習（*p.149*）。

5. Essa（*1996*）：「學習中心」也稱之為「活動區」或「興趣區」，是器材和設備組合在一般活動如美勞、科學或語言藝術四周的區域（*p.539*）。

6. Graves等人（*1996*）：「學習中心」是設計用以提供幼兒特定機會來探索和學習的區域（*p.605*）。

7. White 和 Coleman（*2000*）：教室「學習中心」是設計來支持及整合學習活動內容（例如：科學、數學、美術、音樂）的空間；學習中心須妥當布置，並配置適齡的器材及設備（*p.287*）。

8. Brewer（*2001*）：「學習區」是教室內作特定活動和貯存特定器材的區域，也是用於表示教室內相關器材配置的特定區位（*p. 85*）。

9. 盧美貴（*民 77*）：活動角是依幼兒興趣及學習能力而設計的，將活動室布置成幾個學習角，擺置充分的教具、玩具或其他事物，讓幼兒自由觀察、取用與學習。

10. 黃世鈺（*民 88a*）：學習區是指經園所規畫，供幼兒主動探索與操作的地方，這些地方包括幼兒的活動室（或班級教室）內，以及園區可以讓幼兒安全活動的地點（*第5頁*）。

11. 戴文青（*民 89*）：學習區（興趣中心，角落）是指一個有規畫且多樣性的學習環境，幼兒能夠在這裡依照自己的能力、興趣及發展階段，有效的且有系統的完成某種學習活動，或達成某一學習目標（*第 39 頁*）。

12. 張雅淳（*民 90*）：學習區的註義可分為廣義及狹義，就廣義而言，「學習區」是指將幼兒學習空間（包括室內外環境），依教

學需要，分成幾個不同的區域，經過規畫及布置，能啟發幼兒自主學習，達成幼兒整體學習的學習環境；而就狹義而言，「學習區」係指把幼兒活動室規畫成幾個區域，以個別化為前提，放置充分而適切的設備及器材，讓幼兒自由探索、觀察、遊戲，達成完整學習的環境（第10-11頁）。

由上述可知，學習區（learning areas）是依幼兒興趣與能力，在活動室設計多樣化的小區域，提供豐富的玩具、教具、器材和設備，讓幼兒能主動並自由探索、觀察和遊戲的情境。析言之，(1)設計水準上，學習區應依幼兒的興趣和能力設計，才能吸引幼兒運用；(2)空間規畫上，學習區係在活動室設計多樣化的小區域，角區多樣可供幼兒選擇參與，且每一角區有其特定的課程或教學目標；(3)角區設備上，學習區提供豐富的玩具、教具和器材，方能激勵幼兒選擇操弄；(4)學習方式上，學習區提供幼兒「主動」且「自由」探索、觀察、遊戲的機會，因此學習區是開放的而非封閉的，是幼兒中心的（child centered）而非教師中心的（teacher centered）。

Brewer（*2001*）也說明，這些學習區應反映兒童的年齡、發展、成長能力和興趣的變化，因而學習區不是靜態的。正因為學習區變化多端（會依時令節慶變更主題）、器材豐富（每一區角有不同的遊戲器具）、生動有趣（提供唱跳、構築、拼合、思考、表達、探究、觀察、塗鴉、創作、假扮、沉靜等多樣活動），最能吸引幼兒參與投入，許多幼兒園的教室都會設計學習區，而國內外研究幼兒教育的專書，也莫不專章介紹物質學習環境和學習區的設計；由此可見，學習區的重要和價值，實值深入探討。

根據國內外學者專家的研究（詳見表18），幼兒教室學習區引介最多的是：美勞區、積木區、裝扮區、圖書區、科學區、建造區、音樂區、沙水區、電腦區、益智區和私密區，本節將逐一介紹；惟須說明的是，這些學習區數量和種類的選擇，應依幼教課程

表 18 幼兒教室學習區研究名稱統計表

研究者（年代）	美勞區	積木區	裝扮區	圖書區	科學區	建造區	音樂區	沙水區	電腦區	益智區	私密區	其他
Spodek 等人(1990)	＊	＊	＊	＊			＊			＊		展示中心
Beaty(1992a)	＊	＊	＊	＊	＊	＊	＊	＊		＊	＊	大肌肉活動和烹飪角
Pattillo 和 Vaughan (1992)	＊	＊	＊	＊	＊	＊	＊			＊		大肌肉活動中心
Castaldi(1994)	＊	＊	＊		＊			＊	＊	＊		
Seefeldt 和 Barbour(1994)	＊	＊	＊	＊		＊			＊	＊		視聽和書寫中心
Spodek 和 Saracho (1994)	＊	＊	＊	＊	＊	＊	＊					數學、視聽木偶、體育和烹飪中心
Hohmann 和 Weikart	＊	＊	＊	＊		＊	＊	＊	＊	＊		
Shoemaker(1995)	＊	＊	＊	＊								
Isbell(1995)	＊	＊	＊	＊	＊	＊	＊	＊				家事、寫字、雜貨店、超市、點心麵包廠／烹調、餐廳、修理加油站和修車廠、農場、海灘、拍賣／跳蚤市場、太空、露營、說故事、綠屋、環境意識、感覺體適能、帽子、夜間、寵物、古時候和派對中心
Graves 等人(1996)	＊	＊	＊	＊	＊	＊	＊			＊		
White 和 Coleman (2000)	＊	＊	＊	＊	＊	＊	＊	＊		＊		社會科學中心
Brewer(2001)	＊	＊	＊	＊	＊	＊	＊	＊	＊	＊	＊	體育、特殊學習和儲藏區
Olds(2001)	＊	＊	＊	＊	＊	＊	＊	＊	＊			烹飪、書寫、視聽、數學、大坐騎玩具區等
陳麗月(民 74)	＊	＊	＊	＊	＊		＊	＊		＊	＊	數學、有桌椅的團體區、無桌椅的團體區、個別工作角和變化角
李政隆(民 76)	＊	＊	＊	＊	＊		＊				＊	
盧美貴(民 77)	＊	＊	＊	＊	＊	＊	＊			＊		創作和數學角
邱永祥(民 77)			＊	＊	＊		＊					數學和創作角
朱敬先(民 79)			＊	＊	＊	＊	＊			＊		
蘇愛秋(民 88)	＊	＊	＊	＊			＊			＊		數學、文字和水彩畫區
戴文青(民 89)		＊	＊	＊	＊	＊	＊					
張雅淳(民 90)	＊	＊	＊	＊	＊	＊	＊	＊	＊	＊	＊	體能區

註：＊代表有該學習區，因研究者所提出的學習區名稱各有差異，分類時皆依內容歸類，一個＊代表一個學習區，無法分類者，列入「其他」並註明原使用名稱。

和教學目標、幼兒的興趣與需求、幼兒的人數和空間的大小等，加以決定。根據曹翠英（民91）的一項全國性調查研究，在臺灣地區抽樣公私立幼稚園計521所（公立248所，私立273所），發現幼稚園學習區平均數量為 6.68，其中以圖書區（93.9%）、積木區（89.1%）、美勞區（87.5%）、裝扮區（87.5%）、音樂區（57.6%）和科學區（55.9%）較為廣泛，此一調查結果可供園內幼兒學習區規畫與研究之參考。

一 美勞區（art area）

　　幼兒很有創造力，並樂於使用美勞器材來表達他們的想法。幼兒透過嘗試不同的媒介物，開始瞭解他們的世界和控制他們所使用的工具。在幼兒時期，幼兒發展的創造歷程比產出重要。因此，美勞區應成為享受藝術創作的地方，同時給予幼兒開始努力的支持。

　　孩子們在這裡攪拌、摺疊、切割、搓揉、撫平、滴落、塗色，以製作圖畫、書本、編織器、電影票、菜單、卡片、帽子、機器人、生日蛋糕、照相機、消防車等，或將整個場地放滿顏料、摺邊、漿糊、紙張碎片等等，這是孩子們的創作天地。

　　Isbell（1995）建議美勞區，應有一個「破爛物盒」（a junk box），內裝碎紙、箔片、緞帶、紗、棉紙、鈕扣和金屬線。為了介紹美勞區，教師在團聚時間（circle time）帶此破爛物盒，讓每一位幼兒有一個機會能伸到破爛物盒中拿一樣器材，接著要求幼兒思考該破爛物器材可能的用途；在此腦力激盪的歷程（brainstorming process）中，所有的想法都可以接受。如有必要，教師提供建議以激勵該器材不同用途的思考，並在團聚時間之後，把破爛物盒放在美勞區內。須提的是，美勞區可以讓幼兒表達創造思考，表達個人

情感與態度,發洩緊張焦慮的情緒,並利手眼協調、小肌肉的操作與運筆的練習,甚值採用設計。

　　茲參考 Isbell（1995）的研究及其他學者專家（Beaty, 1992b; Brewer, 2001; Click & Click, 1990; Pattillo & Vaughan, 1992; Reynolds, 1996）之見解,就美勞區的學習目標、運用時間、空間配置、基本器材、增加活力和角區評鑑等六項加以說明,並附美勞區設計參考圖（如圖 33）,以供幼兒活動室學習區設計與運用之參考。

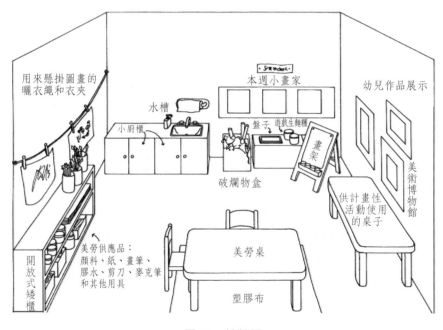

圖 33：美勞區

資料來源：*The Complete Learning Center Book: An Illustrated for 32 Different Early Childhood Learning Centers*, R. Isbell, 1995, p.56.

(一) 學習目標

1. 讓幼兒參與美勞活動而變為更有創造性。

2. 幼兒嘗試許多不同的器材和工具，以瞭解他們的世界。

3. 學習有關的藝術家和插畫家。

4. 幼兒決定和執行理念，以建立他們的自我信心。

(二) 運用時間

美勞區應保持整年可用，包括開放式的美勞器材可讓幼兒以他們的方式選擇和使用。有計畫的美勞活動，通常在團聚時間說明，也讓幼兒可直接到美勞區參與美勞設計，同時鼓勵幼兒更有創造性，並嘗試不同的使用器材和技術。

(三) 空間配置

1. **美勞區的位置**，宜近水源處，有水槽最理想，或鄰近洗手間，以利幼兒用水和清洗，如無水槽時水桶也很有效；其次，考慮光源，宜靠窗或在天窗下以提供自然光源。

2. **美勞區的區隔**，如空間足夠，可利用櫥櫃、隔板或桌子，再分為繪畫區、拼貼區、黏土區等，以利幼兒選擇。

3. **美勞區的地板**，以易清潔的磁磚或塑膠地面為佳，若無此條件，也可覆蓋塑膠布、簾布或報紙。

4. **美勞區的桌椅**，一般設計容納 2～6 人，若空間許可，可設計容納 10 名幼兒及 1 位大人者，以利小組運用及點心時間兼用。

5. **美勞區的作品展示**，牆、矮櫃或展示板皆可運用，並可讓幼

兒自行呈現美勞作品,彼此欣賞和分享經驗,並應注意不宜陳列示範作品,以免限制幼兒的創意思考。

6.**美勞區的儲藏**,置物櫃約長 120cm□寬 30cm□高 75cm,一般器材多運用開架式儲藏櫃收藏,紙張宜放置在多層平架空間上,以資保護和取用;零散物品,如蠟筆、鉛筆、剪刀,麥克筆、紙夾以及牙籤等,可以收藏在透明的塑膠容器、小紙盒、筆筒或掛式的鞋袋中。

7.**美勞區的供應品**,因會損耗,須不斷的補充,應節約資源或資源回收再利用,如將包裝布、布料碎片、蛋盒,箱子、紙巾捲筒、紗線軸回收利用,用辦公用紙與電腦紙用過的另一空白面,或將建築廢料收納在廢物箱中,俟機使用;此外,用小容器裝膠水或顏料,以免孩子不小心擠壓過量。

(四) 基本器材

1.**各種紙張**:如圖畫紙、書面紙、色紙(多樣顏色、大小和質地)、白報紙、玻璃紙、瓦楞紙、電腦紙、影印紙、方格紙、線條紙、指畫紙、面紙、包裝紙、錫箔紙、壁紙、棉紙、咖啡過濾紙、報紙、蠟紙、紙板、自黏紙、賀卡、明信片、目錄與雜誌、月曆或生活照片。

2.**圖畫器具**:如彩色筆、蠟筆、粉筆、畫筆、水彩顏料、指畫顏料、墨汁、畫架、調色盤、滾筒或紗線軸、紗網、牙刷、小水桶、玻璃瓶或鐵罐、罩衫或畫袍、海綿、棉花、毛巾、小盒子、紙杯、紙盤、標籤、碎紙、羽毛、遊戲生麵糰或黏土、棉花球、鈕扣、吸管、亮片、牙籤。

3.**裝釘工具**:安全剪刀、塑膠刀、釘書機、釘書針、打洞器、漿糊、膠水、口紅膠、封箱膠帶、透明膠帶、紙夾、蝴蝶夾、橡皮筋、橡皮擦、鐵絲、細繩、紗線、緞帶、鞋帶、針、線。

4.**其他**:繪畫罩衫或舊襯衫、大張的塑膠布、報紙或浴簾襯墊

（用以覆蓋桌子和地板）、清潔劑、抹布、小掃帚、畚箕等。

㈤ 增加活力

1. 做一種從未用過的生麵糰或黏土製作，如鋸屑，並鼓勵幼兒探索此一不同媒介物如何反應到他們的作品上。

2. 增加新的繪畫工具，如牙刷、粉刷房子的大刷子、繪畫滾軸、松枝、海綿或醫藥滴管，這些不平常的工具給幼兒一個自由彩繪的新方法。

㈥ 角區評鑑

1. 幼兒是否試驗不同類型的材料和工具？

2. 幼兒是否創造不同類型的圖畫和雕刻品？

3. 幼兒是否展示他們瞭解美勞區可用器材的不同使用方法？

4. 幼兒是否以他們的美勞作品為傲並有興趣展示他們的創作？

二 積木區（block area）

幾乎所有的幼兒都喜歡在積木區玩，孩子們喜歡將積木疊起來、堆成堆、排成排、裝入紙箱、倒出來或搬運到別處，經過數次探索後，幼兒才能開始建造所有種類的建築物，然後開始進行平衡、圍築、對稱的實驗，並在裝扮遊戲中，將積木和小人偶、動物、交通工具等結合運用，此時建築物變成了房子和穀倉，成排的積木變成道路和籬笆，大人也可就此協助孩子們探索、模仿，以及瞭解空間問題的解決、分類和比較。

　　積木成為幼兒教室中重要的器材，至今已超過 150 年，Isbell
（1995）指出積木遊戲可以增進幼兒身體、社會和智能等各方面的
發展。積木區有許多不同類型的建材，其設計思考是讓幼兒成為主
動的建造者（active builders），如幼兒可以自己選擇積木建構和
組合，討論其建構可能性，並為他們設計的功能編劇。因此，教師
應和幼兒一起探訪積木區，檢視積木，討論積木的相似性和差異性
以及它們的使用，並找適切的時間和幼兒談論積木遊戲的責任，包
括清理和尊重他人的工作。積木是幼兒自我學習的最佳玩具，積木
區可讓幼兒運動大肌肉，提供幾何圖形、數字、空間及其他建構概
念，並使幼兒在互動中，發展良好的社會行為，甚值採用設計。

　　茲參考Isbell（1995）的研究及其他學者專家（Beaty, 1992b；Br
ewer, 2001；Click & Click, 1990；Essa, 1996；Graves et al.,
1996；Hendrick, 1992；Olds, 2001；Pattillo & Vaughan, 1992；
Reynolds, 1990）之見解，就積木區的學習目標、運用時間、空間配
置、基本器材、增加活力和角區評鑑等六項加以說明，並附積木區
設計參考圖（如圖34），以供幼兒活動室學習區設計與運用之參考。

(一) 學習目標

　　1. 幼兒構築積木以達成問題解決。
　　2. 幼兒談論有關建造和構築，以擴展他們的表達語言。
　　3. 學習合作和接受與他人工作。
　　4. 運用積木遊戲中象徵性的表達，以組構他們的世界。

(二) 運用時間

　　積木區應保持整年有用，並定期地增加新建材，以激發幼兒以

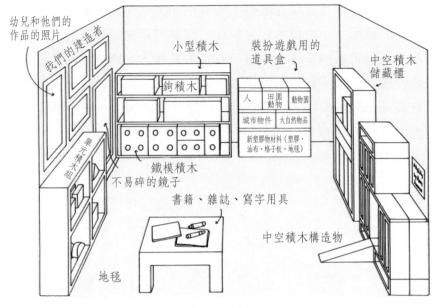

幼兒和他們的
作品的照片

我們的建造者

單元積木組

小型積木

鉤積木

鐵模積木

不易碎的鏡子

裝扮遊戲用的
道具盒

人　田園
　　動物　動物園

城市物件　大自然物品

新塑膠物料材料（塑膠、
油布、格子板、地毯）

中空積木
儲藏櫃

中空積木構造物

書籍、雜誌、寫字用具

地毯

圖 34：積木區

資料來源：*The Complete Learning Center Book: An Illustrated for 32 Different Early Childhood Learning Centers,* R. Isbell, 1995, p.47.

不同的方式思考和創造。

（三） 空間配置

　　1. **積木區的位置**，需有大型創作空間，可與大團體活動區合併設計，並鄰近裝扮區。

　　2. 積木區的大小，至少 2.4m×3m，地板宜鋪上地毯，以減少噪音及增加舒適感。

　　3. **積木區的儲藏**，置物櫃約長 120cm×寬 30cm×高 75cm，積木收藏可依形狀、大小或材料分類，分類可以標籤或圖形顯示儲藏位置，也可用不同大小紙箱收存。例如，大型積木、大箱子、木板、

大型工藝玩具，可收藏在地板上的收納箱或空間內，並且在上面加註清楚的標示；小型積木，可放在一個貼有實物圖片或照片物標籤的櫃子、籃子或桶子裡，或將所有正方形積木、所有的長方形⋯⋯分開置放；至於，其他小型道具，如小車子、小動物、小人偶和組合玩具（tinkertoy）等，則可同類存放於收納箱中，置於低處櫃子內並貼上標籤，以利幼兒辨識、取用和整理。

㈣ 基本器材

1.**建造積木**：單元積木組（包括斜坡、圓筒、彎曲和交叉）、大型的中空積木（一組，至少有50塊）、中型積木、小型積木（至少200個）、海棉積木、紙積木、樂高積木、工程師積木、保麗龍積木、鐵模積木（waffle blocks）、連結積木、木板、厚紙箱、機械裝置（如滑輪、斜坡和輪子）。

2.**遊戲道具**：手推車、大型玩具卡車、搬運車，縮型的卡車、汽車、巴士、飛機、直昇機、船、火車、小人偶（有男女、多元種族）、小動物、小樹、小房子、農場、動物園和森林、交通標誌。

3.**其他**：一大塊地毯（用以覆蓋積木區的地板；用以吸收建造歷程的聲音，並避免地板結構的破壞）、孩子用積木堆成的建築物的照片和圖案。

㈤ 增加活力

獨特的建材在幼兒以新方式組合積木時，會增進幼兒運用彈性的思考，如運用一塊塑膠、油布、格子或夾板，會對幼兒以原來方式組構積木形成挑戰。

(六) 角區評鑑

1. 幼兒是否有一段專注的時間工作於積木建造？
2. 幼兒是否讚賞他們的建造？
3. 幼兒是否在建造積木結構時改進其協調？
4. 幼兒是否在建造歷程中討論他們的想法和創造？
5. 積木建造是否變為更複雜並在活動中含入裝扮遊戲？

三 裝扮區（dramatic area）

　　裝扮區鼓勵幼兒與他人談話以發展語言技巧，幼兒在該區的角色扮演和設立遊戲活動中，會增進溝通技巧，當他們重新創造真實生活情境時，則可以學習有關於他們的世界，並發展問題解決技巧。

　　裝扮遊戲，常見的角區設計有餐廳、超級市場、診所／醫院、美容院／理髮廳、建築工事、機場、郵局……等等。對此，Spodek和 Saracho（1994）曾引介 Bender 針對教室所提出的道具盒（prop boxes）設計，在每個道具盒中皆有一種能協助兒童特定裝扮遊戲主題的器材，如果沒有特定的盒子，也可以用空的文具盒或硬紙盒來代替，每個盒子的外面都應標示這個道具盒所表示的主題，以及詳列裡面道具的清單，這些道具盒裡面的道具足以用來促進遊戲的進行。一旦盒子被取用，教師應留意其中的物品、道具是否清潔，同時對於耗材，應在放回儲藏室之前予以更新，如機會一來，即可派上用場。道具盒的內容，如表 19 所示。

　　幼兒的裝扮遊戲通常與其生活經驗相結合，就診所／醫院而言，大多數的幼兒都到過診所許多次，也可能到過醫院，或經由父

表 19 道具盒的內容

餐廳	塑膠餐具、餐巾、餐巾架、托盤、鹽和胡椒罐、菜單、點菜本、鉛筆、海綿、毛巾、塑膠食物、烹飪用具、白圍裙、收銀機及電話。
超級市場	空的食物盒及罐頭、購物車、玩具鈔、收銀機、標語、超市廣告單。
診所/醫院	聽診器、體重器、紗布、繃帶、膠帶、玩具針筒、白襯衫或外套、空藥罐。
美容院/理髮廳	鏡子、梳子、毛刷、髮捲、空洗髮精瓶、空噴髮膠罐、可蓋住兒童衣服的布、玩具、刮鬍刀、刮鬍刷。
建築工事	工具,如榔頭、鋸子、螺絲起子、扳鉗及鴨嘴鉗、工具箱、油漆刷、水桶、安全帽、油漆工帽、工作服、捲尺。
機場	航空公司的登機走道、機票信封、地圖、飛行員帽、小行李箱、行李標籤、餐點托盤、方向盤、計量器。
郵局	信封、明信片、用過的郵票、橡皮章及印泥、紙、鉛筆、玩具鈔、當做郵筒的空牛奶瓶。

資料來源：*Right from the Start:Teaching Children Ages Three to Eight,* B. Spodek and O. N. Saracho, 1994, p.277.

母、朋友而學習到與醫院有關的事情,診所和醫院通常被幼兒視為提心弔膽的地方,他們對這些區域所發生的事只知道一些些。如果教室設計診所／醫院區,可以讓幼兒有機會嘗試新的角色,也可以和他們談談參觀過的診所或醫院,以瞭解診所／醫院的功能及其所能提供的醫療健康服務。

裝扮區依其裝扮遊戲內涵,各異其趣,教師可視課程主題或幼兒興趣之需,擇要或輪流設置。茲限於篇幅,僅以診所／醫院區為例,特參考Isbell（1995）的研究及其他學者專家（*Beaty, 1992b；Brewer, 2001；Click & Click, 1990；Coody, 1992；Heidemann, & Hewitt, 1992；Marion, 1991；Pattillo & Vaughan, 1992；Spodek, & Saracho, 1994*）之見解,就診所／醫院的學習目標、運用時間、空間配置、基本器材、增加活力和角區評鑑等六項加以說明,

並附裝扮區設計參考圖（如圖 35），以供幼兒活動室學習區設計
與運用之參考。

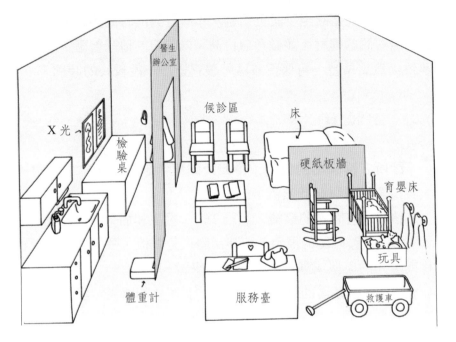

圖35：裝扮區（診所／醫院）

資料來源：*The Complete Learning Center Book：An Illustrated for 32 Different Early
Childhood Learning Centers*, R. Isbell, 1995, p.115.

㈠ 學習目標

1.瞭解健康醫療專業人員所提供的服務。

2.學習使用與診所／醫院有關的新字彙。

3.有機會扮演不同的角色並感謝他們對社區的協助。

4.經由裝扮遊戲以緩和幼兒關切和害怕的醫療事務。

(二) 運用時間

　　診所／醫院區應至少設置二週，才有足夠的時間讓幼兒檢視與健康醫療有關的器材，並做角色扮演。為配合其他學習區，或幼兒的興致仍然高昂時，可保留該區，讓它運作一段較長的時間。

(三) 空間配置

　　1.診所／醫院區的位置，可與大團體活動區或積木區合併設計，裝扮器材可以彼此交流。
　　2.診所／醫院區的桌椅，容納 2 人（醫生和病人）坐即可。
　　3.診所／醫院區的展示，可運用牆或分隔板，張貼食物的營養照片或潔牙的模型或圖片，以利觀摩學習。
　　4.診所／醫院區的儲藏，裝扮用的衣服（如醫生、護士）可以用一般塑膠衣櫥或簡易的曬衣架收存，另有道具箱收納有關器材（如聽診器、體重器、紗布、繃帶、膠帶、玩具針筒、空藥罐等）。

(四) 基本器材

　　1.診療器具：聽診器、處方便條紙、診所用的電腦／打字機、帶夾子的寫字板、電話、舊的 X 光照片、面具、手套、移動醫院病人的推車、實驗室夾克、護士帽、眼鏡、洋娃娃。
　　2.急救用品：繃帶、膠帶、紗布、安全剪刀、棉球、空酒精瓶、空的已消毒軟管、肥皂。

㈤ 增加活力

增加一個育嬰室，育嬰室的設備，包括：洋娃娃、天秤盤、搖椅、嬰兒瓶、尿布和柔和的音樂。本區的運用，讓幼兒照顧嬰兒並談一談他們的經驗，許多幼兒的家庭中有嬰兒，他們會很喜歡此一延伸的醫院經驗。

㈥ 角區評鑑

1. 幼兒是否在他們的遊戲中運用新的字彙？
2. 幼兒是否演示他們瞭解在診所或醫院中所提供的服務？
3. 幼兒是否以適當的方式對待他們的「病人」？
4. 幼兒是否會演示出一些他們對診所或醫院相關的害怕和關切？
5. 幼兒是否發展出適當的健康服務是有益的意識？

四 科學區（science area）

幼兒對他們世界中的事物感到好奇，教師應激勵幼兒在科學區發問，在此地，幼兒成為科學家，學習他們已見過的器材，或探索引起他們興趣的新事物。科學區允許幼兒貼近檢視事物，比較和對照，並導引出他們所觀察的結論；在這裡，自然和幼兒結合，產生一個刺激的環境，為科學探究的開始提供一個積極的基礎。

在團聚時間，帶一個幼兒有興趣的自然事項，如在春天花朵盛開之際，分享花的球莖，談論關於球莖和對開花的預測，並將球莖置於科學區，讓幼兒能觀察和紀錄所發生的改變。

　　科學是探究的歷程，也是我們生活的一部分。Taylor（*1991*）認為科學經驗對幼兒的主要價值有：

　　1. 建立他們及其環境的信念。

　　2. 獲得所需的第一手經驗。

　　3. 發展基本的觀念。

　　4. 增進觀察技能。

　　5. 經歷使用工具、設備及類似器材的機會。

　　6. 在問題解決中獲益。

　　7. 刺激他們探索和發現的好奇心，同時增加其基本的知識。

　　8. 發展知覺、身體、情緒、智能、精神和社會的屬性。

　　9. 透過字彙的增加以及問答的機會發展語言。

　　鑑此，特參考 Isbell（*1995*）的研究及其他學者專家（*Brewer, 2001；Click & Click, 1990；Olds, 2001；Taylor, 1991*）之見解，就科學區的學習目標、運用時間、空間配置、基本器材、增加活力和角區評鑑等六項加以說明，並附科學區設計參考圖（如圖36），以供幼兒活動室學習區設計與運用之參考。

　　㈠　學習目標

　　1. 學習有關於自然的環境。

　　2. 試驗和紀錄他們的觀念。

　　3. 發展問題解決和發問的技巧。

　　4. 評價和使用科學探究的方法。

　　㈡　運用時間

　　1. 科學區應有季節性材料（seasonal materials），以因應幼兒

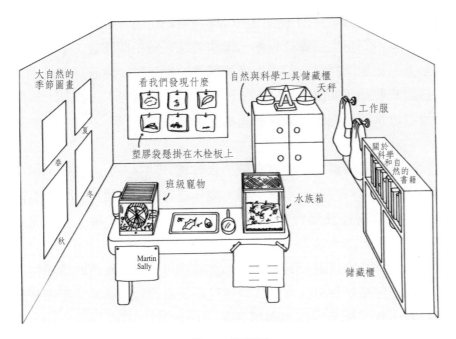

大自然的
季節圖畫

看我們發現什麼

自然與科學工具儲藏櫃
天秤

工作服

塑膠袋懸掛在木栓板上

班級寵物

水族箱

關於科學和自然的書籍

Martin
Sally

儲藏櫃

夏
春
冬
秋

圖 36：科學區

資料來源：*The Complete Learning Center Book*：*An Illustrated for 32 Different Early Childhood Learning Centers*, R. Isbell, 1995, p.98.

的轉變；雖然自然的現象會隨季節變化，科學器材仍要整年保持一樣。

2.科學區每一實驗階段（約 2～8 週），應以一個主題深入探討為宜，避免五花八門實驗雜陳，如同時有「浮力實驗」、「彩虹實驗」或「清潔劑實驗」等，易使實驗止於皮毛遊戲，無法一窺科學奧妙殿堂。

（三） 空間配置

1.科學區的位置，應設於安靜的區域，讓幼兒能專心觀察、做

實驗,最好能與室外的小動物屋舍與栽培區相通,以利室外觀察、實驗,室內則可與圖書區相鄰,以利隨時查閱相關圖書(如幼兒百科全書),加以探討、印證;室外飼養的動植物,應安排值日生,每日定時照顧(如澆水、換水、添加飼料、打掃等)。此外,科學區需臨近水源、光源(以自然光為佳)及電源,以利各種實驗的進行。

2.**科學區的桌椅**,應有寬闊的操作檯,供 4～6 人使用,如室內空間不足,可設於半室外空間(室外簷廊區),也可善用走廊窗臺,栽培植物或養蠶寶寶。此外,科學區應有公布欄、黑板或白板,並提供紙筆等文具,以利隨時做實驗記錄。

3.**科學區的儲藏**,應有開放的儲藏空間,存放常用的儀器與工具,以利隨時掌握可能發生的科學現象。每一種實驗器具都應有固定位置,作好標示,以利取用。

(四) 基本器材

1.**實驗器材**:望遠鏡、滑輪、三稜鏡、地球儀、人體構造模型、磁鐵、放大鏡、手套、鑷子、玻璃缸(養魚或供成長中的植物之用)、班級寵物(幾內亞豬、白老鼠或大頰鼠)、動物籠、栽培槽、有蓋的清潔罐、展示盒、海綿、吸管、天秤盤、測量工具、杯子、湯匙、不易碎的鏡子、塑膠水桶、小鏟子、大型濾器、製圖紙和標籤、塑膠管、漏斗、點眼藥器。

2.**書寫器材**:紙張、筆記簿、鉛筆、原子筆、削鉛筆機、貼紙。

3.**輔助器材**:安全剪刀、釘書機、釘書針、打洞器、漿糊、膠水、口紅膠、膠帶、紙夾、橡皮筋、橡皮擦、鐵絲、細繩。

㈤ 增加活力

把吸管置於塑膠碗邊,碗內裝 2~3 英寸(5~7.5cm)碗盤清潔劑和溫水,鼓勵在該區的幼兒探究該混合物,看看吸管如何能改變該液體,讓幼兒透過觀察來繪圖紀錄他們的經驗。

㈥ 角區評鑑

1. 幼兒是否對科學區內的事物有興趣?
2. 幼兒是否彼此談論有關自然的事物?
3. 幼兒是否用系統的方法以有用的工具來檢視和探索?
4. 幼兒是否採用圖示和(或)其他方法來紀錄資料?
5. 幼兒是否發現新的方法來學習自然?

五 圖書區(library area)

圖書區是幼兒教室中一個重要的區域,其設計要能吸引幼兒到該區,並能擄獲他們在書籍和相關材料上的興趣。為了吸引幼兒,圖書區必須符應幼兒的主動學習取向(active approach to learning),Isbell(1995)認為有二項作法,可讓圖書區成為教室活動的中心(the hub of classroom activity),以及幼兒會選擇去「讀」的場所:首先,教師與幼兒一起訪問一個公共圖書館或學校圖書館,借出一本會在教室圖書區閱讀的書,並讓幼兒知道圖書區是教室中可以享受書籍和故事的一個特殊場所。其次,展示圖書讓幼兒可以看到封面,並易於選擇吸引他們的圖書,而柔軟的枕頭和填充玩具

（stuffed　toys）可增添圖書區惬意的氣氛。

　　在這裡，孩子自己或和其他小朋友一起看書、讀書、聽故事、說故事或編寫故事。圖書區可讓幼兒情緒安逸，瞭解文字與語言的不同功能，享受閱讀和書寫的樂趣，學習新語彙，認識中國文字的特質，培養傾聽與表達能力，並能拓展生活想像空間，甚值參採設計。

　　茲參考 Isbell（*1995*）的研究及其他學者專家（*Beaty, 1992b；Brewer, 2001；Click & Click, 1990；Coody, 1992；Essa, 1996；Olds, 2001；Taylor, 1991*）之見解，就圖書區的學習目標、運用時間、空間配置、基本器材、增加活力和角區評鑑等六項加以說明，並附圖書區設計參考圖（如圖 37），以供幼兒活動室學習區設計與運用之參考。

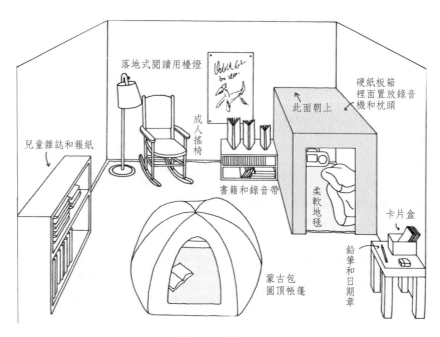

落地式閱讀用檯燈

此面朝上

硬紙板箱裡面置放錄音機和枕頭

兒童雜誌和報紙

成人搖椅

書籍和錄音帶

柔軟地毯

卡片盒

鉛筆和日期章

蒙古包圓頂帳篷

圖 37：圖書區

資料來源：*The Complete Learning Center Book：An Illustrated for 32 Different Early Childhood Learning Centers*, R. Isbell, 1995, p.73.

(一) 學習目標

　　1.發展幼兒對不同書籍、雜誌和其他印刷品之興趣。

　　2.學習以許多方式呈現故事，如書籍、雜誌、錄音帶、絨布故事（flannel stories）、木偶秀。

　　3.喜歡閱讀書籍和重複說故事（retelling stories）。

(二) 運用時間

　　圖書區應設於每一個幼兒教室內，並成為幼兒整年有用環境的一部分。每月改變書籍的套組和加入有趣的材料，以維持全年的熱忱，圖書區會告訴幼兒書籍是很重要的。

(三) 空間配置

　　1.**圖書區的位置**，需置於光線充足（專屬燈光和一些自然光源）的安靜角落，可與說故事區合併設計。如無可供閱讀的專屬空間，那麼書籍也可以放在幼兒感興趣的其他角落中（如裝扮區）。

　　2.**圖書區的情境**，可設計 2～6 人座的方桌或圓桌，或在地面鋪地毯或塑膠組合軟墊，再放置一些舒適的枕頭、懶骨頭（beanbag chair，豆袋椅）、毯子、填充動物及玩偶等會更受人歡迎。

　　3.**圖書區的圖書**，應用可使書籍封面朝上的書架展示（一次可展示 20～25 本書），並加以特殊設計，才能引起孩子的興趣。其次，3～4 歲幼兒注意力無法持久，所選的圖畫書內容不要超過 15 個畫面；另因 5 歲幼兒語彙豐富的、求知慾強，圖書情節複雜、富刺激性與原創性，較能吸引他們的興趣，尤其是故事主角的人格特

質，常是吸引幼兒興趣的關鍵。此外，富啟發性的文字遊戲、科學性或動植物等類別，也是幼兒的熱門書籍。還有圖書的紙質不會反光，字體則不小於 0.7cm^2，幼兒雙手能握持的 25 開本大小（戴文青，民 89），都應詳加考慮。至於圖書的數量，原則上圖書區同一時間每 1 名幼兒至少有 5 本書。

4.**圖書區的儲藏**，儲藏櫃長 120cm×寬 30cm×高 75cm，書架採開架式，各種書寫器材（如便條紙、筆記簿、硬紙夾、鉛筆、鋼筆、麥克筆、蠟筆、削鉛筆機、貼紙、印戳（印章）、印臺等），應分類收納在小盒子、小箱子、小桶子中，並貼上標示或圖示，以利幼兒取用。

（四） 基本器材

1.**圖畫書籍**：一套幼兒圖書（適於教室中幼兒的興趣和發展層次）、圖書區同一時間每一名幼兒至少有 5 本書（例如該區 5 名幼兒 × 5 本書＝ 25 本書）、幼兒的雜誌、附錄音帶的書（一起放在可以再密封的塑膠盒中）與配故事附件的絨布板，置於塑膠盒中（用於幼兒重複說故事）。

2.**輔助器材**：卡式錄音機、耳機（提供私人聽音樂的機會）、柔軟可移動的枕頭（如細麻布椅墊）、介紹新書的海報或幼兒讀書的圖片（展示在圖書區）、圖章、打印臺和卡片（出借圖書用）、小桌子和椅子（用以書本蓋章和簽名）、報紙和「迷你版」（幼兒新聞版）、大型紙板箱、燈具或鉗夾燈（提供一個適於閱讀的良好燈光區）、泰迪熊。

3.**書寫器材**：便條紙、紙張、筆記簿、硬紙夾、鉛筆、鋼筆、麥克筆、蠟筆、削鉛筆機、貼紙。

㈤ 增加活力

1. 觀察幼兒可能會對圖書區內的器材感覺無聊，發生此一現象時，增加一本特別的書或帶新的道具到圖書區，以增加圖書區的趣味。

2. 利用大型紙板箱，一邊可以打開，以創造出一個「私密的閱讀空間」，並在箱子內裝一個閃光燈，以增加到該區的吸引力。

3. 運用一個特別的物項引起到該區的興趣，如圓頂帳篷、浴盆、無腳長椅、懸吊的降落傘、凸升平臺或空氣墊等等。

㈥ 角區評鑑

1. 幼兒是否在圖書區「閱讀」書籍？
2. 幼兒在自由選擇時間是否選擇到圖書區？
3. 幼兒是否運用圖書區的道具和器材來閱讀或說故事給別人聽？
4. 幼兒是否留在該區一段合理長度的時間？
5. 幼兒是否談論他們在圖書區所經驗過的書本和（或）道具？

六 建造區（construction area）

建造區有人稱之為「木工區」、「工作區」或「工藝區」，在此激勵幼兒建造、設計和創造結構，本區也可視為積木區的延伸，幼兒運用與積木區不同的永久性建造技術，釘、粘和結合器材，作品展示後，可帶回家。另外，為引起幼兒到建造區之興趣，教師可在團聚時間，選一些會置於建造區的器材，如皺紋紙板、金屬和塑

膠容器、氣泡包裝紙和小片木材等，先讓幼兒檢視、感覺和討論這些器材，並要求幼兒建議其他的結合方式，然後再將這些器材置於建造區內讓幼兒使用。

在建造區裡，可看到孩子們拿著幼兒專用的鎚子、鋸子、螺絲釘和螺絲帽，高興地搭建著他們的作品。對孩子們來說，能使用曾經看過大人日常生活使用的工具，是非常令人興奮的經驗。他們可以盡力敲釘子和鋸斷木板，並享受釘與鋸的滿足感，有些孩子則會製作一些有趣的桌椅、床、鳥屋之類的小道具，拿到裝扮區使用，在製作過程中，他們會併用美勞區的器材，或將其創作拿到美勞區塗色。建造區可以鍛鍊幼兒手臂肌肉、發展手眼配合的能力，並讓幼兒練習發表自己的構想，甚值參採設計。

茲參考 Isbell（1995）的研究及其他學者專家（Olds, 2001；Pattillo & Vaughan, 1992；Taylor, 1991）之見解，就建造區的學習目標、運用時間、空間配置、基本器材、增加活力和角區評鑑等六項加以說明，並附建造區設計參考圖（如圖 38），以供幼兒活動室學習區設計與運用之參考。

(一) 學習目標

1.計畫和建造立體的產品。

2.運用創造思考以解決他們的建造問題。

3.幼兒完成建造和展示他們的作品，以增加他們的自我信心。

4.幼兒運用新的和獨特的器材，以發展他們的彈性思考（flexible thinking）。

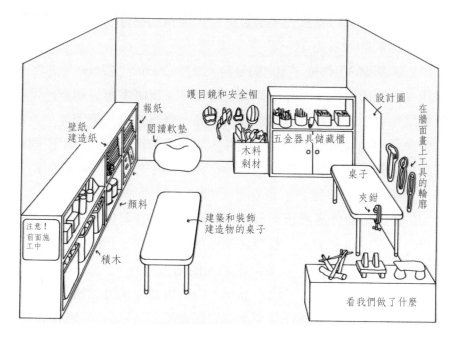

護目鏡和安全帽

報紙

閱讀軟墊

壁紙
建造紙

設計圖

在牆面畫上工具的輪廓

五金器具儲藏櫃

木料剩材

顏料

桌子

夾鉗

注意！
前面施工中

建築和裝飾
建造物的桌子

積木

看我們做了什麼

圖 38：建造區

資料來源：*The Complete Learning Center Book：An Illustrated for 32 Different Early Childhood Learning Centers,* R. Isbell, 1995, p.162.

㈠ 運用時間

　　每年在幼兒教室的不同時段應設置建造區，它可作為積木區的延伸。建造區的運作，通常二週是一個很適當的時間廣度，第二週以後，應觀察該區是否需注入新的活力，以保持其效能。

㈡ 空間配置

　　1. **建造區的位置**，可以設置在室外，惟需遠離一般動線之外；

若設置在室內，可安排在美勞區附近，因為幼兒會同時使用這兩區來進行他們的設計方案。

2.**建造區的工作檯**，如空間足夠，以長120cm×寬30cm×高75cm為佳（板面儘可能厚一些，以減少噪音），或將木板以螺釘栓緊在低的鋸馬或樹的殘幹上自製一張工作檯，惟應注意其堅固性，並避免會有刺傷幼兒可能的尖角。此外，可運用護目鏡和硬帽來限制使用該中心的幼兒人數（2〜3 人），在建造區工作時，所有的幼兒必須戴帽子和護目鏡，以策安全。

3.**建造區的作品展示**，牆、矮櫃或展示板皆可運用，並可讓幼兒自行布置，以利彼此欣賞和分享經驗，與美勞區相同的是，應注意不可陳列示範作品，以免限制幼兒的創意思考。

4.**建造區的儲藏**，一般工具可用鉤子掛在木板上（繪上工具外形），也有將工具收存在矮架上或放在大型工具箱內；裝釘物，可以收存在貼有圖片或實物標示的容器（如小金屬罐或餅乾桶）內；木頭碎片和其他建築器材，則可分類裝入貼有標籤的盒子、牛奶箱、冰淇淋桶或字紙簍內。

㈣ 基本器材

1.**建造工具**：鐵鎚、拔釘鐵鎚（頭重 12 盎斯）、鋸子（橫鋸，每寸 10〜12 齒），螺旋鉗、螺絲起子（有硬塑膠把手的最耐用）、鉗子（中號）、C型鉗子虎頭鉗（安裝在工作檯的任一端）、測量卷尺、水平儀、配螺絲鉗的桌子、白松木片或其他柔軟木材、瓶蓋、箔、塑膠鑲條、標籤、砂紙、接觸紙（contact paper）、壁紙片、樹皮、塑膠包裝紙、報紙連環圖畫版。

2.**連接器材**：釘子、螺絲釘、螺帽、螺旋墊圈、高爾夫球座、牙籤、鐵絲、金屬線、面具膠帶、塑膠結合積木（plastic interlocking blocks）和其他建造積木（用以建造小結構或創作模型）。

3.**其他**：安全護目鏡、黃色塑膠硬帽、「警告牌」（caution）（示範適當的工具使用和督導該中心的活動）。

增加活力

提供幼兒罕有的建造物品，以激勵他們的思考更有創造性，或能以新方法來建造。激勵新觀念的器材，包括裝蛋的紙板盒（egg cartons）、小嫩枝、幾條繩子、特殊的紙板盒、樹的殘幹、電線、一長條木材、格子板（lattice board）、小輪子和狹布條（cloth tape）。

角區評鑑

1. 幼兒是否以他們從未用過的器材來建造？
2. 幼兒是否一起工作以決定如何設計和建造作品？
3. 幼兒是否在他們建造建物時，運用問題解決和創造思考？
4. 幼兒是否在使用建造區的器材和工具之能力上變得更有信心？
5. 建造區內的書本和書寫材料是否增進讀寫能力？

七 音樂區（music area）

幼兒易受音樂和聲音的迷惑，音樂的聲音和節奏，常激起幼兒歡樂之情。幼兒是音樂創作者，他們喜歡唱歌、玩樂器、編歌、敲擊、跳舞及聽音樂，在這裡，他們使用簡單的樂器，如木琴、小鼓、響葫蘆、三角鐵，一起動一動、跳一跳，有時候也會跟著錄音

機、錄音帶的音樂,又唱又跳,擺頭又擺腦。音樂區是幼兒以聲音試驗並創造他們自己音樂的一個環境。在此區,幼兒是音樂家,快樂的製作他們的音樂並與他人分享。

Isbell（1995）建議在團聚時間,教師讓幼兒分享未曾見過的夏威夷四弦琴（ukulele）、弦齊特琴（autoharp）、三角鐵或其他的樂器。同時,讓幼兒隨意的彈弦,並聽「新」樂器所產生的聲音。在團聚時間結束時,將此樂器置放於音樂區內。音樂區可以訓練幼兒的聽音能力、發音能力及對音樂節奏的反應,學習使用樂器、抒發情感、鍛鍊體格,並帶給幼兒愉悅和創造性的經驗,甚值參採設計。

茲參考 Isbell（1995）的研究及其他學者專家（*Brewer, 2001；Olds, 2001；Pattillo & Vaughan, 1992*）之見解,就音樂區的學習目標、運用時間、空間配置、基本器材、增加活力和角區評鑑等六項加以說明,並附音樂區設計參考圖（如圖 39）,以供幼兒活動室學習區設計與運用之參考。

(一) 學習目標

1.讓幼兒享受製造音樂和參與音樂活動。
2.探索由許多不同的物體和樂器所製造的聲音。
3.聽多樣的音樂。
4.幼兒對他們的感覺學習新的表達方式,以建立他們的自我概念。

(二) 運用時間

音樂和聲音區應在整年的幼教課程中輪替,一次大約保留二週～三週。該區每次的設置,在製作音樂的興趣上,應有所更新。

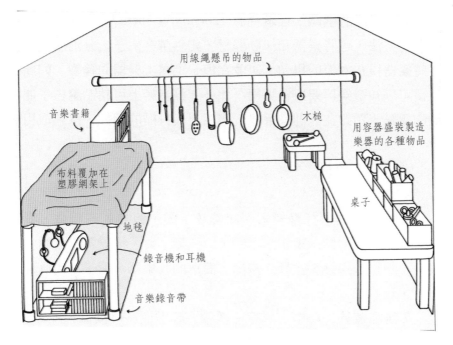

用線繩懸吊的物品

音樂書籍

木槌

用容器盛裝製造
樂器的各種物品

布料覆加在
塑膠網架上

桌子

地毯

錄音機和耳機

音樂錄音帶

圖 39：音樂區

資料來源：*The Complete Learning Center Book*：*An Illustrated for 32 Different Early Childhood Learning Centers*, R. Isbell, 1995, p.83.

(三) 空間配置

  1. **音樂區的位置**，因常發聲，通常很吵，可考慮設在裝扮區或積木區的旁邊，與大團體區合併設計，這樣大團體律動時間就會很方便。如有必要，可以考慮將音樂區移到半室外空間，將會降低對室內的干擾，有單獨的韻律教室更為理想。另外，為播放錄音帶或CD 音響，音樂區應臨近電源插座。

  2. 音樂區的大小，至少 2.4m×3m，地板鋪地毯會有吸音和靜音效果，牆壁裝壁毯或軟木塞板，也會有吸音之效。

3. **音樂區的儲藏**，儲藏櫃長 120cm×寬 30cm×高 75cm，陳列樂器的方法，可將樂器和律動器材（如彩帶、扇子）分別放置，也可將樂器掛在木板的掛勾上，並在板子上畫上樂器的輪廓，如此幼兒便可以知道樂器要掛在哪裡。此外，錄音帶上可黏貼讓孩子能辨識的標籤，例如在非洲鼓聲錄音帶貼上人打鼓的圖片，以利取用。

(四) 基本器材

1. **節奏樂器**：打擊樂器、節奏棒、鼓、鈴鼓，三角鐵、響葫蘆，瓢器，敲擊棒、鐃鈸、木琴、口風琴，鈴、搖盪器、鈴噹－手搖鈴，腕鈴，踝鈴、木琴、鐵琴、簡單的管樂器、哨子、滑動伸縮笛子、玩具笛。

2. **舞蹈道具**：絲巾、彩帶、緞帶、呼啦圈、凌波舞桿。

3. **輔助音樂**：卡式錄音機、錄音帶和CD音響（包括多樣演奏家的錄音、幼兒的歌唱，專業演奏家、管弦樂隊和管樂隊、民俗音樂、流行音樂等，並注意來自不同文化的音樂錄音帶，應配合適切的樂器）。

(五) 增加活力

邀請小學或中學管樂隊或管弦樂隊中的音樂家到音樂區來，並要求該音樂家演奏她的樂器，讓幼兒欣賞。

(六) 角區評鑑

1. 幼兒是否使用該區內的樂器？

2. 幼兒是否試驗以樂器和日常物品產生的不同聲音？

3.幼兒是否製造樂器並結合器材以創作音樂？

4.幼兒是否喜歡不同性質的音樂？

5.幼兒是否在他們的音樂能力上得到信心？

八 沙水區（sand and water center）

沙水遊戲對幼兒很重要，這些自然的材料激勵他們探索和試驗，以學習有關他們的世界。當幼兒與材料互動，益增他們協調並發展新的方法以成功的使用工具。幼兒對沙和水有興趣，使此區成為一個有效用的場所，可增進幼兒的注意廣度（attention span），也會使他們投入有意義的活動（*Isbell, 1995*）。

在這裡，幼兒可以自己玩、在別人旁邊玩，和別人一起玩或成群一起玩，他們是忙碌而主動的，可以發出噪音，經驗到沙和水變化的趣味，還可以享受到想像的樂趣，如用沙水來鑽隧道、疊山脈、疏渠道、築湖泊、泛舟船、鋪馬路、蓋城堡、建游泳池等等，變化萬千，趣味無窮。幼兒在傾倒、混合、填充、挖洞、灌注、塑造、潑濺時，就學到了空間概念、數字概念及語言表達，也可盡情發抒情感和想像，發揮創意思考，因此沙水區有其值得參採設計之處。

茲參考 Isbell（*1995*）的研究及其他學者專家（*Brewer, 2001；Taylor, 1991*）之見解，就沙水區的學習目標、運用時間、空間配置、基本器材、增加活力和角區評鑑等六項加以說明，並附沙水區設計參考圖（如圖40），以供幼兒活動室學習區設計與運用之參考。

(一) 學習目標

1. 學習環境中有關的自然因素。

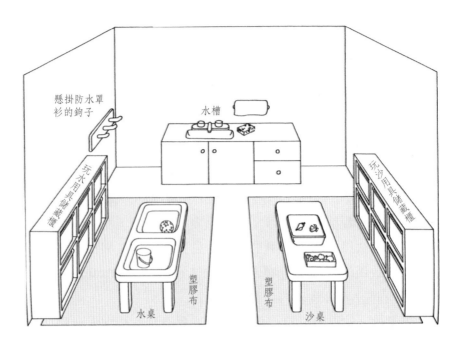

圖 40：沙水區

資料來源：*The Complete Learning Center Book*：*An Illustrated for 32 Different Early Childhood Learning Centers*, R. Isbell, 1995, p.65.

2.幼兒操作材料和工具，以發展小肌肉的協調。

3.給予試驗材料的機會，並能很快的回應到他們的行動中。

4.運用問題解決以探索沙和水的特性。

㈡ 運用時間

此區包括沙、水或二者，運用不同的器材組合，可整年在教室中輪替。

(三) 空間配置

1. **沙水區的位置**，須接近水源，通常設於室外或半室外空間，設於室內可與美勞區、家事區鄰近，共用水槽，以利用水及清理；如空間不足，也可併入美勞區中設計。

2. **沙水區的區隔**，如空間足夠，沙桌和水桌宜分開設置；如空間不足，沙水可同桌，但要隔成二區或三區（中間沙水共用區）。

3. **沙水區的地板**，以易清潔的磁磚或塑膠地面為佳，若無此條件，也可覆蓋塑膠布或浴簾。

4. **沙水區的沙水桌**，以 5 歲幼兒而言，高度約 60cm，四周的走道空間至少80cm寬，桌底懸空淨深至少48cm（*Ruth, 2000*），讓坐輪移椅的幼兒也可以靠近玩沙水。

5. **沙水區的儲藏**，儲藏櫃約長 120cm×寬 30cm×高 75cm，以開架式收藏玩沙水的工具，如小水桶、小鏟子等；其他小型道具，如小車子、小動物、小人偶，應具耐水性，並分類存放於收納箱中，貼上標示或圖示，以利幼兒辨識、取用和整理。如空間不足，也可以小水桶分類收藏沙水遊戲器具。

(四) 基本器材

1. **沙水器具**：細沙、自來水、沙／水桌、小水桶、小鏟子、塑膠量杯、塑膠量匙、漏斗、濾器、石頭、小鵝卵石、木片、貝殼、各式噴水罐、噴霧罐、遊戲沙袋（消毒過的）、噴霧瓶、盛水瓶（弄濕沙並使灰塵留下）、塑膠管、海綿、吸管、醫藥滴管、天秤盤、大湯匙（有濾孔和無濾孔）、盤子、長柄杓、蛋攪拌器、塑膠有孔的鹽罐、人造奶油桶。

2.**遊戲道具**：縮型玩具，如：塑膠動物、玩具人、小塑膠輪具玩具、塑膠蛋、貝殼、小刷帚。漂浮器具，如：軟木塞、海綿、泡綿、冰棒枝、細枝。

3.**其他**：防水罩衫、塑膠或浴簾襯墊（置於桌面和地板上）、小掃帚、畚箕或小型手持真空吸塵器、清潔的塑膠盒（用以儲存和分類道具）。

㈤／ 增加活力

1.**有顏色的水**（colored water）：如果幼兒對水遊戲失去興趣，增加食物色彩到水中，如綠色或橘色水，可為沙水區提供新的遊戲誘因及活力的想像。

2.**濕的沙**（wet sand）：濕沙和乾沙的操作反應不同。可對沙噴水至壓擠時可凝結，也可增加一些道具，如大塑膠梳子（a large plastic comb）、棍棒、玩具傾倒卡車、切餅器和製餅模，並與幼兒一起用圖表示濕沙和乾沙的相似性和差異性。

3.**沙水替代物**：如栗子、樹葉、松針、貝殼、小圓石與石頭、小砂礫（豌豆形狀）、大理石、水與肥皂泡沫、刮鬍霜等，可能會給幼兒不同的新奇感。

㈥／ 角區評鑑

1.幼兒是否探索沙和水的特性？
2.幼兒是否選擇沙水區內不同的道具做試驗？
3.幼兒在灌注、濾過和填滿時是否改進他們的小肌肉協調？
4.幼兒是否負責地使用器材並在該區遊戲結束時加以清理？
5.幼兒是否在他們參與該區時討論他們的活動？

九 電腦區（computers area）

　　二十一世紀，電腦已成為生活中不可或缺的一部分，幼兒教室設計電腦區已成普遍趨勢。幼兒 3 歲即可介紹電腦，在電腦使用上，幼兒繪圖（如為其積木遊戲繪標示），製作面具與珠寶，玩配對、比較、計算與記憶的遊戲，「駕駛」銀幕上的火車、汽車與船，試驗字母以及寫自己的故事。正因為電腦區，如Nelson、Killian和Byrd所歸結的，能提供幼兒討論、比較、知識建構、相互激勵、磋商、個人能力和師生歡樂的情境（*引自Taylor, 1991*），也能增進幼兒的科技能力，並激勵社會分享和認知（*Gimbert & Cristol, 2004*），該區設置的重要性，不言而喻。Beaty（*1992b*）並清楚的列明幼兒教室應考慮設置電腦區的主要理由：

　　*1.*電腦的互動型態使幼兒喜歡。

　　*2.*電腦結合視覺和語言學習，對幼兒特別有幫助。

　　*3.*電腦使個別的學習更容易。

　　*4.*電腦使不同背景的幼兒成為平等者。

　　*5.*電腦是幼兒積極自我形像的有效提升者。

　　基本上，電腦使用的目的，大人和幼兒不同。對大人而言，電腦是一個用來執行一項特定任務的工作工具（a working tool）；對幼兒而言，電腦是一個學習工具（a learning tool），可協助他們發展特別的技能，從強力的互動學習中，促進幼兒社會、情緒、身體、認知、語言和創造領域的發展。因此，幼兒教室電腦區的使用應注意（*Beaty, 1992b*）：

　　*1.*幼兒教室的電腦不是單一幼兒的工具，而是操作者（operators）與觀看者（onlookers）的小團體活動（如圖 41 所示），亦即至少

幼兒教室的電腦不是單一幼兒的工具，而是操作者與觀看者的小團體活動。

圖 41：電腦區

資料來源：*Preschool: Appropriate Practices*, J. J. Beaty, 1992b, p.72.

讓 2 名幼兒探索、研討並與他人輪流使用。

　　2.教師教導幼兒使用電腦，在年度開始，先作小團體示範，每次 4～5 名幼兒，教師坐一個位子，幼兒坐一個位子，教師示範如何拿磁碟片，把程式片插入磁碟，鎖上磁碟，打開螢幕，如何啟動電腦，然後關機，並讓坐在椅子上的幼兒隨之操作一遍，其餘的 3～4 名幼兒則在一旁觀看，其後輪流跟著作。

　　3.電腦區通常是幼兒教室最受歡迎的學習角落之一，可於電腦角的入口設簽名單列管，讓每一位幼兒都可使用一回。開始時，一週只有一個程式，或讓幼兒都有一次機會盡情的使用。

4.使用電腦的規定，不要超過三條並以圖例設置在旁邊：⑴手要乾淨（黏黏的手指會黏住鍵盤鍵）；⑵電腦角不許有液體（流下液體在電腦上可能是幼兒會作的唯一傷害）；⑶一次2名幼兒才可使用電腦。

另外，在電腦區教學上，Clements建議：⑴循序漸進介紹電腦操作，一次介紹一或二個程式；⑵鼓勵幼兒 2 人一組共同使用電腦；⑶一開始要給予許多鼓勵和指導，再逐漸增加自我導向及合作學習，但仍應續予指導；⑷教導兒童有效地合作；⑸瞭解兒童發展的限制；⑹督導幼兒的互動情況，以確保所有人都積極參與；⑺避免在幼兒發問前即予小考或提供協助；⑻在電腦活動中，如同其他活動一般審慎計畫，並提供適切的準備及追蹤（*引自 Spodek & Saracho, 1994*）。Brewer（*2001*）也特別指出，電腦運用訓練和練習程式會使幼兒失去創意，幼兒教室電腦的運用，較好的是創造故事和圖畫，值得幼教教師教學參考。

還有，在電腦軟體的選擇上，應以好讀、好操作、具親和力、符合課程目的，並具有教育價值和教學設計為基本考慮，教師選擇軟體時，應先測試並參考幼兒軟體文獻。目前，供幼兒使用的套裝軟體愈來愈多，Haugland 和 Shade 在 1990 年所著的「幼兒軟體發展評鑑」（Developmental Evaluations of Software for Young Children）一書中，評估一百種以上的套裝軟體，提出十項標準，以判斷其發展的適切性：

1.**年齡的適切性**（age appropriateness）：概念的教導和方法的提供顯示幼兒的實際期望。

2.**幼兒的控制**（child control）：幼兒是主動的參與者，決定活動的流程和方向，而非由電腦主控。

3.**清晰的教學**（clear instructions）：語言或繪圖指導簡單而精確，文書教學並不恰當。

4.**擴展中的複雜性**（expending complexity）：軟體配合幼兒的現有技巧，並建立在實際學習順序中以順應挑戰。

5.**獨立**（independence）：幼兒能在大人的最少督導下使用軟體。

6.**歷程導向**（process orientation）：幼兒在電腦上完成工作，有一種探索和發現的內在喜悅。列印工作結果雖然很好玩，但非它們的基本目標，而外在的酬賞如笑臉或其他的增強物也都不需要。

7.**真實世界的模式**（real-world model）：軟體中物體的使用是可靠的世界概念模式，彼此間有適當的比例以及有意義的情境。

8.**技術性的特質**（technical features）：幼兒的注意較易為富色彩、整齊的、活潑的、寫實的圖案和音響效果之高品質軟體所吸引，軟體裝置和運作也要快，等待時間要最短。

9.**嘗試與錯誤**（trial and error）：幼兒有無限的機會創造問題解決、探索多種途徑和校正他們自己的錯誤。

10.**轉換**（transformations）：幼兒能變更物體和情況，並可看見他們行動的效果（*引自Essa,1996*）。

茲參考有關學者專家（*Beaty, 1992b; Brewer, 2001*）之見解，就電腦區的學習目標、運用時間、空間配置、基本器材、增加活力和角區評鑑等六項加以說明，並附電腦區設計參考圖（如圖41），以供幼兒活動室學習區設計與運用之參考。

㈠ 學習目標

1.瞭解電腦在生活中的重要。
2.認識電腦並喜歡電腦。
3.可以熟練的玩電腦遊戲。
4.運用電腦做一些簡易的創作。

(二) 運用時間

電腦區應保持整年可用，教師在團聚時間向幼兒說明電腦的內容及使用注意事項，並讓每位幼兒都有機會到電腦區遊戲或創作。

(三) 空間配置

1. **電腦區的位置**，宜設於光源充足的安靜角落，可與圖書區合併設計，不可近水源，並應避免電腦螢幕反光。另為安全計，電腦區須設於教室的角落或靠牆，才能將電腦複雜管線，加以整齊的整理，以免凌亂四散，易絆倒幼兒產生危險。

2. **電腦區的配備**，因電腦較昂貴，以臺灣而言，每間活動室的電腦區以設置 1 臺電腦最為適宜，可供應 4～6 名小團體幼兒運用，因幼兒喜歡和他人一起討論，與大人的使用不同，因此每 1 臺電腦必須有 2 張椅子，使用時，2 名幼兒同時上機，其餘 2～4 名幼兒在旁邊觀看。如空間和經費許可，可裝 2～3 臺電腦，並將電腦桌配置成半圓形，讓螢幕面向著半圓形的中心，這樣可以讓孩子在專注於自己的活動時，亦能幫忙另外的人，也能讓大人立即且易看到所有的螢幕。至於，電腦的基本配備，每臺電腦主機至少要有一部軟碟和足夠遊戲軟體記憶容量的硬碟、彩色螢幕、適合幼兒的遊戲軟體，並連結網際網路，而印表機在電腦區只要一部即可。

3. **電腦區的作品展示**，牆、矮櫃或展示板皆可運用，讓幼兒呈現其電腦創意作品，彼此分享經驗。

4. **電腦區的儲藏**，螢幕、鍵盤和列表機是固定設備，保持在原來桌上即可。其次，常用的遊戲軟體，直接裝在硬碟內，幼兒所用的程式軟體磁片則需有安全的收藏盒，但其備份必須存放在幼兒拿

不到的地方。此外，電腦用紙，由教師負責裝在印表機上，隨時準備好，讓幼兒方便使用。

㈣ 基本器材

1. **電腦規格**：中央處理器（CPU）（350MHZ 以上）、主記憶體（RAM）（64MB 以上）、鍵盤（104 鍵）、彩色螢幕、軟碟機一臺（3.5"）、硬碟機（容量至少 9GB）、光碟機（24 倍速以上）、作業系統（Windows 2000）。

2. **週邊設備**：電腦桌一張、電腦椅二張、滑鼠一個、音效卡（聲霸卡或相容的喇叭）、彩色噴墨印表機（如有經費，或可置彩色雷射印表機）一臺、掃描器一臺（如有經費）、電腦紙、油墨、多插座延長線、磁片、磁片盒。

㈤ 增加活力

1. 增加新的遊戲軟體，其遊戲界面、內容和操作方式，能與原有的遊戲軟體不同，效果更佳。

2. 改變電腦程式的輸入控制，將原鍵盤或滑鼠的輸入方式，改為觸控螢幕（touch-sensive screen）或語音操控（voice-input），讓幼兒嘗試不同的輸入方式。

㈥ 角區評鑑

1. 幼兒是否常到電腦區並顯示對電腦的好奇？

2. 幼兒是否知道如何使用電腦的各項工具和遊戲軟體？

3. 幼兒是否以其創意思考使用電腦，並與其他幼兒探討？

4.幼兒是否以他們的電腦創作為傲並有興趣展示？

十│ 益智區（games area）

　　益智區在國外有許多人稱之為「操作區」（manipulative area），大都會與數學的數字遊戲結合。基本上，它主要是一個提供孩子玩桌上型規則遊戲，如棋類、拼圖、七巧板、撲克牌、魔術方塊或連環套的地方，國內也有人加入較多的布偶玩具和其他縮型玩具，而稱之為「玩具區」。

　　在益智區遊戲的孩子，會面臨很多的思考和挑戰。孩子們在不停的挑戰中，獲得成功的樂趣，也學習到問題解決的思考方法，在此遊戲可以增加手眼協調，可以從多次的成功經驗中建立信心，還能和其他的幼兒討論和彼此分享突破問題的喜悅。遊戲中，有些孩子會花時間重複以及擴展新技巧，如善於拼圖者可能一再的重複，或在拼圖框外拼圖，以挑戰或超越自己；有些孩子會一起玩簡單的配對遊戲與假想遊戲，如他們可能會用骨牌替橡皮製的農場動物建造一道圍牆，或抱著洋娃娃要她們在天黑的夜晚不要害怕，因為「爸爸」或「媽媽」會保護她。由於益智區充滿不確定性的挑戰和無限的想像空間，許多幼教學者專家，都會介紹此一區角的設計。

　　茲參考有關學者專家（*Beaty, 1992b; Brewer, 2001;Click & Click, 1990; Pattillo & Vaughan, 1992*）之見解，就益智區的學習目標、運用時間、空間配置、基本器材、增加活力和角區評鑑等六項加以說明，並附益智區設計參考圖（如圖 42），以供幼兒活動室學習區設計與運用之參考。

圖42:益智區

資料來源：*Arranging the Classroom for Children*, Alward, 1973.（引自 Marion, M.（1991）. *Guidance of Young Children*（3rd ed.）, p.88）

(一) 學習目標

1. 在建構中，認識數學的概念和本質。
2. 在遊戲中，獲得感官的滿足並建立信心。
3. 在操作中，促進小肌肉運動與手眼協調。
4. 在探索中，發展主動思考和解決問題的能力。

㈡ 運用時間

益智區應保持整年可用，並定期地增加新器材，以激發幼兒以不同的方式思考和創造。此外，教師利用在團聚時間，向幼兒說明益智區的內容及使用注意事項，並鼓勵幼兒到益智區建構、組合或創作。

㈢ 空間配置

1. **益智區的位置**，宜設於光源充足的安靜角落，可鄰近電腦區，避免和較嘈雜的積木區、裝扮區為鄰；如空間不足，可與圖書區合併設計。

2. **益智區的區隔**，如空間足夠，可利用櫥櫃、隔板或桌子，再分為拼圖區、棋類區、撲克牌區、玩具區，讓幼兒選擇。

3. **益智區的桌椅**，一般設計容納 2～6 人，桌子二張（梯形為佳），可併合，桌面宜寬廣，以利遊戲操作。

4. **益智區的作品展示**，牆、矮櫃或展示板皆可運用，並可讓幼兒自行呈現拼圖作品，彼此欣賞和分享經驗。

5. **益智區的儲藏**，置物櫃約長 120cm×寬 30cm×高 75cm，開架式儲藏方式整齊收存。最好系統分類，如分大班、小班，或依規則遊戲器具、假扮遊戲器具分類。其中，拼圖、大富翁、七巧板等要置於原裝盒中；撲克牌裝回小紙盒中或用橡皮筋捆好，跳棋、象棋、兵棋、圍棋等，依其類別以原裝盒或其他適用小盒子分裝；魔術方塊、樂高組合玩具，以及縮型玩具，如小車子、小動物、小人偶和組合玩具等，則可同類存放於透明塑膠收藏箱中或是沒有蓋子的籃子中，並貼上標示或圖示，以利幼兒辨識、取用和整理。

6.**益智區的整理**，因該區的器材種類繁雜，零件特別多，若不善加管理，不但各種遊戲器具凌亂，無法辨識運用，也易遺失，因此應教導幼兒每次使用之後一定要仔細收存，如幼兒有困難，教師應即予協助，以免幼兒找不到位置，隨處擱置。

四 基本器材

1.**規則遊戲**：拼圖、樂高組合玩具、撲克牌（簡單的遊戲，如「步步高昇」、「接龍」、「心臟病」等）、記憶卡、骨牌大富翁、賓果遊戲、魔術方塊、連環套、跳棋、象棋、兵棋、圍棋、珠子與繩子、套杯、套盒、鈕扣、彈珠。

2.**假扮遊戲**：洋娃娃、泰迪熊、國王企鵝、皮卡丘玩偶、玩具鈔、玩具卡車、搬運車，小卡車、小汽車、小巴士、小飛機、小直昇機、小船、小火車、小人偶（有男女、多元種族）、小動物、小樹、小房子、縮型農場／城市／動物園／森林。

3.**其他**：透明收納箱、小盒子或小桶子、橡皮筋、小掃帚、畚箕等。

五 增加活力

1.改變益智區的情境，原來是有桌椅的設計，一學期之後將桌椅移到別的區角，原地鋪上地毯或塑膠地墊，讓幼兒坐在地板或趴著玩，應有另一番滋味在心頭。此外，也可在原空間中，另增不同層面空間（如閣樓），或另置一處鋪著地毯且有枕頭的小平臺，並將益智遊戲器材放在那裡，也可產生另一種新的吸引效果。

2.將一些較大的玩具組置放在地板上或低矮的架上，讓孩子從室內不同的角度都能看到這些玩具，以吸引幼兒的玩興。

3.換新的益智器材,或依幼兒能力,增加或減少拼圖的難度;或依幼兒的興趣,新購較複雜的大富翁,以促進幼兒的挑戰慾。

㈣ 角區評鑑

*1.*幼兒是否經常到該區使用有關的器材?

*2.*幼兒是否一起工作以決定如何設計和建構作品?

*3.*幼兒是否在他們操作時,運用問題解決和創造思考?

*4.*幼兒是否喜歡他們的拼圖作品並公開展示?

*5.*幼兒是否負責地使用器材並在該區遊戲結束時加以清理?

十一 私密區(private area)

私密區是一個封閉的小空間,它是可供一個或二個幼兒使用的小屋,小屋內的視訊與其他的幼兒斷絕,但大人卻能輕易地督導該空間的占有者(the occupant of the space)(*Marion, 1991*)。Brewer(*2001*)即強調,每一個教室需要一個小區域供兒童獨處一段時間,此一區域不需要特別的設備——或許只要一張椅子或一個坐墊,有些教師會布置一、二朵花、一件雕塑或一塊窗簾,當幼兒有需要時,可以一個人帶一個益智遊戲或一本書到這一個安靜區來。

Beaty(*1992a*)亦表示幼兒私密區是當幼兒需要時能獨處的地方,在教室內設置幼兒私密區極為重要,惟私密區並非隔離於園舍的另一地方,因為幼兒需要與自己相處,但同時他們也喜歡知道其他幼兒在做什麼,隔離在另一房間則太像懲罰。

基本上,私密區的使用,需讓每一名幼兒知道這是一個可以獨處的地方,以及正在使用該地方的人不能被打擾,這是一個庇護和

鬆弛的地方，不可作為「暫停」（time-out）或懲罰區（*Marion, 1991*）。因此，幼兒教室內，最好都能設置一個私密區，Marion（*1991*）認為每一個幼兒教室，有 20 名以上一起生活和工作的幼兒，就需要一些私密權，也有權選擇或限制與團體中的其他幼兒接觸。幼兒在私密區，與自己單獨相處一段時間，可以靜一靜、閉上眼、看看別人，或與好友說悄悄話，或調整自己失序的情緒，然後重新投入團體中，是一個幼兒教室環境中非常有趣的空間，教師可以藉由私密區的設計，清楚的看到孩子情緒的流動，其重要性在幼兒學習環境中是不可或缺的。

茲就私密區的學習目標、運用時間、空間配置、基本器材、增加活力和角區評鑑等六項加以說明，並附私密區設計參考圖（如圖 43），以供幼兒活動室學習區設計與運用之參考。

(一)　學習目標

1. 在私密區的運用上，幼兒知道要自尊尊人。
2. 幼兒運用私密區重新調整情緒，並對自己有多一些瞭解。
3. 幼兒與好友在私密區交流情感。
4. 運用私密區解決在團體中的不適關係。

(二)　運用時間

私密區應設於每一個幼兒教室內，並成為幼兒整年有用環境的一部分。每月改變一次位置、造形或布置，以維持全年使用的效度。

圖 43：私密區

資料來源：*Arranging the Classroom for Children*, Alward, 1973.（引自 Marion, M.（1991）. *Guidance of Young Children*（3rd ed.）, p.87.）

(三) 空間配置

  *1.*私密區的位置，需置於需安靜角落，可獨立設計，也可與圖書區或說故事區合併設計。獨立設計，可設置於光線較弱的角落，以矮櫃或隔板區隔，或設於樓梯下或閣樓上均佳。

  *2.*私密區的空間，以容納1～2人為宜，多了就失去「私密性」的效果。

  *3.*私密區的布置，以溫馨為主，可鋪上地毯或塑膠軟墊，放一張懶骨頭椅子或無腳沙發椅，擺上幾個抱枕、洋娃娃、泰迪熊或皮

卡丘玩偶等等，插一朵小花，放一件雕塑，還可放一臺卡式錄音機或 CD，外加一副耳機，可讓幼兒靜靜的聽音樂。此外，也可有創意設計，如找一個大紙箱或圓桶，只有單一的入口，或作開放式私密區設計，如只能裝下一位小朋友的浴盆，置於角落上即可。

　　4.私密區的環境，應注意：(1)色彩上，用冷色調（如藍、綠、紫、白）為主，富「沉思」之意；(2)光線上，不必太強，可透光即可，尤其要有讓外面活動的幼兒不易看到裡面的幼兒，而裡面的幼兒可以看到外面幼兒活動的效果；(3)通風上，空氣一定要流通，以免成為晦暗死角。

　㈣　基本器材

　　1.主要器材：地毯或塑膠軟墊、蚊帳／大紙箱／或浴盆、懶骨頭椅或無腳沙發椅。卡式錄音機或 CD（一臺），耳機（一副）。
　　2.裝飾器材：小花瓶、雕塑、抱枕（大小、各種色彩）、洋娃娃、泰迪熊、國王企鵝、皮卡丘玩偶。

　㈤　增加活力

　　1.改變私密區的位置，原來在樓梯下，現改到閣樓上，讓幼兒躲起來的時候，可以看到不同的教室活動角度，會有另一番新奇感。
　　2.改變私密區的造形，利用大型紙板箱、圓頂帳蓬或懸吊的降落傘，以吸引幼兒躲進去的興趣。
　　3.重新布置私密區，如換色彩（淡綠色改為淡藍色，仍為冷色系）、換座椅（如懶骨頭換成浴盆）、換抱枕（如小的變大的）或換填充偶（如泰迪熊變無尾熊或國王企鵝），讓幼兒有不同的溫馨感受。

(八) 角區評鑑

1. 幼兒在自由選擇時間是否選擇到私密區？
2. 幼兒是否留在該區一段合理長度的時間？
3. 幼兒是否知道如何運用私密區，也會尊重別人的使用？
4. 幼兒在使用私密區後，是否較有自信？
5. 幼兒對該區的空間和布置是否喜歡？

第三節

低年級教室的設計

　　低年級是幼兒教育的高限，包括小學一年級～三年級，幼兒年齡介於 6～8 歲之間。許多低年級的課程強調基本能力——讀（reading）、寫（writing）、算（arthmetic），雖然課程是學科導向的（academically oriented），但也不忽視兒童的社會和情緒的發展，兒童發展自尊以及成為學習者的理解能力也很重要。低年級所接受的教學領域除基本能力之外，還有社會研究（social studies）、語言藝術（language arts）、科學，並提供藝術和音樂的創造性經驗以及體育等等。與其他幼兒課程類型不同的是，低年級的學習環境較以教師導向（teacher-directed）的結構為主要特色。1980 年代中期開始，美國小學低年級已受到家長、州立法者、企業人士和教育家更多的重視，現在我們也瞭解小學前三年級的價值，它們提供學校及未來生活實現的成功基礎（*Graves et al., 1996*）。

　　就教室的規畫而言，低年級的教室和幼兒的活動室，在學習區

的設計上稍有不同，以下先說明低年級教室的特性，再介紹幾個低年級教室配置範例，以供參考。

一 低年級教室的學習區

小學低年級教室與幼稚園活動室的學習區，在性質和類別上確有不同，Pattillo 和 Vaughan（1992）指出學前學校（如預備幼稚園、幼稚園）的學習區，通常以活動的類型（the type of activities）來分區，低年級（一～三年級）的學習區，通常根據學科（subject matter）來分區。Pattillo 和 Vaughan 並特別說明，幼兒年齡團體愈長，學習區愈專精分化（如圖 44）；例如，發展語言技巧，幼稚園前以圖書區開始，強調口語和圖片閱讀（picture reading）；幼稚園時，圖書區分為二個區，圖書和溝通區（communication centers），強調溝通上早期初步的讀寫技巧（literacy skills）；至低年級時，圖書和溝通區分成更多與語言藝術有關的學科區（academic areas）：圖書、閱讀、創作（creative writing）、拼音和寫字（hand writing）。

至於，低年級的學習應包括那些，Pattillo 和 Vaughan 也做了具體的建議，可供規畫設計之參考：(1)低年級靜態區：包括創作區、閱讀區、拼音區、寫字區、圖書區、社會研究區、科學區和數學區。(2)低年級動態區：包括積木區、裝扮遊戲區、美勞區和音樂區。

另外，Spodek 和 Saracho（1994）也同意低年級教室的學習區通常以學科（subject）組構，如數學區、語言藝術區、社會研究區和科學區，並進一步說明教室中也可創設幼兒有興趣的主題或方案之學習區，如環境研究區、交通區等。Spodek 和 Saracho 認為學習區應有供個別和小團體使用的器材，並以邊界清楚地界定其所使用

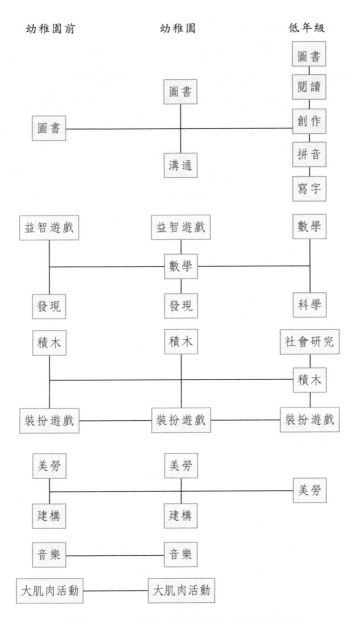

<table>
<tr><td>幼稚園前</td><td>幼稚園</td><td>低年級</td></tr>
</table>

圖 44：學習區隨年齡團體增長愈專精分化

資料來源：*Learning Centers for Child-Centered Classrooms,* J. Pattillo and E. Vaughan, 1992, p.19.

的器材,也提醒學習區應易於督導,其內容應支持獨立的研究和活動,教師不在時,可運用活動卡(activity cards)給予幼兒指導。至於,教室學習區的配置也有幾項值得注意的重點,例如:科學活動區應設在易於取水的地方,也應有一展示區放置植物和動物,以及儲置放大鏡、磁鐵、不同大小容器和多種測量裝置的架子,也可用淺盤將它們分類放置,使之井然有序;科學活動區的教材應隨研究領域的不同時常更換,或季節變換時,教材也要更換,開放性問題亦可做為展示主題,如「哪種材料會沉,哪種會浮?」;閱讀區,應有書放在書架上,書名要清楚的顯現出來,並有舒適的閱讀地方,而一塊地毯、幾個枕頭、一張軟墊椅及圍在桌旁的長椅,加上圖書架,即可完成,並注意書本要有不同等級的難度和不同的主題,包括小說和非小說,此區可以增設視聽區,準備有耳機的錄音機或留聲設備,以及一臺幻燈機。

還有,對傳統的教師而言,將教室改變為學習中心教室(a learning center classroom)的任務是勢不可當的,但是轉變為兒童導向的教室(a child-directed classroom)則是緩慢、漸進的歷程,Pattillo和Vaughan(1992)即建議,教師應考量從一或二個學習區開始,先選擇器材已有效備妥且最不會紊亂的學習區。例如,在學前教室,可以圖書區和桌上益智遊戲區開始,大多數的教師已有圖書,只要增加一些說故事的木偶和舒適的枕頭,圖書區即已備妥可用;同樣的,大多數學前教室都有操作性的拼圖和益智遊戲,可作為桌上益智遊戲的開始。在低年級教室,圖書區也可輕易的設立,創作和數學區只需一些基本的器材,如筆記簿,即可開始。教師最好先做一些學習區,不要過度擴張自我而試圖以少之又少的器材快速的成立太多的學習中心。建立器材的檔案需要時間和資源,許多傳統的器材可重新建構以作為學習區之用。許多教師花了好幾年來發展學習中心教室,就務實的目的,如每年發展二個學習區,教師

可輕易地實現此一趨向。當整個學習中心教室完成時，每年對新的幼兒團體介紹，開始時最好只介紹一些學習區，審慎地預先察看其規則和活動，並給幼兒時間，學習如何選擇學習區、自行工作和清理。當幼兒顯示出已準備好了，可以每週預先察看並增加新的學習區。

值得注意的是，學習區是當天主要的學習時間，它們不是酬賞（rewards）或自由遊戲（free play）。學習區不可視為好行為的酬賞，跟隨在其他教師導向活動完成之後；如學習區被視為增強（reinforcement），最需要學習區的幼兒，會將被拒絕使用學習區的機會，視為懲罰或因他們完成工作較慢。幼兒教室學習區的運用是一個持續的歷程，教師所做的任何改變，應朝向更為「兒童導向的」而非「教師導向的」活動，才是朝向較為「發展上地適切練習」（developmentally appropriate practice）的正確步驟。然而，即使最有經驗的學習中心教師，每年都會改變學習區以符應幼兒的需求和興趣。Pattillo 和 Vaughan 特別強調，學習中心並非靜態的（not static），而是動態的（dynamic），它們隨著時間發展和改變，正如教師和幼兒一般。

須提的是，國內多年前，也有「幼小銜接教室」的相關研究，希望低年級的教學與教室設計，能與幼稚園相似，以免幼兒的學習環境轉變太大，而產生調適上的問題。對此，盧美貴等人（民84）曾說明，幼兒的學習環境由自由、活潑、自發的情境，轉換成小學的分科、被動、僵化的學習環境，學校環境也由原來兩位老師的小班教學，突然轉換成眾多夥伴的「大學校、大班級」，幼兒的倦怠、失落與恐懼也就油然而生，孩子面對巨大改變，無法快樂自在的學習是可想見的，而增加關愛的學習氣氛與生動活潑的環境設備，應可減少國小低年級兒童的不良適應。為加強幼小兩階段的銜接，盧美貴等人（民84）建議「力求學校環境設備的充實與生動」，

良好的學習環境才能發揮提供學習刺激、思考與操作的功能，進而使兒童能自動自發的學習，因此對低年級幼兒教育空間的設計利用，建議做下列的改善：

1.改變格局一致、要求排排坐與絕對肅靜的教室管理，為多元空間與活動需求之班級經營管理方式。

2.充實教室的資源設備與小班級教學。

3.生動活潑的學習環境，要與時間開放、空間開放、學習對象開放、教具開放的學習功能結合。

4.落實環境安全教育，以及教師對危機的處理能力。

5.實踐「形式」隨「功能」改變的學習環境，各項教學設備隨學習主題更換布置，以提供更多探索機會與生動活潑的學習目標。

綜上可知，低年級是幼兒教育的高限，其教育模式之轉化，應與幼稚園有所轉銜，教室的設計和幼稚園一樣，提供以幼兒為中心的學習區給低年級學生是相當好的思考，但二者的學習區規畫，低年級教室通常根據學科來分區，與幼稚園活動室以活動的類型來分區，有所不同，規畫設計時，應予注意。

二| 低年級教室配置範例

以下將先舉一個有效的和有問題的教室配置說明，讓讀者有統整的概念，再舉一個相關的低年級教室配置案例，供讀者自行深入思考。

(一) Evertson 等人的範例

Evertson等人（2000）在「小學教師的教室管理」（Classroom

Management for Elementary Teachers）一書中，說明，良好的教室
平面配置計畫之開始，是先決定在何處實施全班教學，教師應先檢
視教室，並確定對整個班級上課或教導學生時，將站在何處或在何
處工作，此一教室區域可以大粉筆板或前端的投影機螢幕所設的位
置來確認，教室的區域一經設定，即可準備開始規畫教室平面空
間。如果覺得教室太小，可以移開不需要的學生桌子、其他的家具
或設備。良好小學教室的安排，有四項要點：

1. 保持高交通區（high traffic areas）免於擁塞：許多學生聚
集和不斷使用的區域是令人分心的場地，高交通區包括：團體工作
區、削鉛筆機、垃圾桶、飲水機、特定的書櫃和儲藏區、學生的桌
子和教師的桌子，這些區彼此間加大區隔，應有大的空間並能易於
到達。

2. 確定學生可輕易的讓教師看見：仔細的督導學生是一項主要
的管理任務，教師督導的成功，依據教師可在所有的時間看到所有
的學生之能力。因此，在教學區、教師的桌子、學生的桌子和所有
學生的工作區之間，應確定有清楚的視線；尤其應注意會阻擋視線
的書架、檔案櫃、其他家具和設備。試著站在教室內不同的地方，
並檢查出盲點（blind spots）。

3. 經常使用的教學器材和學生供應品應近便備用：保持器材的
近便性，不僅是準備取用的時間要最短，也應避免使上課流程減緩
和中斷。若在上課期間，教師必須停下來放置所需的器材和供應
品，如此則會失去對學生的注意，而須要求學生注意上課，也是浪
費時間的。

4. 確定學生能輕易的看見教學演示和展示：教師應確定座位的
安排，能讓學生不必移動他們的椅子、轉動他們的桌子或伸長他們
的脖子，而能看到前面的投影機螢幕或粉筆板；同樣的，不要設計
在遠離多數學生的教室角落作教學演示。這些情況，不會激勵學生

注意，而且會使教師要讓所有學生投入班上的活動更為困難。教師應讓學生在教室不同的地方坐一下，以檢查能看得多清楚。

　　圖 45 是一所小學教室良好的平面配置案例，兒童的桌子以群集式安排而不是排排坐，沒有一位兒童的座位背對主要教學區，如果教師在前面的投影機螢幕展示，所有的兒童輕轉座位即可看到，並可在他們的桌子上，將螢幕教材抄進筆記。

　　相反的，圖 46 的教室配置，有幾項潛在問題，你看得出來嗎？

　　1. 當教師在主要粉筆板區附近對全班呈現資訊時，在教室另一邊的學生離粉筆板和教師有段距離，他們看粉筆板上所寫的一些教材會很困難，教師督導這些學生也很困難。同時，教師至有關的小

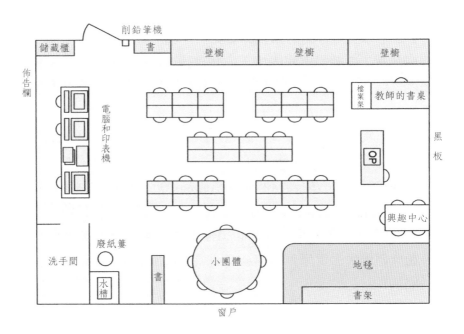

圖 45：有效的教室配置案例

資料來源：*Classroom Management for Elementary Teachers*, C. M. Evertson, E. T. Emmer, and M. E. Worsham, 2000, p.7.

區域的移動範圍受到限制，也沒有全體演示所需器材的儲藏地方。

　2.交通線受阻或封鎖，尤其是書櫃、電腦附近和到盥洗室和削鉛筆機的途中。

　3.在教室中心的小團體桌，太靠近學生的桌子，此一安排不僅會使在座位上的學生分心，也使教師不易看到教室內所有人的地方。

　4.教師應考慮使用低的書架，以避免框住「學習區」的視野，學習區因書架的位置擋住視線，很難督導。

　5.一些學生背對粉筆板和主要的教學演示區。

　6.當教師到學生的桌子上作個別協助時，他（她）很難看到教室內幾個地方的學生。

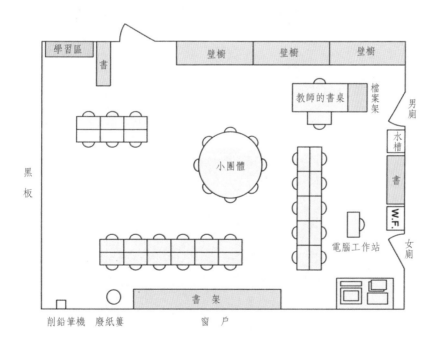

圖46：有潛在問題的教室安排

資料來源：*Classroom Management for Elementary Teachers,* C. M. Evertson, E.T. Emmer, & M. E. Worsham, 2000, p.14.

7.靠近女生廁所門口的獨立桌子，是一項潛在的問題，它不僅封鎖了入門的通道，也會使坐在這個桌子的學生受到來去此區學生的干擾。這個桌子的位置，亦會使教師很難督導坐在那裡的學生。

8.當教師坐在桌子上和其他學生工作時，坐在教師桌對坐桌子的學生會受到干擾，此一學生桌子所設的位置也遠離了主要教學區（*Evertson et al., 2000*）。

㈡ Brewer 的案例

圖47，是由Brewer（*2001*）提供的低年級教室配置案例，請就其空間運用的計畫、教學目標的達成及交通動線的改建等，試行評鑑之。

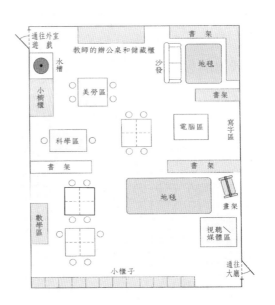

圖47：低年級教室配置

資料來源：*Early Childhood Education: Preschool Through Primary Grades*（4th ed.）, J. A. Brewer, 2001, p.82.

第四節

蒙特梭利教室的設計

　　蒙特梭利（Montessori, M., 1870～1952）是第一位畢業於羅馬大學（Rome University）醫學院的女性教育家，她強調幼兒具有偉大的潛能和驚人的吸收性心智（the absorbent mind），應為幼兒預備一個符合幼兒需要的真實環境，像家一樣的溫馨，充滿愛與快樂，並能提供幼兒身心發展所需之活動與練習。

　　Montessori認為，0～6歲的幼兒，其心智屬於「吸收性心智」，幼兒運用與環境接觸所得到的經驗，而創造出屬於自己的「智能肌肉」，這種智能型態即為「吸收性心智」。「吸收性心智」包括三部分：(1)無意識（the unconscious）──它與生命衝動同存，是一股促使幼兒與環境互動的原動力；(2)潛意識（the subconscious）──如上所述，無意識（生命衝動）促使幼兒與四周環境發生互動，而潛意識就是透過這些互動經驗而建立的一種心智狀態；(3)意識（conscious）──是由幼兒逐漸甦醒的意識所建立。幼兒的吸收性心智可分為二個時期：(1)無意識期──約 0～3歲，幼兒是在毫不費力的無意識狀態下從四周環境吸收各種印象；(2)意識期──約 3～6 歲，幼兒是在有意識的狀態下，毫不費力地從四周環境吸收與學習。Montessori非常強調環境對兒童的影響，她認為幼兒雖然先天上具有「吸收性心智」，可以利用他們無限的潛能去營造、建設自己，但先天的能力若沒有外在學習環境的配合，則無法發揮所長，而幼兒的成長和發展，也有賴於幼兒和其環境之間精細關係之進展（*Chattin-McNichols, 1992; White &*

Coleman, 2000；周逸芬，民83）。

蒙特梭利教育從萌芽至今已將近一個世紀，一般認為蒙特梭利教育至今仍然存在是因為她有明確而完整的教育哲理、教育目標和教育方法，易於讓人瞭解與學習所致（周逸芬，民83）。

蒙特梭利學校目前在美國是最風行的，其中有許多所是由私人企業建立並運作，而由美國蒙特梭利學會（The American Montessori Society）所推展（Castaldi, 1994）。

本節擬先瞭解蒙特梭利學習環境的要素，其次介紹蒙特梭利的「兒童之家」，再就蒙特梭利教室和傳統教室加以說明比較，然後提供蒙特梭利教室的配置範例，以作為有志之士設計蒙特梭利教室之參考。

一 蒙特梭利學習環境的要素

Montessori 以幼兒為中心，發展出一套系統的教學方法，此教學方法有三要素，即教師、幼兒、預備的環境和教具。其中，幼兒和環境／教具之間，有很重要的互動關係；教師對幼兒的直接教學雖有一些責任，但教師角色更重要的是學習環境的發展者和維護者（Chattin-McNichols, 1992）。

為建構蒙特梭利教室，應先瞭解蒙特梭利學習環境的重要因素，茲參考有關研究（王仙霞，民85；李德高，民88；周逸芬，民83；陳怡全譯，民81；魏美惠，民83），整理蒙特梭利學習環境的要素有六，要述如下：

(一) 自由的觀念（freedom）

Montessori 認為兒童們只有在自由、開放及沒有壓力的環境下，才能將自己的學習潛能發揮到極點。但她並不贊同沒有經過過濾的自由，她主張小孩子的自由必須以不侵犯他人的利益為範圍，對於小孩任何可能侵犯或干擾到別人，或者是可能造成傷害的粗魯行為，都必須加以制止。在蒙特梭利教室，只有兒童的粗野破壞行為必須受到限制，其他的一切不管任何意圖或任何型態的活動，不但是被允許而且教師必須做觀察。

Montessori所主張的自由概念較強調學習上的自由，孩子們可以依照自己的興趣選擇教具，也可以依照自己的喜好，選擇學習的地點及時間，他們不僅可以在教室中自由活動，也可以在教室外自由活動。Montessori認為教室外的環境是一個與教室直接交流的開放空間，只要兒童喜歡，他們可以整天自由的進出教室內外，所以蒙特梭利教室的一大特點是沒有所謂的上課或下課時間，孩子之間可以相互觀摩學習，是一種混齡式的教學。此外，蒙特梭利教室中沒有傳統教學慣用的比賽或獎懲制度，Montessori認為這種威脅利誘會阻礙兒童們學習上的自由。

(二) 結構與秩序（structure and order）

對幼兒來說，秩序感是其生命的自然本質之一，就像「土地之於動物，水之於魚」。幼兒對秩序的敏感期（sensitive period）主要發生於最初的三年，2 歲時達到最高點，3 歲開始漸漸下降。因此，學齡前幼兒對事物的秩序有強烈的需求，例如一本書或一枝筆沒有歸位，他們會堅持把該物品放回原處。由於Montessori認為孩

子在很小的年齡即有「秩序感」，因此主張幼兒學習環境中的教材，依照其難度加以排列，將有助於孩子們的學習，同時能養成自動自發、物歸原處的生活習性，而他們在學習的過程中，也能對自己的學習進度有所瞭解，以建立一套秩序感。

　　蒙特梭利教室比傳統的教室在陳列擺設上較有秩序及結構感，但 Montessori 深怕她這種主張被人誤解為是一種呆板、無生氣的學習情境，因而她一再強調外在環境的結構只是為配合兒童的學習，教師們應視幼兒的需要，適時更換教室的陳設，在有結構的秩序中仍可保有相當大的彈性變換空間。

　　(三)　真實與自然（reality and nature）

　　Montessori 指出，環境中的真實與自然，有助於兒童發展探索內在及外在世界所需的安全感，而成為敏銳、有賞識力的生活觀察者。

　　因此，蒙特梭利教室中的各種設備，都是幼兒尺寸的真實物品，例如冰箱、電話、爐子、水槽、玻璃杯、熨斗、小刀等，都是真的物品，而且每種教具都只有一件，這也是反映現實的真相。同時，鼓勵同一教室的兒童共同使用一套教具，如此方可從中學習到耐心等待及尊重別人。

　　其次，Montessori 指出，人，尤其是兒童時期的幼兒，仍屬於自然的一部分，因此必須設法讓幼兒有機會接觸自然的環境，藉此讓幼兒來認識與欣賞自然的秩序、和諧與美。

　　Montessori 所用的方法是讓幼兒照顧動、植物，來與自然做最真實的接觸；此外，就是讓幼兒有極充裕的時間在林野鄉間活動，以吸收大自然的奧妙。

㈣ 美感與氣氛（beauty and atomosphere）

Montessori 認為「美」能夠喚起幼兒對生活的反應能力，而真正的美則是以簡潔為基礎，同時也重視教室所使用的建材及教材是否有良好的品質。因此蒙特梭利教室的布置不強調豪華舖陳，也無須裝潢的太精巧，但是每一件物品必須具有吸引幼兒的特質，例如，顏色要明朗、令人愉快、還要有整體的調和感。

至於教室中的氣氛，則必須是輕鬆、溫暖、溫馨、和諧，以吸引幼兒樂於參與其中。就教室牆壁上的布置而言，應以幼兒創作的作品為主，而不是去購買一些現成的海報或飾品來裝飾，例如：老師在牆上貼一棵大樹幹及一些樹枝，樹葉的製作則設計成一份融合嵌板描繪與刺工的美勞工作，放在教具架上讓幼兒自由選取，完成的樹葉則由幼兒在背面簽名後，自行貼在牆上的樹枝旁邊，高處的樹枝由老師協助。透過這樣的活動所布置出來的環境，相信更能發展幼兒對環境的親切感與歸屬感，同時成為幼兒工作上的一種刺激。

㈤ 適合社會性發展（social development）

蒙特梭利教室採用混齡學習的方式，例如 3～6 歲的幼兒一班，6～9 歲或 9～12 歲的兒童一班等，通常 3～6 歲幼兒的班級中，有20～25 位幼兒，其中約有 1/3 為 3～4 歲，1/3 為 4～5 歲，另外 1/3為 5～6 歲，教室中有主要老師一人，助理老師一人（亦可視情況增加一位助理老師），師生比例約為 1：10 或 1：8，在這樣的混齡班級中，Montessori 觀察到年齡較大的幼兒，會自發地去幫助年齡較小的幼兒，而年齡較小的幼兒，則能從年齡較大幼兒的工作中獲得靈感及榜樣，同伴之間彼此相互照顧，從中建立自制、守紀律、自動自發等美德，這些都是促成一個人社會群性發展的要素。

蒙特梭利教室中，不僅年齡不同的兒童混合在一起，而且班級與班級間只以到腰高的分隔物隔開，兒童可以很自由的來回穿梭於班級間。Montessori認為老師的職責並不在於「教導」兒童，而是為兒童們準備一個豐裕而不受干擾的學習環境，幫助兒童生命的成長；因此，蒙特梭利學習環境中，每個人都做自己有興趣的工作，彼此自由有禮的交往、互相幫助、共同的解決生活中的問題，在這樣的環境中有助於兒童社會行為與社會情緒的良好發展。

㈥ 蒙特梭利教具

在預備的環境中，蒙特梭利教具是不可或缺的教學設備，教具的擺置應有次序的排列，除了對幼兒要有意義外，在決定蒙特梭利教具時，必須具有下列七項原則（王仙霞，民85；陳怡全譯，民81）：

1.蒙特梭利教具設計上是針對自我教育的，必須含有控制錯誤的功能，讓幼兒能察覺錯誤。

2.每一種教具，幼兒所要發現的問題與錯誤必須只限於一種。

3.教具必須能鼓勵幼兒積極參與操作，而不是消極的觀看。

4.教具必須能吸引幼兒注意。

5.教具的設計與使用都是由簡而繁。

6.蒙特梭利教具是針對間接幫助幼兒日後學習所設計。

7.教具最初以具體表達概念的方式出現，隨後逐漸轉為抽象。

White 和 Coleman（2000）舉例說明為3～6歲幼兒設計的典型蒙特梭利教室（A Typical Montessori Classroom for 3- to 6-Year-Olds）（詳如表20），例中說明 Marina 的幼兒在蒙特梭利教室一天的「工作」情形，可進一步瞭解前述的蒙特梭利學習環境要素的涵義和關聯。

表 20 為 3～6 歲幼兒設計的典型蒙特梭利教室

　　為 3～6 歲幼兒設計的典型蒙特梭利教室合併了語言、數學、感官知覺（sensory-moter）、實際生活（practical life）以及科學、社會研究、藝術和電腦。當學生到達學校（例如：在上午 8：15～8：30 之間），他們在團聚時間（circle time）一起分享故事和彼此的想法。因為沒有固定的時間表，所以時間規畫由學生直接決定。雖然每位幼兒對決定每一天的學習主題有自己的想法，但是，寫字、閱讀、數學、知覺的探索和實際生活技巧是基本的學習和探索領域。

　　典型的語言活動由一組幾何圖畫（a set of geometric insets）所構成。因為寫字都在課桌上進行，所以，學生無須在老師的指示下，可從架子上拿幾何圖畫到桌上。有一位叫 Marina 的幼兒，使用這個架構和圖畫去創造她自己的幾何設計。當設計完成時，她用彩色的鉛筆在設計中畫滿線條。完成後，Marina 將這份資料放在她自己的檔案中，這些資料可以被做成一本小冊子，或是在週末時寄回家中。

　　另一個語言活動包括拼字和造句。Marina 將一組文字圖畫和可移動的字母小櫥櫃（a movable alphabet cabinet）放置在地毯上。接著，她運用圖畫卡片和這些可移動的字母拼成一個句子。她的句子是：「這個男人是肥的」（The man is fat.）。Marina 拼完句子後，她練習寫它，並拿紙和筆到桌上寫這個句子，然後，記錄至她的檔案中。

　　大約在上午 10：15 時，Marina 選擇休息一下並且享用點心。Marina 從不會被強迫休息，她可以獨自享用點心也可以和其他同學一起享用。點心時間後，Marina 到實際生活並且擦拭桌子，擦桌子包含大肌肉發展的練習和物品從左至右依序排列的訓練。Marina 自己移動這些物品，完成該工作並且獨自地清理乾淨，這個活動的完成約需 15 分鐘。

　　接著，Marina 來到數學中心，和另一個同學一起花了約 10 分鐘的時間在另外的工作上。這兩個學生豎起了長條木板，並且發現許多可能構成數字「9」的方法。隨著這個數學活動，Marina 參與一個由六個幼兒和她的女指導者或老師所組成的學習團體。每位幼兒拿到一本小冊子，幼兒討論圖畫，接著閱讀故事。這個活動的目的在於激勵幼兒的聽力、排序和理解技巧，這個活動的完成基本上約需 15 分鐘。

　　大約在上午 11：00 時，幼兒會到室外遊戲 20 分鐘，在這個室外時間中，他們有機會參與自由遊戲和指定的運動，如跳繩、拍球。幼兒也參與大自然步行或是其他的田野活動。

　　當 Marina 在室外的遊戲結束時，她和她的女指導者參加其他同學的團聚活動。學生通常唱歌，做手指遊戲、讀詩和演奏樂器，團聚時間也鼓勵幼兒向全班同學說明有興趣的主題。大多數的幼兒想參與團聚活動，因為他們一整個早上都獨自地或以自己的進度進行個人的活動。但也可不參與團聚活動，而且當其他人在進行團聚活動時，他可以持續自己的活動。然而，團聚時間基本上約 20 分鐘完成。

　　團聚時間後緊接著 1 小時的午餐時間，依蒙特梭利方法，午餐是實際生活觀念的一部分，Marina 排桌子、拿自己的午餐，並且於用餐後清理乾淨。午餐後，Marina 檢查自己的工作冊（work folder），看看是否有未完成的工作。假使有未完成的工作，女指導者會給她一些建議。

　　在這個特別的一天，Marina 遵從女指導者的建議運用幾何圖案來活動。活動包含一組相對應幾何圖案的卡片配對。

　　當 Marina 進行著幾何圖案的設計時，其他幼兒選擇午睡。每位幼兒可以自由選擇休息與否，不會受到任何強迫和限制，Marina 通常不會選擇休息。當完成幾何圖案的活動後，Marina 選擇在畫架上作畫。繪畫之後，Marina 參加另一項指定的活動約需 30 分鐘。學校生活約在下午 3：00 結束。因為班級是一個「社區」（community），每位幼兒在每一天學校生活結束時需負責打掃。

資料來源：*Early Childhood Education: Building a Philosophy for Teaching*, C. S. White and M. Coleman, 2000, pp.265-266.

二│ 蒙特梭利的「兒童之家」│

1907年，Montessori在羅馬創辦「兒童之家」（Casa dei Bambini [Children's House]）（*Hendrick, 1992*），她主張教育的目的在幫助幼兒整體的發展，包括感官動作、智能、語言和道德發展等，使個體成為一個身心統整合的人（*周逸芬，民83*）。

Montessori 的「兒童之家」是提供兒童發展其活動機會的環境，並無固定模式，它應是一個真正的「家」，有一套由兒童當小主人的花園房子，可把桌子擡出來在涼棚下做作業或吃飯。建築中心的主要房間，也是兒童可隨意支配的唯一房間──是「智力活動」（intellectual work）室。可因地制宜地給這間屋子另外加配些小房間，例如浴室、餐廳、客廳或公用室、手工作業室、健身房和休息室等等。

這些教室設備的特點，在於它是為兒童而不是為成人準備的。室內不僅配備適合兒童智力發展的教具，還配備了小家庭管理所需的全套設備。家具很輕，便於兒童能到處移動；家具均漆成淡色，以便兒童在用肥皂和水擦洗時很容易看出擦乾淨了沒有。教室內配有低矮的、各式各樣尺寸形狀的桌子──大大小小的正方形、長方形和圓形桌子等。最常見的是長方桌，它可供兩個或更多的兒童一起活動。座椅是小木椅，但也有沙發和帶扶手的小柳條椅。

活動室內，有一個很長且附門的櫥櫃，每個抽屜都裝有一個亮晶晶的把手（或與木櫃底色成對比色的把手）和一張標有名字的小卡片，每個兒童都有自己的小抽屜可放東西。活動室四周的牆下方裝有黑板，讓兒童可以在黑板上塗塗寫寫。活動室內擺放有令人愉快的藝術畫片，畫片內容經常隨生活環境的變化而改變；這些圖片

描繪兒童、家庭、風景、花朵，更多的是描繪聖經故事和歷史事件。活動室內還應經常擺放觀賞用植物及各種花卉。

活動室設備的另一部分是許多塊各種顏色，如紅、藍、粉紅、綠、棕色的地毯。兒童可將這些地毯鋪在地板上，坐在上面用各種材料進行活動。這種房間比一般的教室大，這不僅是因為小桌子和分散的椅子占去了較多的空間，而且因為地板的大部分必須空出來供兒童鋪上地毯做活動。

起居室，或「俱樂部」（club-room），是供兒童進行交談、遊戲或唱歌等自娛活動的休息室，應當布置得別有風味。室內可設些不同尺寸的小桌子、小扶手椅和沙發，各種大大小小的擱架上可擺設小雕像、藝術花瓶或照片架等。此外，每個兒童應有一個小花罐，他可在其中播下一些室內植物的種子，並照料它們生長。在起居室的桌子上，應擺有大本的彩色畫冊，也可擺上遊戲紙牌或不同的幾何體等，供兒童愉快遊戲、構建圖形等。為使設備更臻完備，最好還應有一架鋼琴或者其他樂器。可能的話，再準備一個為兒童特製的小型豎琴。在這個小小「俱樂部」裡，教師有時給兒童講故事，吸引兒童饒有興趣地圍坐傾聽。

餐廳的家具，除了餐桌之外，還有低矮的、兒童共用的碗櫥，兒童可以自己去放置碗碟、湯勺、刀叉、桌布和餐巾等。餐盤通常用瓷盤，杯子和水壺則是玻璃製品。餐刀常包括在餐桌的配套設備中。

在化妝室裡面，每個兒童有自己的小櫥或小擱板，房間中央有簡易的、用桌子組成的臉盆架，每張桌子上都放有一個小臉盆、肥皂和指甲刷等。牆邊裝有小水龍頭和小洗滌槽，兒童可在這裡取水或倒水。「兒童之家」的設備是沒有什麼限制的，因為兒童什麼都作，他們擦地板，撣灰塵，擦洗家具，擦亮銅管樂器，安放或抬開桌子，洗滌、清掃和捲起地毯，洗一些小衣物，煮雞蛋等。衣著方

面,兒童知道如何獨立穿脫衣服。他們把衣服掛在小鉤上,小鉤釘在低處,幼兒都搆得上。有時候他們會把衣服疊起來,比如把自己的小圍裙很愛惜地放在「兒童之家」的小衣櫥裡。還有,玩具小屋裡要什麼有什麼:給洋娃娃穿的衣服、辦家家酒用的廚房用具、栩栩如生的動物玩具等等(*李季湄譯,民83*)。

總之,Montessori 的「兒童之家」試圖在現實的氣氛中,為兒童創造一個真實的活動情景,所提供的「預備的環境」(the prepared environment),其目的在使兒童能獨立。在準備的環境中,教師的責任是選擇和安排能激勵學習的教具,並演示教具的使用程序,幼兒可以自行選擇教具、自由的探索,自己可以決定用何教具「工作」以及如何用,並透過這樣的特定活動歷程,引導幼兒組織他們的經驗和思考,也教導他們自己;Montessori認為此一歷程是一種「自主性教育」(auto-education),以秩序性為前提,蒙特梭利自我校正的教具(self-correcting materials),可讓幼兒在控制錯誤的指引下,知道如何使用教具和認知自己的錯誤,並從環境中的發現汲取知識,成長、獨立(*Brewer, 2001; White & Coleman, 2000*)。

三 蒙特梭利教室和傳統教室

Chattin-McNichols(*1992*)曾比較蒙特梭利教室和傳統的(或發展的)教室之異同,茲要述如下:

㈠ 蒙特梭利教室

*1.*典型的蒙特梭利教室 500~900 平方英尺(46~82.8m²),通常包括盥洗室和通道(hallway)空間在內,每班 20~25 名幼兒,

一名教師和一名助理。

2.蒙特梭利教室的典型模式有五個區域置五組教具：日常生活、感覺的、數學、語言以及提供科學和器材的區域，稱之為「文化學科」（cultural subjects）或「宇宙教育」（cosmic education），這些器材包括發現桌區和較多典型的蒙特梭利教具，如拼圖、頁扇小櫃子（the cabinet of leaf shapes）等等；也有美勞區、供外衣和鞋子貯存區、點心準備區（通常在日常生活區內），以及師生的貯存區。

3.在每一個課程區域（日常生活、感覺的、數學、美勞、語言和文化學科）有一些共同的特徵：(1)教具陳列在低的開放櫃上，靠近幼兒；(2)每個區透過教室的安排，如：櫃子的設置、地板覆蓋物的改變等等，予以分開配置；(3)教室的安排，可讓幼兒取出櫃子上的教具，並易於移到適切的工作區。

4.教室的桌椅，是幼兒尺寸的，通常混合設置個別的桌子和2、4 或 6 名幼兒的桌子。教師的桌子一張，用來當儲藏區而非作為指揮整個團體教學之用；教室的設計，明顯地非用以長期的齊一教學（direct whole group instruction）；教室的桌椅散置於教室中，不是排成直線；椅子數少於現有的幼兒數，桌椅不是對著教師的桌子排成行。

5.教室中心位置的地板上有一條線，通常是圓形或橢圓形，大概有 1 英寸（2.5cm）寬，用以練習在線上走路，大肌肉的活動可與音樂結合；雖然蒙特梭利模式不一定支持，但該線通常也用作全班的活動，如說故事、唱歌或全體的教學。

6.蒙特梭利教室日常生活區通常置硬面地板，適於幼兒活動和示範，也利於灑水後清洗。幼兒在日常生活區的戲水興趣，最少有一部分是倒灌活動（pouring activities），洗手、桌子、盤子和衣服，以及準備食物，都是典型的蒙特梭利日常生活（含水）活動。

7.蒙特梭利教具沒有一項是無限制的（open-ended），所有教

具的使用僅有一種正確的方式（one right way）。因此，在幼兒從櫃子上自由取用教具工作之前，會要求幼兒看教師簡短的（1～3分鐘）教課，當教具被破壞時教師會介入，並禁止幼兒用教具來作實驗。

㈡ 傳統／發展的教室

1. 州一般規定每生 35 平方英尺（$3.2m^2$），傳統的課程運用大的環境，有較多的幼兒和教師。

2. 傳統／發展的教室，首先考慮區域的差異，並以不同的方式分隔，但最多的是角色扮演、盛裝（dress-up）或家事區；在遊戲屋或商店有許多不同的器材，盛裝遊戲則有許多劇裝；積木區是小肌肉區，典型的配置是單元積木，也包括不同的活動，如：珠串、鑲木細工積木、拼圖以及建構器材，如樂高（Legos）等；水桌或沙桌也很普遍，都置於硬面地板；通常，也提供很大的美勞專用空間，也有配置探索器材的發現區以及錄音機和耳機的學習區等等。

㈢ 二種教室的主要差異

蒙特梭利教室和傳統（或發展）教室的相同之處，皆認為教室環境，從牆壁插座上的電屏到衛生的廁所設施，對幼兒必須是安全的場地；其次，教室的大小與幼兒數切合；此外，廁所安排應近便且有些私密性，並有助於督導。至於，蒙特梭利教室和傳統教室，主要的差異是：

1. 州一般規定每生 35 平方英尺（$3.2m^2$），蒙特梭利教室為 500～900 平方英尺（46～$82.8m^2$），通常包括盥洗室和通道空間在內。

*2.*傳統（或發展）的教室，尤其是實驗學校（如 Stanford 的 Bing Nursery School），運用大的環境、較多的幼兒和教師，通常非混齡制。蒙特梭利教室每班 20〜25 名幼兒，實施混齡制，1 名教師和 1 名助理。

*3.*二種教室模式皆支持午餐準備活動和點心為當天生活的一部分。其中，蒙特梭利模式鼓勵設置點心區（a snack area）和個別點心「錯開」（breaks），可能受限於椅子數。而傳統（或發展）的教室可能在教室用餐或點心，但通常不設置單獨的點心區。

*4.*蒙特梭利課程和傳統課程單元積木的建構，雖有明顯的差別，但在蒙特梭利教室感覺區多樣的教具，幼兒仍用在建構和堆積。

*5.*蒙特梭利教室和傳統（或發展）的教室最明顯的差別之一，是沒有角色扮演／盛裝／家事區，傳統（或發展）的教室主張此區展現幼兒的興趣，提供語言運用的機會，以及角色扮演、創造和社會發展的理論聯結。Montessori反對「教師指導的假扮」（teacher-directed fantasy），此常見於福祿貝爾幼稚園課程，例如一位教師以單元積木建了一個「村莊」，然後以相同的積木當作「馬」在周圍奔馳。Montessori認為幼兒的想像需要真實的物體和真實的故事作最大的發展，因此警告不要太早介紹假扮和神仙故事。此一立場反之於傳統的觀點以及 Bettelheim「魔法的運用」（The Uses of Enchantment）的觀點，根據Bettelheim的理論，神仙故事對幼兒經歷文化的重要主題和類型很重要。Montessori也不是截然反對假扮和角色扮演活動，蒙特梭利教室有日常生活區，可展現幼兒不同的「成長」技能，而基本的差異在於日常生活區的器材，通常是幼兒尺寸和易碎的，而非娃娃尺寸（doll-sized）和打不破的，大多數的觀察顯示日常生活區摻了一些假扮遊戲。

*6.*蒙特梭利教室中心位置的地板上有一條線（傳統教室無此線），通常是圓形或橢圓形，大概有 1 英寸（2.5cm）寬，用以練

習在線上走路，通常也用作全班的活動，如說故事、唱歌或全體的教學。

7.蒙特梭利教室所有教具的使用，僅有一種正確的方式，與傳統教室亦有差異，因此幼兒取用教具工作之前，要先看教師 1～3 分鐘簡短的教課，以資瞭解和使用。

四 蒙特梭利教室的配置範例

蒙特梭利「兒童之家」中，幼兒最主要的活動場所是工作室，其中五大教學區又是工作最重要的教學空間（參見圖48）。因此，教師在布置教學區時，必須依各區所需的設施、空間及與其他教學區的相關性，尋找最適宜的位置。並注意以下各區的布置要領（*單偉儒，民86*）：

(一) 日常生活區

1.因常常需要用水，宜選擇接近水源的地方。
2.可選擇較接近門口處，以吸引幼兒進入教室工作。
3.較潮濕，應選擇在通風處及有陽光的地方。
4.在桌上操作的工作較多，故桌子的設置應較其他區多。
5.需設置點心桌和清掃用具。

有些蒙特梭利幼兒園把日常生活區闢成廚房區，將日常生活訓練中的抓、擠、倒……融入真實的日常動作——拿抹布、洗滌東西、倒水……是極符合蒙特梭利的教育理念。

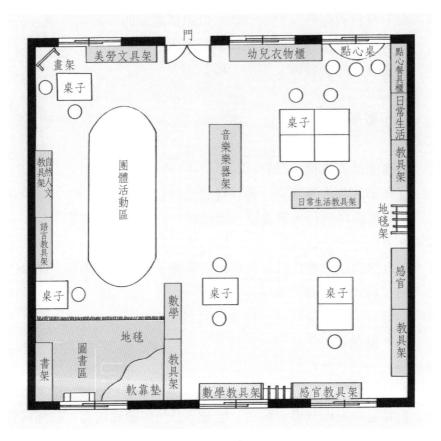

圖 48：蒙特梭利教室五大教學區的配置

資料來源：如何經營一所兒童之家？——蒙特梭利園管理手冊，單偉儒，民 86，第40 頁。

感官區

1. 感官教具大多在地毯上操作，因此桌子分配較少。

2. 感官教學和數學邏輯思考有部分相關聯，因此感官區應儘量安排接近數學區。

3.不宜設置在教室出入口區，以免搭建好的作品被碰倒。

4.需布置各種幾何圖形表和顏色表。

5.宜避免和安靜區（如語文區）相鄰。

㈢ 數學區

1.應儘量安排接近感官區。

2.數學教具大多龐雜，需在地毯上操作的工作較多。

3.可放置身高器、體重器、溫度計、時鐘、生日卡等與數字有關的布置。

4.數學教具的零件較多，宜善加管理。可用矮櫃隔出半開放空間，避免與其他教具相混。

㈣ 語文區

1.語文區的工作需要思考，宜安排在較僻靜的角落。

2.宜選擇光線充足、柔和的地方，以利閱讀和書寫，最好接近窗檯，以增加安適感。

3.提供軟靠墊、盆栽的布置，營造寧謐的氣氛，並可做為幼兒暫時的私人天地。

㈤ 文化區

1.臨近水源、電源、光源，以利各種實驗的操作、進行。

2.需有足夠的操作桌面，以方便模型的製作。

3.為了讓教學活動可延伸至戶外，最好有一門通至室外，銜接室外的動物飼養區和園藝區，構成一個完整的文化區。

第五節

幼兒遊戲室的設計

對幼兒而言，室內學習環境除活動室（一般教室）之外，最重要的應屬遊戲室，本節擬就幼兒遊戲室的功能、遊戲室的設置要點和遊戲室的配置範例等三部分，加以說明。

一 幼兒遊戲室的功能

一般而言，遊戲室一直被認為具有對應保育室的功能，像國小的教室與體育館的關係，其用法有兩種：一個是入園、離園的典禮，每個季節的活動等使用舞臺的禮堂功能；另一個是大團體遊戲、節奏體操或雨天時的室內運動功能（*建築思潮研究所，1985*）。教育部國民教育司（*民 78*）更進一步指出遊戲室主要的用途有三：(1)提供全園幼兒進行韻律遊戲的場所；(2)做為幼稚園開學及畢業典禮、家長會等集會之場所；(3)天雨時可代替運動場。

早期傳統式的幼稚園，多半有禮堂並兼具遊戲室的功能，惟因教室內較少擺設玩具，故除了室外遊戲場外，唯一可提供室內遊戲的場所即為禮堂空間。公立幼稚園若場地寬闊者可能另建一棟專供禮堂使用之建築；獨棟式私立幼稚園則多利用頂樓加蓋成為一個大空間；公寓改建者多半只能利用地下室來當遊戲室，許多在空間不足的狀況下根本沒有設立，因為遊戲項目並不是傳統教學幼稚園所注重的（*朱沛亭，民 82*）。

　　基本上，遊戲室的設置，是為彌補幼兒活動室大肌肉活動的不足，臺灣有許多幼稚園，因用地空間的不足，而未設置遊戲室，若能適度放寬活動室的空間至 $90m^2$，使其兼有大團體活動之可能，則勉可彌補未置遊戲室的缺憾。就教學法而言，開放式角落教學興起之後，遊戲的部分大多被活動室的角落所取代，但是仍需要遊戲室空間，以供體能活動及一些大積木組構活動，至於是否有全園性的唱遊課程則視各園而定。蒙特梭利教學亦抱持與角落教學同樣的態度，最好能將體能活動、音樂律動等項目放在專屬的大型室內空間中進行；發現學習則將這些全部融於活動室中，因其強調一個加大而完整的活動室空間，內有足夠的空間進行所有原先在室內遊戲室中的活動，於是不再另闢一間室內遊戲室（朱沛亭，民82）。

　　通常，幼兒遊戲室的活動規模較大，如韻律遊戲和自由遊戲；其中，韻律遊戲是指韻律體操或老鷹捉小雞等活動性較大的活動；自由遊戲是指操弄像大型積木等，無法置放於保育室內的遊戲器具（李政隆，民76）。如幼兒園空間許可，可加大遊戲室面積至$180m^2$，不僅可進行各項韻律活動、音樂活動和自由遊戲，下雨天時可兼代室內運動場，還可供園內各種集會慶典之用。

二　遊戲室的設置要點

　　遊戲室的設置要點，主要包括遊戲室的位置、面積、舞臺和牆板等，茲分別說明如下：

㈠　遊戲室的位置

　　遊戲室是公用空間，應設置於活動室的中間，或動線易匯集

處，與活動室相鄰而非分開，以利教學或相關活動之運用。

（二） 遊戲室的面積

Hildebrand（*1991*）建議一間長方型遊戲室，通常以每生 50 平方英尺（4.6m^2）較宜。以 5 歲幼兒而言，兩手伸開約 1.092m 寬，兩手向前伸約 0.545m 長，直立時有效寬度為 0.4m，幼兒與牆間距 0.74m，舞臺面積 32cm^2（*日本建築學會，1979*），遊戲室大小，約為容納一個班級的幼兒，左右手牽成一個圓的空間來計算（*教育部國民教育司，民 78*）。一班以 30 名幼兒計，遊戲室面積約為 180m^2，可兼禮堂和室內運動場，計算步驟如下：

1. 30 名幼兒圍一個圓的直徑

（1.092m×30 人）÷3.14 ＝ 10.43m

2. 直徑＋兩端幼兒與牆間距＝活動空間寬

10.43m ＋ 0.74m×2 ＝ 12m

3. 活動空間面積＋舞臺面積＝遊戲室面積

12m×12m ＋ 32m^2 ＝ 176m^2 ≒ 180m^2

（三） 遊戲室的舞臺

幼兒遊戲室宜設置舞臺，寬度 8m×深度 4m×高度 0.5m（*日本建築學會，1979；李政隆，民 76；教育部國民教育司，民 78*），以因應季節活動的需要。惟因平常的保育活動不太會用到舞臺，或可將地板上做一或兩階段的高低差，在使用上較實際，且可全面有效的運用，參閱圖 49。此外，舞臺是一個很好的儲藏空間，可用以收存遊戲室的遊戲器材和椅子，如政大實小幼稚園多功能活動室的舞臺

下，設計活動式的遊戲器材儲藏箱（裝輪子），拉出後還可兼作長板凳。

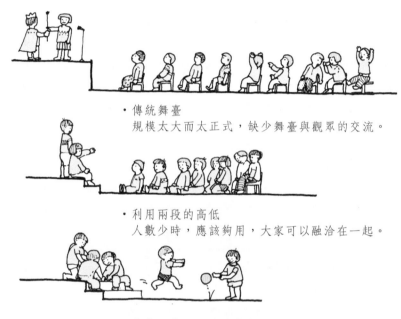

· 傳統舞臺
規模太大而太正式，缺少舞臺與觀眾的交流。

· 利用兩段的高低
人數少時，應該夠用，大家可以融洽在一起。

平常也可使用，沒有高低的分別。

圖49：遊戲室的舞臺

資料來源：保育園·幼稚園，建築思潮研究所，1985，第20頁。

（四） 遊戲室的牆板

遊戲室的牆壁和天花板，要設計吸音材質，以免孩子們群聚遊戲，產生太多的回（噪）音。其次，牆壁若有玻璃面，需要木頭格子等保護裝置，同時也要注意照明器材可能遭受的損壞。此外，有較大的牆面比較方便，假如牆面有高低，較高牆壁的一面很長的

話，可於活動時作為舞臺的背景，或裝飾（*建築思潮研究所，1985*）。

三 遊戲室的配置範例

　　日本柏井保育園的遊戲室結合餐廳設計（參見圖 50），津山口保育園的遊戲室靈活運用玄關及走廊空間（參見圖 51），甚富趣味，有其值得參考的價值。

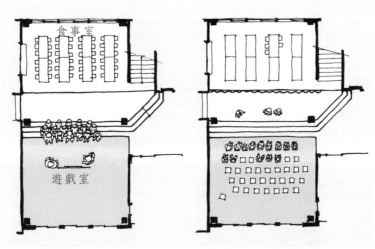

小小的活動或少人數集合時，坐在落差上面，而往下看。

畢業典禮或聖誕節典禮等較大的活動，把「餐廳」前面當作舞臺，而張掛帳幕。把餐廳的椅子拿下來當作觀眾席。

圖 50：柏井保育園的遊戲室

資料來源：**保育園・幼稚園**，建築思潮研究所，1985，第 20 頁。

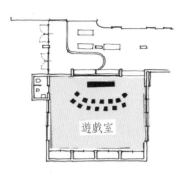 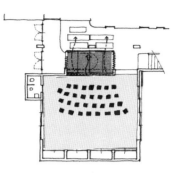

很大的舞臺妨礙各種活
動，所以不想設置有高
低的舞臺。

不過，一年幾次，有典禮的
時候，非常需要舞臺。

‧移動門口的鞋架
‧正面的牆壁往後面移動
　（牆壁是崁板製的）
‧置放舞臺地板
‧兩端張掛帳幕

如此設置係利用門口空間當舞臺

圖 51：津山口保育園的遊戲室

資料來源：**保育園‧幼稚園**，建築思潮研究所，1985，第 20 頁。

Chapter 5

室外學習環境的設計配置

有良好的設計和創造性的規畫，室外環境可成為有效的學習環境，……運用室外環境作為學習環境可延伸教育的機會，學生能觀察到時間、天氣和其他力量對其庭園的自然影響。「建築是教師」的哲學，室外空間能提供的可能更多（With good design and creative programming, outdoor spaces can be effective learning environments, ...Using the outdoors as a learning environment can expand educational opportunities. Students can observe the natural effects of time, weather and other forces on their campus. The philosophy of "building as teacher" applies even more outdoor spaces）。

——R. Layton

室外很難被視為學習環境，係因其看起來不像一個「正式」的學習情境（Builton, 2002）。Burke和Grosvenor（2003）即指出，學校庭院或遊戲場是遊戲時間和課間休息運用的場所，但歐美學者咸認為這是學校中一個「被遺忘的空間」

（the"Forgotten Spaces"）；近幾年，經社會科學、人類學、民俗學、教育和環境心理學、社會地理學的調查研究，發現遊戲場是瞭解兒童期本質和人類發展的良好場地。Perry（2001）說明幼兒在遊戲庭院中，從家庭生活、教室生活、教科書和媒體中再創經驗，使她們自己在社會團體中具有意義。White 和 Stoecklin（1998, April）也強調，室外環境對幼兒的獨立和自律之發展很重要。

幼兒園的室外環境包括室外遊戲場地、綠化、建築小品等，這些室外環境的構成要素直接影響到幼兒園功能的完善和環境質量的提高。從幼兒園的教育方式和特點，以及幼兒身心發展的需要來看，室外環境設計，應作為幼兒園建築設計不可缺少的組成部分，必須給予足夠的重視，並精心設計，以使幼兒能生活在一個明朗、愉快、富有教育意義的環境裡（黎志濤，民85）。

本章擬就遊戲與遊戲場的類型、遊戲場設計的原則、遊戲場設計的要點、遊戲場設計的案例和園庭景觀的配置等五部分，分別探討說明。

第一節

遊戲與遊戲場的類型

遊戲是兒童的天職（Seefeldt, 1990; Taylor & Vlastos, 1983）以及學習與其相關環境的方式（Taylor, 1991）。全世界的兒童自時間的開始即在遊戲，Isaacs 認為「遊戲是兒童的生活和手段，藉以瞭解其所生存的世界」，Frank 則強調「透過遊戲，兒童學到無人能教他們的」（引自 Feeney, et al, 1991），難怪 Abbott（1995）問及兒童對遊戲的觀點，一位 8 歲兒童回答說：「遊戲是

王牌！」（play is ACE！），我們應重新認知遊戲是一項高狀態的活動（a high status activity），尤其在學校和教室中，遊戲是兒童的「王牌」（*湯志民，民 86*）。

　　遊戲場是一系列的戶外教室，Shaw（*1987*）指出三層面的遊戲環境（three-dimensional play environment）由空間、平臺和通道毗連所界定的矩陣，給予使用者身體、語言和視覺的最大潛在互動；Shaw 和 Willams 即在三層面遊戲場觀察到一些特別有趣的行為，如藏與露（hide and reveal）、繞巡（looping）、俯瞰、管視（groundhogging）以及語言溝通。此外，室外遊戲也可協助兒童發展責任、問題解決能力、合作、空間能力和其他多樣的技巧和能力；在遊戲場上有充足的時間、空間和器材，則可提供幼兒從事學習的機會（*Graves et al., 1996*）。因此，室外遊戲區與室內區一樣需仔細的規畫（*Spodek & Saracho, 1994*）。從潛在課程的角度觀之，學校遊戲場提供「寓教於樂」的潛隱性空間，透過遊戲以增進同儕互動並抒展身心。從開放空間的角度觀之，學校內所有的空間都能成為學生可以自由出入與活動的快樂學習場所（*湯志民，民 85*），遊戲場的設計不僅有畫龍點睛之效，同時也會成為快樂的泉源。

　　過去，教育大都重視正式學習區域設施的充實，對發展室外的遊戲區，並不熱衷，乃因學校行政人員忽略了休憩的重要，不瞭解遊戲是兒童的世界，更不知道室外遊戲區也可以讓兒童學習，以填補室內學習活動之不足，致學校遊戲場的設計乏善可陳，甚至充滿危機。Allen 即將我們常見的水泥或柏油地面被高牆圍起來的遊戲場，稱之為「監獄遊戲場」（prison yard playground），Frost（*1992*）亦認為水泥和鋼製叢林的學校遊戲場很危險，不吸引人，也不符合遊戲發展的需求，常有兒童受傷，甚至致命。因此，不少國家對遊戲場安全的設計作了明確的規範，以確保兒童遊戲的安

全，而許多設計者更在安全的基礎上，強調遊戲場的設計，應有複雜性、多樣性、互動的機會和私密性、挑戰的層級（graded levels of challenge），以及可移動和可操作的東西等特徵（*Weinstein & Pinciotti, 1988*），並進一步呼籲身體、心智、情緒和社會能力缺失的兒童，也應有平等權利的遊戲機會（*Moore,Goltsman, & Iacofano, 1992*），期為所有兒童開創多樣化、刺激又安全的無障礙遊戲空間。有鑑於此，臺北市政府教育局87年度，不僅委託研究遊戲場設計準則，並為16所國小遊戲場的整修改善斥資1,000萬元，80年度再編列5,000萬元改善80所國小的遊戲場設施。89年度特別編列5,000萬元改善國小附設幼稚園的遊戲場設施。以下擬先闡述遊戲的意義與價值，其次說明遊戲場的重要與類型。

一　遊戲的意義與價值

對兒童而言，遊戲是最自然、最快樂、最自由的活動。正如仙田滿所強調的，遊戲是兒童生活的全部，或者，至少該是他們的生活重心，兒童透過遊戲來學習、交朋友、培養創造力與生活本能（*侯錦雄和林鈺專譯，民85*）。根據日本文部省教材研究課的調查，全日本具有代表性地區的兒童，就生活內容中舉出「有趣且快樂」的事共26,726件，將這些資料加以歸納分為「遊戲」、「功課」、「幫忙工作」及「其他」等項目，結果發現「遊戲」占男女兒童生活比率平均為66%，也就是兒童生活的興趣，大部分傾向於遊戲，遊戲也可以說是兒童生活的中心（*引自林風南，民77*）。以下擬分別探討遊戲的意義和遊戲的價值。

(一) 遊戲的意義

　　遊戲是兒童的一種生活方式（a way of life），是他們的自然反映；兒童所「做」的即為遊戲，對他們而言是認真的事情；兒童所選擇投入的任何活動即是遊戲，它是永無止息的（neverending）（*Gordon & Williams-Browne, 1996*）。

　　遊戲是一個多層面的（a multidimensional）、複雜的概念（*Santrock, 1993*），也可能是人類現存最具影響力的現象（*Heuttig, Bridges, & Woodson, 2002*）。數十年來即已引起教育家、心理學家、哲學家和其他人的興趣，他們嘗試界定它、解釋它、瞭解它，並看它和人類所參與的其他活動的關聯。教育家和心理學家認為遊戲是兒童成長的反映、兒童生活的本質及進入兒童世界的視窗，因此遊戲可說是「童年的本質」（the essence of childhood）（*Gordon & Williams-Browne, 1996*）。因遊戲以許多不同的形式出現，已成為一個特別難以瞭解的概念（*Spodek et al, 1991*），Spodek 和 Saracho（*1994*）即認為遊戲很難定義，而強調在意義上由其自身界定。Schwartzman 更以遊戲「不是什麼」來界定：

> 遊戲不是工作（work）；遊戲不是真實的（real）；遊戲不是認真的（serious）；遊戲不是生產的（productive）；等等……（但）有時候以遊戲體驗工作，工作也可具遊戲性；同樣的，遊戲者創造的世界，通常比所謂的真實生活更為真實、認真且具生產性。（*引自 Spodek et al.,1991, p.184*）

　　Hughes 認為遊戲的界定必須有下列五項特徵（*引自 Heutting*

et al. 2002）：

　　1. 幼兒須有內在的動機。

　　2. 遊戲須為自由的選擇。

　　3. 經驗應為愉悅的。

　　4. 遊戲應為非真實的；亦即，遊戲對幼兒是有意義的，但並不需要實際反映真實生活的經驗。

　　5. 幼兒應為主動的參與；換言之，遊戲是與生俱來的需求，以無限想像來自由選擇和參與愉快的活動。

　　Frost（*1992*）認為遊戲可從其特徵來解釋，並根據許多學者專家之見解，將遊戲的特徵整理羅列如下：

　　1. 遊戲是愉悅的來源，可證之於參與者所表現的歡樂和興奮。

　　2. 遊戲因其本身而持續，強調遊戲本身而非其結果。

　　3. 遊戲是避免強制的規則或任務。

　　4. 遊戲是本身引起動機的。

　　5. 遊戲是自發的和自願的。

　　6. 遊戲需要個別遊戲者主動的投入（*p.14*）。

　　Frost 認為除了這些一般的遊戲特徵之外，特定的遊戲階段和類型有特別的特徵：

　　1. 在幼年期的表徵或裝扮遊戲特徵，遊戲是一個刺激的、非實際的、表徵的行為，跨越想像和實際的世界，並以「好像」的意識（an "as if" consciousness）為表徵。

　　2. 在幼年和少年期的組織性遊戲或規則遊戲特徵，遊戲是以規則為界限（*p.14*）。

　　日文稱遊戲為「遊（asobi）」，具有三項意義：其一，恰如英文用的 "play"，是動作能力或音樂或歌劇表演能力的一種表現。其二，"asobi" 在日文上的原意之一是「工作」的反義詞，係指不同於日常生活規律，打破既有的形式，在這種情形下，我們稱它

為創作藝術的形式。"asobi"的第三種意義是各種空間彼此間的聯繫空隙。例如,齒輪需要有空隙才能精確地有效用運轉,因此齒輪的定量分配就要保證平滑且有效的功能,這些空隙就被稱作"asobi"(*侯錦雄和林鈺專譯,民85,第1-2頁*)。

岩內亮一、荻元原昭、深谷昌志和本集修二(*1992*)將「遊び」(play)界定為:人的各項活動中,活動主體(遊戲者)感覺快感、興奮,並且樂在其中而亦可為他人所理解的活動謂之。此種活動,本身自成目的,不求代價,係基於自由意志,虛構的偶發活動(*第2頁*)。

黃瑞琴(*民81*)綜合心理學文獻中有關遊戲行為的定義,說明遊戲的意義包括下列要點:

1. 遊戲是由內在動機引起的,自動自發、自我產生的。

2. 遊戲是自由選擇的。

3. 遊戲需要熱烈的參與,帶有正面的喜樂感情,不是嚴肅的。

4. 遊戲著重於方式和過程,而非目的和結果,遊戲的方式隨著情境和材料而隨意變換,其目的亦可隨時改變。

5. 遊戲是有彈性的,隨著兒童和情境的不同而有差異。

6. 遊戲不受外在規則的限制,但遊戲本身常有其非正式或正式的內在規則,由兒童自行協調訂定。

7. 遊戲是不求實際的,在一個遊戲架構中,內在的現實超越了外在的現實,兒童常運用假裝(as if)的方式扮演,而超越此地和此時的限制。

8. 遊戲不同於探索行為,遊戲著重於自我,在遊戲中問的問題是:「我能用這個東西做什麼?」探索則著重於對物品的瞭解,在探索中問的問題是:「這個東西是什麼?它能做什麼?」在一個情境中,探索常先發生,以瞭解陌生的物品,遊戲則發生於探索之後,是針對已熟悉的情境和物品(*第*

9-10頁）。

　Isenberg和Quisenbery 1988年在「遊戲：所有兒童之需」（Play: A Necessity for All Children）一文中，對遊戲的界定受到全國童年教育協會（the Association for Childhood Education International）的讚許，他們認為遊戲：一種動態的和建構的行為——是童年、幼稚期到青春期所需和統整的部分（a necessary and integral part）」（引自Brewer, 2001）。Heuttig等人（2002）闡明遊戲是與生俱來的需求，能自由的選擇和參與愉悅的活動，並運用無限的想像；在幼兒教育中，遊戲也被視為是轉變的媒介（a medium for change），以及增進身體、語言、認知、社會和情緒發展的手段。Santrock（1993）則簡單的界定「遊戲是自行參與的愉快活動」（play is a pleasurable activity that is engaged in for its own sake）（p.326）。Youngquist和Pataray-Ching（2004）強調遊戲通常被解釋為休閒活動（recreational activity）；依研究取向，有的概念認為遊戲是快樂、自我歡樂的活動，有的認為遊戲是一種活動。根據Piaget的觀點，遊戲是從外在世界抽繹因素並改變它們，使其符應人們的現存架構（framework）的一種方式（引自Graves et al., 1996），Fröbel則認為遊戲是人類幼兒期發展的最高表現，是幼兒靈魂內獨特的自由表現（引自Frost & Sunderlin, 1985），「遊戲，即各種自發的表現和練習」（陶明潔譯，民81，第307頁）。這種自發性的遊戲意義，就如王陽明在「訓蒙大意」文章中所強調的：

> 「大抵童子之情，樂嬉遊而憚拘檢，如草木之始萌芽，舒暢之則條達，摧撓之則衰痿。今教童子必使其趨向鼓舞，中心喜悅，則其進自不能已。譬之時雨春風，霑被卉木，莫不萌動發越，自然日長月化……」（引自黃瑞琴，民81，第3頁）

簡言之，遊戲是由內在動機引起，並因其本身而持續的一種自由自發、自行參與的愉快活動。在遊戲中，兒童是領袖並能自由地表現意義（meanings）和情感（feelings）（*Fein & Rivkin, 1991*），其目的則在增進智能的發展、身體的發展（physical development）、社會和情緒的發展（*Brewer, 2001*），以及發展兒童人格的創造觀念（*Hendrick, 1996*）。因此，遊戲是手段也是目的，遊戲支持完整兒童（the whole child）的發展——身體的、認知的、社會的和情緒的（*Rogers, 1990*）。

(一) 遊戲的價值

遊戲有許多的形式，當他們唱歌、挖泥巴、構築積木塔或者盛裝時皆在遊戲。遊戲可能是純體能的（跑、爬、丟球）或高智能的（解決一個錯綜複雜的拼圖、記住歌詞）；當用到蠟筆、黏土和手指畫時，遊戲是創造的；當兒童假裝為媽咪、爹地或嬰兒時，遊戲是以情緒形式表達；與朋友跳繩、玩紙牌及分享書本，則為遊戲的社會面例子（*Gordon & Williams-Browne, 1996*）。

遊戲是兒童的學習方式，遊戲是兒童的學習歷程（*Moore et al.,1992*）。Daiute（*1994*）在「遊戲也是學習的一部分」（Play is Part of Learning, Too）一文中即言，遊戲是有效的學習策略，兒童用以增進他們的技能並塑造其世界的意義（make sense of their world）（*p.67*）。兒童遊戲時，他們學到語言、學到學習（learn about learning）、學到瞭解他們自己和圍繞著他們的延伸世界（the expending world）、學到如何成為一個朋友（how to be a friend）（*Brause, 1992; Gordon & Williams-Browne, 1996*），透過遊戲，兒童發展其身體技能並獲得獨立，遊戲也可協助兒童學習和練習領導與追隨的角色，以及有效的社會參與（social participation）

之重要觀念，並可增進問題解決、批判思考、概念形成和創造力，以及社會和情緒發展（Taylor, 1991）。正如岩內亮一等人（1992）所強調的，遊戲可提升兒童的身心機能，促進同儕團體的產生，培育人際關係的意識，豐富生活經驗以建構認知發展基礎，給予嘗試錯誤或主觀判斷的機會；遊戲也可說是開拓兒童單純的視野，使其獲得自律和自立。對此，Monroe（1985）亦有類似的見解：

> 遊戲影響幼兒的所有發展概念，包括社會的、文化的、情感的、認知的、語言的和身體的技能與能力；並進一步強調，透過遊戲，幼兒發現他們的世界、發展他們的知覺、練習他們的肌肉，並作社會的接觸。（p.193）

Graves等人（1996）認為遊戲有益於智能的發展、人格的發展和能力的發展。Youngquist和Pataray-Ching（2004）根據研究指出，遊戲對幼兒教育有很高的價值，在於能促進幼兒認知、社會和心理的發展。Taylor（1991）認為遊戲是兒童的世界，可以增進兒童身體的、社會的、情緒的和智能的發展，並說明室外遊戲對兒童的價值：

1. 大肌肉發展。
2. 社會互動或裝扮遊戲。
3. 知覺經驗（sensory experience）。
4. 對自然的學習（learning about nature）。

Charlesworth（1992）則強調兒童遊戲的功能有七項：

1. 幫助發展問題解決技能；
2. 促進社會和認知能力；
3. 幫助幻想（fantasy）和真實（reality）間區別之發展；
4. 促進好奇心和遊戲性；
5. 協助溝通、注意廣度、自我控制、社會的、語言的和閱讀書

寫的技能。

6. 提供大人學習幼兒如何看世界的工具；

7. 能作為治療的（therapeutic）。

就教育而言，Spodek 和 Saracho（*1994*）曾言「兒童的遊戲即教育」（child's play as education），甚有見地。事實上，幼兒教育的遊戲導向課程（play-oriented programs）並不是新的觀念，我們可從 Fröebel 的幼稚園和 Montessori 的工作看到活動和遊戲在幼兒成長、發展和學習中的重要性；在英國的托兒所運動（the nursery school movement）和美國的改革幼稚園運動（the reform kindergarten movement）時期，遊戲開始被接受為合理的教育活動，教育家觀察幼兒並認知遊戲提供學習的多元機會（multiple opportunities for learning），幼兒運用遊戲建構知識、測試觀念，並統整其所學而增進所有的學習概念：智能的、社會的、情緒的、身體的和語言的（*Graves et al., 1996*）。因此，遊戲活動已成為幼兒教育課程的一部分，Froebel 希望幼兒從器材和活動獲得精神的象徵意義，Montessori 希望幼兒獲得對物體本身較多的瞭解，以及觀察和排序器材的特定技巧（*Spodek & Saracho, 1994*）。

Froebel 是教育史上第一位承認遊戲的教育價值，並有系統的把遊戲活動列入教育歷程中的教育學者。兒童期的遊戲，其意義與價值乃在遊戲活動的本身，只是為遊戲而遊戲，遊戲之外，別無外在的目的。依 Froebel 的見解，兒童遊戲活動的價值有三，實值吾人細品：

1. 兒童遊戲活動，對於「物」有各種「動作」，對於「人」則有「合作」和「語言」，即使離開物與人，兒童自己一個人也可以唱和舞。

2. 兒童在遊戲中，能夠自己決定遊戲的範圍和步驟，有一種深切的自由感，因而兒童均喜愛遊戲，以遊戲為教育的方法，

易於增加教學效率。

3.兒童在遊戲活動中,無論對「物」或「人」,都必須接受規律的限制,因而可以培養兒童的責任感和義務感(*引自林朝鳳,民77,第69頁*)。

對兒童而言,遊戲是教育,遊戲是學習,遊戲是生活,兒童在遊戲中學習和生活,也在生活和學習中遊戲,遊戲是他的世界,透過遊戲,兒童可以統整所學,並增進全人的發展。

二 遊戲場的重要與類型

兒童正式的遊戲場主要在四個場所——都市公園(city parks)、小學(elementary schools)、學前學校(preschools)和後院(back yards)。這些地點遊戲場的內容,在器材和設備的供應、環境的布置、遊戲督導或領導、安全和兒童發展的要求以及哲學上,彼此皆有實質上的差異。遊戲場的贊助者,都市公園和休閒部門、公立學校、私立學前學校以及家長,所持的遊戲觀點(views of play)不同,結果發展出不同類型的遊戲場(*Frost, 1992*)。以下先說明遊戲場的重要,再就遊戲場的類型加以分析。

(一) 遊戲場的重要

有史以來,兒童即以其方式遊戲到成年,但只有少數人認為兒童的遊戲是認真的或考慮到遊戲在兒童的發展是重要的。Plato 和 Aristotle認為遊戲在學習如算術之學科和建構技巧很有價值,而早期的教育家如Comenius、Rousseau、Pestalozzi及Fröebel更反對在兒童一生中的教育是嚴厲的紀律(harsh discipline)和死記(rote

memorization），並強調遊戲是童年自然的活動和學習的工具（*Frost,
1992*）。Fröebel 並對遊戲作了剴切的描述：

> 遊戲是人類在此一階段最純潔的、最神聖的活動，同時，
> 代表人類的生活如一個整體——在人類和所有事物之中
> 的內在潛存的自然生活（the inner hidden natural
> life）。因此，它給予整個世界的歡樂、自由、滿意、內
> 在和外在的安靜、和平。（*引自 Frost, 1992, p.2*）

　　遊戲既然重要，幼兒遊戲場的設計當然更值得吾人關切，本書
的**幼兒遊戲場係指幼兒園在室外永久裝置（含可移動）的無動力兒
童遊戲設備之場地**。須注意的是，學校為兒童的遊戲而設立遊戲場
是制度面的必要作為，但不可將其視為涵蓋遊戲的全部（*岩內亮一
等人，1992*）。

　　Frost（*1992*）強調 1990 年代是對遊戲和遊戲環境發展（the
development of play environment）有空前興趣的時代，基本的理
由是：

　　1. 大學行為科學專業間對遊戲研究的持續性強調，並在遊戲和
遊戲環境研究結果上增加專業和流行刊物。

　　2. 專業組織對遊戲有新的興趣，著名的有美國和國際兒童遊戲
權利協會（the American and International Associations for the
Child's Right to Play）、美國全國幼兒教育協會（NAEYC）、遊
戲研究協會（the Association for the Study of Play）、美國衛生
體育休閒和舞蹈聯盟（the American Alliance for Health, Physical
Education, Recreation and Dance）和國際幼教協會（the Association
for Childhood Education International）。

　　3. 家長和專家逐漸覺察，過分重視「學科」，損失了遊戲，對

兒童有壓迫性的不良影響。

4.電視對兒童的健康、適應、道德發展和學校成就有負面的影響，而遊戲是一項重要的反制影響（an essential counteracting influence）。

5.在「控訴社會」（suing society）中，許多家長為了他們孩子在遊戲場上受傷，而控訴城市、私立和公立學校、托兒中心，以及遊戲設備設計者、製造業者和裝置者。

6.家長和專家覺察，大多數的美國運動遊戲場處於失修、外型老舊、貧乏的設計和無適當維護的設備之狀態。

7.更多的遊戲設計者和製造業者加速研究安全和遊戲價值，並投入發展遊戲設備和遊戲場地面的全國性安全指引／標準（p.26）。

雖然 1989 年 7 月 14 日倫敦時代教育附刊（[London] Times Educational Supplement）強調，遊戲場是「態度和行為的強力塑形者」（a powerful former of attitudes and behaviors）（引自Brause, 1992, p.150）。但對學校遊戲場設置的忽略，正如 Curtis 在「遊戲運動及其重要」（The Play Movement and its Significance）一書中所述：

> 我們都市許多的學校庭院是他們所屬系統的恥辱（a disgrace）……學校主事者顯然地完成學校建築，卻完全忘掉了遊戲場。（引自Frost, 1992, p.191）

(二) 遊戲場的類型

本世紀的早先數十年，遊戲場運動（the playground movement）在美國生根，室外遊戲區通常都配備鞦韆、滑梯、蹺蹺板和沙箱，與今日的許多遊戲場沒有什麼差別，但是遊戲結構的設計則與傳

統、單一目的多件的設備有很大的差距。經由幼兒發展專家、專業遊戲場建築師和商品製造業者的努力,更具創造性和多用途(versatile)的遊戲結構近便可用(*Essa, 1996*)。

遊戲場的類型,Johnson、Christie和Yawkey分為三種:傳統遊戲場、現代遊戲場和冒險遊戲場(*郭靜晃譯,民81*),Frost(*1991, 1992*)分為四種:傳統遊戲場、現代遊戲場、冒險遊戲場和創造遊戲場,陳文錦和凌德麟(*民88*)分為五種:傳統性遊戲場、現代化遊戲場、冒險性遊戲場、創造性遊戲場和自然性遊戲場,茲依湯志民(*民87*)之整理分述如下:

1. 傳統遊戲場(the traditional playground)

傳統遊戲場是一種正式的遊戲場,由金屬或鋼具結構的設備所組成,並零星的散佈或成排的固定在平脊地上水泥或柏油上,較單調而無趣,典型的設備包括鞦韆、滑梯、蹺蹺板、攀登架、立體方格鐵架(jungle gym)和旋轉裝置(merry-go-round),皆為運動遊戲(exercise play)和大肌肉遊戲(gross-motor play)而設計。通常周圍都以鐵籬圍著,此種設計可回溯至 1900 年代早期,目前仍是較常見的類型。

這種傳統遊戲場的設計,最大的好處在不需要太多的保養,同時也提供了大空間以及設備,讓兒童作大肌肉的活動。但從兒童的觀點來看,傳統遊戲場有許多缺點,例如這些固定的設施使用方法有限,會使人感到枯燥乏味,結果是孩子們很少使用它,即使孩子們玩,也僅是玩一下就不玩了。1974 年,Haywrad, Rothenberg 和 Beasley 在紐約市所作的研究發現,在遊玩的尖峰時間,傳統遊戲場有超過88%的時間是空著的,平均在傳統遊戲場遊玩的時間僅有 21 分鐘;Naylor 也引述了一些研究顯示,若給予選擇,孩子比較喜歡在街上玩,而不是在傳統遊戲場玩(*郭靜晃譯,民81*)。

其次，傳統遊戲場的缺點是它僅能鼓勵孩子作大肌肉活動。1985年，Campbell及Frost發現在傳統遊戲場進行的遊戲有77%以上都是大肌肉活動；相較之下，扮演遊戲比3%還少，其遊戲的社會層次也很低。1985年，Boyatzis也提出報告，在傳統遊戲場的遊戲幾乎有60%都是非社會性的遊戲，即獨自或平行遊戲。第三，是安全上的問題，據估計，醫生及醫院每年都要處理十五萬件遊戲場的意外傷害，而這些傷害大多數都發生在傳統遊戲場，主要是跌落堅硬的地面及金屬設施而受傷甚至致命（*郭靜晃譯，民81*）。

傳統遊戲場的缺點（低使用率、低層次的遊戲，及高意外傷害率）導致社會對傳統遊戲場的不滿，也因此刺激了現代化及具有探險性遊戲場的發展。

2. 現代遊戲場（the contemporary playground）

現代遊戲場是一種正式遊戲場，也稱之為設計者遊戲場（the designer's playground），由專業建築師或設計者運用製造業者的設備所創作的，通常具高美感品質，配有多樣化功能的設備和連結的遊戲區（linked play zones），其設備是由昂貴的木具、金屬器械和橫木（如鐵軌枕木）所組成，通常包括木造攀爬臺、圍起來供扮演遊戲的場地、架梯、輪胎陣、吊橋、滑輪纜繩、輪胎鞦韆、平衡木、隧道以及溜滑梯等，這些設施並非如傳統遊戲場般各自獨立和散佈的，而是集中擺設的，Wardle指出通常區分為三個區域：(1)堅固的地面或柏油地面，專供三輪車、四輪車及其他有輪子的遊戲器行駛；(2)在遊戲設施底下或四週都鋪有沙土及木屑的柔軟區域；(3)有草地可供孩子遊玩或坐的區域（*引自郭靜晃譯，民81*）；沙箱、小池塘及花園通常也會被包括在內，以展示一些自然的生物，讓孩子探索（參見圖52）。現代遊戲場種類很多，並不一定都含有上述所列的各種設施，但仍比傳統遊戲場提供更多樣化的遊戲經驗給孩子。

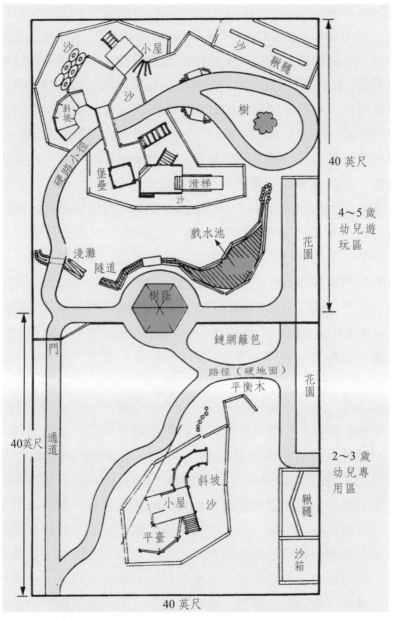

圖 52：2～3 歲及 4～5 歲幼兒遊玩區的現代遊戲場

資料來源：兒童遊戲：遊戲發展的理論與實務，郭靜晃譯，民 81，第 245 頁。

Forst 和 Klein 指出現代遊戲場可分為兩種型態：(1)商業化的遊戲場，如由 Big Toy 及 Columbia Cascade 所製造的木材組合及金屬架；(2)利用廢棄物如輪胎、鐵軌枕木、纜繩軸或水管建造的社區遊戲場（引自郭靜晃譯，民 81）。商業產品是現成的，設立較為方便，但所費不貲，而社區建造的遊戲場則較經濟，也比商業型態的遊戲場提供更廣、更多樣化的遊戲經驗。由於社區建造的遊戲場內部設施都是由孩子的父母及老師所建造的，孩子樂意使用它，社區也引以為傲，因此會減少讓遊戲場破壞和損毀的問題。

1985 年，Campbell 和 Frost 指出，有些研究比較現代遊戲場和傳統遊戲場對孩子遊戲型態的影響，其中僅有少部分研究結果顯示，孩子在現代遊戲場內會從事較多扮演遊戲以及團體遊戲，但功能性的遊戲則較常發生於傳統遊戲場；此外，Hayward 等人之研究指出，孩子在現代遊戲場玩的時間亦比在傳統遊戲場玩的時間來得多（郭靜晃譯，民 81）。不過，只要在瞭解這二種不同類型的遊戲場之後，這些研究發現並不令人驚訝。

3. 冒險遊戲場（the adventure playground）

冒險遊戲場是一種高級的非正式遊戲場，運用一個圍籬區，以自然的環境及各式各樣的廢棄建材（scrap building material）規劃而成，兒童在受過訓練的遊戲指導員（play leaders）督導和協助下，運用原始器材建構和重建他們自己的遊戲世界。冒險遊戲場與前述遊戲場有許多不同，除了儲物架或儲藏室之外，設施都是臨時性的，由孩子們自己建築、拆土成池塘、花園、消防洞，以及經常棲息在此地區的小生物，另外有更多的材料供兒童操弄，如木材、條板、繩索、纜繩軸、輪胎、鐵鎚、鋸子、釘子及其他舊的工具。此遊戲場內可讓兒童在多樣的創造性遊戲形式中自由表現他們自己，包括建造、拆解、起火、炊事、挖掘、在泥地滑行、栽培花木

及照顧動物等（如圖 53），並需有一位或更多的遊戲指導者，來協助和督導兒童遊戲之進行。

1943 年，第一座冒險遊戲場由景觀建築師 Sorenson 及其助理創設於丹麥（Denmark）的茵德拉普（Emdrup），稱之為「破爛物遊戲場」（a junk playground）（*大村虔一和大村璋子譯，昭和 59；Frost, 1992; Henniger, Sunderlin & Frost, 1985; Pedersen, 1985*），因此 Essa（*1996*）將冒險遊戲場界定為：兒童運用廣泛可用的「破爛物」器材（available "junk" materials）以創造他們自己環境的一種歐洲革新室外遊戲區（*p.535*）。第二次世界大戰後受到英國各界的歡迎，英格蘭的冒險遊戲場設立於二次大戰炸彈地（bomb sites），整個英國的冒險遊戲場超過二百個（*Wortham, 1985*）。目前，冒險遊戲場在丹麥和其他北歐國家占有一小部分比例，大多數則為傳統的遊戲場，美國的冒險遊戲場創建於 1976 年，至 1982 年有二十五個城市設立冒險遊戲場，但仍未受到歡迎（*郭*

圖 53：冒險遊戲場示意圖

資料來源：新しい遊び場：冒險遊び場の實際例，大村虔一和大村璋子譯，昭和 59，序頁。

靜晃譯，民 81；Frost, 1992; Henniger et al., 1985），主要係基於安全考量，如開放的池塘、生火、鬆掉的釘子以及尖銳的工具，看起來相當危險，因為擔心受傷而導致興訟，加上保險費用很高，使許多州政府並不熱衷設立這種遊戲場；其次是場地不易尋覓，因常遭場地旁住戶的反對，解決方法通常就是在它的四週築起高牆；此外，冒險遊戲場的花費相當昂貴，至少遊戲指導者的薪水必須長期支付。

事實上，冒險遊戲場的安全紀錄非常優良（*Frost, 1992*），Vance指出來自美國、英國、歐洲的一些研究結果，證明冒險遊戲場並不會比傳統遊戲場更危險（*郭靜晃譯，民 81*），並根據美國五州十四個機構的資料提出報告，說明冒險遊戲場優於傳統遊戲場：它們的維護費較不貴、社區參與較多、傷害的數量大約一樣或較少（*引自 Frost, 1992*）。相對於冒險遊戲場所能提供的益處，此一遊戲場應值得投資。惟須強調的是，遊戲指導員應扮演好「協助」的角色，協助兒童無法預知的所有練習事物、協助讓事物進行，以及挑出幼兒之間所有無法避免的衝突，最重要的是必須協助兒童組織遊戲場，沒有民主（democracy），任何「冒險」（adventure）最後會很快成為純粹的「破爛物」（junk）（*Pedersen, 1985*）。

4.創造遊戲場（the creative playground）

創造遊戲場是一種半正式的遊戲場，介於高級正式遊戲場和破爛物或冒險遊戲場之間，結合其他類型遊戲場的特色，以符應特定的社區或學校的需求。Essa（*1996*）將創造遊戲場界定為：運用革新的器材，如輪胎、電線桿、網子和電纜線軸的室外遊戲區（*p. 537*）。創造遊戲場廣泛的採用製造業者和手工做的設備，購買或贈品的設備，以及許多的零散器材（loose materials），如輪胎、破舊家具（lumber）、電線桿、鐵軌枕木、電纜線軸、廢棄水管所

創造建構的,通常由家長、教師和兒童來規畫和建造,並運用遊戲場專家的協助,它包括永久性設備、沙和水,以及布置輕鬆區（loose parts）,以符應所有遊戲的形式;特殊活動的區域,如美勞、園藝和照顧動物,通常也包括在內。

基本上,創造遊戲場與現代遊戲場甚難區分,較明顯的有二點,首先是場地器材不同,創造遊戲場的閒置或破爛器材（如輪胎、破舊家具、電線桿、網子、鐵軌枕木、電纜線軸、廢棄水管）和創造性活動（如沙、水、美勞、園藝）之設計,比現代遊戲場多,而金屬和木具組合的多功能連結設備則少於現代遊戲場;其次是,建構者不同,創造遊戲場通常由家長、教師和兒童來規畫和創造建構,現代遊戲場則由專業建築師或設計者運用製造業者的設備來創作的。創造遊戲場與冒險遊戲場之區別,在於創造遊戲場的場地通常較小,但器材運用的安全性較高,但無如冒險遊戲場需有一人以上的全時制遊戲指導員。

有關此四種遊戲場的使用情形、特性分析和流行趨勢之比較研究,值得進一步瞭解。

首先,使用情形方面,在使用人數上,1974年,Hayward等人研究比較傳統、現代和冒險遊戲場上的遊戲活動,6～13歲團體在冒險遊戲場（占45%）是遊戲場人口較多的一部分;但此一學齡團體在傳統遊戲場（占21%）和現代遊戲場（占22%）僅占所有使用者總數的次要比例;大人在傳統遊戲場（占40%）和現代遊戲場（占35%）是最優勢的年齡團體,但學前學童在冒險遊戲場則為最優勢的年齡團體（分別為30%和35%）。在使用設備上,傳統遊戲場上最常使用的設備是鞦韆,其次是涉水池（the wading pool）;在現代遊戲場上,最廣泛使用的是沙區,其次是土堆和滑梯;滑梯在傳統遊戲場上,罕見任何年齡團體使用,在現代遊戲場上則使用

頻繁。使用時間上,兒童用在每一個遊戲場的時間長度也有顯著差異,待在傳統遊戲場的時間最短,待在現代遊戲場的時間第二長,待在冒險遊戲場的時間最長(待在遊戲場的時間中數,分別為 21 分鐘、32 分鐘、75 分鐘);冒險遊戲場提供兒童一個潛在情境(a potential setting),讓他自己和空間去界定。有零散組件(loose parts)(如輪胎、木頭、工具、顏料、植物、種子等等)可供選擇,對於使用者而言,環境意義的重要差異,在於人造遊戲場係由他人所規畫,它們是固定的(permanent),創作結合(original combination)的潛力最小;在冒險遊戲場上,形式(the form)係由使用者所創造,只有他們「選擇它之所是」(chose it to be)才是固定的(*引自 Frost,1992*)。

其次,特性分析方面,Johnson 等人認為傳統遊戲場所提供的器材僅適於大肌肉活動遊戲,現代遊戲場較好,能鼓勵精細動作活動及扮演遊戲,而冒險遊戲場則能提供所有形式的遊戲,不僅能讓孩子運動和玩戲劇遊戲,彈性區及工具也鼓勵建構遊戲活動的進行。Johnson 等人並就遊戲場設計的特色:結合性、彈性器材、不同程度的挑戰性、經驗的多樣化、促進遊戲類型(功能遊戲、建構遊戲、戲劇遊戲、團體遊戲)等,對傳統遊戲場、現代遊戲場和冒險遊戲場加以評分,結果冒險遊戲場明顯地在這些指標上都占有極高的評價,現代遊戲場則緊跟在後(參見表 21)。在美國,由於冒險遊戲場有成立維護上的困難,現代遊戲場是較適合於學校及社區的需要(*郭靜晃譯,民81*)。

表21 鄰里遊戲環境

遊 戲 場 設 計 特 色	傳統式	現代化	冒險式
結合性	－	＋＋	＋
彈性器材	－	＋	＋＋
不同程度的挑戰性	－	＋	＋
經驗的多樣化	－	＋	＋＋
促進遊戲類型			
功能遊戲	＋	＋	＋
建構遊戲	－	－	＋＋
戲劇遊戲	－	＋＋	＋
團體遊戲	－	＋	＋

1. 假定現代遊戲場有所有正向特色（沙、不同的運動設備、戲劇遊戲
大而寬的溜滑梯和平臺），否則，原有＋就變成－。
2. －表示缺點；＋表示優點；＋＋表示極優。

資料來源：**兒童遊戲：遊戲發展的理論與實務**，郭靜晃譯，民81，第
252頁。

　　此外，流行趨勢方面，Frost（*1992*）根據學者專家的研究指出，傳統遊戲場是最盛行的類型，其發展追隨已建立數十年的模式，選擇設備主要的動機在於運動（宣洩精力）、耐久和易於維護，從安全和發展觀點來看是貧乏的場所，使用率低於可選擇作為遊戲場地的非遊戲場（如道路和許多地方），使用者比率也比現代、冒險和創造遊戲場低。現代遊戲場正得勢中（尤其是在公園），其設置動機通常與傳統遊戲場相同，並強調安全和美觀（合於大人的眼光），惟常有功能性的限制——基本上係因缺乏可活動的器材，如玩沙和戲水設備、輪車、構築工具和器材以及裝扮器材。至於冒險遊戲場普遍地未被大多數的美國大人所接受，創造遊戲場正在流行中成長（尤其在學前學校），此二種遊戲場汲取現代的理論、兒童發展理論，以及最近的兒童遊戲和遊戲場行為的研究，提供不同形式的社會和認知遊戲，能同時容納大量的兒童、比較安全（給予正常的維護和督導），允許兒童創造他們自己的形式、結構

和複雜性的程度，在遊戲價值上，明顯地優於傳統和現代遊戲場，更因能由所有年齡層的人一起工作建造，目前是強勢（herein is powerful strength）。

就國內學校而言，遊戲場並未受到重視，傳統遊戲場最為普遍，安全維護仍是主要問題；現代遊戲場和創造遊戲場正在起步中，最適宜設計於小學和幼稚園，目前已有不少小學購置木具和金屬器具組合的現代遊戲場，而幼稚園則多數購置塑膠模具製造的遊戲器具；冒險遊戲場可以臺北市私立薇閣小學的田園教學區（位於陽明山竹仔湖常青農場，占地約10公頃）為代表，餘則付之闕如，冒險遊戲場的設置內涵在國小和幼稚園則可結合現有的簡易現代遊戲場地，作更為整體性規畫的擴充，以豐富幼兒的遊戲天地。

第二節

遊戲場設計的原則

遊戲場是兒童的天地，也是促進其學習和發展的多樣化活動空間。良好設計的遊戲場，對幼兒遊戲的品質甚有助益（Frost, 1991），不僅可讓幼兒安全地玩耍，給予幼兒作選擇和探索的機會，也應思考其發展的目的，並成為幼教課程統整的一部分（Graves et al., 1996）。

良好的遊戲場應有何特性？Moore 等人（1992）依許多研究者和機構之意見，詳細說明了良好的遊戲環境有五項設計指標：近便性（accessibility）、安全的挑戰（safe challenge）、變化多端且明晰（diversity and clarity）、進階挑戰（graduated challenge）和彈性（flexibility），並進一步列舉二十九項設計指標，極具參考價值。

　　仙田滿依研究建議，一個令人滿意的遊戲空間及設備是「遊戲循環系統」（circular play system），其設施特徵：(1)必須是一個循環式的遊戲，有清楚的動線；(2)遊戲過程必須安全且有豐富的變化，允許兒童體驗各式各樣的挑戰；(3)遊戲過程需有象徵性的高點；(4)遊戲過程中須提供讓兒童能感到「暈眩」的地方；(5)遊戲過程中須提供不同大小的團體可聚集的空間；(6)遊戲過程絕非單一路徑，而有其他的捷徑或旁道；(7)遊戲過程是整體性卻不封閉的，必須是一個「多出入口」的設施（*侯錦雄和林鈺專譯，民 85*）。

　　Beckwith（*1985*）認為創造兒童遊戲經驗和一個良好遊戲場應呈現的品質，有八項原則：(1)複雜性（complex）：環境應儘可能包含許多不同的經驗類型。(2)連結性（linked）：遊戲事件（play events）環環相連，以創造遊戲活動的自然「流動」（a natural "flow"）。(3)社會性（social）：整個環境應增進兒童間的互動，遊戲事件也應設計以供團體遊戲。(4)彈性（flexible）：遊戲場的彈性，應兼具機械的（mechanical），如設備裝上彈簧；或功能的（functional），如遊戲事件可作許多不同方式的運用。(5)挑戰性（challenging）：創造遊戲場包含需動作的協調、平衡能力、柔韌性和持久力的事件。(6)發展性（developmental）：遊戲場應提供廣泛技能和年齡的挑戰事件。(7)安全性（safe）：當代的遊戲場必須依照消費者產品安全委員會（the Consumer Product Safety Commission）的指引，安全的遊戲場不僅有較少的意外，還要能增進更多的發明和創造性遊戲，使兒童能以較少的傷害恐懼作更多的冒險。(8)耐久性（durability）：遊戲場設備必須近乎不能損毀，此一必要性不僅因大多數的遊戲產品機構維護能力有限，而且因設備的損壞會導致傷害及其所有負面的結果。

　　White 和 Coleman（*2000*）統整學者專家的看法，提出遊戲場設計原則有七：(1)完整兒童的設計（design for the whole child）；

(2)近便性的考量（consider access points）；(3)室外學習中心安排的考量（consider the arrangement of outdoor learning centers）；(4)挑選優質的室外設備和器材（choose quality outdoor equipment and material）；(5)含括轉換空間（include transitional spaces）；(6)特殊兒童的考量（consider children with diverse abilities）；(7)室外安全優先（outdoor safety is especially important）。

陳文錦和凌德麟（民88）認為兒童遊戲空間設計之基本考量要素有七：(1)遊戲性（playful）；(2)趣味性（interesting）；(3)變化性（variety）；(4)創造性（creative）；(5)藝術性（aesthetic）；(6)參與性（participant）；(7)安全性（safety）。

簡美宜（民87）提出適合幼兒的遊戲場七項特質：(1)多樣性（variation）；(2)多功能性（multi-function）；(3)社交性（social interaction）；(4)自助性（self assistance）；(5)安全性（safety）；(6)動作性（action orientation）；(7)易近性（accessibility）。

游明國（民82）提出七項遊戲空間之設計準則：(1)遊戲性（playful）；(2)趣味性（interesting）；(3)變化性（variety）；(4)創造性（creative）；(5)藝術性（aesthetic）；(6)參與性（participant）；(7)安全性（safety）。

Talbot和Frost在「魔術遊戲區」（Magical Playscapes）一文中，認為只要我們願意做兒童觀點的省思，並放開兒童遊戲場僅是器材組合的成見，我們可予兒童創造充滿活力的、迷人的魔術遊戲場地；為達此目的，Talbot和Frost提出採自兒童觀點的二十項設計原則：(1)尺度的變化（changes of scale）：如模型、微小的動物、兒童大小的火車、恐龍；(2)其他存在的建議（the suggestion of other beings）：如聖誕老人工作屋、讀故事書的安逸庭園情境；(3)真實性（realness）：如真正的救火車、工具；(4)原型的想像（archetypal images）：如星星、月亮、樹；(5)「場地性」的意義

（sense of "placeness"）：如圓形劇場、壁爐；(6)無限制性（open-endedness）：如紙板盒、積木；(7)自然和自然元素（nature and the elements）：如庭園、果園、小樹林、溪流；(8)線性品質和形狀（line quality and shape）：如拱形門廊、流動物、起伏的小丘；(9)感覺性（sensuality）：如綻放的花朵、鐘鳴、感覺的工作；(10)層次性（layering）：如草木植物、牆、小丘；(11)新奇性（novelty）：如圖騰桿、輪胎動物、導管電話系統；(12)神秘（mystery）：如隱蔽處、裂縫、迷惑的森林；(13)光亮（brilliance）：如鏡子、瓷磚、光反射稜鏡；(14)相對並置（juxtaposition of opposites）：如硬／軟面、圓／直線、日光／陰影、對比和讚美色；(15)豐富和充足（richness and abundance）：如儲藏櫃、建造供應品和工具、草木植物、事件；(16)連結其他時間、其他場地（connection with other times, other places）：如保存遊戲場上的老樹、舊建材、中國雕塑；(17)「適性」（is-ness）：如花園、樹的懸掛物、圖表的設計；(18)散置零件和簡單工具（loose parts and simple tools）：如工具、廢棄的器材；(19)危險的迷幻（the illusion of risk）：如山坡滑梯、火災指標、荒野冒險行軍；(20)無所事事（doing nothing）：如以閒暇、自由時間、休閒和嬉戲代替緊繃的結構性課業、練習、日課表和電視，並給孩子時間及與最要好朋友在迷人的地方閒逛（引自Frost, 1992）。

此外，湯志民（民89）提出學校遊戲場的設計應注意：(1)在區域配置上，應掌握「分開又能便利」的規畫原則。(2)在場地規畫上，應有「統整且具創意」的規畫設計。(3)在性質種類上，應選置「刺激而又多樣」的現代化體能設施。(4)在管理維護上，應注意「安全兼顧耐用」的基本要求。

綜合上述，並參考前章遊戲場的發展和類型之探析，大致可以瞭解，對幼稚園而言，一個良好的遊戲場，應有許多令人稱許的特性，例如遊戲空間和設備應有統整連結的考量，同時思考使用者

（幼兒）的身心發展需求，並希望有豐富多樣、具挑戰性、創造性的遊戲場地和器具，以及逐漸重視無障礙遊戲環境的建立，而更重要的則是強調安全無虞的遊戲環境規畫，這些良好遊戲場的特性，正是幼兒遊戲場設計參照的最佳準則。

依據前述良好遊戲場的特性，並參考學者專家（*侯錦雄和林鈺專譯，民85；郭靜晃譯，民81；曾錦煌譯，民71；湯志民，民87，91；游明國，民82；簡美宜，民87；Beckwith, 1985; Frost, 1992; Graves et al., 1996; Moore et al., 1992；Stoecklin, 1999；White & Cloeman, 2000*）的見解加以綜合整理，提出學校遊戲場設計的七項原則：統整性、發展性、多樣性、挑戰性、創造性、近便性及安全性，並分述如下：

一 統整性（unification）

幼兒遊戲場宜單獨設置，國小及其附設幼稚園另應考量學童的年級（齡）分佈、上下課時間，並配合學校的校舍建築、校園和其他運動設施作統整性的規畫，使其功能得以發揮。因此，幼兒遊戲場設計的統整性，可從區域分置、場地統整、器材連結及動線循環來構思。

首先，在區域分置方面，如國小場地許可，高、中、低年級及幼稚園遊戲場應分開設置；如學校場地不許可，可考量減併設計（分為高、低年級及幼稚園遊戲場，或小學和幼稚園遊戲場），也可統整在同一區域，但在使用功能上能依年齡發展將場地分區，以保障低年級或幼兒的遊戲機會並增加其使用的安全性。

其次，在場地統整方面，應有集中且連接的遊戲概念（如圖54），Moore等人（*1992*）指出：一個良好的遊戲和學習環境應設

計為一組情境，並仔細的在庭園上分層（*p.xi*）。Shaw（*1987*）在「行動無礙和行動不便兒童的遊戲場設計」（Designing Playgrounds for Able and Disabled Children）一文中，更強調創設「統整環境」（unified environment）的重要，並說明遊戲場的統整環境應有從小的、封閉的到大的、開放的多樣空間，該遊戲場也必須是可供多樣活動的「關鍵場地」（key places），由交叉通道系統（a system of intersecting paths）相連接，以提供兒童一些決定點和練

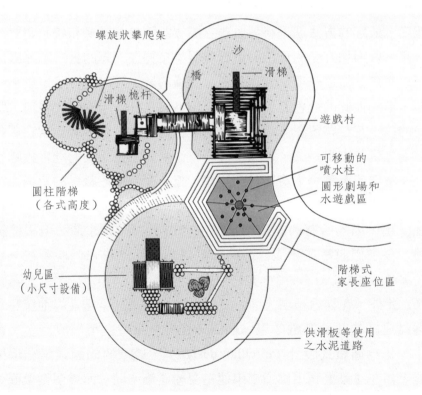

螺旋狀攀爬架

沙

橋 — 滑梯

滑梯桅杆

遊戲村

圓柱階梯
（各式高度）

可移動的
噴水柱

圓形劇場和
水遊戲區

幼兒區
（小尺寸設備）

階梯式
家長座位區

供滑板等使用
之水泥道路

圖 54：集中和連接的遊戲場

資料來源：*Children's Play and Playgrounds,* J. L. Frost and B. L. Klein, 1979, p.193.（引自 Brewer, J. A.（1998）. *Introduction to Early Childhood Education: Preschool Through Primary Grades*（4th ed.）, p.95）

習選擇的機會，此一遊戲場也應該是分層的或堆積的使身體、語言和視覺能有最大的互動；同時，使活動的主體成為四周最複雜部分的中心，否則庭院的其他部分將毫無作用，如果遊戲場的各部分無法實質上的連接，則可借用附近現有建築的牆面或一棵大樹，以創造統整的空間關係。

第三，在器材連結方面，Beckwith（1985）認為遊戲事件（play-events）應環環相連，以創造遊戲活動的自然「流動」（a natural "flow"）。Johnson則指出連結（linkages）在增加獨立器材的複雜度，最好的方法就是將各自獨立擺放的平臺、滑梯和輪胎布置在一起，會增加許多的玩法。這種將器材布置在一起的另一項好處是可以讓孩子從這一項玩到那一項，持續的玩，同時將孩子聚集在一起，增加彼此的社會互動。例如，Bruya在1985年的研究發現，學前的孩子花在布置在一起的木製平臺上的遊戲時間，會比當它們各自獨立玩時來得長久，這種安排同時也提高了孩子間的社會接觸。大多數現代遊戲場常將器材布置在一起，而傳統遊戲場的特徵則是廣而散佈且各自獨立的設施，至於冒險遊戲場不見得會將器材布置在一起，因為所有的布置都是孩子們自己去設計建造，但根據經驗，孩子們通常在建造自己的遊戲場時，都會將它們擺置在一起（郭靜晃譯，民81，第248頁）。

此外，在動線循環方面，遊戲場的動線設計可增進場地統整和器材連結的循環遊戲效果。仙田滿在「兒童遊戲環境設計」一書中，認為循環式設計（circular design），最重要的因素是循環機能，如在建築上利用廊道來串連主要的建築空間，而這個循環圈可以是二度或三度的空間；另因遊戲是一種「動力」（movement），具有一定的方向性與力量，所以當某個動力改變時——如一群孩子同時向同方向的奔動——應該有其緩衝區或有便捷的停頓處，讓整個遊戲動線不會因而受阻礙，且能平順地繼續進行，也讓孩童們能

在各種動線中，隨時停止活動而能迅速離開遊戲動線，此一捷徑（便道）（shortcuts）的設立最好是不同於正規的動線（如圖55）（*侯錦雄和林鈺專譯，民85*）。

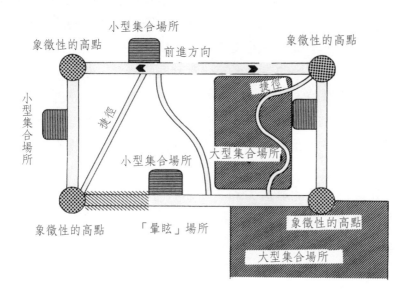

圖 55：現代化的循環遊戲系統

資料來源：**兒童遊戲環境設計**，侯錦雄和林鈺專譯，民 85，第 22 頁。

二｜ 發展性（development）

Graves 等人（*1996*）認為遊戲空間和所有的活動一樣，也應有其發展上地適切性，設備、玩具和結構的大小和類型，應符合幼兒使用它們的發展性特徵，遊戲空間設計給小學的，對學前學校的幼兒團體並不適用或安全，設計給學前學校的，對幼兒和學步兒也不適用或安全，一個發展上適切的遊戲區（a developmentally appropriate play space）是能給予幼兒參與符合他們需求和能力活動的機會，一個有品質的室外遊戲空間，可刺激幼兒參與身體的、社會的、裝扮的和創造的遊戲，並發展所有學習層面（如身體、情感和認知）的技能。Moore 等人（1992）依據 Schneekloth，以及 Frost 和 Klein 的觀點指出，一個設計良好、管理良好的遊戲環境，應提供幼兒下列的發展機會：(1)肌肉運動技能發展的機會，(2)作決定的機會，(3)學習的機會，(4)裝扮的機會，(5)社會發展的機會，(6)好玩的遊戲。幼兒隨年齡的增長，身高、體重、體能、智能、社會（群）性、情緒的發展及性別有其差異，幼兒遊戲場設計的發展性，應從身體的發展、智能的發展、社會的發展、課程的發展及遊戲的發展來構思。

首先，在身體的發展方面，Taylor（1991）指出規畫室外遊戲區需考慮與幼兒發展目的相關的學習區、玩具和活動，尤其是大肌肉的運用，應適齡以利幼兒的發展。據教育部體育司（民87）的調查，臺閩地區 86 年度，男生 7 歲平均身高 122.1cm、體重 24.9 公斤、立定跳遠 108.8cm，至 12 歲增長為身高 150.2cm、體重 44.3 公斤、立定跳遠 168.6cm；女生 7 歲平均身高 121cm、體重 23.7 公斤、立定跳遠 96.8cm，至 12 歲增長為身高 151.4cm、體重 44.2 公斤、立定跳遠 147.2cm。兒童的身高、體重、胸圍、體（適）能隨著年齡成長迅速，因此幼稚園、低、中、高年級遊戲場器材的結構規格（長、寬、高、大小）、材料的承載力和耐用度等應隨年齡適度增加；兒童的體適能和動作技巧靈活性增進，遊戲器材的複雜度、難度也要隨之提高（如表 22）。

其次，在智能的發展方面，Piaget 依智能的發展，將遊戲發展的階段分為：(1)練習性遊戲（practice play），(2)表徵性遊戲（symbolic play），(3)規則性遊戲（games with rules）（引自 Charlesworth, 1992; Spodek et al., 1991）。因此，幼兒遊戲

表22 室外大肌肉活動設備的選擇

	嬰 兒 六週至一歲	學 步 兒 一歲至兩歲半	學前兒童 兩歲半至五歲	學齡兒童 五歲至八歲
大肌肉活動設備	毯子／枕頭	增加：	增加：	增加：
	海灘球	梯子／滑梯	平衡木	運動類的球
	推／拉玩具	浪船	腳踏輪子玩具	直排輪／冰刀
	小車子	圓桶	大一點的車子	溜冰鞋
	泡沫橡膠捲	獨輪手推車	鏟子／耙子	籃球架
	隧道	各種球	呼拉圈	跳繩
	四～六人座小車	簡易攀爬架	厚木板／三角形	滑板車
	嬰兒車		板子	
	（背嬰兒的） 背吊帶／背包			

註：在兒童玩大肌肉活動設備時，為維護其安全，大人的監督管理相當重要。

資料來源：*Children's Guide to Equipping the Developmentally Appropriate Center,* J. Greenman, 1990.（引自 White, C. S., & Coleman, M. (2000). *Early Childhood Education: Building a Philosophy for Teaching,* p.317.）

場的設計，應考量為練習性遊戲設置蹺蹺板、旋轉木馬、滑梯、網繩等，為表徵性遊戲提供工具、容器、沙、水區等，為規則性遊戲提供益智遊戲或球場等。

第三，在社會的發展方面，根據 Parten 1932 年的研究發現，學前學童之間的社會參與（social participation）隨著幼兒的年齡而增加，其社會遊戲可分為：(1)漫遊遊戲（unoccupied play）或非遊戲（not playing），(2)單獨遊戲（solitary play）（一個人遊戲playing alone），(3)旁觀者遊戲（onlooker play）（看他人遊戲 watching others play），(4)平行遊戲（parallel play）與其他幼兒肩靠肩遊戲，(5)關聯遊戲（associative play）在平行遊戲和合作之間變換，(6)合作遊戲（cooperative play）加入其他幼兒的遊戲中；3 歲兒童的遊戲不是漫遊，即為單獨遊戲者，或旁觀者（onlooker），4 歲兒童投入平行遊戲，5 歲以上兒童則為關聯或合作遊戲（引自Frost, 1992; Graves et al., 1996;Santrock, 1993; Spodek et al., 1991）。因此，幼兒遊戲場的設計，應考量為 4 歲以前幼兒個人性的漫遊、單獨、旁觀和平行遊戲，提供充足及個人性的遊戲器具（如沙、水、滑梯、鞦韆、積木、三輪車等），可獨處（或躲藏）的小空間（如小屋、閣樓、空箱、大水泥管、隧道等），可旁觀的平臺、座椅或空間；為 5 歲以後幼兒團體性的關聯或合作遊戲，提供團體性的遊戲器具（如滑梯、蹺蹺板、旋轉木馬、積木等）、場地（如沙和水區、跳房子、球場等）或可與知心好友密談的小空間（如小木屋、閣樓、樹屋等）。

第四，在課程的發展方面，幼稚園的遊戲是正式課程（formal curriculum）的主要內涵，遊戲即教育，幼兒上下課皆在遊戲，因此幼稚園室內外及半室外遊戲空間的設計都很重要；小學低年級學童的遊戲，以下課為主軸，是空白課程（blank curriculum）的運用，也是潛在課程（hidden curriculum）的一環，因此室外遊戲場的重要性隨之增加。

第五，在遊戲的發展方面，Heidemann 和 Hewitt（1992）依幼兒遊戲的發展將遊戲的類型分為：(1)與物體遊戲（play with objects）：包括感覺動作遊戲、建構遊戲、裝扮遊戲和規則遊戲；(2)社會遊戲（social play）：包括與大人遊戲、單獨遊戲、平行遊戲、關聯遊戲和合作遊戲；(3)社會戲劇遊戲（sociodramatic play）：社會戲劇遊戲呈現許多幼兒的生活經驗，是最複雜的遊戲型態，建立在幼兒如何運用物體並與他人互動。Christie 將社會戲劇遊戲視

為是最高水準的裝扮遊戲，Smilansky 描述社會戲劇遊戲包括六項
要素：(1)模仿的角色扮演；(2)以物體假裝；(3)以活動和情境假裝；
(4)互動；(5)語言溝通；(6)持久。仙田滿亦有類似的觀察結果，依其
研究兒童在遊戲設施上，遊戲的發展過程可區分為「機能性」、
「技術性」及「社交性」三個遊戲階段（如圖 56）；亦即，兒童
會先學習基本技巧，然後改良這些技巧，最後用這些技巧來遊戲

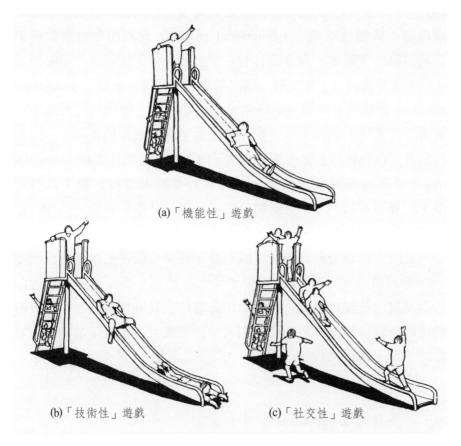

(a)「機能性」遊戲

(b)「技術性」遊戲　　　　　　(c)「社交性」遊戲

圖 56：遊戲設施上遊戲的發展階段

資料來源：**兒童遊戲環境設計**，侯錦雄和林鈺專譯，民 85，第 14 頁。

（play game）。以遊戲場內的滑梯為例：首先，當一個小孩第一次使用滑梯時，他會站在滑梯的高點，看看四周，然後坐下，再滑下來；在重複這過程幾次之後，兒童就不再坐著從滑梯滑下，而是躺著從滑梯滑下，用手或腳來推動自己，或是以頭著地的方式從滑梯滑下；這時若有其他的同伴出現，他們將會試著一起滑下來，或是有人由滑梯前向上攀爬並抓著其他人的腳，或是在滑梯的周邊玩起捉迷藏的遊戲。由此，我們注意到這項遊戲具有三種階段：第一階段為「機能性遊戲」（functional play）：此階段是兒童對遊戲功能的第一次體驗，也是遊具的主要目的，就滑梯而言，這階段就如同坐著從滑梯滑下來一般。第二階段為「技術性遊戲」（technical play）：此時兒童開始發明使用滑梯的新方法，替代只從滑梯上坐著滑下的方式；例如：用手或腳來推動頭朝下或是躺著滑下，這階段兒童從改進技巧上獲得趣味。第三階段為「社交性遊戲」（social play）：開始將遊戲設施當作一種媒介來從事遊戲活動（具有遊戲、比賽等意義），當兒童開始在滑梯玩起其他的遊戲，例如：捉迷藏、官兵抓強盜、打仗時，滑梯的主要功能就變得不是那麼重要了，這時滑梯等遊戲設施對遊戲而言，僅是一個遊戲舞臺，他們關心的是遊戲比賽（侯錦雄和林鈺專譯，民 85）。事實上，上述遊戲的發展實已統整身體的、智能的和社會的發展等相關概念，學校遊戲場的設計自應提供可讓兒童與人（兒童或大人）境（遊戲場）互動的空間、時間和機會。

三 多樣性（variation）

遊戲場應提供多樣的形式、結構、色彩水準和挑戰（Frost, 1992），多樣性的遊戲場提供許多不同的遊戲活動，才能吸引孩子

的注意、引導遊戲的開始、給予興趣的選擇及鼓勵兒童的探索,並使其感官經驗更為豐富。此外,多樣化可增進環境的學習潛能,Dattner 解釋為:

> 遊戲場應像個縮小的世界,世界上各種各樣的感官經驗這裡應都具備。例如,要有粗糙及平滑的物品以供觀看及感覺;有輕重物品以供舉起;有乾及溼的東西,有可發聲的東西(例如流水聲)或可敲擊、拍打、拉扯的東西,有各種氣味(如花、土、樹皮)等不勝枚舉,為了孩子環境應越多樣越豐富愈好。(引自郭靜晃譯,民81,第251頁)

　　幼稚園的園地,容納興趣多樣的幼兒,成長中的孩子共同的特點是好奇、好動、愛探索,幼兒遊戲場自應在感官上,提供視覺、聽覺、嗅覺、味覺、觸覺的多樣情境;在動作上,提供上、下、坐、停、跑、跳、爬、滾、滑、鑽、盪、吊、搖的活動機會。幼兒遊戲場設計的多樣性,可從場地多樣、器材多樣、性別差異來構思。

　　首先,在場地多樣方面,Spodek 和 Saracho(1994)認為遊戲場應規畫成區,此一遊戲場區是可提供不同類型活動的組構空間,其考慮的要素如下:(1)需有複雜的多功能結構,(2)供應多樣的設備以應不同種類的遊戲,(3)設備的安排可有跨結構的遊戲(cross-structured play),(4)遊戲區的創造是可統整的,(5)遊戲區的創造允許越區移動。因此,幼兒遊戲場的設計,就年齡團體之需,可有低年級區、學前幼兒區、學步兒區;就活動性質之別,可有動態遊戲區、靜態遊戲區;就場地功能規畫,可有遊戲區、跳落區、轉換區、服務區、通道區;就使用人數多寡,可有大團體區、小團體區、獨處區;就遊戲器具之用,可有器具遊戲區、沙遊戲區、水遊戲區、裝扮遊戲區、規則遊戲區;就地形變化之需,可有高低、山

丘、坡道、平地、窪地；就場地鋪面之需，可有沙地、水池、草地、塑膠地、水泥地；就造形色彩變化，可有色彩繽紛、造形獨特、善用光影的遊戲場地和器具。

其次，在器材多樣方面，Frost（1992）認為兒童的遊戲環境應具多樣性，兼有固定的、複雜的設備和簡單的、可運輸的器材；大型的、固定的結構，非備由兒童操作，其複雜性需透過設計建造於內（built-in by design），可移動的器材或散置的部分，則可由兒童以幾乎無限制的方式來操作和安排。由於學前學童能透過心智意像、道具或器材以創造人物角色和情境，不需特定或建議的主題，因此原始的材料如沙、水、輪胎、破舊家具和線軸皆宜。Johnson綜合相關研究亦指出，理想上的遊戲場應能提供所有型態的遊戲，如一種運動器材應能促進大肌肉遊戲及發展力量、平衡感及協調力，自然器材（如沙、小石子）以鼓勵孩子玩建構遊戲，而建構成家的遊戲又能鼓勵孩子玩戲劇遊戲，接著要有增進社會互動及團體遊戲的設施，符合此理想的還有三種器材：(1)連接平臺，可允許孩子整合及觀看其他人的遊戲；(2)寬的滑梯、一排輪胎、鞦韆可以同時供許多孩子玩；(3)需要一人以上才能玩的設備如蹺蹺板（*郭靜晃譯，民81*）。仙田滿認為一個多功能、混合式的遊具較單一功能的遊戲結構能提供更加豐富的遊戲活動；一個包含二種以上功能的遊具更能給兒童自由創造新遊戲活動的機會，因此建議設置大型的遊戲結構（giant play structure）（*侯錦雄和林鈺專譯，民85*）。就遊戲場的類型而言，冒險遊戲場提供的多樣化經驗最多，但有流水、沙箱、花園的現代遊戲場亦相去不遠。而傳統遊戲場則因為器材只有單一用法，能提供的多樣化有限（*郭靜晃譯，民81*）。

此外，在性別的差異方面，Frost（1992）根據許多研究指出，室外遊戲環境比室內環境更有利於男生，男生在室外參與裝扮／假扮遊戲多於女生，女生在較低層級的平行和功能遊戲上，其次數多

於男生。另據 Compbell 和 Frost 之研究，二年級男生參與裝扮和規則遊戲的遊戲形式較豐富及次數多於女生（*引自 Frost, 1992*）。Johnson、Christie 和 Yawkey 探討遊戲性別差異的研究文獻指出，男生參與較多莽撞的遊戲（rough-and-tumble play），且通常比女生更主動；男生也較喜歡參加冒險的遊戲，包括超級英雄（super heroes）和超級惡棍（super villians）；女生較喜歡參加建構性和其他桌上遊戲，對較多的不同玩具和遊戲器材顯示出興趣，喜歡在較小的團體中遊戲（*引自 Spodek et al., 1991*）。Beeson 和 Williams（*1985*）以年齡 3 歲～5 歲 4 個月的 50 名學前幼兒（男 25 名，女 25 名）為研究對象，計觀察 6 週，每週觀察 3 天，18 個觀察期，每次觀察自由遊戲（free play）30 分鐘，遊戲活動依 Rubin 等多位學者對學前幼兒研究之發現，分為 5 種遊戲活動：積木、車子、水／沙為男生導向的遊戲活動（the male-oriented play activities），家家酒、美勞設計為女生導向的遊戲活動（the female-oriented play activities）。資料分析採用多變項變異數分析（MANOVA），結果遊戲活動的性別差異達 0.0001 顯著水準，3 個男生導向的遊戲活動統計顯著水準均達 0.05，即男生選積木、車子、水／沙活動較女生多；女生導向的遊戲活動，美勞設計達 0.05 顯著水準，即女生選此項遊戲活動比男生多，而家家酒則未達 0.05 顯著水準，即男女生都選此項遊戲活動並無性別刻板化。Tizard、Philps 和 Plewis 之研究，學前學校幼兒（3～4 歲）在幼兒托育中心遊戲場的自由遊戲，遊戲器材的選擇有最大的性別差異，女生玩固定的物質設備如攀爬架和鞦韆之時間：明顯地多於男生，男生玩輪具車輛和建構器材如輪胎、板條箱和梯子多於女生，男生玩家庭的設備（domestic equipment）少於女生。在 3 歲，女生參與較少的表徵遊戲、較少繁雜的規則遊戲，以及較低層級的社會遊戲（單獨和平行），但在 4 歲，這些差異大多消失，僅有的差異在遊戲器材的選擇和表徵遊

戲的主題（女生是家庭的；男生是駕駛車輛、打鬥和廝殺），男生比女生喜歡參與假扮的打鬥（pretend fighting）和真實的打鬥（real fighting）（引自 Frost, 1992）。綜言之，男生和女生遊戲上有性別差異，通常男生較喜歡大團體活動，女生較喜歡小團體活動；男生的裝扮和規則遊戲較多，女生在低層級的平行和功能遊戲較多；男生較喜歡動態的冒險性打鬥遊戲，女生較喜歡靜態的建構性和其他桌上遊戲；男生玩輪具車輛、積木、水／沙，以及建構器材如輪胎、板條箱和梯子多於女生，玩家庭的設備少於女生，女生玩固定的物質設備（如攀爬架和鞦韆）之時間明顯地多於男生；因此，學校遊戲場的設計，自應考慮性別的差異，讓遊戲場地和器材能兼顧男女生的需求，都能成為遊戲場的主人，而非僅是旁觀的客人。

四 | 挑戰性（challenge）

　　冒險行為是成長過程重要的一部分（Frost, 1992, p.244），良好的遊戲場應具有挑戰性，包含需動作的協調、平衡能力、柔韌性和持久力的事件（Beckwith, 1985）。仙田滿即剴切的指出，幼稚園、國小及公園到處都強調安全並極度關心，以確保兒童都不會暴露在最小的危險中，然而兒童必須學習如何在最小的危險中去避免最大的危險；因此，成人未來提供給兒童的環境必須是：能讓他們有機會去學習小危險並避免危險的場所（侯錦雄和林鈺專譯，民85，第5頁）。就此而言，「挑戰」可說是一種「小危險的嘗試」、「安全的刺激」、「可完成的較高難度」以及「超越自己或拋開自己」之歷程，可激勵兒童的遊戲興致、擴展平衡協調的能力、增加柔韌性和持久力、豐富生活經驗並增進自我信心。事實上，遊戲場之所以吸引人，主要在其產生的刺激效果，讓參與者在可掌控與不

可掌控的邊緣激盪，令人興奮不已，一試再試，而流連忘返。因此，幼兒遊戲場設計的挑戰性，可從製造暈眩、進階挑戰來構思。

首先，在製造暈眩方面，仙田滿指出，兒童的遊戲發展從「功能性遊戲時期」到「技巧性遊戲時期」，在「鞦韆」、「蹺蹺板」、「走繩索」及「滾輪式滑梯」上都有一個必要的元素──「暈眩」，約有70%的遊戲活動是藉由它所產生，這項不同以往的遊戲經驗，提供頗具吸引力的遊戲機會給兒童。「暈眩」（dizziness）也可謂之為「超越自己或拋開自己」，就「暈眩」的感覺來說，在空中跳躍比滑下更具刺激性，因為在地板上有厚墊（25cm），所以當兒童從很高的地方跳下時也不會感到害怕。暈眩體驗的型式能被表現在：(1)搖盪，(2)身在高處，(3)身處斜坡，(4)在通道中，(5)在迷宮內（*侯錦雄和林鈺專譯，民85*）。因此，幼兒遊戲場為製造「暈眩」，其設計重點：(1)動態遊戲器材，如鞦韆、搖椅、吊橋、浪木、旋轉木馬、手臂懸吊梯等要搖晃或巔簸；(2)靜態遊戲器材，如滑梯、平臺、攀爬架、獨木橋等要高或斜；(3)遊戲通道，如隧道、迷宮等要暗或曲折；(4)不同的日常經驗，如飼養動物、烤肉、栽植、玩水、騎三輪車等要真實。

其次，在進階挑戰方面，Johnson 指出傳統遊戲場的主要問題是缺少不同程度的挑戰，通常它的每一種設備僅有一種尺寸大小，因此僅提供一個層次的挑戰。對於有些孩子而言，它太難了，他們不是避免在上面，就是會冒險去玩；而對另外一些孩子而言，它又太簡單了，讓孩子覺得無聊，或在上面亂玩（例如，旋轉著玩鞦韆、向上爬滑梯、在單槓上用走的）。所以若是遊戲場不提供有層次性的挑戰，兒童會藉對器材的不當使用來增加遊戲的挑戰性，因而遭受到嚴重的傷害。Johnson進一步說明「進階挑戰」（graduated challenge）指的是每個活動中的困難程度有所不同，它讓不同年齡的孩子在發展上有其適合的活動，對稚齡幼兒而言，遊戲場的難度

應較低及簡單，例如：低的攀爬架、斜坡、短且斜度不大的滑梯、高度較小的階梯、低的平臺等。同樣地，對於年齡較高的兒童應有較高的平臺和繩梯、較長且較陡的滑梯；進階挑戰可讓每個孩子找出最適合他的難度，既不太難也不會太容易（郭靜晃譯，民81）。因此，學校遊戲場進階挑戰的設計重點：(1)增加繁雜度，如現代遊戲場連結高低平臺、不同滑梯和攀爬器具等多種遊戲器材；(2)提高難度，如滑梯由直線、曲線到迴轉，攀爬網繩由傾斜到垂直或由網狀、梯狀到單繩，梅花樁由低而高或逐漸加大間距，獨木橋由粗至細或橋下坑洞加深或加水等等；(3)變換器材，如上下器材，可有樓梯、滑梯、網繩、消防員桿來互換；(4)變換感覺，如隧道，可由平或斜、明或暗、爬走或滑行來互換不同的視覺和觸覺。

五 創造性（creativity）

Frost（1992）強調： 每一個室外遊戲場都是獨一無二的。遊戲場既是一種空間環境，它需要設計，設計就要有創造性，才能顯出特色，忌諱千篇一律，一個富有創造性的遊戲空間，更能激發孩童的想像力和創造本能（游明國，民82）。學校遊戲場的創造性設計，其重要性及設計特色對學生心智的影響，更可由Shaw（1987）下列的一段話，獲致肯定：

> 每一個遊戲環境必須給予獨特的精神（a unique spirit）
> ——即特色（a genius loci），其所創造的場地意義
> （sense of place）影響到使用者的心智、想像力和對
> 該場地的認知圖（cognitive mapping）。（p.189）

　　觀之國內,學校傳統遊戲場的器具如單槓、爬桿、滑梯、蹺蹺板、攀爬架、浪木、迴轉地球等等,散佈校園四周,單調設置,整齊排列,加上冰冷灰色的水泥地鋪面,危險而無趣,實難以吸引學生遊戲興致。近十年來,遊戲場的設計雖有轉型,惟不論是國小或幼稚園的遊戲場,塑鋼(fibreglass reinforced plastic,簡稱 FRP)一體成型的飛機造形遊具四處充斥,卻也突顯了遊戲場設計缺乏用心及創意性不足的窘境。兒童有強烈的新奇感及好奇心,幼兒遊戲場設計的創造性,應從造形新奇、多功能性、善用巧思來構思。

　　首先,在造形新奇方面,「造形」(form),狹義言之,是外形、塊體、結構的總合; 廣義言之,是外形、塊體、結構、空間、時間、色彩、質感的綜合(蔡保田等人,民 77)。造形新奇的學校遊戲場,其場地設施的設計重點:(1)器材新穎,如新出品的遊具或維護得宜、歷久彌新,以保持其新鮮感;(2)外形特殊,如象鼻滑梯、船形遊戲架、碼頭平臺、城堡閣樓或其他(如太空梭、恐龍)造形的器具,以增添想像;(3)塊體多變,如遊戲器具在量體上有大有小、有方有圓、有寬有窄,場地設計上有高低、有硬有軟、有乾有濕,以益增景觀趣味;(4)結構複雜,如由多樣遊戲器材組構,遊戲方式或盪或跳或搖,遊戲器材有多重出入口,進出方式或走或爬或滑,讓兒童有多樣選擇;(5)空間連結,如遊戲區、跳落區、轉換區、服務區、通道區,環環相連,讓遊戲轉換便捷順暢;(6)時間延續,如遊戲器具及其場域情境,隨縱向時間演變仍有適存意義,遊戲區域相通及器具相連,隨橫向時間擴充,讓遊戲進行得以連貫流暢;(7)色彩鮮艷,如色彩繽紛的遊戲器具,草坪、沙地、彩色地磚的鋪面,令人心曠神怡精神振奮;(8)質感獨特,如玻璃磁磚堡壘、木造平臺、塑鋼遊戲架,以及圓潤海沙、塑膠軟墊和青綠草坪的鋪面,給人溫馨易近之親和感。

　　其次,在多功能性方面,簡美宜(民 87)說明多功能性

（multifunction）意指材料本身較抽象，具有較少的細節，或完全不具備固定結構，而可做多重功能的使用，或可改變其固定的用途，或可與其他器材搭配使用者，如：水、沙、輪胎及遊戲小屋等。Shaw（1987）亦提出無標的環境（nonobjective environment）的概念，認為遊戲環境的固定要素應為自然無標的，無標的空間（nonobjective spaces）——圓形、方形、不規則、規則、明的、暗的、大的、小的，將支持廣泛的活動和有趣的遊戲，實體的模型（如龜、鯨）會抑止創造性遊戲。Johnson 則以彈性器材（flexible materials）來說明遊戲素材可被操弄、組合及改造，素材越彈性，孩子越可玩出各種花樣。根據統計，在傳統遊戲場中單獨使用的設備，在使用上彈性度很低；現代遊戲場中的沙和水則具有最大的彈性，可以任意的操弄；冒險遊戲場在彈性器材上，無疑是個中翹楚，除沙和水之外還有很多零件（如木片、輪胎、繩子、工具、水管）能讓孩子隨心所欲的玩弄（郭靜晃譯，民81）。因此，學校遊戲場器材為增其多功能性，其設計重點應多提供多功能的彈性器材和無標的環境，包括：(1)無標的空間，如可奔跑、追逐及決定任何用途的一片空地，或可躲、可藏、可密談的遊戲小屋，以利兒童自由構思遊戲內容；(2)建構性材料，如積木、木板、磚塊和工具等，以利兒童自行建構；(3)流體性材料，如沙、水，並附帶小鏟子、容器及水管，讓兒童自由嬉戲；(4)可移動的遊具，如輪胎、小車、球、有輪玩具等，讓兒童隨心操弄。

此外，在善用巧思方面，可從意境奇巧和廢物利用來著手。就意境奇巧而言，臺北市私立薇閣幼稚園，精巧的彩色滑梯，結合地形和景觀，相當有趣引人。就廢物利用而言，應掌握化腐朽為神奇的核心意念，兒童遊戲設施以廢物利用，創意組合器材，更具教育意義（臺灣省政府教育廳，民72），如：用廢棄輪胎做攀登架、鞦韆或隧道，將地下涵管彩繪作隧道或遊戲小屋，將報廢課桌椅上色做

成小火車、平臺或小圍籬,以及舊汽車、舊家具(如沙發、櫥櫃)、廢棄水管、鐵軌枕木、電線桿、電纜線及線軸等等,加以整理,皆為兒童最佳的遊戲器材;事實上,這些也都是創造遊戲場和冒險遊戲場所擅用的遊戲器具。

六 近便性(accessibility)

學校校園廣袤,遊戲場應設於臨近校舍之處,避免設在偏僻角隅,讓學童能利用課間休息時間就近運用。值得注意的是,國內絕大多數遊戲場設計皆以一般兒童為使用對象,幾乎未將身心障礙兒童的需求列入考慮,時值回歸主流(mainstreaming)之風盛行之際,無障礙環境的觀念亦應延伸至遊戲設施。遊戲場是兒童的天地,應讓所有兒童(含身心障礙兒童)皆有易近(臨近)、易達(動線)、易用(方便)的便利性;因此,學校遊戲場設計的近便性,可從易達易用、無障礙環境來構思。

首先,在易達易用方面,可從鄰近教室、附屬設施來著手。就鄰近教室而言,國小遊戲場應依高、中、低年級教室分置或設置在彼此易聚集之處,並有便捷的動線設計,以利學童運用課間短暫休息時間就近活動(*湯志民,民 89;臺灣省政府教育廳,民 72*),幼稚園則單獨設於園區內,配合課程運用。就附屬設施而言,幼兒遊戲場應設置支援遊戲環境的附屬建築和設施,主要包括:(1)儲藏櫃(storage),可設置於室外或直接近便於室外遊戲環境之處,並提供支援性工具,例如:輪車儲藏於車道旁,沙和水遊戲設備靠近沙和水區,建構器材和木工工具靠近建構區,園藝工具和寵物供應品靠近農場區,美勞供應品靠近創造美勞區等等;遊戲結構底部也可設置儲藏空間,提供器材、車輪玩具、建構器材、室外美勞用品、

球、沙和水遊戲器材等等（*Graves et al., 1996*）。(2)給水龍頭，需設置於沙遊戲區附近。(3)飲水器和其他給水龍頭，應設置於建築物或圍籬附近、交通線外，並離開活動遊戲區（*Frost, 1992*）。(4)洗腳池，可讓兒童遊戲後作簡易的清洗。

其次，在無障礙環境方面，身心障礙兒童和一般兒童一樣，皆應具有接近及使用遊戲場的權利，美國身心障礙人士福利法案（Americans with Disabilities Act, PL102-336, 1990）及身心障礙者教育法案（Individuals with Disabilities Education Act, PL102-119, 1991）都賦予身心障礙人士及兒童有接近及享用各項公共設施（包含遊戲場及遊具）的權利（*引自簡美宜，民87*）。Frost（*1992*）提出「所有兒童的遊戲場」（playgrounds for all children），並強調其設計和運用，需注意智障、視障、行為異常和其他無能力的特殊需求，包括特殊的規畫、流暢性、近便性、挑戰性、特殊技能的指導者和特別注意安全（詳參本書遊戲場的實例）。因此，學校遊戲場無障礙環境的設計重點：(1)對身體障礙兒童，基本考量是近便性，遊戲場的所有區域、器具和結構，必須讓所有的（包括坐輪椅）兒童進入；遊戲場的布置應使其連續循環（continuous circulation）；通道坡度不可超過5/100，最合適輪椅行走的步道坡度是3/100～4/100；坡道用以進入建築、遊戲器具、小丘、橋等，坡度不可超過 8.33/100（1/12），最合適輪椅行走的坡道坡度是6/100； 所有坡道和遊戲結構應設扶手欄干。(2)對於盲童，設計一個 「感覺豐富的遊戲環境」（sensory-rich play environment），包括沙、碎石、鬆土、泥土、大石頭，木頭、水、草和小丘的不同質地，遊戲結構所產生的陰影，讓盲童運用觸、聽和空間知覺，以引導其遊戲和選擇。(3)對智障兒童，布置不同形狀、色彩、規格的大型乙烯基泡沫或充氣床墊所組成的「軟性遊戲環境」（soft play environment）；彩色的燈光和柔和的音樂提高兒童對特殊玩具的興趣。(4)情緒障礙兒童，可採用遊戲治療（play therapy），運用廣泛

的器材讓兒童自我表達（self-expression），如以打洋娃娃或撕毀黏土圖畫來表達生氣（*Frost, 1992*）。

七| 安全性（safety）

現代遊戲場的研討，沒有不論及安全的（*Frost & Sunderlin, 1985*），不論使用室內或室外遊戲器材，「安全」必須極度關切（*Taylor, 1991*）。Graves 等人（*1996*）即指出一個良好遊戲場最重要的特徵是它的安全，安全始於遊戲空間的設計，也包括上等設備、玩具和結構的選擇和設置，一旦遊戲空間建好，則透過督導的遊戲（supervised play）以及例行檢查、維護和修理來維續安全。Beckwith（*1985*）亦說明一座良好遊戲場應有安全性（safe）的品質，並強調當代的遊戲場必須依照消費者產品安全委員會（the Consumer Product Safety Commission）的指引，安全的遊戲場不僅有較少的意外，還要能增進更多的發明和創造性遊戲，使兒童能以較少的傷害恐懼作更多的冒險。簡言之，幼兒遊戲場的設計須考慮安全、維護和督導（*Spodek & Saracho, 1994*）；因此，幼兒遊戲場設計的安全性，應從器材設計、遊戲督導、安全維護來構思。

首先，在器材設計方面，幼兒的遊戲動作，如奔馳、跳躍、搖晃、衝撞、摩擦等，衝擊性大，遊戲器材的設計應重其安全耐用。就安全性言，遊戲設備應有多重出口（multiple exits）（*Moore et al., 1992*），動態性的遊戲器材（如鞦韆、浪木、迴轉地球等）應在其進出活動方向保留適當的安全距離以免危險，靜態性的遊戲器材（如滑梯、肋木、雲梯、爬竿等）可在其下設置沙坑、草坪或塑膠軟墊以策安全；陽光曝曬強且沒有遮蔭的遊具，不宜採用不銹鋼材質，以免過燙而傷及幼兒皮膚；遊戲器材的間隙缺口應避免兒

童肢體的夾陷，突出物應適切收頭，易撞擊處應加裝防撞墊；遊戲場地應減少水泥或硬地鋪面（交通動線除外），並避免雜物、積水、硬化、位移或流失，沙坑應常翻鬆以保持其使用彈性，草地應注意養護以保持翠綠，塑膠軟墊破損、硬化或移位應即修補。就耐用性言，遊戲器材的鐵質部分應儘量改用不銹鋼，木質部分應留意其承載力，銜接處則應經常檢查是否鬆脫並隨時維修，期使學生能在安全的遊戲環境中盡情嬉戲奔放。

其次，在遊戲督導方面，兒童遊戲宜有教師（或家長）在場督導，尤其是幼稚園的遊戲場，教師（或家長）應隨侍在側，教導幼兒使用遊戲器具，並維護其安全。Graves 等人（1996）強調督導（supervision）可能是遊戲場安全最重要的因素，比「看著幼兒遊戲」（watching children play）多一點，督導包括建立安全的遊戲規則（rules for safe play）以及教導幼兒如何安全地遊戲。因此，學校遊戲場的設計，對較新奇、新設置或需特別注意的遊戲器具，可在適當位置設立說明牌，提醒應注意事項或遊戲規則，幼稚園遊戲場則由教師（或家長）協助說明，以教導兒童如何安全地遊戲；此外，遊戲場地及器材的設計，應有明顯的區域、視覺穿透性強、沒有死角等，以利兒童自由遊戲時，教師（或家長）的從旁督導。

此外，在安全維護方面，應以安全防護和定期檢修為重點。就安全防護而言，學校遊戲場地應有明顯的使用區界，如遊戲器具的擺盪裝置、滑梯裝置、旋轉裝置和固定裝置，其使用區的最小建議值，跳落區的保護面最小間距5～7英尺（約1.5～2.1m），不得侵入區最小間距6英尺（約1.8m）（如圖57）；至於幼兒遊戲場（如幼稚園）則應圍籬，以避免不當的侵擾。就定期檢修而言，Graves 等人（1996）認為遊戲空間持續運用，自然需維護和修理，其檢查和維護是一項連續性的系統歷程，應有定期時間表，並善用安全檢核表以協助確保所有項目的檢查；至於例行性的維護，包括重新安

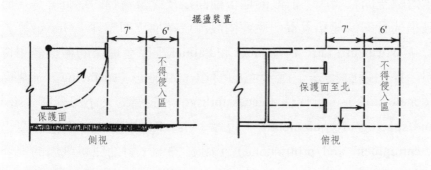

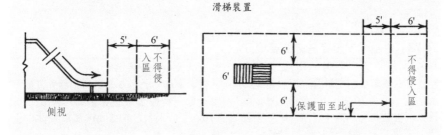

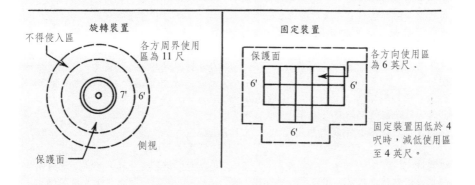

圖 57：遊戲場使用區的最小建議值

資料來源：*Children' Play and Playgrounds,* J．L．Frost，and B．L．Klein，
1983．（引自曾錦煌譯（民 86），**兒童遊戲與遊戲場**，第 252 頁）

置遊戲空間結構底下散亂的地板鋪面以及拴緊鬆脫的螺釘等等，而破損部分的修理和重置，應連同設備或結構立即處理。Graves等人綜合 Wortham 和 Frost、Jambor 和 Palmer 等學者專家的檢核表和資料，提出遊戲場安全應考慮的要項，如鋪面（surfacing）、圍場（enclosures）、近便性（accessibility）、設備的大小和分區（size and spacing of equipment）、視界（visual barriers）、誘陷和突起（entrapment and protrusions）（如表23），對幼兒遊戲場的安全維護，甚具參考價值。

表23 遊戲場安全應考慮的要項

鋪面

在最常有跳落的所有結構底下採用吸力器材，運用最少 10 英寸（25cm）鬆沙或護根以減輕數尺之跳落（材料的深度須與結構的高度成比例），最有效的材料包括碎輪胎、沙和粒狀松樹皮。每一種材料有其優缺點；例如雖然適當深度的碗豆碎石也有效，但並不適用於嬰兒和初學走路幼兒，因為它易置入鼻子、耳朵和嘴裡。

圍場

遊戲空間四週圍界，如 4 英尺（122m）圍籬，可預防幼兒無大人督導時進入或離開該區域，圍籬應無銳角和突起。

近便性

設置設備要就近和易近，設備設計在同一時間應足以容納一人以上，幼兒在使用滑梯、滑坡和攀爬網等設備，不需要排隊等待，因不耐煩常導致受傷。

設備的大小和分區

另分區為嬰兒和初學走路幼兒設置設備。每件個別的設備最少應離其他任何結構 10 英尺（3m），包括樹、圍籬或其他設備。此外，適當的跳落區需環繞每一結構以預防幼兒跳落至其他的設備上。

視界

確保部分已圍籬的設備，係鼓勵裝扮和安靜的遊戲，應大得足以讓大人作視覺地督導，並應大得能讓大人和幼兒通過和移動。

誘陷和突起

檢查設備（如梯級）上的開放空間，要大得足以避免身體的一部分陷入。螺釘帽和螺釘應裝入孔眼。突起會使皮膚裂傷和扯破衣服。

資料來源：*Young Children: An Introduction to Early Childhood Education*, S. B. Graves, R. M. Gargiulo, and L. C. Sluder, 1996, p. 279.

第三節

遊戲場設計的要點

　　Graves等人（*1996*）認為一個良好遊戲場的特徵，應熟思三項要素：⑴運用遊戲空間；⑵設計和裝備遊戲空間；⑶裝設和維護遊戲空間的安全。Frost（*1992*）認為不論何種遊戲場（含學校遊戲場），有些需求是基本的，包括：⑴選擇和準備場地；⑵選擇固定的設備；⑶遊戲場分區。據此，並參照相關意見（*侯錦雄和林鈺專譯，民 85；畢恆達，民 83；湯志民，民 87、89、91；Asensio, 2001; Bilton, 2002; Gravese et al., 1996; Ministry of Education, 2002; Moore et al., 1992; Seefeldt & Barbour, 1994; Shoemaker, 1995; Spodek et al., 1991*）或規定（*經濟部中央標準局，民 80；福岡孝純譯，1991*），將幼兒遊戲場的設計，分為遊戲場的空間設計、遊戲場的器具設備和遊戲場的附屬設施等三大項，分別就其設計要項羅列說明。

一 | 遊戲場的空間設計 |

　　遊戲場的空間設計，主要可分為空間大小、空間分區、個別差異的分區、工作／遊戲區、跳落區和轉換區等六項，茲將其具體要項予以羅列。

(一) 空間大小（space）

1. 幼稚園每一幼兒平均室外活動面積，院轄市應為 2m² 以上，省轄市應為 4m² 以上，郊區及其他地區應為 6m² 以上（*教育部國民教育司，民 78*）。

2.一般而言，遊戲空間愈大愈好，只要能督導。美國許多州和機構要求每名幼兒平均室外空間為 75～250 平方英尺（6.9～23m²）（*Shoemaker, 1995*），紐澤西州規定至少每名幼兒 100 平方英尺（9.3m²）（*Association for Children of New Jersey, 2002*）。Seefeldt 和 Barbour（*1994*）認為室外空間每名幼兒至少需 200 平方英尺（18.4m²），15 名幼兒則以 3,000 平方英尺（276m²）最為適宜。

3.對 4～8 歲兒童而言，一般約需保留一些草坪區和適當的設備，每天每一位兒童使用者所需的實際空間為 75～100 平方英尺（6.9～9.2m²）。意即，一座 5,000～10,000 平方英尺（460～920 m²）的遊戲庭院，可供 100～300 名兒童以 20～60 名之團體使用該遊戲區，每天 30 分鐘至 1 小時。嬰兒和學步兒所需空間較少，8～12 歲兒童則需較多的空間以利組織性遊戲如棒球、網球、籃球（*Frost, 1992*）。

(二) 空間分區（zoning）

1. Esbensen 認為遊戲區分區（zoning）有助於空間的組織，此方式可合併幼兒的發展需求、面積和區域鋪面的安全考慮，以及有效的學習機會。每一個區域，自然的布置且有近便可用的設備、玩具和結構，以激勵特定的遊戲類型，例如：體能區（the physical zone）包括一個可以跑的開放空間和用以平衡和攀爬的結構（*引自*

Graves et al., 1996）。

2.室外遊戲場之分區，可依活動性質區分為：動態遊戲區（如：園藝、沙池、閱讀、自然研究）、靜態遊戲區（如：攀爬、擺盪、奔跑、騎乘）；依場地功能區分為：遊戲區、跳落區、轉換區、服務區、通道區；依年齡團體區分為：高年級區、中年級區、低年級區、學前幼兒區；依使用人數區分為：大團體區、小團體區、獨處區（低矮的平臺、隧道、單張休憩椅）；依遊戲器具區分為：器具遊戲區、沙遊戲區、水遊戲區、裝扮遊戲區、規則遊戲區。

3.室外遊戲場分區之外，尚需考量相關的因素：(1)水的活動，如栽種花木、沙池、生態學習和藝術，皆需有水源。(2)動態活動，有些活動需要大型的開放空間讓兒童可以盡情的遊戲，有小山丘的草坪區可以滿足兒童奔跑、翻滾、爬行、跳舞和跳躍的需求，硬質鋪面區可以讓兒童騎玩具馬車或三輪車，草坪區和硬質鋪面區要有一定程度的區隔，以免兩項活動相互干擾，供騎乘的小徑要和沙／水區分開，以免兒童把玩具車或三輪車騎到該區。

4.裝備和分區遊戲場有特定的基本因素：(1)簡單、單一功能結構通常不如複雜、多功能結構。(2)遊戲場需有廣泛的設備並讓兒童自然地投入每一種遊戲的形式。(3)結構和設備的安排用以統整結構間之遊戲。(4)這些遊戲區應以個別的功能和視覺邊界界定，並以毗連區的空間來統整它們。(5)空間應安排，以促請區域內（within zones）、區域間（between zones）和出入口之間（between points of entry and exit）的移動。一旦兒童可在遊戲區內找到挑戰並選擇進入任何遊戲區，則開放空間、視覺邊界和邀請移動的路線（如平衡木），帶他們自然地自一區至另一區。應注意的是，遊戲區之間邀請移動的設備，不能取代開放空間；兒童自一區至另一區，只是選擇是否以走路、跑步或攀爬通過隧道、躍過步階或走平衡桿（*Frost, 1992*）。

㈢ 個別差異的分區（zoning for individual differences）

1.嬰兒和學步兒區應離開較大兒童區並加圍籬，且嬰兒和學步兒區內也應做特定分區。

2.「進階」原則（the "graduated" principle）也能用於個別的遊戲結構。例如，在攀登攀爬結構上增加難度因素以減少能嘗試或成功的兒童數；在遊戲成功的間歇時間（intervals）設置臺階或平臺，只允許一位繩索攀爬者進入等等，以有效地管制活動，也可以高度的安全因素來阻礙進入該區；對於行動不便兒童的分區和設備設計也應考慮（Frost, 1992）。

㈣ 工作／遊戲區（work/play areas）

1.「工作／遊戲區」最方便的位置是直接毗連室內環境，其位置有助於室內和室外之間美勞器材的交換，並應靠近水源；也許最重要的是，其位置應讓活動自由的移動——室內／室外的連續，而最有效的方式是在教室和遊戲場間提供直接的開放空間。

2.「工作／遊戲區」可讓教師統整室外工作／遊戲活動和室內課程——創造藝術、科學、數學和社會研究。

3.畜欄和寵物屋可讓幼兒照顧他們自己的動物；有許多區域對於野生動物，如鳥、松鼠和鹿，可在靠近遊戲區處設置餵養器來吸引它們。

4.園藝和種植花草植物區，對於與學校有關的遊戲場甚為重要。兒童可從對野生區的林地、池塘、溪流和野生動植物之照顧，學習森林學、地質學和生態學的基本原理；社會科學概念可透過小村莊、街道、商店、標誌的設置及車輛的運用來發展（Frost,

1992）。

㈤ 跳落區（fall zone）

1. 跳落區是遊戲設備底下及四周可供兒童落下或跳下地面的無障礙區域。

2. 美國消費者產品安全顧問委員會（CPSC）建議，學齡兒童遊戲設備高度在 24 英寸（61cm）以上，學前和學步幼兒遊戲設備高度在 20 英寸（51cm）以上，都需有一個無阻礙的跳落區，跳落區從遊戲設備周邊的每一個方向延伸至少 6 英尺（1.8m）。紐西蘭教育部則要求遊戲設備超過 50cm 高，圍繞設備的跳落區寬度需有 1.9m（*Ministry of Education, 2002*）。

3. Ratt 等人建議跳落區的設備高度超過 6 英尺（1.8m）以上，每增加 1 英尺，跳落區需擴增 1 英尺，亦即一件 8 英尺（2.4m）高的設備需有 8 英尺寬的跳落區。

4. 除了有彈簧的擺動設備和高度 24 英寸（61cm）以下的設備外，每一件毗連設備的跳落區都不能重疊，且均享有單獨的無侵占區（a single no-encroachment zone）。無侵占區是跳落區之外的附加區域，兒童使用設備時，能在此區域進出相關設備的活動，這些區域應無障礙。

5. 美國消費者產品安全委員會（CPSC）建議，滑梯和鞦韆二者的跳落區各為 6 英尺（1.8m），滑梯如置於鞦韆邊緣之外 12 英尺（3.6m），則不需要再附加一個無侵占區（*Moore et al., 1992*）。

(六) 轉換區（transition zone）

1.遊戲區間有適度的轉換空間，例如座椅、小涼亭等休息站，幫助害羞、年紀小的孩子先在場外觀察，以便進入另一個場所，加入另一場遊戲（*畢恆達，民83*）。

2.遊戲器具間或遊戲器具本身，重要的「轉換區」應設安全平臺。開放空間、草坪和通道，兼具轉換區之功能。

(七) 其他

1.遊戲空間設在南向或東南向近水源的斜坡上較適宜，並注意山脊上的風勢比平地高約 20%，建築物週邊的風勢一般來說也較強，可利用寬闊的灌木叢或植物帶減弱風勢。

2.遊戲空間的界定方式是通透的，以增加遊憩性並利於督導，例如矮樹叢、高高低低的木樁等等，而不是用高牆或密實的圍籬將遊戲場所隔離；其次，較大的設施要放在遊戲空間後方，才不會擋住其他設施而減少視覺通透性（*畢恆達，民83*）。

3.自然的世界，關聯著幼兒想像力的發展及質疑感，對兒童的情緒健康也很重要（*White & Stoecklin, 1998*）。自然景觀增加遊戲場的品質，如自然區、草坪區、沙區、土堆和小丘、動物棲息地（animal habitats）和庭園（*Graves et al., 1996*），並可適時利用樹叢或建築物遮蔭。

4.在很有限的空間，多元平臺攀爬結構（multiple-platform climbing structure）、樹屋、瞭望臺、泥土堆，可有效地增加遊戲區空間。

5.沙池、騎乘、美勞、生態、水和園藝的活動，其所用到的器

材和設備需要儲藏，應設置在儲藏設施旁；相反的，如鞦韆、滑梯和攀爬平臺這些不太需要其他器材的遊戲區域，可設置在離儲藏設施較遠的地方（*White ＆ Coleman, 2000*）。

6.對於特殊和身心障礙兒童，應提供無障礙的遊戲空間（*林敏哲，民 82；畢恆達，民 83；Association for Children of New Jersey, 2002；Frost, 1992；Ministry of Education, 2002；White ＆ Coleman, 2000*），給予視覺、聽覺、嗅覺、觸覺等感觸之機會，通道的斜坡設計，花園、噴泉、淺水池、沙地和草坪等都是適宜身心障礙兒童遊戲的環境。

二 遊戲場的器具設備

遊戲場的器具設備，擬先說明一般裝置，再以最普遍的遊戲場設備（鞦韆、滑梯、蹺蹺板、攀爬設備、旋轉裝置、搖馬和車輪玩具）為例，將其具體要項予以羅列。

(一) 一般裝置

1.**設備高度**：設備之高度不得超過 6m，其跳落高度不得超過2.5m，紐西蘭規定跳落的高度不可超過1.5m（*Ministry of Education, 2002*）。

2.**螺栓、螺釘或定位螺釘**：凡用於任何兒童可觸及之處均須為埋頭、圓頭、杯頭或平頭者。

3.**尖銳或粗糙之邊緣及突出部分**：所有設備之構造應確保在任何位置均無足以危害兒童之尖銳或粗糙邊緣及突出部分。木料均應鉋光，木材及金屬之邊緣應稍打圓。

4.**座位及滑板表面**：座位或滑板表面除長度不足外，不得有接縫（如長滑梯之滑槽面）。此等接縫應確具光平飾面，毫無隆突或凹缺，以免引起傷害。

5.**危險間隙**：為防止手指、手、足、頭及四肢陷入設備之危險間隙，距離地面1m以上設備之任何部分不得有楔形陷阱，二構件間形成之任何小於55°銳角均須妥予覆蓋。圍籬、階梯、橫木和貨物網的間隙，大於11cm和小於23cm，則有使頭夾陷之危險；為安全計，圍籬欄柵的間隙應小於或等於10cm，貨物網的間隙應小於11cm（*Ministry of Education, 2002*）。

6.**中空部分**：中空部分應妥善封塞，防止水分侵入；或適當開孔通風，以排除任何可能進入之水分、凝結水或水蒸汽；俾使銹蝕或變質減至最低程度。開設通風及排水孔之部分必須鍍鋅或電鍍，或用其他防護措施。

7.**最小使用範圍**：凡鄰接靜態設備，或動態設備之動作方向，須於兒童活動範圍外，另加大於1.8m寬之行動空間；接靜態設備，或動態設備之動作方向，須於兒童活動範圍外另加大於1.2m之行動空間。設備中個別項目之最小使用範圍不得重疊，最小使用範圍內之地面須水平。凡房屋小徑、步道、出入口門、圍籬及砂坑，與各設備之兒童活動範圍均應有1.5m以上之距離。

8.**設備下地面材料之範圍**：各項設備之兒童活動範圍，在靜態設備如攀登架等下方之鬆填料擋邊須各在設備以外2m，在動態設備之活動方向則需3m。

9.**通路**：使用設備時必須達到其上下部位者（如滑梯），應有永久性之固定通路。通路之形式可為攀登架、爬梯、階梯或坡道，除坡道外，所有之腳踏面均應水平。

10.**止滑面**：坡道、梯級之上面應有下列或其他同等效力之方法設置耐用之止滑面。

(1)加窄條片。

(2)加止滑條。

(3)適當之打孔金屬板。

(4)肋條或企口槽金屬或塑膠。

(5)表面未經磨光、油漆或打光之木材。

11. **中間平臺**：中間平臺之寬度應為通路之兩倍以上，其長度不得小於 1m；若轉折約為 90°，則平臺之長寬，均應不得小於 1m。若轉折約為 360°，則相鄰二通路間最小距離不得小於 30cm，平臺之寬度不得小於二通路之寬度及其間距離之和。

12. **傾斜通路**：

(1)階梯應為 15°～45°，梯級等距，其等距級高不得小於 17.5cm，亦不得大於 27.5cm；級深不得小於 22.5cm，亦不得大於 35cm，梯級寬度在學前兒童之設備不得小於 45cm，其他設備不得小於 60cm。

(2)爬梯 60°～65°應用等距梯級之爬梯。此等距級高，不得小於 17.5cm，亦不得大於 27.5cm；梯級寬度在學前兒童設備不得小於 28.5cm，亦不得大於 51cm；其他設備不得小於 45cm，亦不得大於 60cm；級深在開放式不得小於 7.5cm，在封閉式不得小於 15cm。

(3)爬梯 65°～90°應用踏桿之爬梯。踏桿之間隔應為等距，且不得小於 17.5cm，亦不得大於 30cm，使用後者可以阻止幼童攀登非其使用之設備。踏桿直徑不得小於 1.9cm，亦不得大於 3.8cm，踏桿爬梯不得用於墜落高度達 2.5m 之設備。

13. **攀登設施**：活動爬梯、爬網及類似設施，無穩固之支承者，不得用於高於地面、平臺或其他表面超過 2.5cm 之一般設備及超過 1.8m 之學前兒童設備。

14. **扶手**：各級年齡適用之一般設備，應於所有坡道、階梯及用踏板之爬梯，其兩側均設高低兩道之連續扶手，學前兒童則各設一

道。用踏桿之爬梯，以踏桿作為扶手者，毋須另設扶手。

(1)梯級上方之高度：一般通用設備，高扶手80～100cm，低扶手40～50cm；學前兒童用設備，45cm～70cm。

(2)平臺或地面上方之高度：高扶手120cm，低扶手或學前兒童設備80cm。

(3)扶手直徑：扶手之直徑不得小於1.9cm，不得大於3.8cm。

15.**護欄**：平臺及傾斜通路，其墜落高度在學前兒童設備達50cm，及在其他設備達 120cm者，均應設置護欄，但踏桿爬梯除外。護欄應完全圍繞平臺，並設於傾斜通路之兩側，以防止使用者跌落。設於通路出入口之護欄得有缺口，但每邊須設有垂直扶手。設於通路邊距離設備10cm以內者，若該設備或其構造已具有類似之保護者，得免設護欄。

16.**護欄高度**：護欄之頂欄上面高出梯級踏板前端之垂直高度在學前兒童設備不得小於70cm，其他設備不得小於90cm，墜落高度小於 200cm 之學前兒童設備，其通往滑梯平臺處之頂欄高度得減為50cm。

17.**體能裝置**：為減少墜落危險至最低程度，此等裝置設備不論係單獨裝設，或附設於配合於其他設施，其總高度不得超過 2.5m（*經濟部中央標準局，民80*）。

(二) 鞦韆（swings）

1.鞦韆架高，國民小學設備標準之規定為 2.5m（*教育部國民教育司，民70*）；臺灣省政府教育廳（*民72*）的建議：高年級2.2m，中年級1.8m，低年級1.5m。

2.鞦韆間距，國家標準（CNS）支架與鞦韆間距最小淨空，學齡兒童用為 60cm，學前兒童用為 40cm；鞦韆與鞦韆間距最小淨

空，學齡兒童用為90cm，學前兒童用為60cm（*經濟部中央標準局，民80*）。歐洲標準鞦韆之間安全距離為2英尺，鞦韆和支架之間距離3英尺（91cm）（如圖58）（*Frost, 1992*）。

3.鞦韆座位，或坐立兩用之踏板，其表面須防滑，國家標準（CNS）座位或踏板之上面距離地面45.5～63.5cm，如為鞍式者不得超過48.5cm；座位或踏板之下面距地面之淨空，在載重並靜止時不得小於35cm（*經濟部中央標準局，民80*）。

4.鞦韆每一座位或踏板僅可供兒童一人使用，其可坐面積不得小於700cm^2。為減少撞擊之傷害，鞦韆座位質量應儘量減輕，並使用吸收衝擊性之材料，座位之邊角應儘可能做圓角（*經濟部中央標準局，民80*）。美國消費者產品安全委員會（CPSC）指定鞦韆座位裝輕質材料，如塑膠、帆布或橡膠，且所有邊緣為平滑或經處理。輪胎鞦韆受歡迎係因多元坐用（multiple occupancy）及較少潛在的傷害影響（*Frost, 1992*）。

5.最安全的鞦韆設施應以不超過二個鞦韆座為主，若超過二以上，進入居中的鞦韆座易被兩旁的鞦韆撞擊。鞦韆座椅上採鍊條

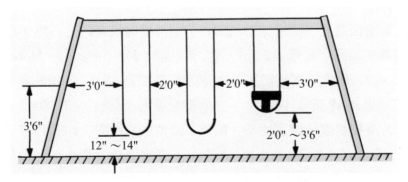

圖58：歐洲標準之鞦韆間安全空間

資料來源：*Play and Playscape,* J. L. Frost, 1992, p.222.

者,鍊孔的直徑不得大約 0.8cm,以免兒童的手指夾傷,鍊孔大於 0.8cm者可安排在非握把處,亦可為鍊條套上軟管(*福岡孝純譯,1991*)。

6.為使鞦韆適於不同的年齡或需求,應考量特殊重點:嬰兒的 鞦韆座需有安全帶環;為特殊兒童裝置特別的鞦韆座、輪椅鞦韆 (wheelchair swings)等。

7.鞦韆的跳落區(fall zones)皆應以彈性地面維護,彈性面層 不同依其鞦韆高度而定,由於疏鬆面層材料有「窪坑效應」(the pitting effect),應直接在鞦韆下加深 2 英尺(61cm)。

8.輪胎鞦韆可 360°擺動,與一般的前後擺動的帶環鞦韆不同, 因此延伸的擺弧和支柱間距,應有 30～36 英寸(76～91cm)(*Frost, 1992*)。

(三) 滑梯(slides)

1.**滑梯類型**:國內標準的典型滑槽有直型、螺旋、肘形和波形 (*經濟部中央標準局,民 80*);美國消費者產品安全委員會(CPSC) 接受四種滑梯類型——平直、螺旋、波形、筒狀(封閉的)(*Frost, 1992*)。

2.**滑梯高度**:國家標準(CNS)沿滑槽面長度之任一點,垂直 高於其旁地面不得超過 2.5m(*經濟部中央標準局,民 80*)。Moore等 人(*1992*)依使用者年齡區分:學步兒最高為 36 英寸(0.91m), 學前幼兒為 48 英寸(1.22m),學齡兒童為 70 英寸(1.78m)。

3.**滑梯斜度**:國家標準(CNS)滑槽與水平間之傾斜角度不得 大於 37°(*經濟部中央標準局,民 80*)。美國消費者產品安全委員會 (CPSC)推薦滑梯斜度不超過30°;德國的標準指定斜度最大40°, 在許多區域不超過50°(*Frost, 1992*)。

4.**滑梯滑槽面**:須平整,寬度不得小於 35cm,由學前兒童使

用者不得小於 25cm，二個以上兒童並坐使用之滑槽，其長度不得大於 3.5m（*經濟部中央標準局，民 80*）。隧道式滑梯內部最少應高 70cm，寬 50cm；為了頭部的安全，隧道至少須有 1.5m 的空間；隧道的高低差應設計在 3m 以內（*福岡孝純譯，1991*）。

　　5.**滑梯擋邊**：國家標準（CNS）應與滑槽同為一整體，滑槽面長度 6.5m 以下，擋邊高不得小於 12.3cm，滑槽面長度超過 6.5m，擋邊高不得小於 14cm，由學前兒童使用者不得小於 19cm；擋邊下達緩衝段其高度可逐漸減低，惟在末段之高度不得小於 5cm，滑出段之兩側可以不設擋邊；擋邊可垂直於滑槽面，亦可形成鈍角或曲線，其標準角度不得小於 90°或大於 130°；螺旋滑槽與肘形滑槽之擋邊垂直高度不得小於 20cm，其標稱角度不得小於 90°或大於 125°（*經濟部中央標準局，民 80*）。美國消費者產品安全委員會（CPSC）推薦的擋邊高度最少 2.5 英寸（6cm），澳洲的標準指定滑梯擋邊 4 英寸（10cm），英國的標準 4.4 英寸（11cm），德國的標準 6 英寸（15cm）（*Frost，1992*）。

　　6.**滑梯滑出段**：國家標準（CNS）滑槽斜度為 37°之滑梯設滑槽長度為 L，滑出段長度至少應為 0.2L；斜度小於 37°之滑梯，得予酌減；滑出段之滑槽面高出地面不得小於 22cm，亦不得大於 42cm，斜度約 2.5°，使不積水（如圖 59）（*經濟部中央標準局，民 80*）。美國消費者產品安全委員會（CPSC）推薦滑梯的出口面與地面平行長度最少 16 英寸（41cm），出口面本身高於地面 9～15 英寸（23～38cm），Seattle 更實際的建議是學前學童用 7～12 英寸（18～30cm），學齡兒童用 7～15 英寸（18～38cm）（*Frost，1992*）。

　　7.**滑梯的出口區**（the exit area）不可有障礙物，且應有彈性鋪面並加深 2 英尺（61cm）。

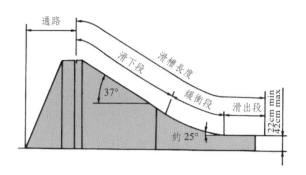

圖 59：直型滑梯的設計

資料來源：兒童遊戲設備安全準則——設計與安裝，經濟部中央標準局，民 80，第 6 頁。

8.**填土式滑梯**（embankment slide）最為安全，尤以因地制宜，順應地勢設置者為佳，沿滑槽面長度之任一點垂直高於其旁地面不得超過 50cm，滑槽擋邊不得小於 11cm（經濟部中央標準局，民 80）。

(四) 蹺蹺板（seesaws）

1.蹺蹺板最適宜設置於學步兒和學前學童的遊戲場。

2.蹺蹺板未載重並在靜止狀態時，每一座位均須水平，其上面與鄰接地面之高度不得大於 1m（39 英寸），在運動極限的最大傾斜角度不得大於 30°。

3.座位部分移動時，離地面之高度不得超過 1.8m，而且每一個座位皆應有一個握把，其手握處直徑不得小於 1.3cm，亦不得大於 3.8cm，高於水平座上面之淨空不小於 10cm（Frost, 1992；經濟部中央標準局，民 80）。

4.國小蹺蹺板長 3.5～4m，板寬 25～30cm，底架高 40～60cm

（*教育部國民教育司，民70*）。

5.橡膠緩衝器（a rubber bumper）（可用汽車輪胎）設置於蹺蹺板的兩端地面上或附著於地下，以資保護。

6.蹺蹺板的輪軸應確保機械裝置不會壓碎手指或身體其他部位，蹺蹺板底盤彈簧的機械裝置應封閉，以預防接近。

㈤　攀爬設備（climbing equipment）

1.美國消費者產品安全委員會（CPSC）規定攀爬設備的橫撐（rungs）或擬由手緊握的部分，應設計易於緊抓（5歲幼兒用的直徑約15/8英寸〔4cm〕）。

2.拱形攀爬架橫撐間距最大為 12 英寸（30.5cm），水平梯（horizontal ladders）橫撐間距，以9英寸（23cm）為宜，不可超過15英寸（38cm），橫撐離地最高7英尺（2.1m）（*Ruth, 2000*）。

3.攀登架不應易引誘至高處而沒有提供降下的安全方式。

4.走道或類似的行走區高度超過30英寸（76cm），需有保護阻隔物高度至少38英寸（97cm），保護欄杆應垂直裝置，而非水平裝置，以防阻攀爬和減少陷夾（entrapment）。

5.攀登架上和到甲板的進入路線，通常包括爬梯踏桿、爬梯型臺階和階梯，這些裝置應注意攀爬的安全——爬梯踏桿角度在75〜90°，爬梯型臺階角度在50〜75°，樓梯角度在35°以下（*Frost, 1992*）。

6.攀登類的繩索，為免手擦傷，應採用表面較柔軟且易於抓握的繩索（如馬尼拉繩）為佳（*福岡孝純譯，1991*）。

(六) 旋轉裝置（merry-go-grounds）

1. 旋轉裝置支承之轉軸應垂直或水平，如有傾斜，其垂直或水平之角度不得大於 5°。

2. 轉速限制最大轉動半徑處之圓周轉動速率，其由學齡兒童使用者不得超過 6m／秒，由學前兒童使用者不得超過 4.5m／秒，如不能控制此等速率時，則不得設置。

3. 裝置應具單純旋轉動作，或以旋轉為主而帶有擺動之動作，擺動之極限對平衡位置之每側不得超過 12°，垂直轉軸轉動裝置之座位其上面不得高於地面 1m。

4. 每一座位或使用者位置應設握把，握把之握處直徑不得小於 1.3cm，亦不得大於 3.8cm，個別握把高於座位上面之距離不得小於 10cm。

5. 水平軸或橫軸之轉動部分，其接近地面之淨空不得小於 35cm，升高時不得高於其下方地面 2.5m 以上，直軸轉動者，其全程地面淨空至少應為 50cm（*經濟部中央標準局，民 80*）。

6. 旋轉設施的墜落距離，應以 1m 以下為標準（*福岡孝純譯，1991*）。旋轉裝置四周的地面，由於太過損耗、缺乏維護以及彈性的「窪坑效應」的影響，疏鬆面層材料需加深 2 英尺（61cm）（*Frost, 1992*）。

(七) 搖馬（rocking horse）

1. 搖馬原靜止平衡之水平表面，在波動時，其任何位置之傾斜角度不得大於 30°。

2. 搖馬動作時，任何活動部分不得高於地面 1.8m，靜止時任

何座位之上面與地面之垂直距離不得超過 1m。

　　3.搖馬踏腳板突出座位各側不得小於 9cm，亦不得大於 20cm（*經濟部中央標準局，民 80*）。

(八) 車輪玩具（wheel toys）

　　1.有些空間應鋪上水泥、瀝青或類似的材料，讓幼兒能使用輪具玩具，如三輪車、四輪貨車（wagons）、愛爾蘭郵車（Irish Mails）、大車輪、小卡車或其他類似的車子。

　　2.幼兒會以不同的方式使用車輪玩具，他們會單獨的騎上它們或與他人共乘；他們會以它們載東西或拉東西。

　　3.交通型式和規則需予建立，通常係因幼兒人數多於車輪玩具以及這些玩具可能很受歡迎，教師可與幼兒一起發展輪替的規則（*Spodek et al., 1991*）。

　　4.行車水泥道宜與幼兒奔跑追逐的地方分開，且車道宜採彎曲路線，以減少衝力，增進安全（*教育部國民教育司，民 78*）。

(九) 其　他

　　1.今日許多遊戲場建造超級結構（super structure），通常是一個固定的結構，提供一些平臺連接踏階、碰碰橋（clatter bridges）、貨物網、繩索、消防員桿、攀爬架、滑梯、鞦韆等等（*Graves et al., 1996*）。組合設備設計，應由合格廠商安裝，並嚴格遵照製造廠商所有規定，國家標準（CNS）的一般安全事項、靜態和動態設備設計之有關規定亦須注意遵守（*經濟部中央標準局，民 80*）。

　　2.提供三度空間經驗的立體設計，例如：立體井字遊戲，或是堆置攀爬的遊戲，儘量讓視覺、聽覺、觸覺都能有所刺激，讓孩子

有機會在平臺上玩耍，同時還能由上往下俯瞰（*畢恆達，民83*）。

3.遊戲設備應有許多種上下（on and off）的方式並能流暢地連接，讓兒童可在上下之間自由的選擇；所有遊戲設備，包括混合結構設備和遊戲屋（playhouses），至少須有二個出口，遊戲屋的窗口如足以讓一名幼兒爬過，則可視為出口（*Moore et al., 1992*）。

4.遊戲設備最好都有自己的遮蔭設施，尤其是沙坑因幼兒使用時間會較長一些，需有固定的遮蔭裝置（*Ministry of Education, 2002*）。

5.遊戲場設施中用途最多的是輪胎，可做鞦韆、隧道、攀爬架、沙箱等等，並記得打 1 英寸（2.54cm）的排水孔（*Frost, 1992*），就地處亞熱帶的臺灣言，有預防登革熱的作用。

三 遊戲場的沙和水區

幼兒遊戲場，除遊戲的器具設備之外，不可或缺的是沙和水區。玩沙和戲水是幼兒極感興趣且喜愛的活動，幼兒園經費充裕，應設置沙坑和戲水池，以提供幼兒創意發展、想像遊戲和自由奔放的情緒舒展空間。以下分別羅列沙遊戲區和水遊戲區設計的具體要項。

㈠ 沙遊戲區（sand play areas）

1.沙池的位置，大型沙池（坑）的設置以室外為佳，並設遮棚，也可設於落葉不多（或大葉片，易清理）的樹蔭下；小型沙池（或沙盤）可設置於半室外空間，即教室和戶外之間有遮棚的廊道處，例如：日本千葉縣豐四季幼稚園將沙場設在平臺和保育室之間，既可讓孩子盡情地玩，也可保持保育室室內的清潔（參見圖60）。

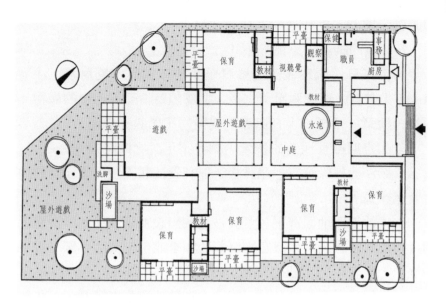

圖 60：日本千葉縣豐四季幼稚園沙場配置於半室外空間

資料來源：**學校建築計畫と設計：實例篇**，日本建築學會，1979，第 5 頁。

2.沙池的形式，可以獨立式沙坑、附建於遊具下或庭園間的沙地或沙盤（盆）來設計。

3.沙池的深度，最好是 45cm 或更深（*陳文錦和凌德麟，民 88*），讓幼兒有挖掘和探索的樂趣。

4.沙池的沙質，以鬆軟不凝固，且易取得的沙較適合，對幼兒而言，質地愈柔軟的細沙愈佳（如臺北市薇閣幼稚園的遊戲場沙池）。

5.沙池的給水，沙遊戲區附近需設置給水龍頭（*Frost，1992*）、或設計幫浦、轆轤水車之給水設備，讓幼兒玩沙更有變化，惟應注意水不宜直引入沙池，以免幼兒控制不當致沙池失其功能。其次，可考慮設置洗腳池，一方面提供水源，同時可讓兒童在遊戲後作簡易的清洗。

6.沙池的排水，應特別注意，沙池底部應逐層鋪設具排水功能

的碎石、卵石,以利沙池保持鬆軟乾爽。

7. 沙池的維護,重點如下:

(1)每日巡視鬆沙(因臺灣屬亞熱帶氣候,較潮濕,沙易結塊),尤其在大雨或颱風天之後;並應隨時清理沙池中的異物(如樹枝、樹葉、紙屑、小石塊等)或穢物(如貓狗糞便)。

(2)定期檢查沙池的沙量,如有不足,應即時補充。

(3)沙池外緣應有水泥護緣,以利置沙和護沙,護緣高於地面可兼作座椅。

(4)沙池與地面齊平,可於沙池四周設置阻沙溝,阻沙溝上附加可移動式條狀或網狀鏤空金屬蓋(如臺北市辛亥國小攀岩場下之沙坑),可有效防止沙的流失。

(5)假日或課後之沙池養護,大型沙池可蓋上鐵網,以防貓狗大小便(*陳文錦和凌德麟,民 88*);小型沙池(如沙盤或沙盆)可用帆布或塑膠布遮蓋,以免異物侵擾。玩沙是幼兒極感興趣的活動,由於沙的可塑性大、富於變化,如果在沙坑內裝置水管,提供水桶、小鏟等玩沙工具,則更能引起幼兒玩沙之興趣。

(二) 水遊戲區(water play areas)

1. 戲水池的位置,大型戲水池的設置以室外為佳,小型戲水池(如塑膠水池)可設置於半室外空間或中庭空間。

2. 戲水池的形式,可以小游泳池(如臺北市立南海幼稚園)、塑膠活動水池、簡易踏水池、噴泉水池或帶狀親水區來設計;戲水的方式,有下水游泳、雙腳淺涉、自動噴水(或霧)和執水龍頭噴水等。

3. 戲水池的深度,供幼兒用者15～30cm,供兒童用者60cm以下為宜(*陳文錦和凌德麟,民 88*)。

4.戲水池的水質，應具有與飲用水相同的水質標準，以免幼兒誤食影響健康。

5.戲水池的給水，以自然水源為佳（並不常見），如經費許可，以自來水為水源。

6.戲水池的排水，水遊戲區應有自然的傾斜至排洩口以利排水，遊戲庭院外的壕溝或排水管裝上通氣蓋，足以達此目的（*Frost, 1992*）。

7.戲水池的維護，重點如下：

(1)戲水池的水應保持流動，如有一天以上的滯流情形，應即疏通，以確保戲水池的水質潔淨。

(2)戲水池應定期清洗，以去除泥沙、塵土或其他異物污染，並避免生苔。

四 遊戲場的附屬設施

遊戲場的附屬設施，主要可分為圍籬、通道、鋪面、儲藏櫃、給水排水和附加場地等六項，茲將其具體要項予以羅列。

(一) 圍籬（the fence）

1.低年級遊戲場的四周需建圍籬，對較大兒童而言，如果遊戲空間毗連，則具危險性，如水、繁忙的街道或陡然下降（壕溝、牆等），也需建圍籬。

2.圍籬高度至少 1.2m，紐西蘭要求至少 1.5m（*Ministry of Education, 2002*），配置的門可以鎖或護著可由幼兒打開。圍籬可以鋼絲網或木材等其他材料構築。

3.幼兒（2～6歲）遊戲區毗連池塘或水池，需有特別的保護，如高圍籬、保護門。

4.門寬 3～4 英尺（0.9～1.2m）供通行，如進入建築物和進入毗連的開放空間，應設置適當的交通區；另需有附加門，寬 12 英尺（3.66m），以供卡車運送沙和其他器材或設備，引導卡車至沙坑和其他區域的通道，不應設置固定設備。

(二) 通道（pathways）

1.通道寬度至少需有 44 英尺（1.12m）。

2.通道的多樣選擇應近便可用，並依交叉圈（intersecting circles）原則布置。

3.行動不便幼兒使用之通道，其寬度則需有 88 英寸（2.24m）以供二名坐輪椅幼兒通過，通道地面需有防滑物（nonslip material），斜度不可超過 5%（1：20），3～4%更便於輪椅、娃娃車和雙輪車並行（*Ministry of Education, 2002*），毗連長板凳需有 5 英尺（1.52m）的迴轉空間（turning spaces）。通道的邊界和交叉點應有觸覺處理（tactile treatments），以協助視障幼兒（*Moore et al., 1992*）。

4.通道不要設計成直線，讓孩子不致於有飛奔的慾望。但通道也要寬敞平坦，使得行動不便兒童也能使用（*畢恆達，民 83*）。

(三) 鋪面（surface）

1.遊戲場上開放空間最需要的地被（ground cover）是綠草，如需播種或鋪草，8～12 英寸（20～30cm）肥沃覆土之厚床應均勻分佈於該區域，以利未來稠密的成長，並裝置灑水系統以減少照顧

草皮的經費和工作。最優良草種（經費、外觀、耐久性、抗病力）通常是在當地可發現的最普遍種類（*Frost, 1992*）。

2.所有移動、攀爬設備的跳落區（the fall zone）內，皆需覆以高度彈性材料或鬆填料，如沙、豆礫（pea gravel）、樹皮、碎輪胎、松皮碎片、水泥沙或泥土與稻草之混合物。由於這些材料易散失，因此須施作護壁（retaining wall）。豆礫應為小圓形標稱直徑 1cm 之單一尺度顆粒，其排水性極佳，可為全天候之地面，便於步行，但不便於奔跑或騎自行車，未經篩淨或含砂之河礫不得使用；沙須用易於排水及處理者，其顆粒宜為圓形，不得大於 0.3cm，洗沙較無缺點且通常不易壓實，沙坑深度最少應有 12 英寸（30cm），並定期重鋪以確保區域內有最好使用的鋪面； 松皮碎片及類似材料（如樹皮碎片、碎木片及木絲等）在低中度使用之遊戲場地至少須有 20cm 之深度，經化學處理後之木材，其碎片不得使用（*Frost, 1992；經濟部中央標準局，民 80*）。須注意的是，豆礫對嬰兒和學步兒並不是適宜的安全鋪面（*Ministry of Education, 2002*）。遊戲場地面材料經實驗室測試，推薦給美國全國休閒和公園協會（NRPA）之資料如表 24 所列。

3.有些特定區域可簡單地保留可供挖掘的泥土區、水遊戲或庭園。如果遊戲場要供應給較大的兒童，則可鋪設瀝青或混凝土區以供組織性遊戲（*Frost, 1992*）。瀝青和混凝土地面堅硬不得直接作為遊戲設備之地面，混凝土地面嵌有卵石者可用於景觀所在，但不得用於遊戲場所。地磚及石片在景觀上具有魅力，但不適用於遊戲場所之地面（*經濟部中央標準局，民 80*）。

表24 遊戲場地面材料

很危險	有條件的接受	接受
混凝土	體育墊（2 英寸）	沙（8～10 英寸）
瀝青	雙層厚體育墊	
夯實的泥土	橡膠墊（$1\frac{1}{8}$英寸）	
	雙層厚橡膠墊	
	小碎石	
	木屑	

資料來源：*Play and Playscape,* J. L. Frost, 1992, p.237.

㈣ 儲藏櫃（storage）

1. 儲藏設施因幼兒遊戲的主要內容是「零散組件」（loose parts），而有絕對的需求。

2. 儲藏設施有許多類型，如儲藏棚（storage shed）、板條箱（packing crates）和儲藏小箱（storage bins）等，可依實需選擇設置。

3. 儲藏櫃須直接近便於室外，並利於室外設備；理想上，需有幾項儲藏設施，每一項服務遊戲場的特定區域，最佳推薦運用的設備儲存於此，例如，輪車儲藏於車道旁，沙和水遊戲設備靠近沙和水區，建構器材和木工工具靠近建構區，園藝工具和寵物供應品靠近農場區，美勞供應品靠近創造美勞區等等（Frost, 1992）。

4. 超級結構遊具的底部可設置儲藏空間，貯存器材、車輪玩具、建構器材、室外美勞用品、球、沙和水遊戲器材，以及其他器材（Graves et al., 1996）。

（五） 給水排水（drainage）

*1.*排水問題的處理應在遊戲設備分區和建構之前。

*2.*理想上，遊戲庭院應遠遠的緩斜於建築物之外，水溝應毗連建築物設置，以利將水排離遊戲區，而陡峭、傾斜區域應有足夠的草木植物以預防沖蝕。

*3.*固定的設備不要設置於低窪區，因腳的穩定重擊將加重地面的凹陷，並形成水和泥土的陰井（a catch basin）（*Frost, 1992*）。

*4.*飲水器和其他給水龍頭應設置於建築物或圍籬附近、交通線外，並離開活動遊戲區（*Frost, 1992*）

（六） 附加場地（additional site）

*1.*如果遊戲場場地是平坦的，可拖入數車的泥土，作成低的、滾動的傾斜面，以作為輪車（三輪車等）道路，並應好好的維護該傾斜面，不可使之太陡，自開始（頂部）到結束（底部）12 跑步級數（a grade of 12 running feet）的坡度不可超過 10°，坡度愈長，仰角度數愈小。

*2.*小丘的高度不可超過 3 英尺（91cm）（以地面的垂直高測量），附加滑梯和步階，益增其功能。小丘的底部四周，應清理出最少 2m 寬的乾淨空間（*Ministry of Education, 2002*）。

*3.*直徑 3 英尺（91cm）的塑膠涵洞（plastic culverts），可作為小丘至小丘的橋樑，也可作為想像遊戲的隧道。隧道的長度應短得足以清楚、無阻於視線，以及有足夠的直徑使大人易於進入，隧道直徑愈大，許可的長度愈長（*Frost, 1992*）。

第四節

遊戲場設計的案例

為凝聚幼兒遊戲場的具體觀念和作法，特就現代幼兒遊戲場、冒險遊戲場和無障礙遊戲場加以介紹，以供國內幼兒園設計遊戲場之借鏡。

一　現代幼兒遊戲場

Brewer（2001）提出適用學前學校至小學二年級的遊戲場（參見圖 61），長寬為 50 英尺×30 英尺（15.24m×9.14m），遊戲場區包括遊戲架（play structure）、遊戲屋（play house）、園藝區（gardening area）、挖掘區（digging area）、沙箱（加頂蓋）、水遊戲區、工具和玩具的儲藏區、桌子或畫架（如有需要，畫架可從室內移出使用），並要述其設計功能和用途：

1. 遊戲架和遊戲屋，係提供幼兒發展不同的身體能力；此外，幼兒在室外遊戲比室內遊戲要自由得多，透過室外遊戲比室內遊戲更易達到社會的和情緒的發展目的。

2. 園藝區，不一定全區種植物，至少應留一些地方讓幼兒即興挖掘，幼兒挖掘時可以學習有關土壤的組成、乾土和濕土的差異、活在泥土中的昆蟲和蠕蟲等等。因此，園庭應包括種植和照顧植物的區域，還有挖掘區，以延伸教室的經驗。

3. 室外沙箱，其優點是室內沙桌所無法提供的，如幼兒可以爬

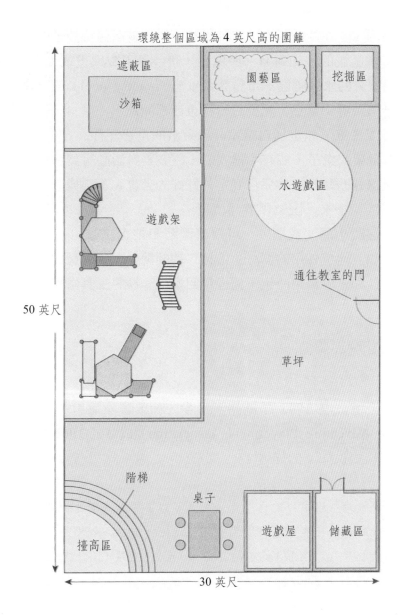

圖 61：適用學前學校至小學二年級的遊戲場

資料來源：*Introduction to Early Childhood Education : Preschool Through Primary Grades*（4th ed.）, J. A. Brewer, 2001, p.106.

入沙箱內、坐在沙中玩耍；室外沙箱應加頂蓋以保持沙子的清潔，美國許多區域的沙箱需有一些屋頂，讓沙子不會太燙或太濕。

4.**室外的水遊戲區**，可設計親水池（wading pool）或水桌，水池應審慎督導；當然，室外每一樣東西都能用水「塗」，因此大油漆刷（或畫筆）和水桶自是室外水遊戲的重要配件。

5.**畫架或桌子**，如有手提式的，許多美勞活動可到室外舉行，當天氣很好的時候，幼兒可到室外好好的畫畫，不必擔心畫畫的水會溢出或滴下來，因為很容易清理。

6.**儲藏小屋**（或棚），可儲藏園藝和挖掘工具、沙箱和水玩具、球和其他室外用的器材。這樣，教師就也可以輕鬆的讓幼兒在室外挖沙和土，結束時也不需像帶回室內一樣將工具清得很乾淨。

二 冒險遊戲場

冒險遊戲場 1943 年創始於丹麥，倫敦冒險遊戲場協會（the London Adventure Playground Association）成立於 1962 年，對冒險遊戲場提供如下的描述：

> 冒險遊戲場最好的描述是，兒童可自由的做許多他們在擁擠的都市社會中不易做到的事的地方。冒險遊戲場的面積大小不一定，自 1/3 英畝（1,350 ㎡）至 2.5 英畝（10,125㎡），他們可以廢棄材料建造房子、獸穴和攀爬架，有營火（bonfires）、露天野炊、挖洞、園藝活動，或只玩和沙、水與黏土。其氣氛是許可的（permissive）和自由的，特別吸引那些因缺乏空間和機會，致生活受很大限制的兒童。每一座遊戲場有二位全時制的指導員，負責接洽，他

們是兒童的朋友，並協助他們想做的。每一座遊戲場有一個大型的供應小屋（a large hut），配備良好，有繪畫材料、盛裝和扮演、模仿和其他形式的室內遊戲。那裡也有電唱機、桌球等等，因此在壞天氣和冬天，冒險遊戲場供應小屋成為許多除了街道以外無處可玩兒童的社交中心。（引自 Frost, 1992, p.277）

　　冒險遊戲場給予兒童機會塑造遊戲環境：瓦解它並重建（to tear it down and to start over again），提供兒童豐富的學習經驗，靜態的遊戲場無法與之相比。兒童學得如何以工具構築，如何分工合作，如何種植植物和飼養動物。當需要時，大人再予以協助，最重要的，兒童自己得以發展能力和信心。冒險遊戲場的安全紀錄非常優良，圖 62 是由 Andrew P. Cohen 所繪製設計的冒險遊戲場樣本（沒有二座冒險遊戲場是一樣的），其面積大約 2 英畝（8,100m²），包括一間休閒中心（recreation center）。遊戲場的教職員是二位全時制的遊戲指導員（full-time play leaders）以及家長義工。該遊戲場提供活動的對象從學前幼童到青少年，休閒中心也廣泛的作為社區團體開會之用。以下作一些重點的描述（Frost, 1992, p.288）：

　　1. **圍籬**（fencing）：整個遊戲場通常以圍籬圍著，封閉的遊戲場也給兒童處於他們自己私密世界的感覺（a sense of being in their own private world）。圍籬應有大門以讓貨車進入。

　　2. **主建築——休閒中心**（main building-recreation center）：理想的主建築應有遊戲指導員的辦公室，可從室內和室外進入的廁所，遊戲設備的儲藏區，室內遊戲區裝配美勞供應品、乒乓桌、電唱機等等，建造和庭園工具的儲藏和出借區（此區應有遮門和櫃臺對室外開放，讓兒童不需走到裡面拿他們的工具）。

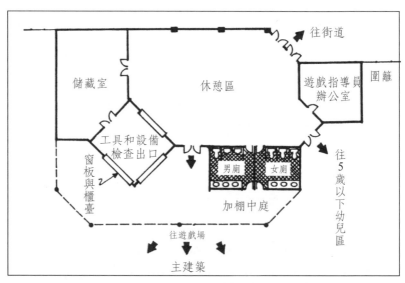

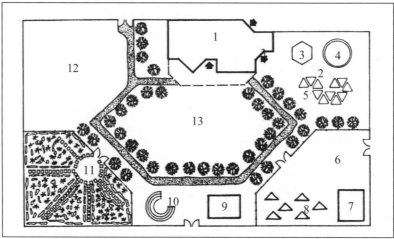

場地計畫

1. 主建築　　　　5. 攀登架　　　10. 休息區
2. 5 歲以下幼兒區　6. 動物區　　　11. 庭園區
3. 涉水區　　　　7. 山羊畜房　　12. 冒險區
4. 沙區　　　　　8. 兔籠　　　　13. 一般區
　　　　　　　　9. 儲藏櫃

圖 62：冒險遊戲場的設計

資料來源：*Play and Playscape,* J. L. Frost, 1992, p.289.

3.**建造區**（construction area）：此區兒童建造他們的聯誼屋（club houses）、堡壘（forts）和其他建築，在地上挖洞、營火和野炊。變化多端的地勢會有更有趣的環境。遊戲指導員必須隨時檢查所有遊戲場設施是安全的，而不是只在它們設立的時候。

4.**儲藏倉**（storage bin）：建造簡單的開放倉（open bins）以儲藏兒童會用以建造的零件材料（scrap materials）。儲藏倉可分格，使器材可依大小、形狀和重量來收存。儲藏倉的設置應使建材易於遞送。

5.**庭園區**（garden area）：庭園區可提供兒童豐富的學習經驗。由於兒童喜歡照顧他們自己的植物，部分庭園應分成小區塊，並依實需設置踏石穿過庭園，以避免踐踏植物。

6.**動物區**（animal area）：每位兒童的一部分教育應包括照顧動物。在一些遊戲場上，成打的兔籠是由兒童建造和維護的；此外，有許多馬廄和畜廄供山羊、雞、豬和馬用。

7.**5歲以下幼兒區**（under five's area）：5歲和5歲以下分區，並設離主流遊戲場（the mainstream of the playground）。此區應提供沙和水遊戲，給輪車玩具使用的腳踏車道，大型室外積木和遊戲屋。

8.**一般區**（commons area）：此為一片平坦的草坪區，可用作球類遊戲和規則遊戲。

9.**火坑**（fire pits）：部分冒險遊戲場經驗包括營造火（building fires）；因此，應提供一個小火區，以及一個大坑（a large pit）可用在特別的時機點營火，也應提供烤架讓兒童野炊。

三 無障礙遊戲場

現今盛行的回歸主流（mainstreaming）或融合身心障礙兒童於教室中的觀念，應延伸至室外遊戲環境（Frost, 1992）。Allen即剴切的說：

> 所有兒童皆需遊戲場地，他們需要空間、非正式、自由的四處奔跑和吵鬧，表現他們自己，試驗和探究。智能和身體障礙兒童⋯⋯甚至比其他兒童更需此自由。（引自Frost, 1992, p.295）

圖63是遊戲場設計的例舉，讀者可以自己試著設計一個遊戲

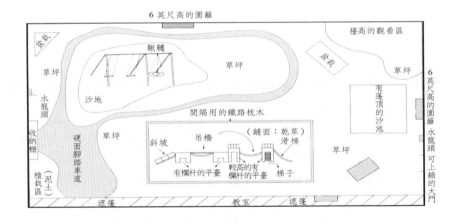

圖63：原遊戲場設計

資料來源：*Early Childhood Education: Building a Philosophy for Teaching*, C. S. White and M. Coleman, 2000, p.319.

場，設計的過程中，若不斷地重新考量設計，是很正常的事，因為遊戲場就像教室一樣，是一項需要不斷改良、進步的工程。

White和Coleman（*2000*）就上述的遊戲場設計表示，遊戲場就像教室一樣，應該能配合所有兒童的能力與需求，應設置寬大的門、斜坡道、較寬的小徑等以配合輪椅的使用，適當修剪花木以免視障兒童不小心受傷，對攀爬有困難的兒童而言，水平橋（level bridges）是相當有幫助的，淺一點的水池，方便坐輪椅的兒童到水的活動區，鞦韆綁帶可以讓需要繫綁的兒童安全地固定，用較輕的材質製作的拖拉隧道（pull tunnels）可以讓腳不方便的兒童使用，高一點的沙池和不同高度的植栽盆，可以讓不方便下彎或站立的兒童使用，為配合坐輪椅兒童所做的無障礙遊戲場（inclusion within a playground）（參閱圖64），可將前述的遊戲場調整羅列如下，你認為還可以有哪些調整呢？

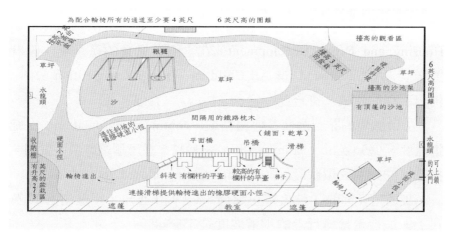

圖64：無障礙遊戲場

資料來源：*Early Childhood Education: Building a Philosophy for Teaching*, C. S. White and M. Coleman, 2000, p.320.

1. 配合輪椅高度提高的植栽盆。

2. 在遊戲場和觀看區的斜坡道和轉換點。

3. 包含入口在內的鋪面，要讓輪椅方便推移、通行。

4. 能提供輪椅擺置空間的野餐桌。

5. 配合輪椅高度的沙池。

選擇兩種類型的特殊兒童（如：注意力不足、視障、聽障、單隻手臂），你的遊戲場要如何配合這些特殊兒童而作調整？

Frost（*1992*）認為無障礙遊戲場應為「所有兒童的遊戲場」（play grounds for all children），其設計和運用需注意智障、視障、行為異常和其他無能力的特殊需求。身心障礙兒童的特殊需求包括：(1)特殊的規畫；(2)流暢性、近便性、挑戰性；(3)有特殊技能的指導者；(4)特別注意安全。

為行動不便兒童設計遊戲場的基本考量是近便性，遊戲場的所有區域，加上所有的遊戲器具和結構，必須讓所有的兒童進入，即使是坐輪椅的兒童。紐約市規畫部（New York City Department of Planning）以及美國住宅和都市發展部（U. S. Department of Housing and Urban Development）在「所有兒童的遊戲場：設計競賽」（A Playground for All Children：Design Competition）中，提出下列的建議，符合此一目的（*Frost, 1992*）：

1. 遊戲場的布置應使其連續循環（continuous circulation）。鋪道寬度至少36英寸（91cm），以容納輪椅，並應迴繞整個遊戲場，採交叉的封閉式環狀設計（an intersecting closed loop design）。

2. 通道（paths）坡度不可超過5%（高1英尺，距離超過20英尺）。最合適輪椅行走的步道坡度是3%～4%。

3. 坡道（ramps）用以進入建築、遊戲器具、小丘、橋等，坡度不可超過8.33%（高1英尺，距離超過12英尺），最合適輪椅行走的坡道坡度是6%（高1英尺，距離超過16.6英尺）。

*4.*沙和水遊戲區高至少 30 英寸（76cm）、深 36 英寸
（91.44cm）、寬 30 英寸（76cm），凹入處（indentation）可讓坐
輪椅的兒童不必離開輪椅即可歡享和遊戲（如圖 65）。然而，應
鼓勵受縛於輪椅的兒童，離開輪椅到沙和水中遊戲，在滑梯上遊
戲，或從小丘滾下。

24 英寸可達距離

最高 32 英寸

裝沙或水的高架區供輪椅進入

圖 65：高架沙盤

資料來源：*Barrier Free Site Design*.（引自 Frost, J. L.（1992）. *Play and
Playscape*, p.309）

*5.*所有坡道和遊戲結構應設扶手欄干。

*6.*樓梯應予避免，如有樓梯，不應有凹處。

*7.*滑梯須讓所有類型的行動不便者皆能進入（如圖 66）。

   (1)滑梯上無需用梯子和支柱。

   (2)滑梯應嵌於草丘中，進入滑梯的頂端應有坡道。

   (3)與牆平行的扶手（grab bar）應沿著坡道以及滑梯的頂端
和底部設置，以適於勉可走動者（the semiambulant）。

圖 66：滑梯須讓所有類型的行動不便者能進入

資料來源：*兒童遊戲與遊戲場*，曾錦煌譯，民 86，第 225 頁。

8.傳統的鞦韆適於大多數的行動不便兒童，對於重度行動不便兒童可採用特殊的鞦韆。

9.噴水池（spray pools）可用以考慮那些不能潛入水中者。噴水池的組成如下：

(1)噴水的高度至少 7 英尺（2.1m），並落入有充分排水的鋪盤（a paved basin）。

(2)在噴水區（the spray area）應設長凳給移動受限者。

(3)應提供坐輪椅兒童可移動的開闊區（a clear area）。

10.門和門廊應可二邊擺開（swing both ways），寬最少 2 英尺 8 英寸（81cm）。

11.飲水和廁所設施應設置讓所有兒童得以接近。

對於盲童（blind children），在自由遊戲之前，應先與兒童討論對其有用的遊戲選擇事項（play options）：設備、器材、玩具、規則遊戲、活動、遊伴，並讓兒童討論他們喜歡的遊戲活動和他們

在遊戲期間想做之事。設計一個「感覺豐富的遊戲環境」（sensory-rich play environment），尤其是運用觸、聽和空間知覺，以引導盲童遊戲和選擇。例如，大型的遊戲設備可告知位置並預防意外碰撞，質地變化（changes of texture）、走道坡度（slope of the walkway）或區域周遭遊戲設備的精細差異，都可協助盲童導向；當盲童走過毗連或頭頂上方遊戲結構所產生的陰影時，可訓練其感覺溫度的輕微改變；在策略點（strategic points）設置觸摸地圖（tactile maps）也可協助盲童導向。該環境應有豐富多樣的質地和器材，包括沙、碎石、鬆土、泥土、大石頭、木頭、水、草和不同質地的小丘；可爬行進出的地方；可攀爬、擺盪和滑行其上的東西；植物和動物。教師應與盲童一起演練運用不同的遊戲器材和設備，例如教師和盲童一起練習爬上滑梯並滑下、滾下草丘、爬上和爬下遊戲結構等等。基於回歸主流之觀念，盲童應與眼明兒童一起置於一個融合的情境中，兒童是其他兒童的基本老師（children are the ultimate teachers of other children）（*Frost, 1992*）。

此外，智障兒童和其他兒童同樣的有遊戲需求，但智障兒童，尤其是學校的智障兒童，很少有機會遊戲，且也少有為他們遊戲而設計的器材和遊戲場。智障兒童的技能有限，也許較適合廣泛的平行活動（parallel activities），其遊戲技能應在低發展層次而非達成高層次的熟練（*Frost, 1992*）。Quinn 和 Rubin 之研究及 McConkey 之研究相當有見地，強調身心障礙兒童透過遊戲來學習，如給予他們機會、器材和大人的支持，他們將樂於參加遊戲。室內環境（包括教室）漸受重視，其布置不是提供傳統的玩具，這些包括房間充塞不同形狀、色彩、規格的大型乙烯基泡沫（large vinyl-covered foam）或充氣床墊（air-filled mattresses）所組成的「軟性遊戲環境」（soft play environment）；彩色的燈光和柔和的音樂提高兒童對特殊玩具的興趣（*引自Frost, 1992*）。

　　至於情緒障礙兒童可採用遊戲治療（play therapy）予以協助。遊戲治療的假設是兒童在遊戲室所說的或所做的，對該兒童有其意義，但因不易瞭解和解釋所有兒童的遊戲訊息，因此提供適切的遊戲器材則使工作較簡易；例如：兒童會用洋娃娃演出家庭情境並代表家庭成員，而缺少洋娃娃時，可能會以一大一小的積木象徵自己和家長。因此，遊戲室應有廣泛的器材讓兒童他們自己來自我表達（self-expression）；例如，兒童能以打洋娃娃或撕毀黏土圖畫來表達生氣，也可以作詩、寫故事和畫圖來敘述生氣（Frost, 1992）。Axline 在「遊戲治療」（Play Therapy）一書中，建議的玩具和器材如下：奶瓶、洋娃娃家庭、有家具的房屋、玩具兵和武器設備、玩具動物、遊戲生麵糰、人、馬和其他動物的圖片、供投擲用的空果醬籃、各種的美勞材料、大碎布偶、木偶、木偶布景、蠟筆、黏土、手指畫、沙、水、玩具槍、木樁打擊組、紙娃娃、小卡片和飛機，以及遊戲屋器材：桌子、椅子、兒童臥床（cot）、娃娃床、火爐、錫碟、盤子、湯匙、娃娃衣服、曬衣繩、曬衣夾、曬衣籃（引自Frost, 1992）。

第五節

園庭景觀的配置

　　幼兒園庭是指室外遊戲場外，在園舍建築間可讓幼兒自由遊戲、學習和休憩的空間。廣義的幼兒園庭，包括室外遊戲場及其設施、狹義的幼兒園庭，則僅指室外遊戲場及其設施除外，種植花草樹木和布置園景設施的空間，本節幼兒園庭探討範疇以狹義定之。

　　李政隆（民76）認為幼兒園庭有三項意義：(1)是可允許盡興走動的空間，(2)是提供著各種遊戲設施的空間，(3)其中一部分設置著

山、水流、水池、小徑、可愛動物園與花壇、綠地等。因此，幼兒園園庭和景觀，不僅具有教育意義，更是幼兒自由活動、觀賞，並盡情享受綠意和陽光的園地。

至於幼兒園庭空間的分類名稱，依教育部國民教育司（民78）「幼稚園設備標準」之規定，僅將園庭簡單分為前後庭：(1)前庭，即指走廊外之空間，宜綠化或做彈性使用。(2)後庭，又稱半戶外教學活動空間，是由教學活動室延伸至室外的遊戲空間，宜安裝活動量小的遊樂器械，如小型滑梯、搖木馬、沙箱、踏水池等。

幼兒園庭景觀的配置，應依園地的大小、建築空間關係、課程目的、教學方法、經費預算及日後管理維護，作妥善的配置和設計，栽植適宜的花卉草木、設計適切的花壇綠籬、布置適當的園景設施，使幼兒能在綠意盎然、景緻優雅的環境中，透過遊戲和探索陶融知性。本節將就園庭的綠化美化和園庭設施的設置，分別探討。

二 園庭的綠化美化

幼兒園庭的綠化和美化，為整體不可分割的工作，其基本理念可從綠化美化的涵義、園庭綠化的功能和綠化美化的通則等三方面，知其梗概。

(一) 綠化美化的涵義

園庭綠化美化是幼兒學習環境設計的重要工作，基本上「綠化」和「美化」具有整體而不可分割的特性，惟在實質涵義上，「綠化」（greening）與「美化」（beautification）是二個重疊但意義不盡相同的概念（*湯志民，民89*）：

(1)就範圍而言,「綠化」範圍小;「美化」的範圍大。

(2)就從屬關係而言,「綠化」包含於「美化」之內,「美化」不以「綠化」為限。

(3)就效果而言,「綠化」一定具有美化的功效,「美化」不一定具有綠化的功效。

(4)就具體作法而言,「綠化」的主要工作是花草樹木的栽植,包括樹木的栽種、綠草的鋪植、花壇的設計、綠籬的種植、盆栽的培植和花卉的維護等等;「美化」的工作,則除了花草樹木的栽植之外,還包括園路、小橋、水池、瀑布、踏石、涼亭、雕塑、綠廊、園燈、園桌椅、教材園等園景設施的布置;簡言之,校園「綠化」、「美化」的具體工作內涵,可化約為:

「綠化」=「花草樹木的栽植」
「美化」=「花草樹木的栽植」+「園景設施的布置」
（綠　化）

(一)　園庭綠化的功能

花草樹藤,四季滋長,吐故納新,將盎然綠意引入校園,即成為一種充滿生機與朝氣的布置。校園綠化具有提升教育環境的品質、促進教育功能的發揮、增進師生身心的健康、有助生態平衡的維護、增加國民休憩的場所和具有防災避難的用途之功能（湯志民,民 89）。就幼兒園環境而言,參照黎志濤（民 85）之見解,園庭綠化的功能有四:

1.促進幼兒身心發展

幼兒園透過合理的綠化配置，運用植物的姿態、體形、高度、花期、花色、葉色等的變化，創造一個舒適、優美的樂園，對幼兒身心的健康發展有積極的促進作用。

2.增進園庭生態平衡

幼兒園大面積綠化可以改善幼兒園的小氣候環境，減少輻射熱、防止西曬、調節氣溫、增加空氣濕度、降低風速等，還能減少周圍環境中噪聲、塵埃對幼兒園的污染，保持環境衛生。

3.提供愉悅情緒體驗

幼兒園綠化是幼兒瞭解大自然的重要課程，可以使幼兒生活在美的環境中，受到美的薰陶，引起愉快的情緒體驗。

4.創造良好活動環境

幼兒園綠化還可以為幼兒創造一個良好的室外活動環境，使幼兒在綠樹叢中盡情遊戲。

(二) 綠化美化的通則

幼兒園綠化美化的工作要項甚多，在此僅根據相關學者專家（湯志民，民89；鄭慧英，1996；黎志濤，民85；Dannenmaier, 1998; Moore & Wong, 1997）之見解，整理一些重要通則以資參考：

1. 栽植花木各適其所

花草樹木各有其功能，應慎擇以適其所。一般而言，幼兒園庭應以花草為主、喬灌木為輔，園地邊界宜採用喬灌木搭配種植，以形成幼兒園與外界的隔離帶，並使主體建築在綠化的環境中格外親切動人。其次，園庭內部則應種植花卉和地被植物，適當點綴喬灌木，便於幼兒活動和觀賞。此外，花木栽植，應根據樹木的特徵和場地的功能，運用孤植、行植或片植的靈活手法，以創造輕鬆、活潑和優美的園庭環境。對於幼兒的室外環境植物的選擇，Talbot（1985）提出八項建議值得參考：

(1)澄清你的目的：看看如何造景，以使遊戲、教育和社會的目標獲得最好的支持。在此地的幼兒年齡和類型如何？哪一項活動需隔離，哪一項是增進或阻礙？室內和室外空間是否重要到要考慮修飾或轉換？採用什麼將會使地面舒適、動人和有用？

(2)自當地專家獲得建議：聯繫當地的園藝同好——家長、園藝會員、有興趣的業餘者或負責農業技術推廣之官員。

(3)送一份問卷給當地專家：向當地的苗圃主人、庭園設計師和有關的專家說明你的意圖，請求送樹、高低灌木、直立和架高用的藤蔓植物、草和其他地被植物，以及幼兒可以照顧成長的庭園植物和任何有用的出版品。

(4)要熟知本地的植物：植物是當地的或已適植的、較難或較易維護的，與當地的自然史有關，能免費栽植和移植，並保護生態，均應熟知，尤其可能誤用有毒植物。

(5)自兒童文學獲得啟示：狄士尼樂園等所給我們的造景插圖，對現今的店購遊戲景觀提供了很好的選擇；藝術家的非真實國度（never-never land）敘述和圖書館或書店的很接近。

(6)考慮幼兒：幼兒投入所有的造景期，從選擇種類到維護和

收穫（如果有），此經驗將教育每一個字的意義，其工作負擔愈分開，幼兒對植物處理的思考愈少，同時為保護最易受傷害的植物，應做適當的幼兒防護路障（child proof barriers）。

(7)**照顧景觀**：保持一份詳盡的施肥、澆水和修剪的時間表，植物非常需要——其損耗率可能有50%。如預知樹木將死，立即在附近種另一棵以資取代。

(8)**選擇適當的草木**：基本的植物類型，包括樹木、藤蔓植物、灌木、草和地被植物以及庭園植物，在幼兒環境最有用；替代品種和設計問題，應符合當地的氣候。

2.增強綠化場地功能

幼兒園綠化應使其增添多重效益，如幼兒園庭各種園區、遊戲場、小廣場等，可以綠化（如綠籬）區隔活動空間，美觀大方，易於索引；其次，室外休憩場地可種植大片綠茵草地，讓幼兒盡情玩耍奔跑，安全又健康；此外，室外器械遊戲場地，可種植高大喬木，既不影響幼兒進行器械活動，又可遮陽，免遭烈日炎曬；另外，屋頂平臺也可適當綠化，一方面可減少屋面在酷熱季節的熱輻射，同時可降低室內溫度，另一方面也為屋頂遊戲場地提供了良好的活動環境。

3.注意綠化情趣效果

幼兒園庭在栽植上，首應注意季節效果，力求春有花、夏有蔭、秋有果、冬有青，四季蒔花綻放，讓幼兒園洋溢青春活潑景象。其次，幼兒園室外用地狹小，應充分利用垂直綠化，以擴大園舍綠化效果，增強美化裝飾效用。此外，綠化小品應善加運用，以為幼兒園的室外環境增添美化情趣，主要有：

(1)**花壇**：一般用磚、石或混凝土砌築，外加粉刷再進行各種

裝飾美化。應注意形狀宜活潑自如，高度應考慮幼兒觀賞尺度，一般臺高為 0.2～0.4m，既可當坐凳又可避免水土流失。

(2)花架：利用空廊或構架上覆蓋爬藤植物，形成休息納涼的空間。

(3)花槽：是一種用混凝土預製成的花盆，可布置在外廊的鏤空隔斷、外牆壁、窗臺、陽臺、女兒牆等處，內培土植花草，或內盛盆花，可有美化的效果。

4.設計寓教於樂情境

幼稚園的室外觀念，在經過一百五十年後的今天，第一次清晰的形成「幼兒的遊戲花園」（children's gardens for play），並在全美各地的公共花園、博物館、學校庭院、醫院和公園，重新萌芽；新一代的幼兒在這些地方的小森林、恐龍花園和蝙蝠洞中，發現室外遊戲的歡樂。對此，Dannenmaier（1998）強調幼兒的園庭應可讓幼兒跑、遊戲、攀爬，並自由的經驗自然的材料和身體上的感覺（bodily sensation）。事實上，幼兒對環境充滿好奇，喜歡觀察、探索、嘗試，幼兒園庭綠化美化應布置多樣園景設施，能讓幼兒穿梭嬉戲（如小洞穴）、上下攀爬（如小丘、大樹或樹屋）、栽種植物（如種果樹、菜圃）、養護花草（如澆花）、照顧動物（如養小雞、小鴨或小白兔）、觀察昆蟲、駐足休憩（如草坪或園桌椅）的空間，以提供遊戲、探索的寓教於樂情境。

5.維護園庭亂中有序

對幼兒而言，幼兒園庭觀賞功能不若遊戲或工作般強烈，因此園庭的學習環境較生活化，難免出現較混亂的局面。惟為維持園庭的遊戲、探索和學習的功能，室外分區應井然明確，工具儲藏應有條不紊，運用綠化美化二項最基本守則：(1)保持秩序（to keep it

in order）──去亂；(2)保持清潔（to keep it clean）──去髒，
使幼兒園庭能亂中有序，不失功能。

6.提供安全園庭環境

　　花草樹木種類繁多，幼兒園庭栽植花草樹木，應避免種植有
毒、有刺激性或帶刺的植物，以免幼兒受到傷害。其次，要注意樹
木與建築物和地下管線設施，應保持適當距離，以免影響樹木生長
和室內採光以及破壞地下管線。此外，園庭樹木樹枝有折斷者、花
臺有尖角者，皆應妥適處理，以免幼兒碰撞受傷。另外，園舍建築
臺度外側，可栽植花卉予以美化，並避免幼兒靠近外牆行走發生頭
碰窗的事故；還有，假日或幼兒遊戲之後，園庭中難免遺留枯枝、
器物或其他雜物，應在幼兒再一次使用前，審慎清理，以提供安全
的園庭環境。

三｜ 花草樹木的栽植

　　花草樹木的栽植是園庭綠化美化的首要工作，其工作重點可從
樹木的栽種、綠草的鋪植、花壇的設計、綠籬的種植和盆栽的培植
等五方面，分別探討。

㈠ 樹木的栽種

　　樹木（trees）是園庭綠化美化的重要材料之一，其枝葉茂密並
具立體美感，對空氣的淨化、噪音的減弱和心理上的安和作用，能
發揮極大的效果。樹木栽植的時間，在臺灣中部一般以早春尚未萌
發新芽之時，或在晚春梅雨季時栽植最為適宜；北部地區冬季亦為

雨季,此時氣溫低,最適宜栽植;南部及東部可選擇在夏天雨季時栽植,如在冬季低溫時栽植,因剛好為乾季,必須勤澆水,否則不易成活。就臺北市而言,樹木的栽植,以農曆春節至清明節之間最為適宜。另老樹或大樹不易移植(必須有相當專業的斷根技術),移植後成活率低,學校綠化工作欲見速效,不妨選擇大苗栽植。至於樹種的選擇,則因種植目的而異,例如:目的在遮蔭乘涼,則要選擇樹冠完密的樹種,如榕樹、雨豆樹、鳳凰木等;目的在防風,則需選用耐風的樹種,如榕樹、黃瑾、瓊崖海棠及海檬果等;目的在標明校園區界,則以樹形高大、樹姿優美者為宜,如大王椰子、檸檬桉、蒲葵等(*臺灣省政府教育廳,民 74*)。

Talbort(*1985*)認為幼兒室外環境的樹木最重要,遊戲景觀(playscapes)必須有樹木以資架構、遮蔭和美化,樹木也具有能源和長壽的意義(樹木比任何生物都活得久),當兒童爬上樹可增大其視覺的和空間的能力,種植樹木可讓孩子有暫時地和精神地延伸。基本的樹木配植有:雨傘型(umbrella)、雙植型(pair)、通道型(avenue)、庭院型(courtyard)、叢樹型(grove)、果園型(orchard)(參閱圖 67)。

㈡ 綠草的鋪植

草地(lawn)亦稱為草坪或草皮,有如綠色的地毯,給人清爽潔淨、優雅自在、心曠神怡的感覺,不僅可減少塵土飛揚、避免地面沖刷龜裂、增加庭園廣闊之美,還可降低氣溫、柔化生硬的園舍建築。幼兒園如有足夠的空地,則應多鋪植草皮,讓幼兒在快樂奔馳中,亦能沉浸於綠意盎然的柔和之中。

綠草的栽培與樹木、花卉和其他植物之栽培大不相同。一般花木及植物的栽培,為了使生長良好,減少養分、水分和日光的競

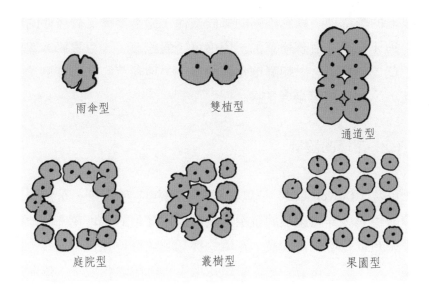

圖 67：基本的樹木配植

資料來源：*A Pattern Language,* C. Alexander et al., 1977.（引自 Talbort.
(1985). Plants in Children's Outdoor Environment. In J.
L. Frost & S. Sunderlind（Eds.）, *When Children Play: Proceedings
of the International Conference on Play and Play Environments,* p.246.）

爭，植株間需留適當的空間；但種植綠草，在一定的空間中，則越
密越好。理想的綠草有六個條件（*臺灣省政府教育廳，民 80*）：

　　1. 生長力健壯，抗病力強。

　　2. 具有低矮之匍莖，無直立高莖特性。

　　3. 覆蓋性強，能抑制其他雜草孳生。

　　4. 葉形優美，葉色青綠。

　　5. 形成之群落具觀賞價值。

　　6. 耐寒、耐熱、耐旱性強。

　　事實上，要找到同時具備上述項條件的綠草，幾乎不可能，尤
其是耐寒和耐熱，很難同時存在。因此，在溫帶種植綠草常混合二

種以上的綠草種，以應不同的氣候條件。適合臺灣氣候條件的綠草有：狗牙根草（百慕達草）、假儉草（蜈蚣草）、百喜草、聖奧古斯丁草（鈍葉草）、朝鮮草（結縷草）、地毯草和菲律賓草（馬尼拉芝），幼兒園可參考酌擇。

(三) 花壇的設計

花壇（flower bed）是以各種形式叢植各種花草，布置成為一個繽紛色彩，鮮麗耀眼的景緻，也可以用矮性的木本花卉及地被植物等來布置花壇以供欣賞。花壇的種類，依區位性質可分為「中央花壇」、「牆邊花壇」、「景緻花壇」、「紀念花壇」；依開花的季節，可分為「春花壇」、「夏花壇」、「秋花壇」、「冬花壇」；依栽培的花種，則可分為「鳳仙花壇」、「杜鵑花壇」、「玫瑰花壇」……等等。花壇設計應注意：

1. 大多數的花卉喜歡日照充足的地方，可在校園的南向或東南向設置花壇，如須在日照不足的地方設置，則要選擇半日蔭的植物。

2. 花壇的花卉應選擇易栽培，植株不高，姿態形狀整齊美麗，分枝及開花數多、花期長，具有單純的花色，色彩鮮明光亮，不含有毒物質，價格便宜、易買到的花卉。

3. 花壇植物的色彩，可依觸目色調、近似色調或單一色調配置；同時要與季節搭配，冬天宜栽植暖色花卉，以增添熱鬧氣氛，夏天宜種植中性色或冷色的花卉才能帶來清涼意；如果是色彩豐富的花卉，則只要栽種同一種類的花卉，以免失之繁雜。

4. 花壇植物大多為草本花卉，包括一、二年生草花、宿根草花和球根草花；如為木本花卉，則以矮性、分枝多、花數多的灌木為主。

5. 花壇的邊緣不可太過醒目，以免喧賓奪主；造邊的材料，以

能耐久、整齊、不甚突出者較適宜。

㈣ 綠籬的種植

綠籬（hedges）是校園中的矮小灌木經修剪成為一堵綠色的小圍牆，具有引導、分界、擋風、遮蔽、美化景觀、降低噪音、淨化空氣、調節氣溫和保護草坪之功能。綠籬的種類，依其作用目的和高度可分為：⑴矮籬──又稱為內籬、間隔綠籬，具有裝飾園景、區隔通道和庭園的作用，高約 60～90cm，適合樹種有六月雪、杜鵑、黃楊、雪茄花、錫蘭葉下珠；⑵外籬──具有分隔建築物與外界，以及防盜遮蔽的作用，高約 1.5～2m，適合樹種有九重葛、梔子花、龍柏、羅漢松、春不老、金露花；⑶中籬──以防風、防水、遮蔽建築物為目的，高約 2～3m，適合樹種有七里香、月橘、側柏、朱槿；⑷高籬──通常為防風、防火目的而設，高約 3～5m適合樹種有竹類、扁柏、細葉冬青、木麻黃（臺灣省政府教育廳，民 74、80）。此外，還有種植二種植物以上的「混合籬」，以及利用高矮樹種組合而成的「二層籬」。綠籬種植應注意：

1. 綠籬栽植時間以春、秋兩季為宜。

2. 綠籬栽植首重土壤及排水，如栽植地點與草坪比鄰，則可用磚塊構界，不但雅觀又可避免水土流失。

3. 綠籬栽植方法可為單行、雙行、三行等，在寬敞庭園四周，以雙行和三行栽植為適，而園路兩旁則可單行栽植。綠籬植物如採用金露花、朱槿等，因其樹性高大、生長迅速、枝葉茂密，可單行栽植；如採用月橘、六月雪等，因其枝葉纖小，則宜雙行或三行栽植。

4. 綠籬樹苗的間隔，一般約為 35～40cm，綠籬樹苗的大小，以 60～100cm 最理想。

5.綠籬寬度以50cm為宜；剪枝約每年2～3次，一般都在七～八月上旬和十一～十二月間進行。

6.為求美觀、整齊，一般都將綠籬修剪成一定高度，一定式樣。從橫斷面看，有平型、斜坡型及波浪型；縱斷面看，有平頂式、圓頂式及尖頂式。會開花的綠籬植物，在花芽抽出生長時最忌修剪，宜等開花後才修剪。

㈤ 盆栽的培植

盆栽（a potted plant）是利用盆缽栽培各種花草樹木以供觀賞。很多學校因為綠化美化，要求學生從家裡帶來了大大小小，形形色色的盆栽植物，布置在教室、走廊等地方，由於對植物的性質不瞭解，又缺乏管理維護，失去了綠化、美化的目的，反而造成了髒亂。就幼兒園而言，通常盆栽植物應與會議室、辦公室、教室、陽台、穿堂、走廊及步道等調和，讓空間更生動美觀，更綠意盎然，更重要的能具有觀察和學習之效，以滿足幼兒的好奇。盆栽的培植應注意（*臺灣省政府教育廳，民74*）：

1.盆栽的盆缽與植物要有適當的比例，通常植物的高度為盆子口徑的1.5～2.5倍，而樹冠寬度為其1.5倍。如盆缽外型不佳時，最好使植物之枝葉垂下能將盆缽遮去一部分，以免看到醜陋的盆。

2.盆栽布置教室、辦公室及會議室會，為形成寧靜、安祥、和平的氣氛，宜以綠色植物為主，點綴著花，但花色不可太多、太雜、太亂，可有淡淡清香。

3.盆栽植物的培養土應經常能包含 30%～50%的水分，而排水後能含有 10%～20%的空氣，且酸度適中（植物種類不同而有差異，一般為pH5.5～pH6.5），太酸時可使用石灰中和，太鹼時用硫酸鈣調整。黏土、粗沙、污染土、建築工程之心土，均不適合用來

培養花木。

4.栽培盆花,為保持鮮豔的花色,使花苞繼續開放,不可長期放置室內,應放在日光充足而空氣流通的地方,但夏天溫度高,宜避免太陽直接照射,又冬天為避免寒害,可以隔著玻璃接受日光。花色已經褪淡枯萎的花朵,將會消耗養分,損及盆花的美觀,宜摘除其花莖,讓養分給予其他花上,或再萌芽開花。

5.植物的種植盆,盆上面及四周通氣性最好,所以根多往盆邊生長,待根結成根球時,一定要換盆,不然生長緩慢,或停止生長使植株衰弱,甚至死亡。

6.吊盆的用土,需質輕、保水力強,通氣良好,以蛭石、真珠石、泥炭(1:1:1)混和最佳。此外,吊盆吊掛時,應注意掛勾的堅固,避免掛於頭部易碰傷的地方,或澆水易濺濕別人的地方,陰性植物應置於室內,若掛於陽臺,吊掛的位置稍高,以減少陽光的直射。

7.箱缽是活動的小花壇,栽植的原則是只種植一種花卉,且花色也要單一色彩;箱缽數少時,為免花色太過單調,可採混植,其花色宜對比色調,互相襯托對方的色彩,但體積小時,花色的變化宜少,並選擇性質相似,開花期相同的栽植。

8.幼兒園在栽培盆栽植物時,不要選擇珍奇名貴的種類,宜選擇易於栽培管理的花草,適合園庭的盆栽植物:(1)觀賞植物類:矮牽牛、爆竹紅、金魚草、金盞花、雞冠花、非洲鳳仙花、非洲菫、四季海棠、菊花、桔梗花、蟹爪仙人掌、杜鵑花、聖誕紅、茶花、梔子花、馬纓丹等。(2)觀葉植物類:變葉木、鵝掌藤、武竹、萬年青、蕨類、鐵線蕨等。

二 園庭設施的設置

　　園景設施的設置是園庭綠化美化的另一項重要工作，應依幼兒園的校地條件、環境動線，作適度的布置，使幼兒園舍更具整體感、生動且具生命活力。園景設施的項目繁多，以下僅就其犖犖大者作一扼要的介紹，以供園庭布置之參考。

(一) 園　路

　　園路（paths）是園舍建築與園景設施之聯繫動脈，具有交通、遊戲和景觀導引之功能。園路的布置應注意：

　　1.園路的路面，應依功能（人行、綠化、健身或遊戲）之不同，鋪設適宜之材料，常用的材質有水泥、柏油、鵝卵石、青磚、紅磚、方磚、切石板、大理石、扁平石、稜角山石、圓樁或碎石等等。

　　2.庭園內的人行步道，可設計間歇性的曲徑踏石，以增加綠化效果，並增添庭園情趣。

　　3.健康步道之設置，應選擇校園中較僻靜而蔭涼的地方，以利盡情鬆弛健身。

　　4.園路供輪車遊戲使用，如扭扭車、三輪車、腳踏車、玩具小汽車、滑板、直排輪等，應有足夠的寬度、平坦，並可併入主動線中設計。

　　5.供行動不便者使用之坡道，有效寬度為 90cm 以上，兒童用坡道寬度至少 112cm，一般坡度不得超過 1/12，兒童用坡道以 1/16～1/20 為理想，扶手高度（如為二道扶手）大人用高度為

65～85cm，兒童用高度為 50～70cm，坡道長度超過 6m 需設平臺，平臺最少需有 150×150cm 的迴轉空間（*吳武典等人，民 80；張蓓莉等人，民 80；詹氏書局，民 92；Bar & Galluzzo, 1999；Ruth, 2000*）。

⎯⎯ 水　池

水池（ponds）一般分為人工水池和自然水池二種。人工水池多為幾何圖形，如方形、圓形、葫蘆形、梅花形、多角形或混合形，通常設在建築物的前方或庭園的中心，為主要視線上的一種重要點綴物；自然水池其形狀不定，池岸曲折，通常置於假山腳下、溪流瀑布的一端或草地的一側。水池的布置應注意：

1. 幼兒園的水池主要有二種，一為親水池（可以玩水），一為觀賞魚池或生態池（不可玩水），可依實需設置。

2. 水池以自然清潔的水源最為理想，親水池底鋪面應經常清理避免青苔，以利幼兒遊戲。

3. 水池飼養觀賞魚，水深需 40～50cm，並應有循環及過濾設施，使水池不斷流動，避免池中魚缺氧；此外，池底要有斜度，並設排水槽，供排水及清理水池之用。

4. 為增加水池的動感效果，可設計噴水設施，或以石頭阻擋，以產生滴落、飛濺、波浪、泡沫或人工瀑布之效。

⎯⎯ 涼　亭

涼亭（gazebos）有蔽陰、乘涼、眺望與點綴園景之功能，幼兒園庭可視實際需要設立。涼亭的布置應注意：

1. 涼亭的地點，一般設置在水池邊、水池中、假山旁、樹叢下、山崗頂、道路延伸處或臺階爬坡連綿處等，較為僻靜之處。

2.涼亭的造形，可設計蘑菇亭、傘亭或其他卡通造形以吸引幼兒。

3.涼亭的尺度，以小巧為宜，淨高 2.1m 左右，單亭屋頂覆蓋面積 4m²左右（*黎志濤，2002*）。

4.涼亭的材料，常用的有金屬、水泥、竹木、磚石、石青瓦、琉璃瓦和玻璃纖維，也有以蔓藤植物攀緣生成的綠涼亭等等。

5.涼亭內應配置園桌椅，以供幼兒休憩談心之用。

6.園舍綠化面積不足之幼兒園，宜搭配蔓藤植物攀緣生成的綠涼亭；園舍色彩不足之幼兒園，應適切運用涼亭的彩繪，以活潑園庭的景緻。

7.園庭面積太小或無適當園景設施做為背景者，不宜設置涼亭，以免過於突兀。

㈣ 雕 塑

雕塑（sculpture）可配合公共藝術規定設置，藉以提升庭園景觀的美化品質，具有「畫龍點睛」之效。雕塑的布置應注意：

1.雕塑位置，常設置於前庭、穿堂、樹蔭下、草坪上、花圃內、斜坡邊以及花壇或水池中，應配合庭園景觀作適當的選擇，以產生最亮麗的視覺焦點。

2.雕塑的主題，應貼近幼兒生活經驗，採用具體、可理解的形象，如小動物或卡通人物等，不宜採用幼兒難以理解的抽象雕塑。

3.雕塑的大小，應適合幼兒尺度，以小巧玲瓏，親切感人為佳。

4.雕塑的材料，可採用水泥、塑膠、木材、石材、陶土、青銅或玻璃纖維。

5.室外的雕塑因日曬雨淋，極易褪色及損壞需經常實施維修，以確實提升美化之效。

㈤ 綠 廊

綠廊（pergola）又稱為涼棚、蔭棚或花廊，是一種頂部由格子條所構成，而上面攀附生長蔓生植物的園景設施，可供休憩、遮蔭、觀賞及作通道之用。綠廊的布置應注意：

1. 綠廊的設置，宜選擇日照、通風及排水良好的地點，配合園路伸展與園庭整體景觀，使之和諧一致。

2. 綠廊的植物，要選葉茂花美的藤蔓植物，如地錦、木香、炮竹花、紫藤、常春藤等；若利用成蔭的樹，使枝條相錯生長，培育成廊架的形式而供遮蔭、休憩，就是樹廊，可供使用的樹有榕樹、欖仁樹、樟樹、黑柏樹、掌葉蘋婆及印度橡膠樹等。

3. 綠廊的頂棚，蔓生植物長滿後應不定期修剪，並注意是否有蜜蜂棲息，如有虎頭蜂窩應即清除。

4. 綠廊的頂架，應考慮其負荷，不定期的作防銹及油漆處理，並於每學期開學前或颱風季節時檢查是否鞏固安全，以避免倒塌造成事故。

㈥ 園桌椅

園桌椅（garden furniture）具有裝飾並供師生休憩、談天及眺望園景之功能，園桌椅的布置應注意：

1. 園桌椅的設置，應擇最佳休憩處，可與涼亭、綠廊組合成一景，也可設於園路中間，或置於遮蔽蔭涼處、水池邊或景色焦點處，如瀑布口、花壇邊、雕塑旁、樹蔭下、草坪上、戲水池旁或視野開闊處。

2. 園桌椅的造形，一般以簡易、自然、多彩、新穎活潑者，較

討人喜歡，成排的的鞦韆式座椅，也會引起幼兒的興趣。

3.園桌椅的座位數，一般以 3～5 人一群，也可設單獨或雙人座位，以供幼兒多重選擇。

4.園桌椅的選材，因置於室外，應選用耐風雨、日曬、表面光滑的材質，其尺寸大小宜寬鬆、低矮，讓幼兒能坐能爬，覺得舒服。

(七) 栽培園

幼兒熱愛大自然，渴望觀察，特別是能親身體驗。他們對撒下的種子能發芽、開花，再結出同樣的種子之變化過程，充滿好奇又有興趣。其次，栽培植物還可以招來一些蝴蝶、蜜蜂之類的昆蟲，使幼兒慢慢地開始注意到這些植物與昆蟲之間的關係。因此，栽培園不僅可讓幼兒動動手，也是認識大自然的課程。栽培園的布置應注意：

1.栽培園的設置，園地大者可設獨立區域，經費足夠者可設立小溫室，空間不足者則可利用溝渠旁、牆角的泥土地，或利用半室外空間、陽臺，放置塑膠盒、玻璃杯、採集箱，栽培植物。

2.栽培園的位置，應位於向陽地段，接近遊戲場地，便於幼兒經常能觀察到植物的生長狀況。

3.栽培園的植物，宜選擇低矮的花卉為主，並能四季花期不斷，便於幼兒觀賞和栽培；也可種豆（如紅豆、綠豆、黃豆）、空心菜、青菜、花生與茼蒿等。對幼兒言，植物的栽種與觀察，意不在收成，而在對植物成長過程的發現與體會。

4.栽培園的維護，應考慮既不費工夫又富效果者，並應避免種植易使幼兒皮膚發炎、過敏和有毒性的植物。至於，帶有針刺的植物（如仙人球），可種植在花盆內，放置在花臺上或花架上，以避免幼兒直接接觸。

▽ (八) 小動物屋舍

　　幼兒喜歡動物，對溫順的小動物有一種親近感，他們會以不同方式接觸牠們，也常透過透氣口，觀察小白兔勤快的啃食蘿蔔，看著小雞吱吱喳喳的簇擁在媽媽身旁，欣賞小水鴨快樂在水中的呫游，凝視陶甕中小金魚曼妙婀娜的逡遊，純稚心靈深受大自然生命奧妙的感動。與栽培園不同的是，小動物屋舍需要更多大人的管理。小動物屋舍的布置應注意：

　　*1.*小動物屋舍的設置，需有獨立的空間，並以柵欄區隔，經費足夠者可設立小屋，以供小動物遮風避雨。

　　*2.*小動物屋舍的位置，最好接近大人區或廚房邊，以便由教職工參與對小動物的照料。

　　*3.*小動物的飼養，大的如小雞、小鴨、小貓、小狗、小白兔等；小的如小鳥、金魚、蠶寶寶、蝌蚪等，可依課程之需或幼兒的興趣選擇。如無攜帶問題，也可利用假日讓幼兒輪流帶回家照顧。

　　*4.*小動物屋舍的清潔，因動物的排泄糞便不少，應定時清理，屋舍鋪面應用易於清洗之材質，屋舍鄰近水龍頭，並有排水溝，以利小動物糞便之清理。

Chapter 6

大人區與附屬設施的設置

每一所學校都是獨一無二的，家具、裝修和設備隨著教育哲學和教師喜好的不同而變化。學校應以教師、學生和其他利益團體來作為輸入，以確保行政、教學和支援空間能設計和裝配到所需的家具、裝修和設備（Each school is unique, and the furniture, fixtures and equipment [FF&E] varies as the educational philosophy and staff preferences differ. Schools should seek input from staff, students and other interested groups to ensure that administrative, instructional and support spaces are designed and equipped with the desired FF&E）。

學校所選擇的家具、裝修和設備是拼圖的最後一片：正確的選擇能增進空間的舒適、功能和美感（The furnishings, fixtures and equipment a school selects become the final piece in the puzzle: the right choices can provide the comfort, function and aesthetics that enhance the space）。

——J. Rydeen and P. Erickson

　　幼兒園室內外環境，除直接與幼兒學習、遊戲、活動有關的活動室、遊戲室、運動遊戲場和園庭之外，還有與幼兒的學習和生活有間接相關的大人區，包括園長和教職員使用的空間，主要有行政室、保健室、觀察室和家接區。

　　此外，幼兒園中有許多「附屬」於園舍、園庭或運動遊戲場所的建築與設備，有的配合設立，有的單獨興建，其目的在輔助或促進幼兒園建築「主體」發揮其最大的功能，其種類數量細瑣繁多，約可分為二類：(1)附屬建築——包括園門、寢室、餐廳、走廊、樓梯、地下室、廁所、洗手臺等等。(2)附屬設備——包括課桌椅、揭示板、儲藏櫃、飲水器、圖書設備、避難設備等等。(3)教具器材——包括教具、器材、蒙特梭利的教具和福祿貝爾的恩物。

　　本章將就大人區的設置、附屬建築的設置、附屬設備的設置和器材玩具的購置等四層面，分別探討。

第 一 節

大人區的設置

　　幼兒園大人（包括園長和教職員）使用的空間，與幼兒的學習和生活關係較為密切的有：行政室、保健室、觀察室和家接區，茲分別就其設置上應注意的事項，作一簡略的說明。

一　行政室

　　行政室包括園長室和教職員辦公室，是幼兒園行政服務、公文

處理、課程安排、教學研究、活動設計、集會議事、家長接待或教師休息的場所。行政室的設置應注意：

㈠園長室和教職員辦公室，一般應設於對室外運動遊戲場、園庭和全園狀況能一目了然的位置上，以發揮幼兒園大人對園童遊戲、學習和生活的督導責任。

㈡園長室可單獨設置，或合併設置於辦公室內。單獨設置的園長室，應介於幼兒園出入口處或門廳，以及教師辦公室之間，以利園內外的行政服務和聯繫。

㈢教職員辦公室，兼教學研究室之用，可集中設置於園長室與幼兒活動室之間，以利行政聯繫和教學研究；或分散設置於活動室內，亦可於兩間教室之間設置一間教師辦公室，以利教師就近督導、觀察幼兒活動。

㈣教職員辦公室的面積，每位教職員以 $4m^2$ 為基準，包括一套桌椅和櫥櫃（*西日本工高建築聯盟，1990*）。如包括電腦、辦公機件、會議桌椅和生活休憩設備，每位教師至少 $5m^2$。

㈤教職員辦公室之設備，包括：*1.* 教師和行政人員每人一套桌椅和櫥櫃。*2.* 每間辦公室至少一臺電腦，如經費許可以，每位教師和行政人員以配置一臺電腦為理想。*3.* 辦公機件，如影印機（油印機）、傳真機、電話、廣播器等。*4.* 會議桌椅一套，6 至 8 人座，供會議和教學研究用。*5.* 生活休憩設備，如沙發、電視、冰箱、微波爐、音響、洗手臺等。

二 保健室

幼兒園的保健室負有定期健康檢查、受傷或急病看顧的功能，以因應幼兒成長快速、活潑好動，身體時有健康狀況之需。保健室

的設置應注意：

㈠**保健室的設置**，可單獨設置，亦可附設於辦公室內，其位置應設在一樓門廳附近或設於幼兒園大門入口處，並鄰近幼兒最容易受傷的場所（如遊戲室和室外運動場），同時考慮救護車便捷進出，以利急診和孩童健康問題的緊急處理。

㈡**保健室的情境**，應為一安靜、整潔、明亮、通風、舒適、安全的地方，讓家長和園童都有安全和信賴感。

㈢**保健室的面積**，至少要有 $20m^2$ 以上，並依班級數增加療養床位，通常 1 至 2 班為一床，3 至 4 班為二床，5 至 6 班為三床，亦即每兩班增一療養床位，每一床位 $0.72m^2$（60cm×120cm）（*西日本工高建築連盟，1990*）。

㈣**保健室的設備**，最好有空調設備，此外還應設計護理臺、體檢儀器（體重計、身高計）、藥品櫃、卡片櫃、辦公桌椅、療養床、洗手臺等，並注意藥品和醫療器材，須放置在孩童無法摸到的地方，以免危險。保健室的配置，請參閱圖 68。

三 觀察室

「觀察」可以進一步瞭解幼兒的學習、生活、個性、情緒等狀況，以利教學改進、團體輔導、個案研究和安全督導。觀察室的設置應注意：

㈠**觀察室的觀察**，應為隱蔽且單向性的，觀察者可以看見幼兒的各類活動，但是幼兒無法看見觀察者，因此大人進出之動線應與幼兒進出的動線隔開，以免幼兒因知有人觀察而表現出不一樣的行為。

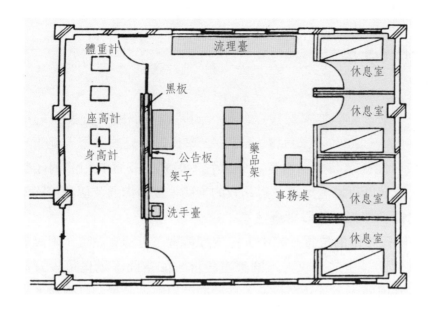

圖 68：保健室及醫務室配置參考圖

資料來源：**幼稚園設備標準**，教育部國民教育司，民 78，第 35 頁。

（二）**觀察室的設計**，可分別採用單向觀察及閉路電視觀察兩種型式，閉路電視觀察室可以單獨設置，單向觀察室則附設於教學活動室旁，採用包廂觀察方式（*教育部國民教育司，民 78*）。

（三）**觀察室的空間**，併入教師辦公室設計，較省空間，惟使用時應避免與教師日常的教學研究活動衝突；如單獨設置，則至少應有 $6m^2$ 之面積，以能容納 2 人觀察及設置 1 套桌椅為原則。

（四）**觀察室的設備**，應有：*1.* 單面透視鏡，並注意視窗的自然設計。*2.* 遮光布幕，尤其與教師辦公室合併設計時，應特別注意非觀察期間，遮光布幕要妥適安置。*3.* 隔音設備，以免產生音響，引起幼兒注意或妨礙幼兒活動；*4.* 設置桌椅，以利觀察者長時間觀察和記錄。

四 家接區

　　「家接區」是家長接送幼兒、同時也是園所接待家長的地方
（*黃世鈺，民88*）。幼兒教育階段，家長對幼兒的學習、健康、生
活和習性極為關切，也有許多教育、保育和養育的相關問題想瞭
解，家接區可以滿足家長對幼教的詢問、雙向溝通及便利接送幼兒
之功能。家接區的設置應注意：

　　㈠**家接區的位置**，如：*1.*室內接待室，可獨立設置、附設於辦
公室或園長室內、或併入圖書室設計，如空間不足也可設置於門
廳、廊道間。*2.*室外家接區，係於園門口附近，另闢駐車彎，以利
家長交通工具停放及接送幼兒。

　　㈡**家接區的設計**，應具溫馨簡潔、接待休憩、訊息溝通之功
能，因此可提供幼兒園的活動計畫、幼兒的學習成果展示和生活照
片、親職教育期刊，以及各縣市提供的各項親職教育資訊或與其規
畫活動相互搭配。

　　㈢**家接區的空間**，併入行政區或圖書室設計者，以至少 $6m^2$ 為
原則（約沙發和書報期刊架之設置空間）。獨立的接待室，至少
$20m^2$ 以上，以能容納一套 L 型沙發（5 人座）、4 至 6 人座的桌子、
一個書報架和一臺開飲機為原則。

　　㈣**家接區的設備**，室外家接區，以能遮風避雨並作布告壁飾形
態規畫，及設置夜間照明；如園區前庭空間足夠，可設置園桌椅，
並依實需加遮陽（雨）棚。室內接待室，提供溫馨的候接桌椅（五
人座沙發），自由取用的茶水（一臺開飲機），開架式的書報和親
職教育期刊（一個書報架），豐富的幼兒成果展或生活照片（一面
公布欄），可使零碎的等待時間，充滿知性之旅；家長逾時接送之

幼兒，室內接待室如有一溫馨的兒童角，讓幼兒暫憩，也可減少家長到園前之焦慮。

第二節

附屬建築的設置

　　幼兒園附屬建築與幼兒的學習和生活關係較為密切的有：園門、寢室、餐廳、走廊、樓梯、地下室、廁所和洗手臺，茲分別就其設置上應注意的事項，作一簡略的說明。

一　園　門

　　園門是幼兒園的入口與標誌，不僅是一個區域界限的象徵，也是一所幼稚園的精神表徵，還具有便捷出入和保安的作用。園門的設置應注意：

　　㈠園門應有適當的高度和寬度，造形宜活潑、開朗而大方，使幼兒喜歡到園學習，大門材料可用鋼鐵或木材等，門的顏色以鮮艷之暖色為宜，且須經常油漆，以保美觀（*教育部國民教育司，民78*）。

　　㈡園門應與圍牆整體設計興建，圍牆用於圍護幼兒園的邊界，當幼兒園臨街或公共綠地時，宜用通透的鐵柵欄圍牆，其上可點綴小動物、花卉等花飾，以增添童心趣味，並為城市街景增色；當幼兒園與其他單位或民宅毗鄰時，宜採用上透下實的圍牆，以隔離為主要目的，防止外界干擾（*黎志濤，民85*）。

　　㈢園門入口處，宜設置接待室或等待空間，以接待訪客，或便

利父母等待接送園童。

㈣通園道路，務必與服務性動線、服務性空間（如物品、燃料搬入、垃圾處理、送餐等）分離。同時，也必須避免與汽車所經的路線交叉，特別是幼稚園娃娃車的動線，必須要明確地區分出來（*李政隆，民 76*）。

㈤園門應依實際需要設置對講機、門燈、門牌及郵箱。

二 寢 室

全日制幼稚園內必須設置寢室，供幼兒午間休息之用，午睡的時間，以 1 至 2 小時為適宜。寢室的設置應注意：

㈠寢室最好配置在教室的近側，必要時，須安放簡單的床舖，並須設置收藏被褥類的櫃櫥。此外，更須備有兩、三面可移動的隔間屏風，以便隔成小型的臥室。

㈡無法設置寢室時，可將床舖安置在活動室，惟須設有附屬室或凹入的牆壁空間，以保管床舖及寢具（*黃永材譯，民 71*）。

㈢寢室應安裝紗窗紗門以防蚊蚋傳染疾病，並注意保持乾燥、空氣流通，光線柔和。

㈣幼兒臥床其長度為 120cm，寬度 75cm，高度（床面距離地面）30cm，並保有 $1.1m^2$ 之室內面積，每排之床間距離至少 60cm，寢具一人一套（*教育部國民教育司，民 78*）。

㈤幼兒園寢室安全檢查重點（*教育部，民 83*）：

　1.應隨時檢視床位或通舖有無危險物品？床面或地板有無破損情形？

　2.內務櫃之開關門是否正常良好？

3.切勿堆放雜物或堆高物品。

4.通風或空調設備良好,空調設備須定期保養。

5.寢室須定期消毒,寢具亦須定期消毒或曝曬。

三 餐 廳

餐廳為全日制幼稚園師生提供午餐或點心之場所,一般幼稚園若空間不足,可以活動室兼用之。餐廳和備餐室(包括廚房、配餐室及儲藏室)之關係密切,值得一併探討。餐廳的設置應注意:(*李政隆,民 76;教育部,民 83;教育部國民教育司,民 78*)

(一)餐廳以能容納全園幼兒使用餐點為佳,應與廁所及其他不潔處所隔離,慎防昆蟲、老鼠、貓狗的侵入,並有紗門、紗窗,良好的採光和通風,以確保清潔衛生。

(二)廚房,應有足夠提供全園食物的現代化儲存及給食設備,廚房內的容器、餐具、餐櫥應使用一體成型之不銹鋼材質,購用合成塑膠砧板兩塊,以利生、熟食物分開切用,購置高溫消毒櫃,以便消毒各項餐具及容器;牆壁、支柱和地面 1m 以內之部分應舖設白瓷磚、淺色油漆或磨石子;地板應使用不透水、易洗、不納垢之材料鋪設,並設「有蓋污物桶」及「有蓋廚餘桶」;樓板或天花板應為白色或淺色,表面平滑、易於清洗;廚房四週地面應保持整潔,空地應酌予鋪水泥或植草皮以防灰塵(*教育部,民 83;教育部國民教育司,民 78*)。

(三)廚房的位置,應盡可能設置在幼兒活動教室的下風方向,聯繫應方便,廚房的出入口與主體建築的出入口距離不得超過 20m,在冬季嚴寒的北方應採用暖連廊,南方也要用防風雨、敞廊連通,連廊地面不應有臺階,若有高差宜做坡道,便於送餐車通行。採光

方面，一般作業場所 100Lux，調理臺則需有 200Lux；排水方面，廚房應有完整暢通之排水系統，為瞭解決室內平頂的蒸氣凝結水下滴，可將平頂做成弧形或人字形，使凝結水珠沿天棚順流而不致垂直滴下，地面則應有排水坡度（1%至 1.5%）和地漏，並在室內周圍設排水溝，以便於及時排除地面水；此外，廚房應有專用對外出入口，便於貨運流線與幼兒流線分開（黎志濤，民 85）。

㈣配餐室，應設有餐車置放空間，餐車搬運途中，應注意餐食、點心的良好保溫，並防止食物、餐具的污染，以及避免危險、意外的發生。

㈤儲藏室，貯存食品材料，如肉、魚、蔬果等，須鄰近廚房，以利隨時取用（李政隆，民 76）。電冰箱，冷藏力應保持在攝氏 7 度以下，冷凍力則在—18 度以下。冷凍、冷藏設備要設有溫度指示器，定期除霜並保持清潔（教育部，民 83）。

㈥上下樓的垂直運輸，最好在適當位置設置食梯，以減少人工繁重勞動。食梯的位置，通常：1. 位於廚房的備餐間內：適用於幼兒廚房在主體建築內；2. 位於幼兒生活用房的公共交通空間內，適用於幼兒廚房毗鄰或脫離主體建築（黎志濤，民 85）。

四 走 廊

幼兒園建築的交通系統主要包括門廳、走廊、樓梯，走廊是幼兒往來、休閒、活動常用之地方。走廊的設置應注意：

㈠校舍建築的形式和走廊的位置、寬窄有密切的相關。在一字形的建築裡，活動室門前應有較寬的走廊，其寬度約為 2.7m 至 3.4m 之間；相臨教室愈多，走廊宜愈寬（教育部國民教育司，民 78）。

㈡走廊的形式主要有外廊和中廊。中廊，在幼兒園不宜採用，

因為中廊兩側的教室通風和採光較差，並相互干擾。外廊，僅一側有教室，採光、通風均較中廊為好，惟應注意外廊所連結的教室不宜過多，以免人流經過走廊，易對室內產生干擾。

㈢活動室走廊宜設於南向，可遮蔽陽光，如果加寬南外廊，可成為理想的半室外活動空間，其寬度可根據需要加寬，惟需注意寬度過大時，將影響室內的採光，改善策略是將外廊的屋頂改為玻璃頂或採光罩。

㈣走廊地面應比室內低 2cm，並坡向外以便及時排除地面積水（*黎志濤，民 85*）。走廊欄杆，如為漏空設計，避免採用橫線條（幼兒易攀爬），宜採豎線條，且淨間距不能大於 11cm（*黎志濤，2002*）。

㈤走廊以能通達各樓梯及全幢建築為佳，將連結活動室的走廊加寬，使之成為幼兒的活動空間，或將群集式活動室走廊空間集中成為中庭大廳，還可兼具集合、展示之功能。

㈥為利行動不便者行走之便利，走廊應加裝足供支撐身體之扶手，走廊兩側電燈開關應設置於撐柱的內側，走廊撐柱最好砌成圓形，以利幼兒安全。

五 | 樓 梯

走廊是園舍的橫向通道，樓梯則為園舍的縱向通道。根據教育部國民教育司（*民 78*）「幼稚園設備標準」之規定，園舍之設計，所有建物以平房為原則，如為樓房，則以二樓為限。惟都市地區的幼兒園，基於園地的有效運用，仍有三樓（或以上）之建築，因此，樓梯的設置有其重要性。樓梯的設置應注意（*教育部國民教育司，民 78*）：

㈠樓梯之寬度至少要有 1.8m，且寬度配合建築物之走廊，以不小於走廊為宜。

㈡樓梯之斜度約30度左右，梯階之深度約為26cm，梯階之高度不得超過14cm。梯階最好分為二或三段，且每段中間設階臺。

㈢樓梯之扶手以高52至68cm為宜，扶手欄杆除欄杆不設置橫條外，縱條間隙不可超過 12cm。為防範幼兒發生意外傷害，扶手外側應加質料堅固之繩網。

㈣階梯面之材料避免以太光滑或太硬之建築材料鋪設之。如果建地廣大，可於樓梯旁加建安全滑梯，做為防火、防震時，能及時疏散的輔助設備。

六 地下室

幼兒園的地下室可作為防空室、儲藏室、工人用室等用途。地下室的設置應注意：

㈠每0.75m² 以容納1人為標準，裝置固定設備或設置無法隨時搬動之機器等物品，不得超過總面積1/4。

㈡地下室天花板高度或地板至樑底之高度不得小於 2.1m。如設半地下室，其露出地面部分應小於天花板高度1/2。

㈢地下室裝置良好通風設備，並嚴防漏水、積水、滲水之情形。

㈣地下室的出口必須有兩個門，一個門直通室外；另一個連接走廊通道（*教育部國民教育司，民78*）。

㈤依建築技術規則第172 條之規定，供行動不便者使用之避難層出入口，其淨寬度不得小於 80cm，且地板應順平，以利輪椅通行（*詹氏書局，民88*）。

七 廁 所

幼兒如廁是「基本習慣」的養成，也是幼兒教育的一環，以近便、安全、衛生為原則。廁所的設置應注意：

㈠幼稚園廁所宜附設於活動室內，採套房式，或設於兩間活動室之中間，以利幼兒近便使用以及教師就近督導。

㈡幼稚園三班以下，平均每 10 至 15 人應有一大便器，男童每 20 人一小便器（*教育部國民教育司，民 78*）；園內人數超過三班時，應依上列標準按比例增加。日本文部省「幼稚園設置基準」規定廁所最少便器具數，如表 25 所示，可供我國幼稚園規畫的參考。

㈢大便器有坐式與蹲式二種，如為坐式，便缸坐高離地 3 至 4 歲幼兒為 28 至 30.5cm，5 至 8 歲幼兒為 30.5 至 38cm，小便器緣離地最高 35.5cm（*Ruth, 2000*）。

㈣廁所門以內開為原則，門板要低，高約 120 至 135cm，可不裝鎖，但如裝鎖時，亦以能從外面輕易打開為原則（*教育部國民教育司，民 78*）。

表 25 日本幼稚園的廁所最少便器具數

區　分	79 人以下	80～239 人	240 人以上
大便器具數	$\dfrac{\text{幼兒數}}{20}$	$4+\dfrac{\text{幼兒數}-80}{30}$	$10+\dfrac{\text{幼兒數}-240}{40}$
小便器具數	20	30	40

資料來源：新建築設計ノート：幼稚園・保育所，西日本工高建築連盟，1990，第 20 頁。

㈤5 歲的幼兒不分男女，可使用同一盥洗室的馬桶，5 歲前的幼兒馬桶不需裝門，沒有門有助於督導，5 歲的幼兒開始重視私密性，可以裝置回彈的窗板式門（shutter-type doors）（*Hildebrand, 1991*）或以布簾代替。

㈥廁所宜附設蓮蓬頭和污物流理臺，以利處理幼兒失禁與污物問題（*崔征國譯，民 86*）。

㈦無障礙廁所，美國紐澤西州要求每間 3～5 歲幼兒活動室應有一個無障礙廁所（包括馬桶 1，洗手槽 1）（*Association for children of New Jersey, 2002*）。

㈧職工廁所，供教職工及外來人員使用，須與幼兒使用的廁所分開，可單獨設置在辦公室附近。供保育人員使用的廁所可設在活動單元的盥洗室內，其尺寸按成人標準設置，每班一個廁位，必須設門扇（*黎志濤，民 85*）。

八 洗手臺

幼兒園洗手臺的功能，比國小複雜，除一般的洗手之外，還有配合用餐、點心和午睡之需，而有洗臉、刷牙、漱口之功能。洗手臺的設置應注意：

㈠洗手臺的高度以 50cm 為宜，每一水龍頭幼兒使用寬度為 51cm，水臺緣內側使用淨深 35cm，緣邊厚 8cm。

㈡洗手臺應裝置整容鏡，每 10 至 15 人應有一水龍頭，並在適當的地方設置毛巾架及放置梳子、牙膏、牙刷和漱口杯之設備（*教育部國民教育司，民 78*）或併入盥洗室整體設計。

㈢水龍頭採橫柄設計為佳，每座洗手臺設置「出水」龍頭一個以供清潔，餘設置「噴霧」（省水 90%）、「放射狀」（省水 80%）

或「起泡狀」（省水65%）之節水龍頭以供洗手，不僅較易使用且符合環保節約用水（*湯志民，民89*）。如果經費許可，可設置紅外線感應水龍頭，亦可有效節水。

第三節

附屬設備的設置

有關積極學習環境的影響有許多論述，但卻少有言及家具、裝修和設備在創造環境上的重要（*Rydeen & Erickson, 2002*）。幼兒園附屬設備與幼兒的學習和生活關係較為密切的有：桌椅、公布欄、儲藏櫃、飲水器、圖書設備和避難設備，茲分別就其設置上應注意的事項，作一簡略的說明。

一 桌 椅

桌椅是與幼兒關係最密切的教學設備，主要用於遊戲、工作或餐點。桌椅的設置應注意：

㈠**桌椅的數量**，一般來說，幼稚園幼兒不需要分配座位（*Moran、Stobbe、Baron、Miller& Moir, 1992*），幼兒也不一定要坐在椅子上，因此並不需要給每一位幼兒一張桌椅（*Brewer, 2001*）。

㈡**桌椅的面積**，為不影響幼兒的活動遊戲，主要家具（桌、椅、櫃）所占面積，大班每名幼兒不超過$0.35m^2$，小班每名幼兒不超過$0.25m^2$（*黎志濤，民85*）。

㈢**桌子的大小**，桌子設計應讓每名幼兒所占的桌面長度為 50

至 55cm（即等於前臂加手掌長），寬約 35 至 50cm，為利幼兒遊戲和活動，可使用 4 人桌及 6 人桌，便於桌上玩具能攤得開，且可節省面積，惟因桌面較低，桌下不應設抽屜或橫木，以免影響幼兒下肢的自由活動（黎志濤，民 85）。

㈣**桌椅的高度**，幼兒年齡團體的大小不同，桌椅應有不同的高度，表 26 是適合不同年齡群幼兒的桌椅尺寸建議值。

㈤**桌椅的形狀**，為增加桌子使用的靈活性和活潑感，可訂製不同幾何形狀的桌子（參見圖 69），配合課程、教學和活動之需，加以組合。Spodek 和 Saracho（1994）認為梯形桌子（trapezoidal tables）非常有彈性，它們可組合及排出許多不同的形狀；Olds（2001）認梯形桌子和馬蹄形（horseshoe-shaped table）皆常用且適用，可供不同類型活動。

㈥**桌椅的使用**，同一張桌子可兼作美勞工作和用餐；特別的桌子，如展示桌可置於娃娃區、家事區和圖書區；可堆疊的椅子和桌子，不用時，可儲藏在室內的角落（Spodek & Saracho, 1994）。

㈦**桌椅的量體**，由於椅子要經常搬動，為適應幼兒的體力，其重量不要超過幼兒體重的 1/10，即約 1.5 至 2 公斤（黎志濤，民 85）；椅子的造形和色彩可活潑，椅背及椅座則應配合人體工學略呈弧度。

表 26 適合不同年齡群幼兒的桌椅尺寸

年 齡 群	椅 高	桌 高
2-3	10 英寸（25cm）	18 英寸（46cm）
4-5	12 英寸（31cm）	20 英寸（51cm）
5-6	14 英寸（36cm）	22 英寸（56cm）
6-8	16 英寸（41cm）	24-30 英寸（61-76cm）

資料來源：*School for Young Children: Developmentally Appropriate Practices* (2nd ed.), C. H. Wolfgang and M. E. Wolfgang, 1999, p.50.

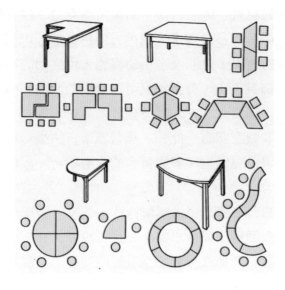

圖 69：各種幾何形狀的桌子

資料來源：**新建築設計ノート：幼稚園‧保育所**，西日本工高建築連盟，1990，第
28 頁。

二 公布欄

公布欄（bulletin boards）是一個多目標的教育園地，Spodek
和 Saracho（1994）認為透過公布欄的展示，可反映幼兒現在的興
趣，也可提供教學的機會。公布欄的設置應注意：

㈠**公布欄的位置**，通常設置於幼兒出入頻繁的動線帶，如走廊
上、樓梯間，或活動室內的出入口處。

㈡**公布欄的造形**，應依教學的需要作平面或立體的設計，其形
狀可採正方形、長方形、菱形、圓形、橢圓形、梅花形或六角形
等，單一規律或多樣變化。

469

㈢**公布欄的材質**，如三合板、蔗板、壓克力、磁鐵板或絨布板等等，應依其展示物品之需求，選用方便拆卸者，以利隨時更換。

㈣**公布欄的運用**，以圖大字小的型態，用生動的線條，以幼兒喜愛的卡通人物為主角，放在幼兒可以平視的高度，傳遞有關安全（如：輕輕走、慢慢走）、常規（輕聲細語）或認知（如：認識標語牌上的字）等教育訊息。此外，練習識字用的揭示板，應有端正清楚的線條，讓幼兒領悟字體與偏旁的分解組合，以建立幼兒對字型的架構與概念。

㈤**大人用的公布欄**，用以聯繫行政、教學、教學研討或輪值工作者，常設於教師辦公或休息處；為家長設計的布告區，除在家接區外，也利用園所門牆或另置小型看板的型態，以醒目的標題、鮮明的色彩，傳遞幼兒學習、親職活動和教育新知等相關訊息（黃世鈺，民88）。

三｜ 儲藏櫃

幼兒園每個地方都應有儲藏櫃（*Vergeront, 1987*），Robson（*1996*）即強調創造教室的空間架構（a spatial framework），應考慮資源和設備的使用與儲藏才能完成，而品質良好、維護佳且適切的設備，可讓幼兒滿意地著手和完成工作。如果幼兒努力的想完成一個拼圖，卻發現最後一片不見了，總是讓人失望的。儲藏櫃的重要性和價值性，不言而喻。儲藏櫃的設置應注意：

㈠**儲藏櫃的種類**，依性質、對象、人數和功能可分為：開放式儲藏櫃和封閉式儲藏櫃、大人用儲藏櫃和幼兒用儲藏櫃、團體用儲藏櫃和個人用儲藏櫃、室內儲藏櫃和室外儲藏櫃、行政用儲藏櫃和教學用儲藏櫃、固定性儲藏櫃和活動性儲藏櫃（裝輪子）、長期性

儲藏櫃和臨時性儲藏櫃。

　　㈡**儲藏櫃的位置**，以近便為原則，讓相關儲藏設備的取用和存放甚為便利，以增加教學和使用的效果。例如，教學用儲藏櫃，應配置於各學習區，個人用儲藏櫃（放背包、外套、鞋子和個人用品）（參見圖 70），應設於入園處或教室出入口處，室外遊戲器材應貯存於室外儲藏櫃，以利幼兒就近運用。

　　㈢**儲藏櫃的運用**，應多功能使用，並考慮儲藏物品使用效果與開架性質搭配。例如，多功能使用上，儲藏櫃除收藏物品之外，還可兼學習區的隔間櫃，其檯面及背面還可兼展示櫃，陳列幼兒學習成果及作品。其次，儲藏使用與開架性質的搭配上，開放式儲藏櫃，應注意：*1.* 教具取用的方便性──不同年齡的幼兒，身體尺寸不同，自制能力不同，操作靈巧度也不同，儲藏櫃的設計在高度、大小、操作方式（如抽屜式、拉門式、托盤式）等應特別注意；*2.* 教具陳列的明顯程度與次序性──不同學習場合或角落的教具有其本身特性，有的採開架式最易達到學習效果，有的特別著重次序，

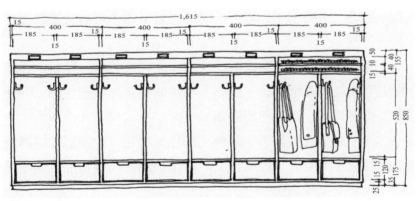

單位：mm

圖 70：4、5 歲幼兒用之儲藏櫃

資料來源：**保育園・幼稚園**，建築思潮研究所，1985，第 19 頁。

要求幼兒在操作時學習整齊排列，此類儲藏較常採用矮櫃及多功能形式儲藏架，甚至以空心磚及木板即可堆成不同大小的儲藏架。此外，封閉式儲藏櫃，係收藏季節性使用的物品，重複備用的教具，不可讓孩子隨意取得的危險性物品等，在空間充裕的幼稚園，多另闢儲藏室或教具室來收藏，在空間狹小的幼稚園則利用離地較高的櫥櫃或是上鎖的櫥櫃來收存（朱沛亭，民82）。

㈣**儲藏櫃的數量**，應依實需設置，以因應團體學習或個人用品之儲藏。例如，個人用品，大人和幼兒都需有一個儲藏櫃，Brewer（2001）即認為每一位兒童都需要有屬於其物品的空間，可能是一個小櫃子或手提桶子一類的。

㈤**儲藏櫃的容器**，應多樣化，不以鐵櫃、木櫃或塑膠組合櫃為限，以符應儲藏繁雜物品之功能。例如，透明的塑膠容器（如玻璃杯，半截牛奶瓶，冰箱的製冰容器），可以保存小的、沒有包裝的器材，且一目了然；其次，蛋盒與銀器盤之類的低平容器，在儲放小型器材上，甚具效果；此外，有把手的籃子、冰淇淋桶及牛奶箱等，則可用來收藏較大的器材。不過，有一些大的器材（如空心的積木、盒子、水桶、木板等），則不需要容器，可直接置放在地板上。

㈥**儲藏櫃的貯存**，應有系統性和安全性之考慮，以增進儲藏設備的使用效能和安全維護。例如，物品的歸類，系統性的以同性質（防水和不防水、紙類和塑膠類）、大小（大積木和小積木）、功能（工具、文具或玩具）、顏色（紅色、藍色）、圖形（拼圖或標示）加以整理；至於，行政公文、貴重物品和危險物品之儲藏櫃要上鎖，以利安全維護。

四 飲水設備

飲用水的供應，是幼兒園園務行政的重要工作。飲水設備的設置應注意：

㈠飲用水之供應，應注意有充足之水源和優良之水質（水中含氯量在百萬分之 0.2 至 1.0PPM 之間；水之酸鹼度 pH 值在 7.0 至 8.5 之間；不含病原體、雜質、無色、無臭、硬度適宜），並備有餘氯測定器和酸鹼度測定器，隨時檢查（*教育部國民教育司，民 76*）。

㈡每人每日平均用水量，40 至 100 公升（小學生約 40 公升，幼兒園生可比照），成人約 100 公升。蓄水池及屋頂水箱、水塔之總容量應有一日設計用量的 4/10 以上，但不得超過兩日用水量，並注意消防用水與飲用水務必分開，以確保水質的安全新鮮。

㈢用水量計算公式：

$$Q = \frac{（D \times 學生人數）+（D \times 教職員人數）}{1,000} \times S$$

其中，Q 為一日設計用水量，單位：m^3。

　　　　D 為每人每日平均用水量。

　　　　S 為安全係數 1.3。

此外，水池有效容量 $= Q \times 30\%$，水塔有效容量 $= Q \times 10\%$。

例如，某幼兒園幼兒人數 180 人，教職員工 15 人，則其一日設計用水量：

$$\frac{（40m^3 \times 180）+（100m^3 \times 15）}{1,000} \times 1.3 = 11.3\,m^3$$

水池有效容量 $3.39m^3$（$11.3 \times 30\%$），水塔有效容量 $1.13m^3$

（11.3×10%）。

㈣飲用水設置，應先改善園內水池水塔及管線。水池水塔採鋼筋混凝土建造，水箱內牆貼白色小口磁磚，水池設置於地下室時，其上方應避開廁所及污水管；水塔高度與用水點高差至少5m以上，才有適當的壓力，水塔與用水點的水平距離愈短愈好，自來水塔分接的每一分支管，應設制水閥；管線用不鏽鋼或銅管等優良管材。

㈤飲用水在管線中逾兩日（尤其連續假日，如週休二日），不適合直接飲用，飲水點與原水（處理前的自來水）愈近愈好，亦即處理後的送水管線愈短愈好。水質處理重點在殺菌，因此過濾器愈少愈好，採煮沸法（開水機或鍋爐）殺菌最好，終端飲水機（臺）可加裝流入式紫外線殺菌器。如想飲用冷水，可在一樓試設數處生飲點（*行政院環境保護署，民 86；臺北市政府教育局，民 87*）

五 圖書設備

圖書室是幼兒園的知識寶庫和學習資源所在，也是師生研究進修和休閒的中心。圖書設備的設置應注意（*教育部國民教育司，民 78*）：

㈠**圖書室的位置**，應儘可能單獨設置，規模較小之幼稚園，可與辦公室、會議室或視聽室合併設計，或於活動室內設置圖書區代替之。

㈡**圖書室的布置**，應以活潑、愉快為原則，地板宜舖設地毯等柔軟之建材，天花板及牆壁則應有吸音裝置，並飾以能緩和情緒效果的色彩與布置。此外，室內照明，以自然採光為主，人工照明為輔，其照明度不得低於 250Lux。

㈢**圖書室的空間**，至少須能容納一個班的幼兒同時使用為原則，並視實需闢設辦公室、管理臺及閱覽室。

㈣**圖書室的建築**，應注意通風、防火、防潮、採光和隔音，書架以鋼製最經久耐用，如為木製應注意堅韌，並防蟲蛀。

㈤**圖書資料之選擇**，應以配合教學活動，有助幼兒身心發展，能充實其生活經驗為原則。圖書資料之購置，宜以幼兒讀物及教師基本參考用書為主。

㈥**圖書之數量**，五班以下之幼稚園，圖書總數不得少於 300 冊；多於五班之幼稚園，以 300 冊為基數，每增一人增兩冊。教師基本參考用書，每園至少應有二十種（100 冊），每增加一人，另增添圖書兩種。此外，每年圖書增加量，最低限度每十人應增添新書一冊。

㈦**期刊報紙之數量**，包括幼兒與教師用，按全園師生數之多寡，訂閱雜誌三至七種，報紙二至四種。

㈧**幼兒圖書讀物**，至少應占全園圖書總冊數的 2/3，同時顧及幼兒之閱讀興趣與能力，並以圖書讀物為主，另優良圖書應購備複本。

㈨**圖書資料之整理**，應按類別依次排架，幼兒讀物可採「簡易分類法」──以顏色區分，圖書資料之陳列應採開架式。

㈩**書架規格**，單面三層二格，寬 120cm，高 105cm，深度 45cm，格板高低要能自由調節，每座約可容書 180 冊。

㈤**閱覽桌椅以木質者為宜**，桌面油漆以無光漆為宜，避免光線反射，桌腳、椅腳應釘以橡皮墊，俾移動時不致發出聲音妨礙閱覽。

㈤**閱覽桌椅規格**，長方形閱覽桌（可坐四人），桌長 120cm，桌寬 60cm，桌高 50cm；圓形閱覽桌，直徑 45cm，桌高 50cm；梯形閱覽桌，上邊寬 120cm，下邊寬 60cm，長 60cm，高 50cm。閱覽椅，椅寬 30cm，椅深 26cm，椅高，地面至椅面 25cm，椅面至椅背 22cm。此外，兩閱覽桌之距離（連椅）不得少於 120 至 150cm，閱覽桌之坐位應避免面對光線。

六 避難設備

幼兒園的避難設備，主要包括警報設備、滅火設備和避難逃生設備，應恪守「寧可百日不用，不可一日不備」的原則，依規定設置，以備不時之需。避難設備的設置應注意（*教育部，民83*）：

㈠**警報設備**，指能報知火災發生之機械器具或設備，包括：*1.* 火警報警設備，如報警機、警鈴、警示燈，應依規定裝置且功能良好。*2.* 緊急廣播設備，應依規定裝置且效果良好，並注意緊急電源供電正常。*3.* 緊急照明設備，應裝置在避難的動線上，以利避難之疏解。

㈡**滅火設備**，包括：*1.* 消防栓設備，如消防水源設備、幫浦、馬達、操作盤、消防栓箱、消防栓水口等，應依規定裝置，且各部分功能良好。*2.* 滅火器，每層樓地板面積 200m^2 以下者，配置二具，超過 200m^2 者，每增加（包括未滿）200m^2 增設一具。其次，滅火器應固定放置於取用方便之明顯處所，漆以紅色或紅白條相間，並標明滅火器字樣、出廠（裝藥）日期、有效期限、適用火氣滅火效能值及使用方法等。第三，懸掛於牆上或放置滅火器箱中之滅火器，其上端與樓地板面之距離，18 公斤以上者不得超過 1m，18 公斤下者不得超過 1.5m。此外，自動滅火器應掛於被防護對象物正上方。

㈢**避難逃生設備**，指火災發生時為避難而使用之器具、標示或逃生設備，設置上應注意：*1.* 標示設備，包括出口標示燈、避難方向指示燈（標）及嚴禁煙火標誌，應能亮燈指示。*2.* 避難器具，止滑臺、避難梯、避難橋、救助袋、緩降機、避難繩索、滑杆及其他避難器具，幼稚園樓地板面積 500m^2 以下，至少應設兩具，每增加 500m^2，加設 1 具。*3.* 逃生設備，如安全門，應為防火構造，且未

改造為普通門，並注意不能擅自加鎖，妨礙緊急逃生，且其上方出口標示燈，應能亮燈。此外，安全梯間與緊急逃生通道上，應依規定裝置緊急照明燈，並注意不能堆積物品，或其他妨礙緊急逃生事物，或另作其他用途；且應在適當處所，裝置避難方向指示燈，以利緊急避難。

第四節

教具器材的購置

　　幼兒園的附屬設施，除前述的附屬建築與設備之外，學習環境中還配置許多「教具」、「設備」、「器材」和「供應品」用以增進教學環境品質，提升教學效果。其中，「教具」（educational materials）是指為達成教育目標，增進教師教學和幼兒學習效果之器材與設備；「設備」（equipment）係指幼兒設施中大而貴，且長期投資的物體，包括固定的——如家具、墊子、沙箱；會活動的物件——如畫架、攀爬架、旋轉球、乘騎遊具、鞦韆等，是孩子在教育性活動時可以使用的；「器材」（materials）係指幼兒課程中經常更換補充，較小而便宜的東西，包括用完即丟的物件——如勞作紙、沙、蠟筆；非用完即丟的物件——如積木、球、拼圖、書本、益智遊具和玩具等，孩子在教育性活動時可用手操作的物件；至於，「供應品」（supplies）則是指消耗品，如顏料、紙張、膠水、膠帶等（參見第一章第二節）。

　　幼兒園的教具和器材，因課程、教學和幼兒的年齡、興趣和能力需求之不同，在選擇購置上，需有許多不同的思考。本節擬就教具製作和運用、幼教器材的選擇、蒙特梭利的教具和福祿貝爾的恩

物等四部分，分別探討介紹。

一 | 教具製作和運用 |

教具是教學的輔助器材，具有引導學習方向、示範學習內容、激發學習興趣、啟發學習思考、瞭解學習概念之功能。蔡延治（民80）在「幼兒教具之製作與應用」一書中，首先界定「教具」是「在教學的過程中，教師和兒童所使用的一切有助於達成教學目標的工具」（第2頁），並對教具的形式、教具設計製作原則、教具設計製作流程、教具的運用與管理，有精闢的說明，甚值參考，特要述如下：

(一) 教具的形式

1.**實物**：實地參觀或將實物攜至教室內示範，如參觀動物園、飛機場或在教室養蠶寶寶、蝌蚪，讓幼兒能親身體會真實事物的形態，如蠶寶寶是軟軟的，它吃桑葉好快；蝌蚪是滑滑的，常停聚在池塘邊。

2.**標本**：無法帶幼兒到實地參觀或無法帶實物到教室時，只好退而求其次，用標本了。如動物標本（雞、鳥、魚、青蛙等）、植物標本（花、草、樹、蕨類等）、礦物標本（火山岩、頁岩等）。

3.**模型**：此為實物的複製品，可將實物放大或縮小，如牙齒模型、建築模型、飛機模型、心臟模型等都是幼兒教學活動中經常使用的教具。

4.**影片**：雖然它無法讓幼兒摸到或嚐到那些東西，但是透過影片內容，幼兒可以看到實物的動作和生態，如馬的一生，荷花的生

長等。

5.**幻燈片**：從幻燈片中，我們無法看到生物的動作或生態，卻可以清楚地看到其外形及色澤。

6.**照片**：可利用報章雜誌或月曆上的照片給幼兒觀看，提供視覺的資訊，如中國建築、山水、器皿。

7.**圖畫**：這是一種較不實際卻十分方便的方式，老師可依需要隨時畫給幼兒看，在幼教工作中十分重要，因此大多數幼教老師都必須經過繪畫訓練。

8.**其他**：包括各種揭示板（絨布板、磁鐵板、軟木板）、卡片、益智教具、劇偶……及各種課程所需教具。此類教具多配合教學的需要，由教師自製。

（二）教具設計製作原則

1.**實用性**：在設計與製作教具時，首先應考慮此份教具是否實用。如果製作的教具只能使用一次，或不能深具教學意義，那麼教師所耗費的時間和精力就十分不值得。

2.**趣味性**：「教具」雖是教學輔助器材，但亦應以能吸引幼兒注意力，引發幼兒學習興趣為要旨。它可以在遊戲中暗藏教育內涵，但遊戲規則或教具本身應有兒童能接受的趣味，如：「旅行遊戲」是老少皆宜的教具，可訓練觀察力、應變力及邏輯推理能力，旅行途中會有許多陷阱或好運，隨時改變行進速度。

3.**安全性**：教具不僅是教師教學上的輔助，更重要的是讓幼兒親自操作。如果教具隱藏某些安全上的問題，將給兒童帶來傷害，這絕不是教師們想見到的。自製教具除了各種邊、角需磨圓、滑外，必要時宜加護貝，透明膠帶、亮光漆……等，保護教具也保護幼兒。

4.**精確性**：若是屬於測量或比較方面的教具，應注意精確性，

如：天平、秤子、尺、計算棒、重量板、聽筒及序列性教具等，以免幼兒獲得錯誤的資訊。

5.**精緻性**：文明經驗的累積使我們漸走向精緻文化的層面，我們希望幼兒也能從小接觸文化中精緻的一面。教具顏色的選擇及搭配宜柔和，型態及圖案宜活潑可愛，教具大小及長寬之視覺比例宜舒適；此外，材質之選擇、文字的撰寫是否工整、邊角是否整齊、教具貯藏盒是否合宜等均應考慮，即使是小地方都不可隨便。

6.**多元性**：觀察一位優秀的幼教老師可發現，他最佳的能力便是能隨手取物做為教學輔助。大多數的教具，除了原設計時的主要目標外，往往具有次要目標，可促進幼兒的其他發展，設計教具時，不妨多做思考，以求變化。

㈢ 教具設計製作流程

1.**研究教材**，確定目標：研究有關教學單元的教材，確定主要之教學目標。

2.**構思決定教具形式**：分析何種教具最合適本教學單元使用，並依幼兒的需要（年齡、能力、人數）及興趣，設計能吸引幼兒興趣之形式，如：大富翁式、尋寶式、賓果式、迷宮式、配對式、轉盤式。

3.**選擇材料**：可考慮此份教具之使用率、呈現方式、幼兒人數、貯藏及費用，再決定採用何者材料來製作教具。

4.**製作教具**：製作時宜注意安全，配件不宜太多，遊戲時使用不宜太複雜，大小尺寸可視年齡而定。

5.**試教及改進**：每份教具完成前應先給幼兒試用，觀察是否有缺失，以便修改。

6.**撰寫教具卡**：教具卡的內容，應包括：(1)教具名稱，(2)適用

年齡，(3)人數，(4)目的（或目標），(5)說明，(6)材料，(7)製作過程，(8)玩法，(9)評量，⑽注意事項。

7.**選擇適合之教具盒**：教具完成後最好能用盒子裝好，盒子以方型，由上方開蓋者為佳，以方便幼兒自己取用。

四 教具的運用與管理

1.教具運用的原則

(1)使用教具時需考慮教學型態及參與活動的幼兒人數，依所需選擇最恰當的教具。

(2)使用教具要注意變化，不要只使用一、二種教具。幼兒的學習需不斷重複，因此，任一種概念都需要重複呈現，使用的教具就需要多種層次及多元性的變化。

(3)必須示範正確使用方式，並教導幼兒操作。有些教具有一定的操作步驟及方式（如蒙氏教具），操作此類教具時，教師應注意示範的過程。

(4)不宜一次呈現太多種類的教具，以免幼兒因對教具印象不夠深刻而失去興趣。最好一次一種，當幼兒的操作及學習達到教學目標時，再呈現另一份教具。

(5)不要求幼兒在操作過程中有一致的反應，因每位幼兒均有其個別差異。

(6)應給幼兒充裕的操作時間，避免催促幼兒完成。

(7)若為合作式教具，應事前教幼兒遊戲規則或輪流的方法。

2.教具的陳列與儲藏

(1)**教具盒**：教具或教材應貯存在附有內容物標籤或圖形的容

器內,以便幼兒取拿及教師疊放貯存。

(2)**分類及編號**:每份教具均應分類編號,分類方式可依學習領域,或教學型態,或製作材料或依自己的習慣,同類的教具應放在同一角落或櫃架上,以方便幼兒記憶教具的位置。

(3)**粘設標記**:為了幫助幼兒瞭解教具的位置,可在放置架上黏貼標記,如:不同顏色的小圓圈、卡通圖案的小貼紙、教具圖案、附圖的文字卡等。

(4)**教具卡**:每份教具應在完成後,撰寫一份教具卡,以便老師或其他協助教學者參考。

二| 幼教器材的選擇

幼教器材的種類繁多,幼教器材的選擇,很難廣泛的深入探究,僅就較重要者,如班級基本的器材設備為何?以及幼教器材的選擇原則為何?加以介紹說明。

(一) 班級基本的器材設備

幼教的設備和器材有時很難區辨,Essa(1996)曾以學前班級16至20名幼兒的教室(含小團體的嬰兒或學步兒的教室)為例,就基本的家具、各學習區和室外設備,分別說明其所需的「設備」和「器材」(詳如表 27),有助於幼教教師購置班級設備和器材規畫之參考。

表 27 學前班級基本的設備和器材

　　本表供 16～20 名幼兒的教室（含小團體的嬰兒或學步兒的教室）用，但可不受下列設備量的限制：

	設　　　備	器　　　材
基本家具		懶人椅、枕頭
3～4	每張桌子坐 6～8 人（圓桌、方桌或兼有）供餐點和活動	公布欄
24～28	椅子	
1	搖椅	
16～20	小櫃子，每名幼兒 1 個，用以儲藏個人物品	
裝扮遊戲區		
1	小桌子	男生和女生的禮服
2～4	椅子	空的食物容器
4	器具	鍋、盤套組
1	大鏡子	電話
1	熨衣服板	洋娃娃衣服、毛毯
4～6	洋娃娃、不同人種、團體、兩性皆有	裝扮遊戲配套工具和主題小道具
1	洋娃娃或小兒床	道具
美勞區		
2	畫架，兩面的	多樣的紙張、顏料、色筆、剪
1	器材儲藏架	刀、膠水、拼貼材料、黏土
積木區		
1	單元積木組，250～300 塊12 種形狀	不同的小道具，包括人、動物、車輛、家具
1	空心積木組	
1	硬紙板積木組	
3～6	大型木製載運工具	
操作區		
1	儲藏架及個人儲藏箱	豐富多樣的拼圖、軟木塞板、建構、玩具、拼鑲木工、串珠、樂透和其他益智遊戲
知覺區		
1	沙和水桌或深塑膠箱	多樣的小道具，如漏斗、水管、量杯、水車、汲水桶、容器、鏟子
語言區		
1	書架	豐富多樣的書
1	大型絨布板	絨布板故事檔案
1	錄音機	書寫材料
1	木偶劇場	多樣的木偶

表 27 （續）

	設　　　　備	器　　　　材
科學和數學區	動物的家，如水族箱或籠子	豐富多樣的自然器材設於環境四周　多樣的科學工具，如顯微鏡、放大鏡、磁鐵、溫度計　多樣的數學材料，如屬性積木、物品序列日曆、計時器，多樣的老機械物用以拆裝，如時鐘、手錶、照相機或鎖
音樂區		
1	錄音機	多樣的錄音帶
1	節奏樂器組	活動用小道具，如圍巾或飾帶
1	和弦齊特琴	
3-4	音調器，如木琴或鈴	
1	樂器儲藏櫃	
木工區		
1	木工桌附老虎鉗	軟木片
1	工具組	厚保麗龍板
1	工具儲藏櫃	多樣的釘子、螺絲釘
室外設備	大肌肉設備，可讓孩子滑落、攀爬、擺盪、爬行、懸掛、平衡	知覺器材，如有細密紋理的沙、可親近的水（在適當的氣候）
8-10	輪車，如三輪車、旅行車、踏板車	
	遊戲屋或其他空間，供隱藏或裝扮遊戲	可移動的器材，如輪胎、條板箱、硬紙箱球、繩、降落傘
嬰兒／學步兒班	小兒床或吊床	柔軟的玩具
	更衣桌	汽車
	儲藏櫃，鄰近更衣桌儲藏櫃，儲藏個人物品、玩具	彩色展覽品
	學步兒尺寸的桌椅	嬰兒長牙時咬的玩具
	墊子、地毯	耐用的書、裝扮遊戲道具
	錄音機	小積木、窩巢式玩具
	坐式嬰兒車、嬰兒車	拖行玩具（裝輪子的）
		鏡子

註：此一設備和器材建議表，非無遺漏，許多項目可以再增加，以配合課程、幼兒和教師之需求。

資料來源：*Introduction to Early Childhood Education*（2nd ed.）, E. Essa, 1996, pp.201-202.

（二）幼教器材的選擇原則

Brewer（*2001*）簡單要舉教室器材選擇的指引：(1)選擇用途上具有一種經驗以上的器材，單一用途的器材，如裝發條的玩具，無法吸引兒童一再使用，以及每次以創新的方法使用它。(2)選擇可承荷許多活動兒童使用的堅固器材。(3)選擇可供多種教學目的的器材，如小積木，可用於建構、數數、以色彩分類、擺圖案等等。(4)選擇能給不同年齡和能力兒童使用的器材，如沙，年幼的兒童喜歡感覺它並一罐一罐的倒來倒去，年長的學前兒童可用沙來比較數量和測量，小學低年級的兒童作更複雜的沙堆遊戲。(5)選擇安全的器材，部分破損或邊緣粗糙的器材則應棄除。

Taylor、Morris 和 Roger（*1997*）指出嬰兒喜歡可以握著、含著和抱著的玩具，學步兒喜歡可以運用他們肌肉能力的玩具，學前幼兒喜歡可以讓他們有機會練習控制能力的玩具，低年級學童則喜歡可和他人互動、合作的玩具。在選擇安全玩具的指引上，Taylor、Morris 和 Roger 建議學前幼兒玩具應該：(1)非常的堅固耐用以因應學前幼兒的激烈遊戲；(2)無毒性和具有防燃性，以防止兒童中毒或灼、燙傷；(3)可促進幼兒大肌肉的發展和協調；(4)可協助幼兒在說話、寫字、閱讀上的準備度（readiness）；(5)促進幼兒的想像力和角色扮演的活動；(6)不具電力，以防止幼兒遭受電擊、觸電。其次，低年級學童喜歡規則遊戲和角色扮演活動，玩具應能激勵他們對科學、美勞、音樂、數學、社會研究、閱讀和創造上的興趣，另外低年級學童也喜歡可與同儕一起合作遊戲的活動，因此發展上適切性的玩具應為：(1)此期兒童喜歡具冒險性和需某些技巧的遊戲，因此玩具需要具複雜性和專注力；(2)偶爾可以使用一些具有電力的玩具，但是不能過熱而導致灼、燙傷；(3)可以擴展兒童的學校經

驗,例如種植植物的木桶、玩具打字機、電腦等。(4)適合於個體的發展以促進其興趣;(5)鼓勵個人和團體的遊戲。

Spodek和Saracho(*1994*)、Spodek等人(*1991*)建議選擇設備和供應品應注意下列指標:(1)**價格**(cost):所有課程的補助預算皆有限制,因此一個物品通常以其價格來決定是否購置;惟對許多課程而言,價格不是單獨被考量的,因為僅看價格易產生誤導,有些較便宜的物品其實用性不如較高價物品來得令人滿意,較貴的物品往往使用年限較長,長久來看經費較低。無論如何,產品的價格必須和其效益相符。(2)**與學校課程的關係**(relationship to the school program):呈現於目錄中的教育設備通常較吸引大人而非兒童,有時候物品可能很有趣但卻與課程無關,教師應選擇會引起兒童興趣的器材和設備,且能有助於課程的教育目的。(3)**對兒童的適切性**(appropriateness for the children):學習器材應符合幼兒的年齡、學習能力和需求,並判斷什麼類型的器材在興趣和發展上適於幼兒。(4)**品質和耐久性**(quality and durability):在判斷一件設備的品質時,有許多要考慮的因素,適用於家庭的設備通常並不適於學校,因其並不堅固得足以過量的使用,或它需要太多的督導;其次,每一件設備的設計和建構應考慮兒童團體使用的關係。器材的種類和品質——設備製作的嚴謹度、零件組合的方式、最後應用的形式——皆有助於決定品質。(5)**安全性**(safety):學校設備不應有銳角或突出物,成品應無毒而耐用,對幼兒而言,器材應大到讓他們無法吞食,如果是攀爬設備則必須能支撐孩子的重量而不會倒塌。(6)**使用的彈性**(flexibility of use):因預算和場地經常受到限制,所選擇的設備應能用於多樣的方式和情境,且不必常常收藏。例如,裝扮遊戲區中,細節少的設備,使用的彈性最大,幼兒的想像可將一個盒子轉變為一艘火箭船或一輛敞蓬馬車;當然,不能忽略設備設計的特定目的。

　　鄭慧英（*1996*）將幼兒遊戲用的器材和設備通稱為「玩具」，並認為幼兒園和家長為幼兒選擇玩具時，應符合三項標準：(1)**要符合安全、衛生要求**：例如玩具的塗色、原料及填充物要無毒，玩具便於洗曬，不可帶尖銳的邊角，帶聲響的玩具聲音和諧，避免噪音。(2)**要有教育性**：玩具應能促進幼兒身體、智力或情感的發展，據許多的經驗和研究顯示：一物多用、富於變化的玩具，會使幼兒久玩不厭，能多方面地啟發幼兒想像力，發展幼兒創造性，使幼兒在玩中得到發展。其次，玩具應適合幼兒發展水準，例如小班幼兒可選擇能促進其感知、動作發展的玩具（如大皮球、手推車），選擇簡單的益智玩具（如套桶、拼圖），形象玩具（如娃娃及交通工具）和中小型結構材料及娛樂玩具等，並應以成型玩具為主，玩具品種不必過多，但相同品種的玩具數量一定要多，以免幼兒爭搶玩具；至於，中大班幼兒的玩具品種應增多，角色遊戲玩具應反映廣泛的主題內容，體育玩具、音樂玩具應多樣化、複雜化，益智玩具要有一定難度，此外還可設一些未成型玩具，以激發和滿足幼兒遊戲的創造性。(3)**應符合經濟原則**：首先，為幼兒提供的玩具數量要適當。其次，給幼兒提供的玩具質量要好，經久耐用且便於修理後再用。第三，提倡因地制宜，就地取材，自製玩具，用較低的投資獲得較高的效益。第四，在有限的經濟條件下，優先配備教育價值高的玩具，則符合既經濟又有利於幼兒發展的雙重要求。

　　此外，Essa（*1996*）也提出器材選擇的指標：(1)發展地適切性（developmentally appropriate），(2)主動性（active），(3)開放性（open-ended），(4)給予回饋（give feed-back），(5)多目的（multipurpose），(6)安全性和耐久性（safe and durable），(7)吸引力（attractive），(8)非性別的（nonsexist）、非種族的（nonracial），(9)多樣性（variety），(10)複式的（duplicate），在此不再贅述。

　　White和Coleman（*2000*）則綜合學者專家的意見，對教室器材和設備的選擇，提出七項原則，並有詳細的說明，甚值作為幼教器材選擇之參考，茲要述如下：

1. 熟悉性（familiarity）

　　學年一開始，就先觀察幼兒和器材、設備互動的情形。有時候，幼兒可能會以不安全的方式來使用器材及設備，因此對幼兒安全使用器材的指導就應接續進行；也有時候，幼兒會以創新的方法使用器材，教師若能加以增強，將會鼓勵幼兒致力於更精巧的運用方法。

2. 耐久性（durability）

　　器材及設備應能禁得起經常使用及幼兒偶而粗魯的對待。首先，注意看所有設備及玩具的保證書，如果可能，在購買玩具之前，要先試玩看看；在購買器材及設備前，要先考慮到幼兒的發展。其次，在閱讀器材的選擇方面，布料及塑膠書等容易清理的，通常是給嬰孩或正學步的幼兒使用；學齡前及幼稚園幼兒比一般學齡兒童的責任心較弱，因此大多數的圖書會有硬封面，雖然幼兒教室也有軟封面的雜誌或圖書，但這些是有可能被撕破的；另外，教師們也會買一些尺寸較大的圖書，這樣可以讓孩子容易翻閱。

3. 安全性（safety）

　　具耐久性的器材不一定具安全性，例如：一支木材或鋼鐵所製成的標槍可能是耐久的，但絕對是不安全的；一顆由襪子做成的球可能是安全的，但卻不耐久。選擇安全的器材，必須注意下列幾項：

　　(1)**銳角**（corners）：一般教室中，有銳角的器材，包括剪刀、尺、鉛筆、積木、拼圖及硬封面書等。對嬰幼兒及學步兒來

說，有銳角的器材，需儘量避免或減至最低。大部分這樣的器材，在學齡前的幼兒教室裡是有其需要，但使用時應該小心的督導，或可使用替代品（例如：圓形、塑膠製的剪刀）。即使是低年級的幼兒，也要警告他們誤用有銳角器材可能發生的危險。

(2)**表面**（surfaces）：儘量選擇表面平滑的，但也要記著，有些特定結構的表面在刺激幼兒的觸覺及提供教室變化上，是必要的。

(3)**油漆**（paint）：要避免以具毒性漆料製成的玩具及器材，在購買之前要仔細的閱讀所有的商標標示，幼兒使用捐贈的漆製品也要小心留意，絕不許幼兒將這些東西放進嘴裡。

(4)**尺寸**（size）：在幼兒教室中，窒息是必須特別注意的。教師可買一些特別的設備，以檢測物品的尺寸是否會造成呼吸道的阻塞。雖然有些小玩具及材料（如蠟筆）是必要的，但有些（如部分可分解的玩具）則是非必要的，教師皆應注意可能造成的窒息問題。

(5)**零件**（parts）：一般來說，玩具的零件越少越好。如果一個或多個零件損壞或遺失，那麼玩具及設備的耐用性及安全性就會減低。例如，當吞食或丟擲損壞物件時，往往會造成危險。在此建議教師們，立即移除那些有零件遺失或損壞的物件，直到修理或更換之後。

4.尺度（scale）

器材及設備應反映出園內幼兒的身高體重，以及他們操弄物品的能力，例如家具應該是幼兒的尺寸（child-sized），才能符合幼兒身體的特徵；積木及可移動的設備（例：吊床、墊子）應由輕材製成，這樣幼兒才能輕易的用手操弄。其次，許多工具也應是幼兒專用的，且能反映出幼兒的能力及興趣，例如蠟筆及圖書應該有多

種尺寸，以便訓練幼兒的小肌肉運用，而學齡前幼兒比年齡更長的孩子還需要尺寸較大的蠟筆及圖書；同樣地，一些小型、中型及大型軟球可以滿足學齡前幼兒的需要；簡單的樂器（例如：錄放音機、小手鼓、聲音罐）適合學齡前幼兒的興趣及能力，學齡兒童則能善用更複雜的樂器（例如：喇叭、鼓、鍵盤）。還有，兩個尺寸上的考量，包括器材的儲存及幼兒作品的展示，例如把教室的器材存放在幼兒視線高度左右的地方，可以讓幼兒更容易拿取、收拾，並增強其自我負責的心態；而展示幼兒的作品（例如：美勞、寫字、寫作、模型）也要在幼兒視線高度左右的地方，可以鼓勵他們跟別人分享其作品。最後，要確保幼兒能有清晰的對外視野，應避免厚重的窗戶布置，因為這樣容易堆積灰塵，並擋住幼兒的視野，同時要考慮螢幕、電腦、燈光及其他視覺刺激物的擺設，把諸如此類的視覺物品降至幼兒視線高度，不但有助於聚集幼兒注意力，並能減低眼睛的負擔。

5.多樣及滿足（variety and supply）

多樣的器材，才能滿足幼兒在教室中所表現的個別興趣，這也挑戰了幼兒去做獨立的選擇，以新奇的方式思考活動，並鼓勵他們，同時減短分享時的爭吵。尤其重要的是，要包含多種可用完即丟的材料，如勞作紙、顏料、蠟筆、膠水及飾物，學齡前幼兒會使用大量此類耗材，而學齡兒童也會大量使用用完即丟的材料來從事一些精巧的作業。

6.開放式器材（open-ended materials）

開放式器材包括一些在不同的位置有多種功能的物件。許多用完即丟的材料（例如：勞作紙、沙、碎布、針線、蠟筆等）是開放式的器材，例如幼兒可以在勞作角用勞作紙做美術拼貼，或在科學

角拼地圖；沙土可以用來培養數學觀念（例如：幼兒使用燒杯測量沙土的量），或探索自然的法則（例如：在沙中濾水，比在土中濾水還快）。其次，非用完即丟的器材及設備（例如：樂高、積木、球、墊子、錄音帶）也有開放性的特質，例如可以在積木角用樂高建造建築物，或在勞作角（manipulative center）製作模型；錄音帶可以用來跳舞，或當作幼兒作曲的解說基礎；墊子可以用來打盹，或練習翻滾；彩色的積木可用在建造建築物、算數及練習分類等等。

7. 教師也是教材（teacher as educational materials）

身為一名教師，必須做為教室教材的延伸部分。例如在準備讓幼兒認識新器材上失敗的話，將使這些器材被幼兒忽視或誤用。有一些可供教師指導幼兒活用教室器材的方法如下：

(1)**簡易化**（facilitation）：配合教室的器材來計畫課程，如先前所提的，大部分的教師一開始先觀察幼兒和器材及設備互動的情形；接著，他們設計在課程中含有普通及新器材的方法，來完成特定的學習目標；最後，教師藉著提供指導及標記、提問、指出新發現的機會、註明可能的遊戲選擇，或導引幼兒的觀察，來促進幼兒參與。

(2)**擴展性**（expansion）：藉著提供幼兒選擇的機會來擴展其學習。新器材可用於新的活動上，介紹使用熟悉器材的新方法，並幫助幼兒使用新器材，以擴大其對熟悉概念的瞭解，例如教師可以在幼兒熟悉計算籌碼之後，向幼兒演示算盤的功能；或者，可以把彩色小積木從勞作角移到積木角，以擴展幼兒的建築活動。

(3)**輔導**（guidance）：在選擇器材時，考慮教室的行為管理計畫也是很重要的。如先前所提的，有趣並具啟發性的適當器材能幫助幼兒集中注意力，如此一來他們才不會覺得厭煩，幼兒對器材

的知識會使他們在投入活動時，較不需要直接的督導。

(4)**演示**（demonstrations）：建議教師演示新器材及設備，以確保幼兒能依循安全的規則，同時有助於確保新器材和設備的維護。

(5)**共同研究**（collaboration）：積極的參與幼兒在學習區的活動，有助於他們感受到合作及分享的價值。如此一來，他們會開始提供別人建議，觀察彼此對器材的使用情形，並詢問其他人關於使用器材的問題。

二│ 蒙特梭利的教具 │

蒙特梭利教育中，教具最有名，也是最廣為人知的幼兒教具。蒙特梭利教具的目的，在於提供幼兒可專心的事物對象，幫助幼兒的自我建構與心智發展，這是一種屬於內在的作用；亦即，蒙特梭利教具能夠刺激幼兒，引起幼兒的注意，進而帶領幼兒進入專心的歷程，以幫助幼兒的成長（*周逸芬，民83*）。以下擬先說明蒙特梭利教具製作的原則，再就蒙特梭利的教學及其教具加以介紹。

(一) 蒙特梭利教具製作的原則

為配合單元課程和幼兒個別的成長需要，蒙特梭利老師必須具備製作教具的能力，周逸芬（*民83*）具體說明製作蒙特梭利教具的六項原則，茲要述如下：

1.性質的孤立化

教具包含許多「性質」，例如形狀、重量、大小、顏色、粗細等。製作教具時，應先確立一個特定的目標，然後根據此一目標，改變教具的某個單一性質，至於教具的其他性質則維持不變，藉以突顯此單一性質的變化，此一設計能使幼兒在認知上更為容易。例如，粉紅塔的十塊積木全部是粉紅色，不僅可以避免分散幼兒的注意力，更可藉以突顯積木大小變化的單一性質；又如六根相同質料與大小的牙刷，只有顏色不同，如此能夠使幼兒專注於不同的顏色上。

2.教具的重量與大小

教具的重量與大小應以幼兒能自由移動、易於抓取為原則。例如，幼兒能夠搬得動粉紅塔中最大的一塊積木。

3.具有吸引幼兒的特質

以顏色來說，儘量採用能吸引幼兒目光的柔美色彩或亮麗色彩。此外，一件教具的顏色組合，應呈現一致性，例如紅色的杯子配紅色海棉與紅色托盤，不僅可以吸引幼兒的目光，更可以讓幼兒一目了然這是同一組教具。以聲音而言，在製作教具時，亦可安排清新悅耳的聲音，以引起幼兒的興趣，例如豆子倒入瓷碗悅耳的聲音，事實上，許多幼兒就是被此聲音所吸引，而一再重複此一倒豆的工作。

4.由簡至繁

教具在設計與使用方法上應由簡至繁，例如老師應先以長棒引導幼兒用感官來認識長短的序列，等幼兒熟悉長度的概念後，再以

紅藍相間的數棒來向幼兒介紹數量與長度的關係，然後才是簡單的加減法，最後則為小型數棒與圖表的練習。

5.「步驟」不宜過於繁複

學齡前幼兒雖具有專注的能力，但我們不應以成人的標準去要求幼兒，而應配合幼兒的能力，簡化操作教具步驟。如此，才能使幼兒對該項教具產生興趣與信心，進而不斷重複操作而達到專心與樂此不疲的境地。反之，若步驟過於冗長而繁複，不僅幼兒的興趣被抹滅，更可能從此不再選擇這項教具。

6.教具的錯誤訂正

教具的錯誤訂正繫於教具本身，而不在於教師，這種設計可以讓幼兒自行發現自己的錯誤。以下是幾個例子：

(1)圓柱體教具中的每個圓柱，只能嵌進相合的圓洞之中。

(2)數字卡的下緣畫一條線，以免幼兒正反顛倒而獲得錯誤的知識（參閱圖71，A）。

(3)配對卡的背面以各種形狀或顏色做為暗號，供幼兒自行核對答案（參閱圖71，B）。

(4)音筒教具的圓筒底下，貼上不同顏色與大小的圓為記號，做為幼兒自行核對答案的根據（參閱圖71，C）。

(二) 蒙特梭利的教學及其教具

蒙特梭利幼教的教學內容，以教具的種類區分，大致可分為五類，即日常生活練習、感官教育、語文教學、數學教育和自然人文教育。蒙特梭利的教學內容大都是透過教具的正確示範，讓兒童親手操作，兒童在重複的練習與教師的協助下，經由自我教育、自我

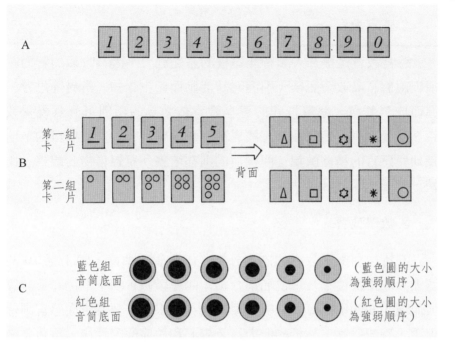

圖 71：蒙特梭利教具的自我校正

資料來源：蒙特梭利幼兒單元活動設計課程，周逸芬，民 83，第 106-107 頁。

修正的學習歷程，即能建構更高的心智，並培養好習性；若教師的經驗豐富，能把握孩子的敏感期或學習興趣，更可以激發其潛能，發現他們的優異或潛力。蒙特梭利的五大教學內容為（*單偉儒，民86*）：

1. 日常生活練習

日常生活教育包括基本動作、照顧自己、生活禮儀、維護環境等動作和手眼協調能力，使其適應環境，奠定獨立生活的基礎，並藉此培養兒童的自信、紀律、耐性、專注力以及互助、愛物的良好習性。

2.感官教育

感官教育是提升人類智能建構的基礎教育，因為人類的智力必須經由感官吸收資訊後，引發心智活動而產生認知、辨異等思考，進而成為智慧。蒙特梭利的感官教育依教具的類別可分為視覺教育、味覺教育、聽覺教育、觸覺教育和嗅覺教育，其直接目的是培養幼兒感官的精確敏銳，間接目的則在培養幼兒對事物的觀察、比較、判斷的習性和能力。

3.數學教育

蒙特梭利數學教育的內容分為：(1)數學前準備，(2) 1 至 10 的認識，(3)十進位 I 及單位名稱介紹，(4)連續數，(5)十進位 II 及計算與記憶，(6)四則運算與分數。蒙特梭利主張數學教育應從感官訓練著手，養成觀察、分析的能力以及專心和秩序的習性後，再藉著數學教具和教學活動，並運用序列、配對、分類的教學方法，自然循序地將抽象的符號，透過教具的重複操作，讓幼兒獲得數和量的概念，再進入四則運算中，培養其邏輯思維的意識。

4.語文教學

蒙特梭利的語文教學強調掌握幼兒的敏感期，給予充分的聽、說、寫、讀的刺激，因此語文教學的內容包括聽覺練習、口語練習、視覺練習、運筆練習以及認字和閱讀等，其目的在讓幼兒自然習得書寫和閱讀的能力，進而能傳達意念，與人溝通。

5.自然人文教育

自然人文教育的內容包括自然教育、史地教育、音樂教育、美術教育等。其中囊括了動、植物學、天文學、地質學、歷史、音

樂、繪畫等與人類生存環境有關的人、地、事、物等各種知識。目的在培養幼兒對身外事物的瞭解,建立正確的世界觀、宇宙觀、人生觀,以適應社會環境,進而能維護自然環境、改善社會環境,創造健康美滿的人類生活。

　　蒙特梭利教具是兒童之家中最醒目、最具特色的教學設備。惟種類繁多,大約已達三百多種,至今仍不斷在研發中。單偉儒(民86)特將正統蒙特梭利教具以及為配合臺灣民情所延伸的本土化教具,依前述的五大教學教具整理如表28至32,甚具參考價值。

表28 日常生活教具

名　稱		說　明　及　特　色
照顧自己		・衣飾框 包括大鈕釦、小鈕釦、繫帶、按釦、安全別針、拉鍊、皮帶釦、鞋鈕結、蝴蝶結等。
照顧環境		洗碗盤用刷子、室內用小掃把、雞毛撢子、拭布、噴霧水壺、海綿、水桶等。
動 作 協 調	抓	五指抓(小皮球)、三指抓(大彈珠)、二指抓(小彈珠)
	倒	倒米、倒水、倒茶
	舀	舀雜糧、舀彈珠
	夾	夾彈珠、夾木珠、衣夾、筷子夾
	擠	擠海綿、針筒移水
	轉	轉螺絲、轉瓶蓋、打泡泡
	刺	串珠、穿線板、縫工用紙組
	切	刀子、刨刀、砧板

資料來源:如何經營一所兒童之家?——蒙特梭利園管理手冊,單偉儒,民86,第25頁。

表 29 感官教具

名　　稱	說　明　及　特　色
視覺教具 ·帶插座圓柱體組	共分4組，每組由10個大小、粗細不同的木製圓柱體和圓穴組成。 (1)高度一定，直徑遞減的圓柱體組。 (2)高度遞減，直徑一定的圓柱體組。 (3)高度、直徑遞減的圓柱體組。 (4)高度遞增，直徑遞減的圓柱體組。
·彩色圓柱體組	分紅、藍、黃、綠4種顏色，其形狀和尺寸均與帶插座圓柱體組相同，只是少了握柄和圓穴的插座。各種顏色各有10個大小、粗細不同的圓柱體放在同色蓋子的木箱中。
·粉紅塔	由10個大小不同的粉紅色木製立方體構成。
·棕色梯	由10個長度都是20cm，而高度則由10cm遞減至1cm的長方體組成。
·長棒	又稱紅棒，由10根紅色木棒組成，長度從10cm開始，每隔10cm增加1支
·色板	共有3盒。第1盒有紅、藍、黃3色，各含2枚濃淡色板，合計6枚；第2盒有紅、藍、黃、綠、橙、紫、灰、粉紅、棕9色以及黑、白2色，各含2枚濃淡色板，合計22枚；第3盒有9色，各含7枚濃淡序列色板，合計63枚。
·幾何圖形	包含32個不同的幾何圖形，分別裝在6個抽屜裡。
·三角形組合	共有5盒，包括1個三角形盒，2個長方形盒，1個大六角形盒以及1個小六角形盒；內裝有綠、黃、灰、藍、紅各種形狀的三角形。
·單項式	由6個漆著紅、藍、黑三色，大小不同的木製立方體及長方體，放置在1個木盒裡組成。
·二項式	由8個漆著紅、藍、黑三色，大小不同的木製立方體及長方體，放置在1個木盒裡組成。
·三項式	由11個漆著紅、藍、黃或黑色，大小不同的木製立方體及長方體，放置在1個木盒裡組成。
·幾何立體組	由9個藍色的基本幾何學立體和9塊投影板組成。

表 29 （續）

名　　　稱		說　明　及　特　色
觸 覺 教 具	・觸覺板	共分四組： (1)粗糙面（砂紙）和光滑面（木質）各占 1 半的木板 1 塊。 (2)粗糙面、光滑面交互組合的木板 1 塊。 (3)由 5 級粗糙面組成的木板 1 塊。 (4)由 2 組 5 級粗糙面組成的木板，每兩塊成 1 對，共 10 塊板。
	・溫覺板	由木板、金屬板、石板、毛氈板各 2 片組成，共 8 片。
	・溫覺瓶	由 8 個可辨別溫度差異的金屬筒，內裝熱水、溫水、冷水、冰水，各兩瓶。
	・重量板	隨質料不同而有相異重量的 3 組重量板，每種 10 片。
	・神祕袋	布製的袋子，裡面裝著性質相同或相異的各種物品。
聽覺教具	・雜音筒	紅色、藍色兩個木箱中，各有 6 個木製圓筒，內裝不同材料，搖動時可發出強弱程度不同的聲音。
	・音感鐘	分控制組、操作組，各 13 個鐘，合計 26 個鐘，包含 8 個全音，5 個半音。附五線譜、音符盒、鐘槌，止音棒等。
嗅覺教具	・嗅覺筒	兩個木箱中，各放 6 個塑膠製的圓筒，內裝有各種不同的自然香料或調味品。
味覺教具	・味覺瓶	內裝 4 種基本味道（甜、酸、鹹、苦）的溶液各兩瓶，共 8 瓶。

資料來源：如何經營一所兒童之家？──蒙特梭利園管理手冊，單偉儒，民 86，
　　　　　第 26-27 頁。

表 30 數學教具

名　　稱		說　明　及　特　色
0／10的認識	• 數棒	由 10 支木棒組成，每隔 10cm 分別塗上紅藍 2 色，有 10cm～100cm 長。
	• 砂紙數字板	以砂紙製作 0～9 的長方形板，共 10 片，放在 1 個木盒中。
	• 紡錘棒箱	由兩個木箱及 45 根紡錘棒構成。
	• 籌碼與數字卡	圓形紅色籌碼 55 個 1～10 的數字板。
十進位的練習	• 彩色串珠組盒	1～10 的串珠各 55 根，每個班數以不同顏色表示：1 是紅色，2 是綠色，3 是粉紅色，4 是黃色，5 是淺藍色，6 是灰色，7 是白色，8 是淺紫色，9 是深藍色，10 是橙色。
	• 金黃色串珠組	1 顆「1」的珠子，1 串「10」的串珠，1 片「100」的串珠，1 塊「1000」的串珠。數字 1、10、100、1000。
連續數的認識	• 百珠鍊	10 串「10」（10 個珠）串成的串珠；可整齊排列成一塊百位正方板。
	• 千珠鍊	100 串「10」串成的串珠；可重疊形成 1 塊千位立方鍵。
	• 平方鍊	一木架，以鐵鉤掛著以下各色鍊珠；1 顆紅珠，2 串綠珠，3 串橙珠，4 串黃珠，5 串淺藍色珠，6 串紫色珠，7 串白色珠，8 串棕色珠，9 串深藍色珠。每一顏色鍊珠皆有對應組合的平方面。含數字標籤。
	• 立方鍊	一木櫥，分成不同格次排放材料：最上層放立方塊；次層有鐵鉤，懸掛成串鍊的立方鍊，而相對於每一立方鍊，有隨立方鍊遞增（減）的橫格，排放其需要的平方板及平方鍊。含數字標籤。
	• 一百板	一木板劃有 10×10 的正方格，在最左上角的格子中印有數字 1，另有一盒數字片 1 到 100 以及一百數字排列的更正板。
	• 塞根板 I	二塊木板各分五格，每一格印有數字 10。第 2 塊木板的最後一格空著，另有九塊數字板，印有數字板，印有數字 1～9。9 串 10 的金黃色串珠，1～9 的彩色串珠。
	• 塞根板 II	二塊木板各分五格，共十格，每一格印有 10～90 數字和一個空格，另有九塊數字板，印有數字 1～9。45 串 10 的金黃色串珠，9 顆「1」的金黃色珠子。

表30 （續）

名　　稱	說　明　及　特　色	
四 則 運 算	• 銀行遊戲	銀行遊戲必須準備的教具包括金黃色珠組和 1 組大數字卡和 2 組小數字卡，並準備裝珠的小托盤。
	• 郵票遊戲	木製的長方形盒子，隔成 6 個小格，各放入正方形籌碼（即郵票），綠色為 1、藍色為 10、紅色為 100、綠色為 1,000，以及西洋棋小人（只用於除算）和圓形小籌碼。
	• 點的遊戲	練習板為一個印有 1,000，100，10，由左而右，由綠、藍、紅色標示不同位數的木框；另備紅、藍、綠、黑的筆各一支以及點的遊戲練習紙。
	• 數架	數架上有綠、藍、紅、綠珠，各代表 1、10、100、1,000 不同的數值。
	• 加法蛇	1～9 的彩色串珠 1 盒、黑白代替珠 1 組和「10」的金黃串珠 1 盒。
	• 減法蛇	1～9 的彩色串珠 1 盒、黑白代替珠 1 組、「10」的金黃串珠 1 盒和灰色串珠 1 盒。
	• 加法板	板上數字 1～10 是紅、11～18 是藍色。在 10 與 11 之間有一紅色直線分開；另有藍色定規、紅色定規。
	• 減法板	板上數字 1～9 為紅色，10～18 為藍色；另有紅色定規 9 支、藍色定規 9 支及原木定規 18 支。
	• 乘法板	乘法操作板為一直、橫各有 10 個洞的木板；以及 100 顆紅色珠、一個紅色籌碼、1～10 的數字卡一組。
	• 除法板	除法操作板為一直、橫各有 9 個洞的木板，81 顆綠珠；最上面有一排較大的圓穴，可放綠色小人。
分 數	• 分數小人	分數小人座一組，1、1/2、1/3、1/4 的字卡一組。
	• 圓形分數嵌圖板	從 1～10 等分分割的 10 個圓（紅色），分別嵌在 2 個座臺上（綠色），以及代表各個分數的卡片。

資料來源：如何經營一所兒童之家？——蒙特梭利園管理手冊，單偉儒，民 86，
　　　　第 28-29 頁。

表 31 語文教具

名　　稱	說　明　及　特　色
・金屬嵌圖板	10 種金屬製的幾何圖形板（藍色，包括正方形、長方形、正三角形、正五角形、梯形、圓形、橢圓形、蛋形、曲線三角形、四葉形）嵌合在金屬製的正方形嵌合框內（粉紅色），分別放在 2 座木製的傾斜臺上。另外準備一些鉛筆、彩色筆、蠟筆及與外框同樣大小的圖畫紙。
・砂紙注音符號	37 個砂紙注音符號板，皆紅、藍兩色，豎立放在 2 個收存盒內。
・凹板與木筆	37 個注音符號木製雕刻板和木筆。
・筆順砂字板	13 種砂紙筆順描摹板。
・圖片分類	交通工具（陸、海、空分類）、食物（蔬菜、肉分類）、性別（男、女分類）等圖片。
・圖片序列	洗澡的步驟、插花的順序、火箭升空的序列等圖片。由左至右，順序排列。
・相反圖片配對	例如：胖—瘦，上樓—下樓，白天—晚上等相反關係圖片。
・首音盒	將相同起始音的物品放在同 1 個盒內。
・指令盒	例如：跑、跳、走等動作的圖卡放在同 1 盒內。

資料來源：如何經營一所兒童之家？──蒙特梭利園管理手冊，單偉儒，民 86，第 30 頁。

表 32 自然人文教具

名　　　稱	說　明　及　特　色
植物教具 ・樹葉拼圖櫥	各種葉形嵌板，放在 2 個抽屜裡，另有定義冊、順序卡、展示卡和三部分卡。
・生物特徵圖片	包括生殖、呼吸、吃、成長、死亡之資料袋及圖片。
・地區植物圖片分類	區分熱帶、沙漠、寒帶地區的植物圖片。
動物教具 ・脊椎動物之分類	包括哺乳類、爬蟲類、鳥類、魚類、兩棲類之字與圖片。
歷史教具 ・星期表	表的左邊印有星期一至星期日，右邊是空白格，另有星期一至星期日的配對字卡。
・月份表	表的左邊印有 1 月到 12 月的名稱，右邊 10 個空白格，另準備 1 月到 12 月的配對字卡。
・四季卡片	代表年的圓形卡片一張，代表半年的半圓形卡片 2 張，代表春夏秋冬的1/4 圓形卡片 4 張，以及一季分 3 個月的1/2 圓形卡片。
・年表	春夏秋冬四季圖片、字卡一張及 1 月至 12 月字卡 12 張，皆分別用綠、紅、黃、藍，畫分成四季。
地理教具 ・水陸地球儀	砂紙製成的陸塊（棕色）及印有藍色海面的地球模型。
・陸地和水域地形模型	包括棕色油性黏土（可做成島嶼、湖泊、海灣、海峽等地形模型）、塑膠容器以及一塊海綿、一杯綠色的水、塑膠帆船和塑膠動物標本。
・彩色地球儀	又叫洲際陸塊地球儀，每一個洲際都有不同的代表顏色，亞洲是黃色，澳洲是棕色，大洋洲是白色，南美洲是粉紅色，北美洲是橘色，歐洲是紅色，而非洲是綠色。

表32 （續）

名　　稱	說　明　及　特　色
地理教具 · 世界地圖拼圖	由立體的彩色地球儀轉換成平面的地圖拼圖，每一片拼圖代表一洲際，其顏色及大小和彩色地球儀一樣。
· 臺灣地圖拼圖	包括控制板和操作板以及縣市字卡。
· 地圖櫥架組	包括世界七大洲地圖拼圖（即前項）及亞洲、台灣、中國、南美洲、北美洲、非洲、歐洲、大洋洲等洲際地圖拼圖。
· 世界國旗座	包括亞洲國旗組、歐洲國旗組、美洲國旗組。
天文教具 · 九大行星	包括模型（以保麗龍自製）、圖片、字卡的展示，以及順序卡、定義冊及三部分卡。
· 太陽系掛圖 · 月相變化掛圖	
地質教具 · 地球的層次	包括地層地球儀的介紹，以及順序卡、定義冊、展示卡及三部分卡。
· 火山的介紹	包括火山模型實驗的介紹，以及順序卡、定義冊、展示卡及三部分卡。

資料來源：如何經營一所兒童之家？──蒙特梭利園管理手冊，單偉儒，民86，第35-36頁。

三 福祿貝爾的恩物

德國的教育家福祿貝爾（F. Froebel, 1782～1852）於 1837 年創立第一所幼稚園，被譽稱為「幼稚園的創造者」。福祿貝爾的幼稚園所提供的象徵教育（symbolic education），其哲學建基於人性、神和自然的統一（the unity of humanity, God, and nature）；在福祿貝爾哲學中，受到幼稚園改革運動教育家所支持的要素包括：幼兒期發展的概念（the concept of development in childhood）、教育即自我活動（education as self-activity）和遊戲的教育價值（the educational value of play）（*Spodek & Saracho, 1994*）。須提的是，幼稚園運動的成長及擴展起初相當緩慢，花了一個世紀多的時間才讓世界其他地方接受這觀念（*Castaldi, 1994*），福祿貝爾的原創有其歷史地位和價值，而福祿貝爾幼稚園中，「恩物」是最著名和最廣為人知的幼兒教具。以下擬先說明福祿貝爾恩物的教育原理，再就福祿貝爾恩物及教學運用加以介紹。

㈠ 福祿貝爾恩物的教育原理

福祿貝爾創辦世界第一所「幼稚園」（kindergarten），原文意為「兒童的花園」（garden for children），福祿貝爾的教學不在傳統教室實施，美勞活動、手指遊戲、唱歌、積木、故事和手工藝等，皆為福祿貝爾幼稚園的一部分（*Essa, 1996*），幼兒在幼稚園的活動，時而在教室，時而到戶外，無論學習建築砲臺堡壘、尋找昆蟲飛鳥、欣賞花草樹木、或者唱歌遊戲，均屬幼兒課程範圍，幼兒自由地參與團體活動，充分地自我發展，不斷地自我活動，期能

達成「自然發展」的教學目的（朱敬先，民 79，第 51-52 頁）。因此，福祿貝爾幼稚園的設計，運用恩物（the gifts）、作業（the occupations）、母親之歌和遊戲（the mother's songs and plays），以及幫助幼兒學習照顧植物和動物。其中，「恩物」是一組小型的操作性教育器材（manipulative educational materials）；「作業」是手工藝活動，包括編紙、摺紙、剪紙、繡紙、黏土塑型等，提供幼兒美感表達的機會；「母親之歌和遊戲」則是為幼兒特別設計的歌曲和益智遊戲，皆源自於愉悅的母親和幼兒之遊戲，以及源自社會和自然世界的活動（Spodek & Saracho, 1994）。

福祿貝爾認為剛出生的幼兒，生下來就具備像神一樣的創造力，教育就是讓這種能力能夠充分獲得發展，要達此目的，必須提供幼兒理想的遊具，透過這些遊具才能讓幼兒知道自然和自然法則，並認識自然的造物主，瞭解神的攝理，最後才會認識自己。福祿貝爾將自己設計的遊具稱為「恩物」，恩物是指神所恩賜之物，具有二種功能，其一是讓兒童理解萬物的發展法則，其二是可以利用恩物的操作，培養兒童的思考能力和創造能力；大體而言，恩物是不能自由改變材料的形狀，而以分離和組合的操作來形成認識作用為其主要功能，但勞作教材可以自由改變材料的形狀，藉以培養兒童的創造力為其中心課題。福祿貝爾恩物的基本原理有三（李園會，民 86，第 154 頁）：

㈠讓兒童知道神的攝理，要他們像神那樣不斷創造，幫助他們發掘自己的創造力；要達到此目的，必須依照兒童的本性，讓他們能夠自由的從事自我活動才可以。

㈡其次是遊戲，且必須包含在上次遊戲之間；如此，幼兒的活動才能有連續性的發展，才不致於發生跳越的現象。

㈢在操作遊具時，能夠鍛鍊幼兒的各種能力；不只是認識能力，心理與意志也同時得到適當的訓練。

　　須提的是，福祿貝爾的恩物中，包含有單一和多數、部分和全體、繁雜和統一的各種原理，在實際操作這些恩物時，就能夠依照這三種基本原理，使認識的形式、美的形式、生活的形式得到成分的表現（*李園會，民86*）。

　　福祿貝爾生平致力於自然研究，對於宇宙有深刻的瞭解，認為自然萬物，都是教育的材料，也是上帝所賜的象徵，其象徵主義（symbolism）的教育方法，以恩物作為自然的具體象徵，恩物中的球、圓形體、方形體、圓柱體是象徵自然界的一切現象，球是宇宙地球的象徵，圓形體表示動物的形體，方形體表示人工，圓柱體表示人工與自然的聯合，每種恩物均有其寓意，使幼兒瞭解神意，認識自然，進而理解自然。福祿貝爾的幼稚園，運用各種恩物組成有系統的活動，以啟發幼兒建造、審美及聯想的能力；「恩物教學」的主旨，在從恩物的遊戲中，第一步訓練幼兒的「感覺」，進一步養成幼兒的「規律觀念」，每組恩物必須依照規律整理，方能表現出它的價值，且可使幼兒有「統一」、「整體」的觀念，福祿貝爾認為「遊戲」、「恩物」是兒童「自動直觀」的基本要素，而「自動直觀」乃是發展兒童內在性質的有效方法（*朱敬先，民79*）。

㈡ 福祿貝爾恩物及教學運用

　　恩物是福祿貝爾於 1837 年，在自己的故鄉開荷的家中逐步研發出來的，恩物是一組小型的操作性教育器材（參見圖 72），茲參考有關學者專家（*朱敬先，民79；李園會，民86；林盛蕊，民80*）之研究資料，將福祿貝爾的恩物及教學運用，整理要述如下：

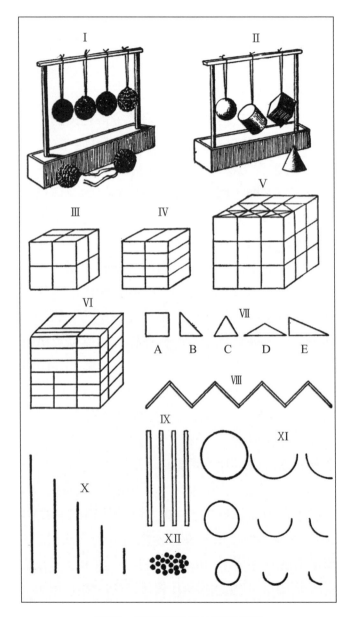

圖 72：福祿貝爾的幼稚園恩物

資料來源：*Right from the Start: Teaching Children Ages Three to Eight,* B. Spodek and O.N. Saracho, 1994, p.34.

1. 第一種恩物——六色圓球（紅、橙、黃、綠、藍、紫）（顏色）

(1)**材料**：毛線用鉤針鉤成球狀，其內塞以棉花或海棉。

(2)**形式**：直徑 6cm 的圓球；分為有帶子的－帶長 40cm（與球同色，對折成 20cm），無帶子的。

(3)**意義**：球體以 6cm 為直徑，是因為適合嬰兒和幼兒拿。六種顏色取自彩虹的七種顏色，由三原色紅黃藍和中間顏色橙、綠、紫所組成，象徵最高的和平，天地間的和平，神與人之間的和平，以及美的統一。圓球是最完全的一個全體，是宇宙間的最單純形狀，從任何角度看都一樣，具有完美、統一和均衡的原理，是萬物的基本形狀，象徵著宇宙本身，在自然界象徵著太陽、月亮、星星，也象徵精神上圓滿的人格與人的理想。有帶子的是為了便利嬰兒使用，而球通過視覺神經，可刺激大腦神經細胞的運動。幼兒逐漸長大可玩沒有帶子的，以發展幼兒身體和智力，又可認識數目、方向、顏色。

(4)**遊戲的順序**：

①活動遊戲：捏、滾、打、搓。

②模仿遊戲：利用生物或無生物的性質模仿，如：青蛙跳、蝴蝶飛、騎馬、開汽車、洗水果。

③數目遊戲：幼兒認識數目後可運用到等分遊戲。

④方向遊戲：上下、左右、前後，這邊、那邊。

⑤顏色遊戲：利用顏色變化歌或水果，從遊戲中認識各種顏色。

2. 第二種恩物——**球體、圓柱體、立方體（形狀）**

(1)材料：直徑 6cm 的木塊製成。

(2)**形式**：直徑 6cm 的球體、圓柱體、立方體，其上皆附有金屬鉤鉤，可以繫上一條線做迴轉遊戲。

(3)**意義**：球體和六色圓球之敲、捏、搓、滾有何不同？（質料不同）球有曲面和曲線，代表事物動的性質，而立方體有六個平面，八個角、十二個邊，代表靜的性質，與球體的曲面動感完全不同，圓柱體有曲線和平面，兼具動和靜的性質，可以滾動，可以站立。球體、圓柱體，立方體是所有物體的代表形狀，球代表自然，立方體代表人工，圓柱體則代表自然及人工的結合，三位一體最能表現調和的理念，而調和的理念就是大自然和人類的融合。

(4)**遊戲的順序**：

①模仿遊戲：球體可模仿球、圓球、水果，圓柱體模仿罐頭鼓，立方體模仿方形的蛋糕、箱子。

②迴轉遊戲：做迴轉遊戲時，所出現的形狀，可以不必向幼兒說明，只需讓他們靜坐觀察過程，幼兒會因驚喜而注意觀察，可培養對事物注意力集中，對事物更仔細的觀察。

3.第三種恩物——立方體（數目）

(1)**材料**：邊長 6cm 木塊製成。

(2)**形式**：邊長 6cm 的立方體（又稱為第一積木），從長、寬、高三邊各切開二等分而成 3cm 立方的八個小立方體，並用木盒裝。

(3)**意義**：第三恩物能分解，也能恢復原狀，分開的東西可以做出新的形狀，且能滿足幼兒的要求，由分解和綜合很容易可使幼兒明白部分與全體的關係，也可從全體中發現統一之中有複雜性存在，單一中有多樣性存在。此外，又可認識數和形狀的點、線、面等要素，也可在遊戲中學到大小、多寡的概念。

(4)**遊戲的順序**：

①建築遊戲：使用八塊小立方體自由建築。

②花樣遊戲：A.橫花樣對稱排列，讓幼兒去發現同樣八塊為何排列長度不一樣；B.中心花樣：中心不動、四周移動、中心周圍移動順序。

③智慧遊戲：A.長、寬、高的堆積遊戲研究。B.一個立方體四角與三個立方體堆積起來做四周的觀察。C.空間的研究：老師排列一形狀，讓幼兒說出空間可放置幾塊立方體。

4.第四種恩物──立方體（寬度）

(1)**材料**：邊長6cm木塊製成。

(2)**形式**：邊長6cm的立方體（又稱為第二積木），直立切成二等分，再橫切成四等分，使其成為長6cm、寬3cm、高1.5cm的八個長方體，並用木盒裝。

(3)**意義**：長方體有三種不同的面，比第三種恩物的形狀更為複雜，也比第三種恩物能創造出更複雜的建築遊戲和美術模樣。拿第三、第四種恩物做切的比較，其切法縱的切一次，上下平均切三次，比較第二、第三種恩物哪個高（一樣高），拿第三、第四種恩物各一塊，直立、橫立哪個大，再將二個疊起來比較哪個高（皆一樣高）。拿杯水各放入第三、第四種恩物一塊看看體積變化如何？再拿長方形盒子將各面剪開共幾個面（共分大、中、小六個面），從上述，可明瞭長方體與立方體的關係。

(4)**遊戲的順序**：

①長方體三種面的比較。

②建築遊戲：A.有連絡性：每移動一塊取一名稱；B.讓幼兒自由創作各種建築。

③花樣遊戲：A.橫花樣；B.中心花樣。

④智慧遊戲：A.長方體的研究：大的面可以排幾個中面或

小面；B.空間的研究：數數看空間等於幾個立方體或長方體；C.建築運用智慧排出具有深度、寬度的結構。

5.第五種恩物——立方體（均衡）

(1)**材料**：邊長 9cm 的木塊製成。

(2)**形式**：邊長 9cm 的立方體，將各邊切成三等分，成為每邊 3cm 的二十七個小立方體，再取其中三個沿對角線切割成六個大三角柱，另取三個沿兩對角線切割成十二個小三角柱，計三十九部分（二十一個小立方體，六個大三角柱，十二個小三角柱），並用木盒裝。

(3)**意義**：第三、第四種恩物是由垂直線和水平線的直線構成，第五種恩物則加入斜角的對角線，有大、小三角柱，均為五面體。第五種恩物可以經驗到正方形、長方形、三角形、直角、銳角、鈍角等不同的形狀，幼兒利用積木做建築遊戲時，也會體驗到重量、長度、寬度、高度的意義。第五恩物在面的數目及角度的變化更接近實物，因此是發展幼兒的美感和創造力以及知能的恩物。

(4)**遊戲的順序**：

①全體的介紹：A.比較第三與第五恩物的高、矮、大、小、長、寬、高都差 3cm；B.如何啟開及切法。

②部分介紹：大三角柱與小三角柱的比較，一個大三角柱和二個小三角柱的面、邊、角各部分都要比較。

③ 1/3 的建築：分三等分取 1/3 建築創作或只用小三角柱。

④花樣遊戲：三個為中心，先排三條再排另外三條。

⑤智慧遊戲：將正方形紙對折成長方形，再對折成長方形，打開自己折成十六個部分，再裁剪成十六個小三角柱，八個正方形、八個大三角柱。

*6.*第六種恩物——立方體（比例）

(1)**材料**：邊長 9cm 的木塊製成。

(2)**形式**：邊長 9cm 的立方體，切成高 1.5cm、寬 3cm、長 6cm 的長方體二十七個，取其中三個將 3cm 的寬，沿長的方向切割成兩半，產生六個長 6cm，寬、高 1.5cm 的六支柱子，再取六個長方體，將 6cm 的長切成兩半，產生長、寬都是 3cm，高 1.5cm 的「平板」十二個，全部計三十六個部分（十八個長方體，十二個平板，六個柱子），並用木盒裝。

(3)**意義**：第五種恩物是以藝術和美的創作為主的建築，第六種恩物卻利用柱子和平板的新材料，能組成許多空間且近於實際的理想建築，如博物館、寺廟、宮殿等最常看到此一空間。因有許多空間，必須能夠保持平衡，所以要身心相當發達的幼兒才能操作這種恩物。

(4)**遊戲順序**：

①全體介紹：A.與第四恩物的比較；B.與第五恩物的比較。C.切法。

②部分介紹：A.長方形與長方柱的比較；B.長方體與柱臺的比較；C.長方柱與柱臺的比較；D.柱臺與面的比較。

③建築遊戲：讓幼兒自己思考創作。

④第五種與第六種恩物聯合建築，讓幼兒自己思考創作。

*7.*第七種恩物——面

(1)**材料**：木製或塑膠色板，與七巧板相仿，每一種形狀只用 1 個顏色，顏色根據第一種恩物。

(2)**形式**：正方形、直角等腰四角形、正三角形、直角不等邊三角形、鈍角等三角形。

(3)**意義**：第七種恩物是由立體進入抽象的關鍵，用塑膠板代用，加上彩色可排出更藝術、更美的花樣，將形狀、顏色、數目加以配合，可排出美而理想的花樣和實物，可培養幼兒的感情，促進幼兒的智力及創造力。

(4)**遊戲的順序**：中心花樣，以一塊為中心，三塊為中心，四塊為中心，五塊為中心，以及六、七、八、九塊為中心，而逐漸向四周擴張。

8.第八種恩物──線

(1)**材料**：細竹子、木棒、金屬棒或塑膠棒。

(2)**形式**：3、6、9、12、15cm，五種長短的同色細竹子、木棒、金屬棒或塑膠棒做成，每組十二條。

(3)**意義**：線是一種抽象的東西，直線是同一平面上，二點間相連最短的距離，二直線相交成一角，而三條線相交於三點可成一面。此恩物用以排成各種平面形，可培養幼兒對長短距離的認識和物體正確的形狀，培養觀察力，認識物體輪廓的表現。

(4)**遊戲的順序**：

①拿出一條 12cm 的，用 3cm 的量，看要幾條，再換 6cm 的量，再換 9cm 的量，需加幾 cm。

②二條線碰到成一個角，往外漸大成鈍角，往內收角愈小，成銳角。

③和第二種恩物比較，邊是否 6cm。

④實物遊戲，排阿拉伯數字。

⑤花樣遊戲：以三支為中心，以四支為中心。

9.第九種恩物──環

(1)**材料**：金屬（銅、白鐵）或塑膠。

(2)**形式**：直徑6cm的全環、半環；直徑3cm的全環、半環；直徑4cm、5cm的全環、半環。計全環二十四個，半環四十八個。

(3)**意義**：全環不易表現體的輪廓，故透過實物排列的遊戲及富藝術性的圖案，使幼兒更瞭解環的意義。

(4)**遊戲的順序**：

①實物遊戲：A.全環：拿球體6cm竹子，6cm立方體，圓柱體比較介紹；B.小全環—可和 3cm 竹子，3cm 立方體，比較介紹；C.半全環—大中全環圓周比較，中小質環圓周比較；D.半環—二個半環可組成一環，亦能排英文字 s；E.第八、第九種恩物可排列成英文字母。

②花樣遊戲：A.大半環三個—七個中心；B.大小半環三個—七個中心；C.大中小半環三個—七個中心。

10.**第十種恩物──點**

(1)**材料**：豆、小石頭、塑膠，應為同一色。

(2)**形式**：形狀概略相同的小顆粒，用有顏色的細木桿和有小孔的木板，插成各種圖形，木板是約15cm的平方板，上有直行小孔，每行 15 至 20 孔。細木桿有紅、橙、黃、綠、藍、紫六色，長約 7cm，每種五十條。

(3)**意義**：點是組成物體最基本的東西，線是兩點間的最短距離，點由立體→面→線而分解成點，利用點描成線，而作成面，再形成物體的輪廓。

(4)**遊戲的順序**：

① o－o 將直線拿掉，用點排列，算算看排幾個點。

②拿實物在四周排列，拿掉實物，看其面如何？

③用點排成直線、橫線、對角線，曲線（加入環）。

④把若干點堆成一實物（三角形、長方形、圓形、正方

形、香蕉、西瓜）。

　　⑤個個的實物：如樹、花、蝴蝶……。

　　此外，福祿貝爾幼稚園「作業」的手工藝材料，也有 10 種，包括：(1)刺紙，用針刺小孔於紙面，表示種種物體，用具是長針、刺架、顏色紙等；(2)繡紙，用硬紙刺小孔成各種物形，然後用彩線縫聯；(3)畫點，這與第十種恩物相同，不過小孔換成小點，用鉛筆來畫物形；(4)剪紙，用具是圓頭剪刀和 6 寸的色紙；(5)貼紙，將前一種剪成的物形貼在另一張紙上；(6)編紙，就是普通勞作科中的編紙細工；(7)配紙形，光用紙條組成各種幾何形，然後再摺成相同的形物來配；(8)摺紙，與前一種同，不過形狀不拘，可以自由的摺；(9)豆細工，水浸的豌豆用細竹條穿成各種物形；⑽黏土細工，用黏土捏成各種物形（朱敬先，民 79）。須提的是，福祿貝爾的恩物和作業用品，皆可分為點（恩物：如第十種；作業用品：如豆細工）、線（恩物：如第八種；作業用品：如編紙）、面（恩物：如第七種；作業用品：如摺紙、剪紙）、體（恩物：如第一種至第六種；作業用品：如黏土）四種領域；其中「作業」是從點、線、面到體，「恩物」則從體、面、線到點（Fröbel gifts, 1997）。而「恩物」，從體到點的排列，可以從三次元的世界（體），二次元的世界（面），到一次元的世界（線），將我們感覺對象的世界，依照觀察主體的精神構造，有順序的予以排列，使其引導到理念（點）的世界，因為點是萬物運動的支點，也是萬物的統一點（李園會，民 86）。

第三篇

配置實例

Chapter 7

各國幼兒園設計配置實例

它山之石，可以爲錯。

——詩‧小雅鶴鳴

　　幼兒學習環境設計觀念的突破和創新，大部
分源自新知的吸收。臺灣的幼稚園，公立的大都
附設於小學之內，以原有小學教室改設而成（如
臺北縣市的國小附設幼稚園），其間或有提供單
獨園庭區者，當然也有獨立設置的公立幼稚園
（如臺北市南海幼稚園），但甚爲少見。近十
年，新（改）建或籌設中的國小，其幼稚園在校
園內已有獨立的區域和園門通道（如臺北市南
湖、健康、新生、永安、麗湖、濱江國小；宜蘭
縣員林、大溪、澳花國小；臺東縣關山國小等），
與獨立的幼稚園幾無差異，園舍建築、空間和設
備都相當新穎。至於，私立幼稚園，除學校附設
（如臺北市薇閣幼稚園、再興幼稚園）之外，幾
乎是獨立設置，但有許多園舍是租的，因此空間
較小，不盡理想。一般而言，臺灣的幼稚園，通
常依規定設置於一、二樓，較重視室內環境的設
計，室外環境則以遊戲場爲主，簡單設計遊戲

架,而園庭受重視者,則不多見,但整體來看,幼兒學習環境的設計,是逐漸受到重視,也在進步中。

大陸的幼兒園,目前主要設在市鎮上,廣大農村尚未普及。因各地的地理位置和經濟狀況不同,其幼兒園設施也有較大差異,較完備的幼兒園,主要設施有:教室、寢室、娛樂室(有各種玩具、木偶戲表演、手工操作等)、餐具室(包括盥洗、茶水桶)、影視室、資料室(主要存放圖書、動植物標本、教師手工工藝品等)、運動場(有操場、跑道、各種運動器械)、小人廁所若干等,少數較大的市內幼兒園還自辦有小動物園和植物園(郭仁懷,民 83)。民國 88 年 4 月,作者曾至大陸北京參觀「北京市第二幼兒園」,是一所獨立設置的幼兒園,園地不大,教室設備不多,園庭為水泥鋪面,設置簡易遊戲和籃球架,設備較為簡陋。90 年 2 月,至南京參觀「南京市第三幼兒園」,也是一所獨立設置的幼兒園,園地大小適中,景緻優雅,綠化美化甚用工夫,有園舍(教室、管理室等)、園庭(含小動物箱)、運動場(含遊戲場、直線跑道)等等,相較於「北京市第二幼兒園」,設備可算相當齊全,值得參考學習。

日本的幼兒園,主要為單層建築,園舍建築設施包括職員室、會議室、保育室、遊戲室、圖書室、製作室、保健室、配膳室、浴室和遊戲場,甚至還有游泳池,教育、健康、感官訓練、管理、遊戲等方面的器材和設備,相當齊備,也很重視半室外空間的規畫和運用。

美國的幼兒園,通常為單層建築,教室設各種學習區、可移動家具、用具、黑板、揭示板以及整套的衛生設備,重要園舍建築還有行政室、家長談話室、幼兒研究中心、教師休息室、觀察室、多用途室/餐廳、廚房、儲藏室、獨立的庭院和遊戲場等。86 年 7月,作者曾到美國德州哈克蝶學校(The Hockaday School)參觀,

這是一所 K-12 的女子學校，幼稚園有獨立的空間，環境優雅，園舍為蜂巢形波浪屋頂的一樓平房，四周種植翁鬱大樹，室外綠草如茵，教室內大型的落地窗，引進自然陽光，教室圍繞著中庭大廳（兼多目的空間），室內大型的工作桌，可讓全班小朋友圍在一起作美勞，每間教室都有電腦和其他豐富的器材設備，另外還有小集合室、唱遊室、視聽中心、遊戲場……等等。89 年 4 月，到加州的拉芙諾丁小學（Ralph E. Noddin Elementary School）參觀，其幼稚園有獨立的園庭和遊戲場，教室寬敞，設一些學習區，教學和學習器材設備豐富（有電腦、洗手臺等等），室外園庭中一棵濃蔭大樹，一間遊戲屋，一片綠茵如毯的草坪，還有一處安全的現代遊戲場，給人的感覺是美國的幼教環境很務實，室外環境潔淨、安全，室內設備豐富、多樣，教師親和、認真。

歐洲先進國家，英、法、德幼兒園建築設施，也相當齊備。英國的幼兒園，通常為單層建築，重要園舍建築設施有主任教師室、職員室、管理員室、會客室、教室、音樂／戲劇室、共用空間、廚房、器材室、花園和室外遊戲場等等。法國的幼兒園，園舍建築和設施也相當齊全，包括入口／等候室、保育室、保姆室、遊戲室、更衣室／洗手間／廁所、掛衣間、臥室、調奶室餐廳、廚房、儲藏室和室外遊戲場等等。德國的幼兒園設有主任教師室、教職員室、大廳、活動室、特殊活動室（如圖書館安靜閱讀室、男童的遊戲空間）、多用途室、小團體室、廚房、儲藏室、洗手間、淋浴室、溫室和室外遊戲場等。令我印象最深刻的是，83 年 4 月到德國海德堡旅遊時，在旅館附近發現一所 Evang 幼稚園，為撰寫本書，特懇請園方教師同意讓我參觀該幼稚園，並拍幻燈片，該園以綠籬作圍牆，入口處即見一有頂棚的沙池，沙池上覆防護布，前庭幽靜的草坪上，設置幼兒遊戲的滑梯、攀爬網和爬桿，幼兒進入室內是先在衣帽間脫小外套和換鞋，教室窗明潔淨，透過彩繪大玻璃窗可以看

到前庭的草坪和遊戲場，教室內設計幾個學習區，有積木區、美勞區、裝扮區、益智區、閱讀區等，區角空間錯落有致，大方又有創意，室內動線明晰，並置數張6人一組的圓桌（2個半圓桌組成）或方桌，學習區器材豐富，其中積木區堆得高高的積木，可能是幼兒前一天得意的作品，其他學習區的器材均井然有序的置放於高雅開放的木製儲藏櫃上，幼兒可以輕易的找到他想要的器材並取用，這所幼兒園的教室，一進來給人的感覺是，它已準備好，而且歡迎幼兒的到來和使用；整個環境是溫馨、精緻、高雅、潔淨、安全，是一所父母可以完全信賴托育的幼兒園，離開該園心存感激，想到德國 Fr□ebel 首創幼稚園，時至今日，其發展成果不可不謂令人驚嘆啊！除了上述國家之外，丹麥、挪威、奧地利、義大利和澳洲等國之幼兒園設計亦各具特色，值得一併瞭解。本章將就各國幼兒園設計配置，較具有代表性和特色者，作一扼要的介紹，以供國內之借鏡與參考。

第一節

我國幼稚園的設計配置

一 政大實小附設幼稚園

園地位置：臺北市

園地面積：2,730m^2

總樓地板面積：2,412m^2

建築構造：RC 造，四樓

興建預算：44,002,000 元

完工時間：民國 88 年 9 月

該幼稚園自民國 49 年開辦即以愛的教育為基本精神，民國 70 年 8 月更積極推動開放教育理念。園校舍即採開放空間之設計，室內以活動櫃區分為畫到、探索、益智、操作、美勞、展示區。

大樓造型融合圓弧線條與幼教「寓教於樂」之精神，採用高音譜記號之造形。大樓外觀與鄰棟政大女生宿舍協調，採用藕荷色為基本色，外牆色帶鑲嵌紫色玻璃馬賽克，穿堂廊柱與半弧形屋簷配暗紅色，柔和中透著些許活潑的意味。

大樓各樓層空間配置，一樓配置多功能活動室、攀岩活動室、園主任辦公室、警衛室及廁所等。二、三樓為中班及大班之教室、室內為畫到、探索、益智、操作、美勞、展示、生活區，另有一間視聽室、教具教材室，以及廁所；室外露臺為自然科學區，供幼兒養殖與觀察。四樓配置教師研究室、會議室、親子諮商室及儲藏室。戶外活動區，有樹屋區，可供幼兒攀爬、探索與眺望。沙地、

水池區，沙地四周圍以波浪形之矮牆，水池之水底鋪鵝卵石，供幼兒嬉戲。體能活動區，利用建物四周空地分散配置鞦韆、平衡木、蹺蹺板等體能設備。藝術牆與表演劇坊均為實小張麗華老師所精心設計，並協同實幼小朋友、老師、愛心家長製作陶板，協力完成。中庭鋪上止滑地磚，並加導盲磚與行動不便者坡道，以利幼兒與行動不便者通行。新大樓與舊有廚房之間的草地，設計成丘陵斜坡狀，供幼兒奔跑、跳躍、打球、滑草（參見圖73）（井敏珠，民89）。

益智區提供豐富多樣的益智遊戲，底下的儲藏櫃有好幾層，可活動拉出，右邊揭示板也可活動拉出，各層獨立且具有不同樣式，可增添隔間趣味。

室內攀岩場運用電氣室加以改裝，是幼兒大肌肉運動場域，隱藏在攀岩板下的電氣開關，幼兒不易發覺，您看得出來嗎？

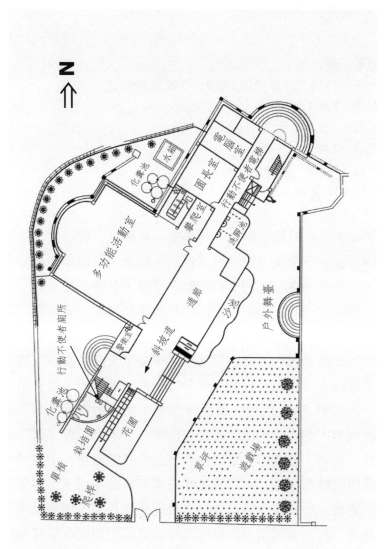

圖 73：政大實小附設幼稚園設計配置圖
資料來源：政大實小附設幼稚園

二 南海幼稚園

園地位置：臺北市
幼兒人數：13 班（含特殊班 2 班），340 名幼兒
園地面積：3,944 m²
樓地板面積：3,301 m²
庭院面積：2,813 m²
建築改造：RC 造，三樓
完工時間：民國 79 年 11 月

南海幼稚園設有視聽戲劇室、圖書室、美術室、體能室、探索室等五大學習區。行政區方面，有總務室、警衛、健康中心和廚房位於一樓，園長室、會議室和資料室則在三樓。教室方面，有十二間教室，二間教室一組，中間前半部分為教師日常用的資料室，後半部分為共用之室內廁所；教室空間布置，右教室以牌樓型式表現，牌樓上為午睡場所，下面為用餐及工作場所；左教室則以抽象化之自然環境為主，將教室分為兩部分，一部分舖地板，便於戲劇類活動，一部分鋪 PVC 地板，便於音律類活動和用餐。此外，庭院方面，前院有大動作活動區，區內有曲橋、小木屋、瞭望臺、木製遊樂器材、木塔、四周可噴水之游泳池兼室外遊戲場、天然草地之操場以及植有桂花、梅花、桃花等的花臺和室外用廁所；仿造為天然形式的池塘，不僅配以岩石瀑布、小石桌和花架，周圍更輔以柳樹、曲橋等，代表我國南方的庭院景象；庭院中間則以城牆為背景，再配以涵洞的小丘坡和北方的松樹，襯托出北方的風味；池狀曲線的沙坑中間有兩座原木亭和曲橋，配以椰子樹，呈現出南臺灣的風貌，而中國人喜愛的涼亭更使沙池饒富人文氣息；烤肉區設在

樹蔭下，烤肉架做成矮小中式爐架，使幼兒感受早期的生活趣味。

　　該園環境特色，主要在呈現「家」的感覺，設計有安全感的環境，提供社會情緒發展的環境，並有足夠的活動設施提供大肌肉和小肌肉的發展，而造紙區和編織區、庭院的綠化活動區、種植區和家禽區等，也都讓幼兒有豐富的直接經驗，同時是最早設有無障礙設施的幼稚園，讓行動不便兒童和一般兒童一樣，有相同的機會與環境互動。更重要的是，南海幼稚園設計了從本土到多元文化的生活空間，例如教室設計，十二間教室有六組文化環境，分別為中國、日本、東方、北歐、南歐和阿拉伯（中東）文化，每兩間教室呈現一文化體系，教室的欄杆或牆呈現各文化特色的造形，地板則根據該區文化的自然環境特徵作地面的抽象化表現，例如將日本島國設計成水波浪狀的複式地板；較單調的阿拉伯沙漠設計成沙丘狀；中國設計成庭園；在南北歐方面，為了表現其沼澤山岳的地形，均以活動的圓形積木自由排列疊放，嵌入地面；在東方文化方面，由於它以北方為代表，則自由使用活動式的各種幾何造型，以代表各類地形（漢菊德，民87）（參見圖74）。

具希臘神殿色彩的活動室，上、下二層空間，提供幼兒活動、午睡之用，給幼兒一個「家」的感覺。

後院的園庭，有隧道、草坪、小橋、流水、噴泉，
在幼兒的原住民和獨木舟裝飾下，甚具童趣。

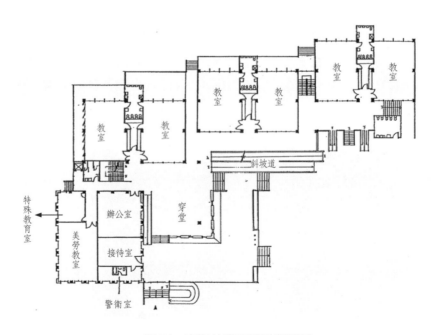

圖74：南海幼稚園設計配置圖

資料來源：幼稚園空間因應幼教理念轉變之研究，朱沛亭，民82，第107頁。

三│小豆豆幼稚園

園地位置：高雄市
園地面積：3,154.15m²
建築面積：1,018.80m²
樓地板面積：1,828.74m²
建築構造：RC 造，二樓
興建總價：8,850,000 元（含水電、裝修）
完工時間：民國 83 年 8 月

基地北側面臨 40m 計畫道路，東側面臨尚未開闢之 10m 計畫道路。面臨 40m 道路部分因道路拓寬後被拆除剩餘之畸零地建築所阻擋，且基地內尚有一日據時期之舊建築物及數棵老樹必須保存。因此本基地主要出入口僅剩道路東北角之交接處，故可供設計部分為一不規則之基地形狀。該園計畫構想如下（*陳啟中，民 86*）（參見圖 75）：

㈠配合基地之不規則形狀及保留地，建築物以六角形做為基本單元，做整體之配置延伸規畫，以打破傳統之方形建築物設計，並且可塑造出兒童學習環境之多樣趣味性。

㈡建築物之室內中庭及戶外庭園做互相銜接之配合設計。室內中庭可提供做雨天之活動及兒童表演場所之用，且室內中庭與教師迴廊間之空間尺度，可塑造出兒童親密的人際學習關係及交流空間，另外，戶外庭園則配合舊建築物及老樹之存留而設計，可提供作為兒童之戶外遊戲區及大自然之學習成長空間。

㈢建築物造形採用城堡式之設計，利用樓梯間做天際線之變化轉承，並且採用高明度及高彩度之水泥漆做色彩之搭配分割設計，

以塑造出建築物之活潑性。

　㈣全區無障礙環境及安全化設施之設計，以保障兒童之活動安全。

　　1.走廊轉彎處設計突出地面之圓形基地，以避免兒童跑動時之衝撞。

　　2.轉角處均採用 PE 包墊保護，以避免兒童活動時造成撞傷。

　　3.樓梯採塑膠地板，地板採用 PE 防火、防滑塑膠地磚，以供兒童行走時之止滑之用。

　　4.樓梯及二樓欄杆配合大人及兒童之尺寸，做雙重欄杆之設計，以保障兒童之使用安全。

　　5.一樓全區採無障礙坡道之設計，以保障兒童之活動安全。

小豆豆幼稚園鳥瞰圖

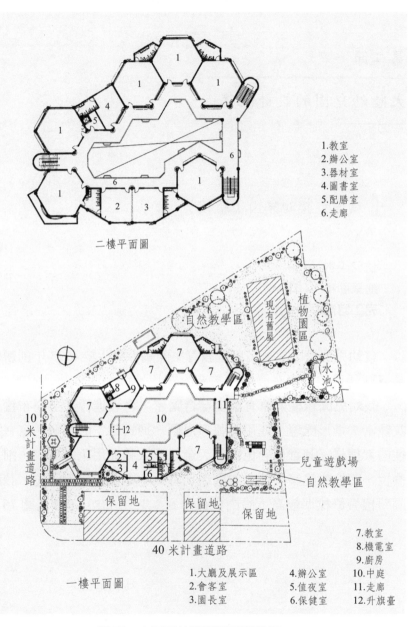

1.教室
2.辦公室
3.器材室
4.圖書室
5.配膳室
6.走廊

二樓平面圖

一樓平面圖

1.大廳及展示區　4.辦公室
2.會客室　　　　5.值夜室
3.園長室　　　　6.保健室

7.教室
8.機電室
9.廚房
10.中庭
11.走廊
12.升旗臺

圖 75：小豆豆幼稚園設計配置圖

資料來源：高雄小豆豆幼稚園，陳啟中，民 86，第 194-196 頁。

第二節

大陸幼兒園的設計配置

一 南京鼓樓幼兒園（新樓）

幼兒人數：4 班
建築面積：1,200m²
完工時間：1988 年

　　該幼兒園是已故著名兒童教育家陳鶴琴先生於 1923 年創辦的，為適應幼兒教育事業發展的需要，在用地南面增建幼兒園新樓。

　　該幼兒園新樓與原有環境結合緊密，合理進行了空間布置，層次豐富。造形處理上運用圓弧形母題、通透架空的門廳、富有裝飾性的大樓梯、圓錐形彩色玻璃天窗以及大膽運用色彩構成，創造了愉悅、明快的建築個性。空間親切宜人，充滿了兒童情趣。該幼兒園新樓裝修標準較高，層高稍低（黎志濤，民 85）（參見圖 76）。

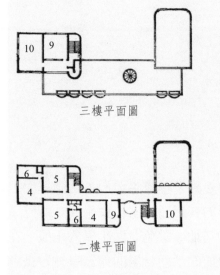

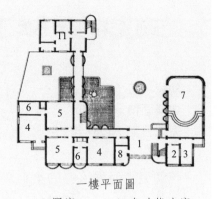

三樓平面圖

二樓平面圖

一樓平面圖

1. 門廳　　　　7. 多功能大廳
2. 醫務室　　　8. 值班室
3. 隔離室　　　9. 辦公室
4. 活動室　　　10. 教室
5. 臥室　　　　11. 廚房
6. 衛生間

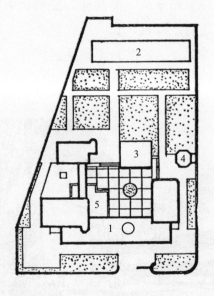

總平面圖

1. 新教學樓
2. 舊教學樓
3. 陳列館
4. 花房
5. 戲水池

圖 76：南京鼓樓幼兒園設計配置圖

資料來源：**托兒所幼兒園建築設計**，黎志濤，　民 85，第 109-110 頁。

二 | 杭州採荷小區幼兒園 |

幼兒人數：7 班
建築面積：1,473m²
完工日期：1987 年

　　該幼兒園通過流暢的水平交通外廊來聯繫半環形各活動單元，條形服務用房和供應用房以及圓形的音體活動室，使平面功能分區明確、交通便利，並利用了狹小的基地，避免北面小學的干擾。在室外空間處理上，以平面佈局所形成的半圍合空間作為室外遊戲場地，在音體活動室下部架空處設置戲水池，而端部的旋梯產生點綴和強化幼兒園氣氛的作用。在色彩上採紅、黃、白三種色調，配以綠化和小品，顯得生動活潑（*黎志濤，民 85*）（參見圖 77）。

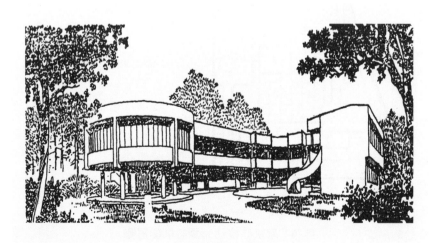

入口透視

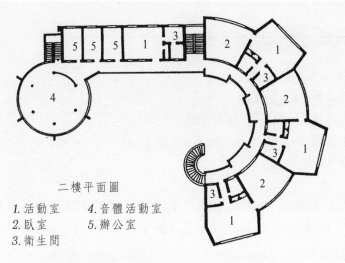

二樓平面圖

1. 活動室　　4. 音體活動室
2. 臥室　　　5. 辦公室
3. 衛生間

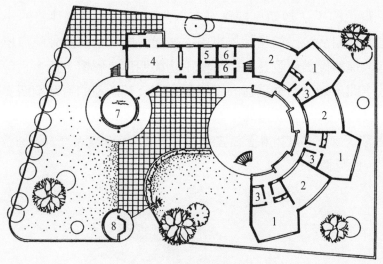

一樓平面圖

1. 活動室　　4. 廚房　　7. 戲水池
2. 臥室　　　5. 洗衣　　8. 傳達室
3. 衛生間　　6. 廁所

圖 77：杭州採荷小區幼兒園設計配置圖

資料來源：**托兒所幼稚園建築設計**，黎志濤，民 85，第 113 頁。

三 大陸北方六班幼稚園

幼兒人數：6 班，180 人
建築面積：1,746m²，園地面積：2,724m²
每生面積：15.13m²，活動室：每間 91m²
音體活動室面積：121m²

本設計案參加 1991 年大陸「全國幼兒園建築設計方案競賽」，在 924 件參賽方案中（得獎作品 100 件：一等獎 3 件，二等獎 15 件，三等獎 32 件，鼓勵獎 50 件），脫穎而出，獲得二等獎。本方案以兒童化的手法為幼兒創作既有敦煌特色又具兒童性格的小天地。建築造型活潑，如童話故事中的城堡。內部空間及外部環境的處理以敦煌的優美傳說為主題。使用功能明確，聯繫方便。入口區的開敞空間、幼兒活動室區的半開敞空間及輔助區的封閉空間變化豐富，互無干擾。音體室居中設計，考慮了多功能廳的作用，以提高使用率（*國家教育委員會計畫建設司和東南大學建築設計研究院，1991*）（參見圖 78）。

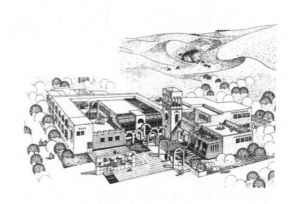

鳥瞰圖

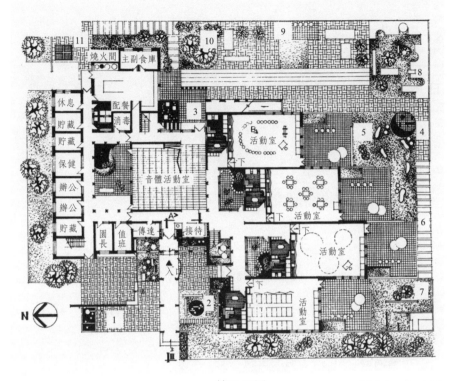

一樓平面圖

總平面

1. 九色鹿壁畫　　7. 小迷城
2. 七色彩虹　　　8. 星星谷
3. 海市蜃樓　　　9. 器械活動場
4. 鳴沙月牙　　　10. 葡萄園
5. 石駝隊　　　　11. 小飼養園
6. 小絲網路

圖 78：大陸北方六班幼稚園設計配置圖

資料來源：**幼兒園建築設計圖集**，國家教育委員會計畫建設司和東南大學建築設計
研究院，1991，第 22-23 頁。

第三節

日本幼稚園的設計配置

一| 名倉學園愛心幼稚園

園地位置：東京都‧豐島區‧目白
幼兒人數：3 班，105 人（3 歲 35 人、4 歲 35 人、5 歲 35 人）
園地面積：735m²
建築面積：300m²
樓地板面積：581m²
建築構造：RC 造，地上三層
完工日期：1999 年 11 月

　　愛心幼稚園位於東京高級的住宅區當中，學校改建的目的，一方面為原有建築已經老舊，而另一方面則為旁邊有東京高速公路經過。雖然住宅區相當安靜，但高速公路所產生的的噪音對學校確有影響；加上幼稚園周邊新蓋的住宅大樓與商業大樓，造成學校的建築相對矮小，需要特別強調日照採光。

　　幼稚園畢業生的家長表達出希望能保留園地中舊有的樹木，因此平面空間計畫中最重要的是保有位於校舍中心的椎木樹。第二個設計的重點是為所有的空間規畫良好的採光。校舍雖然不大，但運動場面積卻有 400m²。為了實現這兩個條件，建築師規畫校舍採用

I 字型設計，並且只興建二層樓。

　　幼稚園行政中心位於最接近高速公路的地方，因為園舍安全防護很重要，加上家長接送區規畫於運動場附近，因此一樓導師辦公室的窗戶旁邊有櫃子，一方面便於老師觀察到校園中的情況，另一方面也有助於老師與家長的交流溝通。二樓的辦公室有會議室及小間的談話室，可以供導師與家長進行個別較隱私的對話。3 歲保育室在一樓，4、5 歲保育室在二樓，中間有一「遊戲空間」。一樓園舍中心是遊戲室，遊戲室規畫為多目的空間，採用活動隔間設計，可隨需求調整空間大小，遊戲室的階梯亦可作為收納的空間。二樓保育室旁邊有溜滑梯，幼兒若要到一樓遊戲室活動時，可以用溜滑梯到達。遊戲室旁邊有放兒童繪本的多目的教室，同時也可以提供家長委員開會使用。白天幼兒結束課程後，遊戲室也提供父母做為托兒的安親空間，空間的大小可以依需要進行調整。二樓 5 歲幼兒保育室採用圓弧穹頂的設計，教室設有天窗並利用玻璃強化採光，加以二樓保育室南側設置陽臺，除可增加視覺的寬敞感受外，更可與 4 歲幼兒保育室形成一體感。二樓的陽臺採用木製，如此可以製造較為涼爽的感覺。該園設計了多樣的儲藏空間，以因應季節之需道具的儲藏，如遊戲室舞臺底部可拉出很大的儲藏空間，舞臺後側還可以收藏椅子、兒童繪本書，多目的室地板下有儲藏空間，教師辦公室樓上有小房間可收納衣物等等（*建築思潮研究所，2003*）（參見圖 79）。

二樓5歲幼兒保育室的圓弧穹頂利用玻璃強化採光，更可與4歲幼兒保育室形成一體感。

一樓遊戲室舞臺底部可拉出很大的儲藏空間，舞臺後側還可以收藏椅子。

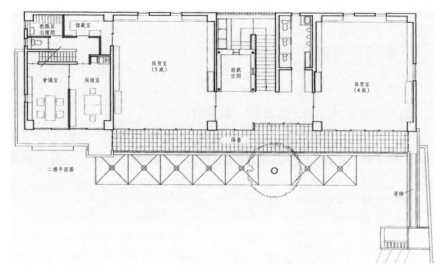

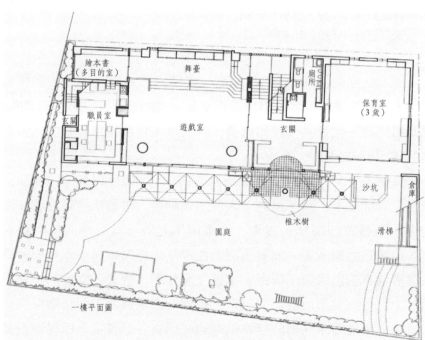

圖79：名倉學園愛心幼稚園設計配置圖

資料來源：**建築設計資料**91：**保育園・幼稚園**3，建築思潮研究所，2003，第126-129頁。

二 龜場幼稚園

園地位置：熊本縣・本渡市・龜場町

幼兒人數：4 班，90 人（4 歲幼兒 39 人，5 歲幼兒 51 人），最大容量
　　　　　140 人
園地面積：4,019m²
建築面積：983m²
樓地板面積：862m²
建築構造：RC 造，屋根為鐵骨造
興建總價：164,350,000 日圓
完工日期：1991 年 4 月

　　龜場幼稚園於昭和 49 年開園，當時由舊龜場小學的木造校舍
轉用，後因建築物破舊、環境設備不足，因此移到離原來地方200m
處重新建築。代替兵舍型的舊舍，新舍以保育環境來養育創造力豐
富的孩子們為目標。

　　該園現有 90 名幼兒，4 個班級，將來可增加到 140 名，4 個班
級。配置計畫上，為了得到一大塊的運動場，儘量把建築物放在用
地形狀不整齊的部分。首先，沿著用地北邊，以東西向排列保育
室，而讓它面對南邊。面對國道的西邊空地作為職員停車場與營養
午餐搬運車的出入口，與保育室區完全分隔。接著，園兒的接送方
面，大部分的父母用自己的汽車，原則上園職員面對面將園兒交給
父母。從南邊道路的暫時停車位經過正門到各保育室入口保留很長
的「尾部空間」。因向南邊的園舍裡，保育室的環境受操場或公用
走廊噪音的影響，因此保育室與公用走廊之間，設置中庭隔開。中

庭功能可增進保育室的通風及採光，同時因為是半室外空間，所以可用於多元的活動。不過中庭裡面，因為設置玩水池與烏龜池等，變成受園兒歡迎的場所，保育室的環境難免受影響。

因為用地是田地的填築地，所以屋頂採鐵骨造，以減輕重量。只有職員室有空調，各保育室天花板有電風扇，冬天有暖爐，內部設置廁所，園舍以天花板與採光創造多樣化空間，如保育室採用天窗與四角錐台形天花板，遊戲室採用高窗設計，開放走廊則採用船底天花板。園兒把該所幼兒園叫「迷路」，因為這建築物有迴游性而且建築物的中心有偏差。此外，這一群建築物的存在感與周圍的田園環境連接，而令人聯想到小部落（*建築思潮研究所，1995*）（參見圖80）。

觀看船底天花板的開放式走廊與中庭，以及保育室入口。

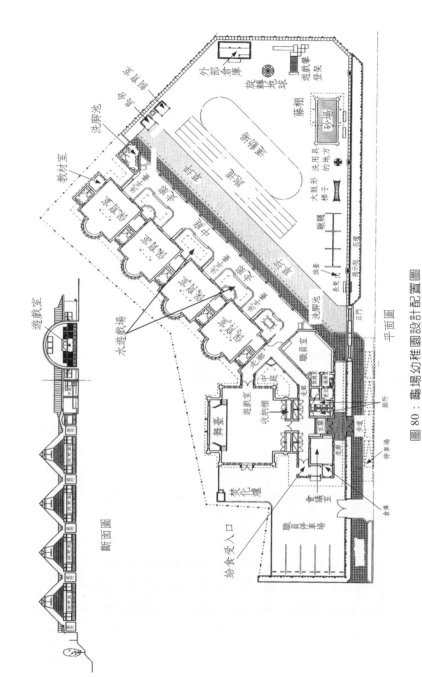

圖 80：龜場幼稚園園設計配置圖

資料來源：建築設計資料 51：保育園‧幼稚園 2，建築思潮研究所，1995，第 151-157 頁。

三 愛知太陽幼稚園

園地位置：愛知縣・愛知郡・長久手町

幼兒人數：8 班，233 人（3 歲幼兒 35 人，4 歲幼兒 87 人，5 歲幼兒
111 人）

園地面積：2,937m^2

建築面積：523m^2

樓地板面積：859m^2

園室面積：保育室 520m^2（65m^2×8 間）　　職員室 27m^2

　　　　　　遊戲室 100m^2　　　　　　　　　保健室 12m^2

　　　　　　圖書室 20m^2　　　　　　　　　配膳室 17m^2

　　　　　　製作室 20m^2　　　　　　　　　浴室 11m^2

建築結構：RC 造，地下一樓，地上二樓

興建總價：115,000,000 日圓

完工時間：1982 年 8 月

　　建築的目的，園主期望能培育出：(1)會自己思考，自己行動的
人；(2)重視體貼與溫柔的人；(3)不會失去健康的身體與開朗的人。
該園以「自由保育」為目標，與園兒一起學習成長，並在自然中，
實行以自然為教材，與自然共生而成長的自由保育。

　　園地位置，在離東名高速公路名古屋出入口往東邊兩公里的地
方。這地區曾保持很豐富的綠地，惟因開發事業而剝奪大部分的綠
地。本計畫（建立幼稚園）是以如何從開發計畫來保留山林為目標
而開始的，並成功地留下用地一半的山林，這決定幼稚園的各方面
目標與原則。

　　當初園地中央有超過 6m 的小丘，南邊一半是山林，從西北角

往東邊延伸部分有扇形的空平地，所以扇形計畫自然被採用。每一棟園舍獨立建造，中間設通路（一樓、二樓共大約 $150m^2$），作為通風與孩子們的嬉戲玩地。面臨南邊的曲形陽臺，保留很廣的空間，並鋪上木板，以聚集幼兒人氣。

在園地中央部分有小丘，所以父母必須要爬山、過天橋才可以進入教師辦公室。園地一半的山林很有生命力，因此園長與老師們每天像戰爭一樣，而在這樣環境中長大的孩子，更有生命力。

每一個建築物各自獨立，所以基礎要採雙重式，且很堅固。設備方面，冬天置暖氣是必要的，夏天則不須冷氣。利用獨立建築物之間作通路，無論晴天或夏天，此結構皆帶來很大的舒適，下雨時，還可兼作幼兒們的遊樂場（建築思潮研究所，1985）（參見圖81）。

孩子們在廊道前戲水池玩得很開心、很有精神。

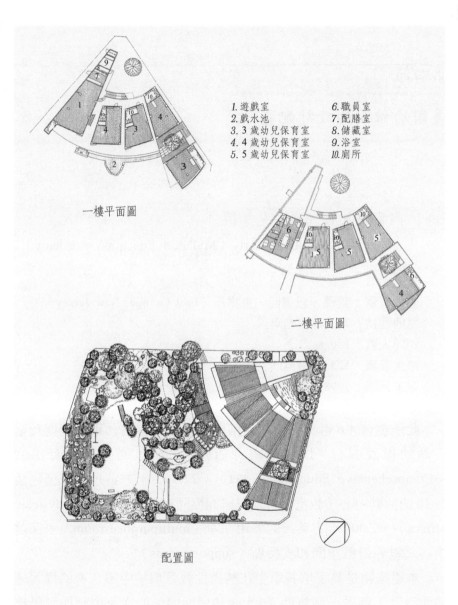

1. 遊戲室　　　　　6. 職員室
2. 戲水池　　　　　7. 配膳室
3. 3 歲幼兒保育室　8. 儲藏室
4. 4 歲幼兒保育室　9. 浴室
5. 5 歲幼兒保育室　10. 廁所

一樓平面圖

二樓平面圖

配置圖

圖 81：愛知太陽幼稚園配置圖

資料來源：**建築設計資料 10：保育園‧幼稚園**，建築思潮研究所，1985，第 161-166
頁。

第四節

美國幼稚園的設計配置

一│ 阿爾夕兒吉勃遜幼兒學園
（The Althea Gibson Early Childhood Education Academy）

園地位置：美國‧紐澤西‧東橘郡（East Orange, New Jersey）
園地面積：22,500 平方英尺
幼兒人數：180 人
每生面積：125 平方英尺
完工日期：1998 年 12 月

　　此所價值 4.6 百萬美元的幼稚園是設計來容納幼稚園前期及全
日制幼稚園課程，以響應紐澤西州 1996 年的綜合教育法案
（Comprehensive Educational Act）。22,500 平方英尺的設施包括
有 10 個活動中心（教室）、幼兒研究協同辦公室（child-study team
offices）、2,000 平方英尺的多用途室（multipurpose room）、保健
中心、室外遊戲空間和支援區（support areas）。

　　本建築物是為了培養學生在結構性教育環境中第一次的學習經
驗而設計，創設一個幫助 4～5 歲幼兒能輕鬆的從家中轉換到學校
的環境，每一對活動中心由一個說故事區及洗手間組成，以提供每
位幼兒一個局部的區域。建築物的彩色磚砌樓塔、鮮明的彩繪、外
露的結構及機械系統是設計作為教學的工具，自然光藉著天窗及聚

光井透到教室裡及迴廊間。

　　學校內部基地的安排，為對周遭事物害怕的學生提供一個安全樂園的感受。無法到達外界的室外遊戲場，策略性的設離任何街道，並由建築物及一個具有吸引力的鐵製圍籬提供庇護（*American School & University*, 1999）（參見圖82）。

幼兒活動室　　　　　　　　　　　多用途室

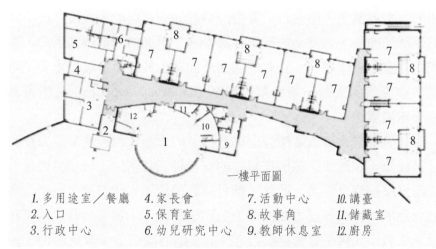

一樓平面圖

1. 多用途室／餐廳	4. 家長會	7. 活動中心	10. 講臺
2. 入口	5. 保育室	8. 故事角	11. 儲藏室
3. 行政中心	6. 幼兒研究中心	9. 教師休息室	12. 廚房

圖82：阿爾夕兒吉勃遜幼兒學園設計配置圖

資料來源：*American School & University*, 1999（November）, *72*(3), pp.28-29.

二 芝加哥的學前學校（Preschool in Chicago）

園地位置：美國‧伊利諾州‧芝加哥（Chicago, Illinois）
園地面積：24,000 平方英尺
完工日期：1999 年

　　該校位於南芝加哥的郊區，主要收受 3 個月至 5 歲的幼兒，並設置全日托中心，亦接受課後安親班。該校完成的主因是幾個非營利組織的努力，較為著名的是私立哈利基金會（the private Harris foundation）、芝加哥公立學校系統以及伊利諾州政府。此一計畫讓當地的孩子擁有更多的空間，並且成為美國較不富裕社區的教育典範。

　　學校設計圖相當清晰、簡易，對使用者和參觀者亦十分容易理解。教室配置在園舍方形平面的外框，內部空間設置一座可自由使用的大型遊戲場。園舍每一翼由一系列的教室組成，並設計成不同的形狀和顏色，以便易於區辨。園舍方形平面的角落做為入口，不同的教室以走廊連結，且有門通到外面。由於遊戲區域很重要，可從教室直接進入的一系列景觀露臺（landscaped patios），沿著教室外牆設置。

　　室內或室外遊戲區都最應重視孩子的安全，因校地鄰近公路和公寓建築，因此要仔細研究學校的安全性和私密性，最後整體綜合設施構築柵欄來保護。此外，器材以教學觀點來作選擇，而園舍內部白色的灰泥與外部木頭油漆上色形成對比，木質家具若以明亮和原色來裝潢，孩子會覺得較親近（Asensio, 2001）（參見圖83）。

園舍的主要出入口由小型的引導區引向大型的接待域,方便
父母在此接送幼兒,大型的天窗提供大量的自然光。

幼兒在教室的時間最多,他們應擁有一個特別的聚集區域;在教室
的一端通向小型的私人花園,另一側則是通往庭院的走廊。

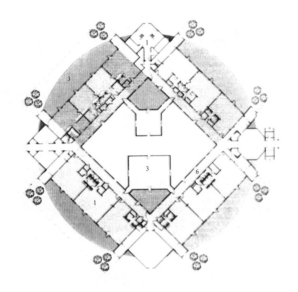

1. 教室   4. 私人花園
2. 入口   5. 盥洗室
3. 庭院   6. 走廊

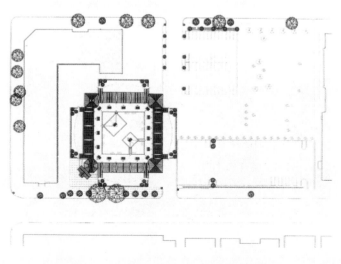

圖 83：芝加哥的學前學校設計配置圖

資料來源：*Kindergarten Architecture*，P. Asensio，2001， pp.54-55、57.

第五節

英國幼兒學校設計配置

一| 白袖史托克幼兒學校（Bishopstoke Infants School）

校地所在：英國・漢普郡（Hampshire）
完工日期：1989 年

　　該園高聳的屋頂，形成社區的焦點，並帶來視覺上的刺激。連續帶狀式的玻璃屋頂，為面向南面的教室及共同廣場帶來了光亮。由斜坡道和樓梯連結至低半個樓層的共同廣場及大廳，以及高半個樓層的教室和行政辦公室。牆壁是由大量繁雜的磚頭彩繪工作築成，牆椽和棟樑在內部全部揭露（*Moffett, 1993*）（參見圖84）。

孩子們喜歡他們的學校，其設計意味著有趣及好玩。

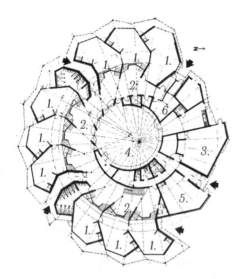

平面配置圖

1. 教室
2. 共同場地
3. 音樂及戲劇室
4. 大廳
5. 交誼廳
6. 管理員室

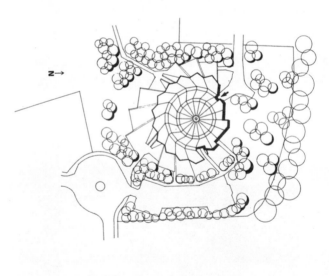

基地配置圖

圖84：白袖史托克幼兒學校設計配置圖

資料來源：*The Best of British Architecture 1980 to 2000,* N. Moffett,1993, pp. 134-135.

二| *彼得斯腓爾德幼兒學校*（Petersfield Infants School）

園地位置：英國‧漢普郡（Hampshire）
完工日期：1986 年

　　這一棟維多利亞式的建築物為了結合對幼兒最佳教學方式的構
想而改建。本校致力於建造一個適合 5 歲的幼兒並吸引這些孩子的
內部環境，基本的色調及玩具式的樣貌處處可見。一個全新的玻璃
入口大廳為主要階梯帶來突出及良好的光線。這階梯引導至一個新
的夾層，此夾層包括有四間教室和一個屋頂遊戲球場（roof play
court）。教師辦公室和職員室位於光線良好的開放地下室（*Moffett,
1993*）（參見圖 85）。

南向外觀

南向外觀

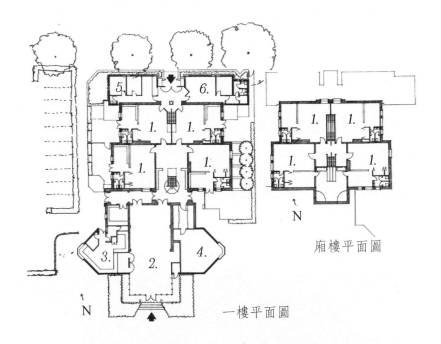

廂樓平面圖

一樓平面圖

1.教室 4.音樂／戲劇室
2.大廳 5.首席教師室
3.廚房 6.職員室

圖85：彼得斯腓爾德幼兒學校設計配置圖

資料來源：*The Best of British Architecture 1980 to 2000,* N. Moffett, 1993, pp.132-133.

第六節

法國幼兒園的設計配置

一 巴黎近郊潘丹保育院

園地位置：法國‧巴黎

幼兒人數：100人

建築面積：1,130m^2

整地後空地面積：2,090m^2

建築容積：4,756m^3

樓地板總面積：1,130m^2

　　　　　　　（遊戲、學習、臥室32%；附屬室35%；機械室12%；
　　　　　　　母親諮商所21%——含各部分通路）

　　此保育所配置於帶狀的六樓住宅群中央。保育所包括嬰兒托兒所、幼稚園、孕婦指導所及短期幼稚園。特殊的經濟財團經營此幼稚園及嬰兒托兒所（*集文社譯，昭和61*）（參見圖86）。

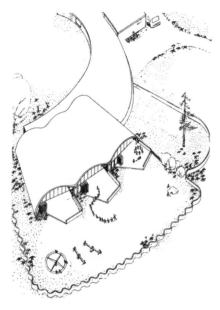

a.管理部分
　・調奶室
　・廚房
　・儲藏室
　・職員餐廳
　・冷藏室
　・手推車存放處
b.幼稚園
　・入口／等候室
　・保育室
　・保姆室
　・更衣室／
　　洗手間／廁所
　・掛衣間
　・平臺
c.短期幼稚園
　・入口／等候室
　・保姆室
　・臥室
　・遊戲室
　・更衣室／洗手間

d.孕婦指導處
　・等候室
　・保姆室
　・洗手間／廁所
　・脫衣室
　・醫務室
　・穿衣室
　・X光室
　・助理室
　・嬰兒車寄放處
e.嬰兒托兒所
　・入口大廳／等候室
　・保姆室
　・遊戲室
　・1-2歲兒童臥室
　・0-1歲兒童臥室
　・更衣室／洗手間
　・更衣室
　・嬰兒車寄放處

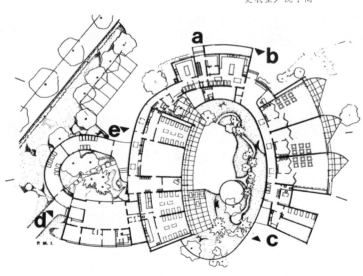

圖 86：巴黎近郊潘丹保育院設計配置圖

資料來源：e+p4：子供のための建物，集文社譯，昭和 61 年，第 46-47 頁。

二　薩克鎮幼兒園

園地位置：法國‧紀龍德波當

　　該幼兒園平面以四個活動室圍繞面向內院的中心遊戲室，形成對稱布局。活動室由設在遊藝室周圍的通道連接。通過構圖的變化及虛、實結合的牆壁使通道富於動感，充滿生氣。而通道的圓形或直角部位又使空間逐漸加大，擴大了視野，提高了採光率。每個活動室的空間由一塊曲形牆面和一塊直角形牆面組成：曲形牆面或虛或實，朝向通道；直角形牆面朝向室外為室內提供自然光。食堂、服務間等附屬用房按對稱形式布置。中心遊戲室通過帶頂庭院與室外連接。充足的光線，園內各部位簡單明快的銜接，構成了該幼兒園的建築特色（黎志濤，民80）（參見圖87）。

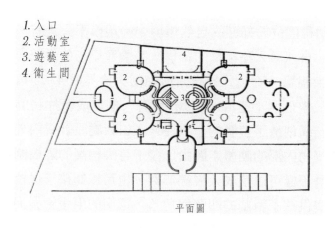

1. 入口
2. 活動室
3. 遊藝室
4. 衛生間

平面圖

圖87：薩克鎮幼兒園設計配置圖

資料來源：托兒所幼稚園建築設計，黎志濤，民85，第147頁。

第七節

德國幼稚園的設計配置

一│ 尼格雷特幼稚園（Neugereut Kindergarten）

園地位置：德國‧司徒加（Stuttgart, Germany）
設計容量：60 名學前幼兒
校舍面積：教室 136m^2，儲藏室 9m^2
建築材料：鋼和木樑結構，平射瀝青屋頂
興建總價：432,000 馬克
完工時間：1977 年 7 月

　　這所幼稚園位於郊區的自然環境中，規模不大，有一座養護良好的花園，自然融入建築物的結構，該園建築物的形貌與其基地及構造有極大相關。直角式的幾何形範圍與邊界成 45 度角，有趣的角落遍佈於整個內部空間。每隔 4m 有一個切成薄片狀的橫樑，此單一主要結構創造了整體的一致性。入口大廳設計成內外部的轉換空間，建築物內部的團體空間由比孩子身高稍高的隔板圍繞而成，這樣的設計不僅可以讓成人視線無礙，也可以為孩子保持隱私性。外部圍牆提供孩子隱蔽的凹壁與角落，透明的雨水管與涓涓細流的水池安置在靠近活動空間的高臺（並非只是遙不可及的裝飾物），如此一來，維持了與自然的緊密接觸，這樣的建築很快地為孩子們所瞭解（Dudek, 2002）（參見圖 88）。

團體室的自然材質與構造，搭配互補的家具，提供了一個溫暖和諧的環境。

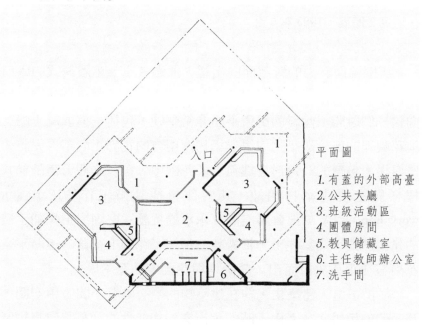

平面圖

1. 有蓋的外部高臺
2. 公共大廳
3. 班級活動區
4. 團體房間
5. 教具儲藏室
6. 主任教師辦公室
7. 洗手間

圖 88：尼格雷特幼稚園配置圖

資料來源：*Kindergarten Architecture*（2nd ed.），M. Dudek，2000，pp.208-209.

二| 依克漢舒幼稚園（Eckenheim-Sud Kindertagesstatte）

園地位置：德國·法蘭克福市（Frankfurt, Germany）

設計容量：60 名學前幼兒（3～6 歲）空間以及 40 名學齡兒童課後輔
　　　　　導空間

園舍面積：教室／活動區域 264m^2、儲藏室 50m^2、總區域 1,020m^2，
　　　　　每生面積 10.2m^2

園庭面積：1,918m^2

建築材料：混凝土之石造牆，鋼和木頭的屋頂結構，鋅和瀝青的覆
　　　　　蓋屋頂

建築總價：2,900,000 馬克

完工時間：1993 年 6 月

　　該園強而有力的背部面向街道。通過狹窄、半隱藏式的入口，
一個安全無虞的「愛麗斯夢遊仙境」（Alice in Wonderland）世界
向孩子們展開。傾斜的街道平面非常堅硬，包括一道混凝土牆；伸
進花園裡的部分建築物使得建築物西南方的花園正面不再完整。一
座白楊木包覆的八角形塔樓孤立於花園中，以一座採天窗階梯式的
樓梯與主要建築物相連，其內部包括藝術工作坊（art studio
workshop）以及二樓會議空間。水平的折疊式堅固屋頂彌補了破碎
的建築形式，傾斜往上，橫過教室創造了花園上覆蓋的連結平臺。
花崗石從平臺放射而出，緩降地與花園中的草木融為一體。

　　從街道進入建築物，約在建築物的中心處有一間公用空間，是
孩子們的用餐室或者雨天時的美術室。功能性的計畫將建築物區分
為二區，幼稚園在入口大廳左側，托兒所在另一側，開放與非正式
是貫穿整棟建築物的精神。自成一區的教學空間與較小幼童教室設

於校地一隅之內部長廊。幼稚園的教室每間區隔為開放遊戲區（open play）與安靜區（quiet play）兩部分，每一區皆有洗手間，由長廊可進入。雖然洗手間位於內部，但藉由循環的屋頂光線達到通風的效果——五顏六色、循環的屋頂陽光是迴盪在內部長廊的主題。長廊在盡頭——可以透視花園的安靜空間處輕輕地轉彎。

　　一間圓形的、多功能的大廳位於入口處正左方，父母親可以在此處與教職員晤談或者接送小孩。週末時，這間大廳是學校唯一對外開放的空間。托兒所藉由一條寬廣的走廊與入口連接，這條走廊環繞著校地前方開放側邊。依建築師原始意向，托兒所遊戲區要完全對長廊開放，玻璃窗從花園借來光線。兩層樓的托兒所自修空間是唯一高於主要屋頂的空間，由街道望入，這意謂著較年長的孩子們擁有愈來愈多的自主權，他們要面對外在世界的挑戰。這是一棟綜合不同的日本建築主題的建築物，但因地制宜形成輕鬆、以兒童為中心的社區（*Dudek, 2000*）（參見圖89）。

支撐懸桁屋頂和園庭中的塔樓

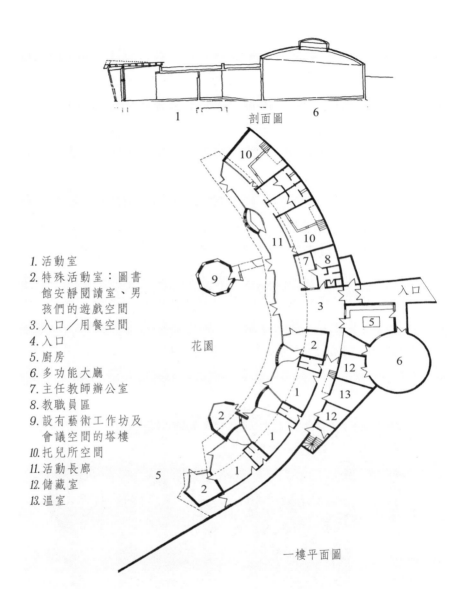

1. 活動室
2. 特殊活動室：圖書
   館安靜閱讀室、男
   孩們的遊戲空間
3. 入口／用餐空間
4. 入口
5. 廚房
6. 多功能大廳
7. 主任教師辦公室
8. 教職員區
9. 設有藝術工作坊及
   會議空間的塔樓
10. 托兒所空間
11. 活動長廊
12. 儲藏室
13. 溫室

圖89：依克漢舒幼稚園配置圖

資料來源：*Kindergarten Architecture*（2nd ed.），M.Dudek，2000，pp.176-178.

三 魯金斯蘭得幼稚園（Luginsland Kindergarten）

園地位置：德國‧司徒加（Stuttgart, Germany）

設計容量：56 名學前幼兒

園舍面積：教室／活動區域 150m^2，儲藏室 8m^2，總區域 317m^2，每
生面積 5.6m^2

庭園面積：1,350m^2

建築材料：木和鋼結構

興建總價：1,700,000 馬克

完工時間：1990 年 10 月

　　魯金斯蘭得幼稚園座落於司徒加外圍，耐克山谷中的山腰上。空間表面上顯得古怪且不對稱，但對使用者而言，這棟建築物的組織卻是簡單且明確的。從建築物北方的街道經由上下船用的跳板進入建築物，象徵從一個世界轉換至另一個較安全、以孩子為導向的世界。一旦進入建築物，從二樓下望，偌大的多功能大廳首先映入眼簾。校地斜坡被包納於建築物內，對孩子們來說，這是另一個愉悅的樂園。第二層樓與入口同高，主任教師室在其右，活動區之一在其左。側面採光生動地為外露的木材結構增添不少光彩，提高空間的自然溫馨質感。

　　從大量配置、親近孩子的階梯往下看，你就會瞭解這棟建築物如何引誘你去經歷它——動態的而非靜態的，近乎十八世紀的巴洛克內裝。因為空間並非方形，所以到處移動是欣賞它的最佳方式；處於這棟建築物內恍若置身於一個活生生的生命體內部，鼓勵著孩子們去移動、探索，而非聚焦於封閉、傳統的教室內。

　　在底下大廳的樓梯口，樓梯下的第二教室清楚可見。這些孩子

們每天探索的基地（第一教室和第二教室）皆位於船首位置，分為開放教室區以及一個較安靜的「小團體室」。如同在一個較明顯的隱喻中，譬如一艘露天的船，你可能會再一次發現，重點在於遊戲的彈性而非一組事先定義的遊戲空間。建築鼓勵的不僅是孩子們內在的探索感，還有活動區域內不同遊戲空間的變異程度。配合孩子們遊戲的需求，所有這些奇怪的角度、角落以及古怪的窗戶都已經清楚而準確地思考設計過，例如，有些窗子的高度不以成人身高設計，而較接近地面，因為孩子們總是不自主地在那兒遊戲。建築師以福祿貝爾式的浪漫主義語言陳述這棟建築物。無法理解的建築語言——有機的、高度嬉戲性的、跳脫成人世界中之制式理性的，備受爭議。如果有人認為這樣的建築困難重重，他鐵定是個成人而非小孩（*Dudek, 2000*）（參見圖90）。

園舍外觀

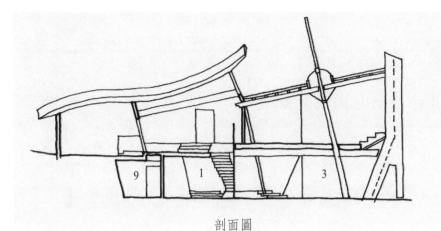

剖面圖

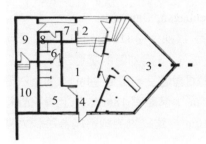

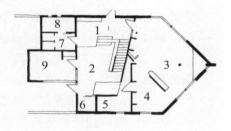

一樓平面圖

1. 大廳
2. 登陸處
3. 第一教室
4. 小團體空間
5. 洗手間
6. 淋浴室
7. 家務室
8. 教職員洗手間
9. 商店
10. 溫室

二樓平面圖

1. 從街道經由艦橋登陸的入口
2. 大廳
3. 第二教室
4. 小團體空間
5. 教具室
6. 商店
7. 洗手間
8. 商店
9. 主任教師室

圖 90：魯金斯蘭得幼稚園配置圖

資料來源：*Kindergarten Architecture*（2nd ed.），M.Dudek，2000，pp.156-157.

第八節

其他國幼兒園設計配置

一 | 阿瑪格幼兒園（Borneinstitutioner, Amager）

園地位置：丹麥・哥本哈根（Copenhagan, Denmark）

設計容量：220 名 1～6 歲學前幼兒，每棟大樓 110 名幼童。有 5 間可
容納 22 名 3～6 歲或 11 名 1～3 歲幼童的團體室

園舍面積：教室／活動區域包括 5 間團體室，每間 44m²，加上一間
65m² 的普通室，共 285m²；儲藏室 18m²；加上與花園相
接的建築物外部空間 10m²，建築物的總區域為每棟大樓
698m²；每生面積 6.3m²

園庭面積：1,200m²

建築材料：混凝土結構樅木包覆之雨屏，內部木造，鋅製屋頂

興建總價：2,000,000 克朗

完工日期： 1994 年 6 月

這所幼稚園位於 Amager 島，靠近哥本哈根（Copenhagen）機
場，鄰近克利斯汀納社區（Christiania Community），此社區由一
群抱持無政府主義思想的知識份子在 1968 年建立，這群知識份子
的思想後來變成自由主義文明社會中成熟政治制度的一部分。如同
德國教育家 Steiner 的精神，這棟建築物規畫的概念回應了克利斯
汀納發展的特別性質（ad hoc nature），與傳統高樓聳立的緊鄰環
境相反。這樣的概念認為幼稚園的環境不應該只是從「一個家到另

外一個家」（a "home from home"），應該是一個充滿刺激、能激發思考的「另類」環境（"alternative" environment）。

　　這兩棟獨立建築的外觀類似有機體：教室和安靜空間好像從建築物中心長出的葉片；教職員室和中央挑高兩樓的普通空間為其「樹枝」。雖然這棟建築平面是直角的，但由於在平面和區段內的角落成斜角，以致於每個角落或空間的設計皆不同。這些低的屋簷包裹著外牆，創造了一個安全的庇護壁龕。因此內部的建築形式造就了有趣的外部空間。相同地，內部區域是封閉的、親密的以及多變的。這棟建築物提供空間的變異性，在這些具變異性的空間內，孩子們能夠有安全無虞的感覺（*Dudek, 2000*）（參見圖91）。

園舍入口和新種植的花園

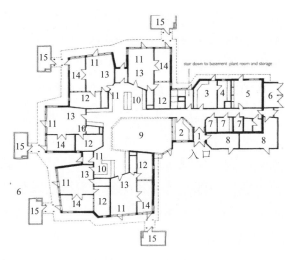

stair down to basement plant room and storage

入口

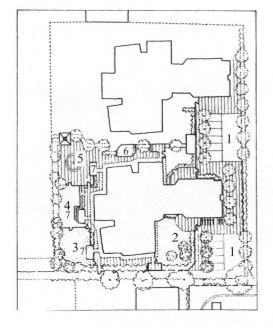

園舍平面圖

1. 入口
2. 主任教師辦公室
3. 廚房
4. 食物儲藏室
5. 教職員室
6. 單車倉庫
7. 教職員洗手間
8. 手推車／嬰兒車儲放室
9. 中央遊戲空間
10. 幼童衣帽間
11. 花園入口
12. 幼童浴室／更衣室
13. 活動區
14. 安靜室
15. 儲物小屋

園地平面圖

1. 停車處
2. 草坪
3. 草本植物花園
4. 沙地
5. 硬遊戲場
6. 沙坑
7. 儲物小屋

圖91：阿瑪格幼兒園設計配置圖

資料來源：*Kindergarten Architecture*（*2nd ed.*），M. Dudek，2000，p.155.

二| 斯坦斯拜學前學校（Stensby Personalbarnehage）

園地位置：挪威・阿克胡（Akerhus, Norway）

設計容量：60 名學前幼兒（6 歲以下），每個部門 15 位幼兒

園舍面積：教室／活動區域 320m²。儲物處 10m²。總區域 445m²，每生面積 7.4m²。庭園面積：9,600m²（遊戲區 3,400m²）

建築材料：可負重的輕量木造結構，木造上層結構，藍色瀝青屋頂

興建總價：6,100,000 挪威幣

完工時間：1993 年 7 月

　　這是一所位於一間大型現代醫院內的托兒所，孩子們在進入面南的活動區之前必須穿越一些連續的牆。第一道牆是一道綿長、彎曲、朝向東北方的外牆，有一些建築設計穿透這道牆，例如：半圓形的「神話樊籠」（fairytale cage），這道牆謹慎地告訴孩子們牆後頭正發生著一些有趣的事情喔。

　　穿越跨立外牆的入口亭，孩子們的世界開始展開。由洗手間、廚房、儲藏室、及一處寧靜的父母等候廳組成的服務脊柱（a service spine），是這棟建築物的第二道內「牆」。走廊連接了兩道牆之間的所有空間，北方的光線從高窗傾洩而下，在未進入遊戲區之前，營造出一種安穩寧靜的氣氛。

　　通過服務脊柱進入活動區，建築物設計轉為較具輕盈、奇幻的特質。建築物北方的感覺是沈重的，而在建築物南方，陽光透過大窗戶流洩而下，可以眺望前方的森林，給人透明、斷裂的感覺。團體室包括三種空間：一間安靜室、一個活動區以及一間遊戲箱（play box）。安靜室和活動區位於室內，遊戲箱自成一區穿透外牆，延展至庭園。每一個遊戲箱的形式與顏色皆不同，好像一座小型的建

築物，裡頭可以舉行不同類型的遊戲，也可以關起門來成為孩子們在這座開放式建築物中的私密空間。

四個遊戲箱的顏色象徵性地表示四個季節重複的色彩語言遍布整棟建築物，讓孩子能夠很快地瞭解並找到屬於自己的地方。建築物的每部分平衡呈現，不斷地提醒孩子有其個體性，此個體性反應在整體的、現代的、人性的建築中，而建築語言依賴兩種對比——開放與閉合、小面向與大尺度。在這樣的建築物中，孩子覺得安全與舒適，然而不同形式與顏色的巧妙綜合，也刺激著孩子（*Dudek*, *2000*）（參見圖92）。

建築物南方通向陽光普照的庭園，可以眺望前方的森林。

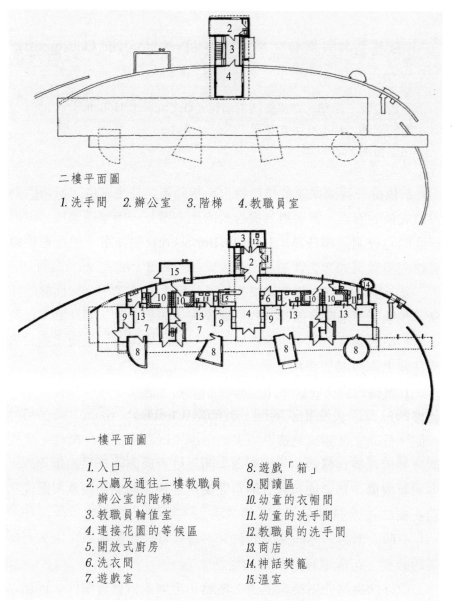

二樓平面圖

*1.*洗手間　*2.*辦公室　*3.*階梯　*4.*教職員室

一樓平面圖

*1.*入口
*2.*大廳及通往二樓教職員
　辦公室的階梯
*3.*教職員輪值室
*4.*連接花園的等候區
*5.*開放式廚房
*6.*洗衣間
*7.*遊戲室

*8.*遊戲「箱」
*9.*閱讀區
*10.*幼童的衣帽間
*11.*幼童的洗手間
*12.*教職員的洗手間
*13.*商店
*14.*神話樊籠
*15.*溫室

圖92：斯坦斯拜學前學校設計配置圖

資料來源：*Kindergarten Architecture*（2nd ed.），M. Dudek，2000，pp.186-188.

三｜ 歐格斯特吉斯特之學前學校（Preschool in Oegstgeest）

園地位置：荷蘭・歐格斯特吉斯特（Oegstgeest, Holland）
園地面積：10,590 平方英尺
完工日期：2000 年

　　該校位於荷蘭城鎮歐格斯特吉斯特郊區之住宅區中，城市因為人口成長的因素，需要更為複合式的住宅區及一所學前學校。地方行政中心分派這個任務給 Herman Hertzberger 工作室，他曾經建造過住宅與教育的複合設施。

　　這所學前學校在住宅建築的最後一區，採用了平行六面體的結構。在地面層是體育館及一些附屬設施，如更衣室、盥洗室，以及一些小型的儲藏空間。這個樓層有個另外的出入口，以便這些設施能在非上課時間被使用。

　　上層樓的特徵在於多用途的開放空間，僅在邊緣有些許柱子。此樓的一側是教室和洗手間，教師室（teacher's room）則在另外一側。行人來往路線是透過中央的走廊。既然這裡沒什麼柱子，空間分割也就較為彈性，所以教室空間也就可以因應學生數量及教學方式而改變。為了達到有效地空間使用及最小的交通流量，盥洗室和衣櫥都在教室中。

　　一個大型的、面向南方的露天平臺被當作遊戲區域，未來有需要的時候，可能還會有其他的用途。

　　戶外的素材使用種類很少：玻璃和金屬嵌板材質欄杆，再加以木頭裝飾。戶外的樓梯是混凝土和金屬扶手的組合，柱子則用來支撐上層架構以確保穩固，而且漆成藍色、綠色和紫色（Asensio, 2001）（參見圖 93）。

當作遊戲區域的露天平臺，其高度讓孩子能夠享受優美的周遭景色。

此一階梯式空間通常作為表演或集會用

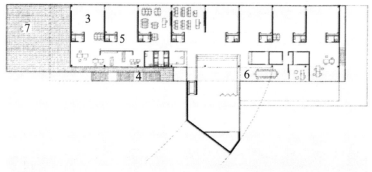

一樓平面圖

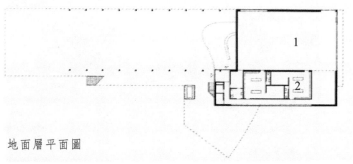

地面層平面圖

1.體育館　5.衣櫥
2.更衣室　6.教師室
3.教室　　7.露天平臺
4.樓梯

圖93：歐格斯特吉斯特的學前學校設計配置圖

資料來源：*Kindergarten Architecture*, P. Asensio, 2001, pp.132、134-135.

四 威爾德倫幼稚園

園地位置：奧地利·維也納

幼兒人數：60 人

建築面積：460m^2

建築容積：1,465m^2

樓地板總面積：460m^2（遊戲、學習、臥室 56%；附屬室 11%；機械
室 11%；住宅 22%——含各部分通路）

　　二個保育室是由遊戲室分開，在各保育室有更衣室、幼兒廁
所，有廊道遊戲空間及讀書場所。各廊道上部皆設圓形天窗，更衣
室及住宅部分亦設之。中央的遊戲室是由活動隔間與入門大廳隔
開，故遊戲室及入門大廳亦可合併使用，洗手間可當工作室使用
（*集文社譯，昭和 61*）（參見圖 94）。

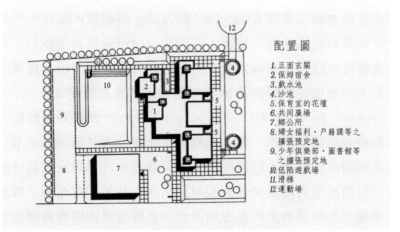

配置圖
1. 正面玄關
2. 保姆宿舍
3. 戲水池
4. 沙池
5. 保育室的花壇
6. 共同廣場
7. 鄉公所
8. 婦女福利、戶籍課等之
　 擴張預定地
9. 少年俱樂部、圖書館等
　 之擴張預定地
10. 低陷遊戲場
11. 滑梯
12. 運動場

圖 94：威爾德倫幼稚園設計配置圖

資料來源：e+p4：*子供のための建物*，集文社譯，昭和 61 年，第 20 頁。

五｜ 提尤納幼兒園（Jardin de Ninos la Esperanza, Tijuana）

園地位置：墨西哥（Mexico）

設計容量：120 名幼兒。每 20 位幼童一間教室，共三間教室供 3 歲及
　　　　　4 歲幼童使用

園舍面積：教室 85m^2（包括涼廊），總區域 140m^2，每生 2.3m^2

園庭面積：240m^2

建築材料：混凝土外觀以鋼網加強，飾以陶磚

興建總價：約 53,000 美金

完工時間：1992 年 6 月

　　這所專為貧瘠兒童興建的幼稚園，在建造過程中的贊助者超過
一千位。這棟建築物的設計極為簡單，四方形的基地以一堵高牆圍
起，教室玻璃均面向東南方。南翼上的一棟既存建築併入這棟建築
中，作為第三教室、診所以及可供父母、訪客利用的社區廚房。

　　從厚重混凝土屋頂向地面延展的柱廊，調節了正午炎日的熱
氣。它的外表看起來像一隻原始的白蛙，趴在地上，柔軟但精力充
沛。貝殼狀的屋頂在雨季期間蒐集水源並將之導入可以蒐集水源之
地或者灌溉庭園植物。這棟新的建築結構既實用又優雅。

　　庭園的一棵「故事樹」（story tree）是建築物的心臟地帶，更
是戶外教室的焦點所在，成群的孩子盤坐樹下享受另類教學環境。
此外，庭園中有一個青蛙形狀的水池，炎炎夏日，水池內滿是歡樂
四溢、互相潑水的孩童，在庭園內他們是安全的。有藤架遮陽的戶
外教室擴展了孩子們的活動空間，開放式庭園是教學區域極重要的
一部分，也是社區舉辦慶典或週末活動的重要場地，庭園南方的圍

牆邊有個烤肉區。新建物內部包括兩間教室、一間主任教師辦公室、一間儲藏室以及男女分開的洗手間，裝飾有樹形、魚形的陶瓷磚，更增添其風采（*Dudek, 2000*）（參見圖95）。

提尤納幼兒園鳥瞰圖

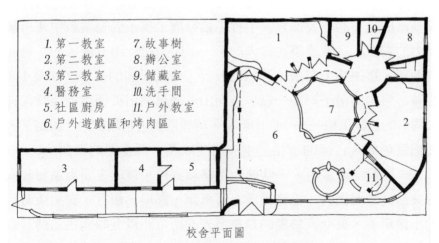

1. 第一教室	7. 故事樹
2. 第二教室	8. 辦公室
3. 第三教室	9. 儲藏室
4. 醫務室	10. 洗手間
5. 社區廚房	11. 戶外教室
6. 戶外遊戲區和烤肉區	

校舍平面圖

圖95：提尤納幼兒園設計配置圖

資料來源：*Kindergarten Architecture*（2nd ed.），M.Dudek, 2000, p.149.

六 邦格維塔兒童中心
（The Bungawitta Children's Center, Tasmania）

園地位置：澳洲‧塔斯梅尼亞州‧蘭斯頓（Launceston, Tasmania, Aus-
　　　　　tralia）

設計容量：共 50 位幼童，分為四組，包括嬰兒、1～2 歲幼童、2～3
　　　　　歲幼童以及 3～5 歲幼童

園舍面積：教室／活動區 184m^2、儲藏室 15m^2。總面積 390m^2，每生
　　　　　面積 7.8m^2

庭園面積：500m^2

建築材料：鋼造正門，間柱結構，木造隔牆，斜瓦頂

興建總價：3,000,000 澳幣

完工時間：1985 年

　　這所小型幼稚園為兒童建築提供了一個極致的形式，小人國風
貌是這棟建築的主要部分，不折不扣符應了孩子們在遊戲中運用想
像力的需求。這棟建築物給人的第一眼印象是一道有條紋的、彎曲
的圍牆。這道牆上有個山形牆的設計，是幼稚園的入口，如同 4 歲
小孩心目中的房子形象一般，這面山形牆呈顯出英國喬治亞時代神
人同形的建築風格——一面山形牆、隔成四個方格的窗戶（眼睛）、
一扇紅色的、古怪的、位於中央的門以及一個歪斜的煙囪。

　　一旦置身圍牆內，一條迷你型澳洲鄉村小鎮的主要街道便映入
眼簾。具體而微的，這條街道上有車庫、郵局、銀行、喬治亞時代
的小鎮房子，更令人驚豔的是會發光的街燈和以五顏六色乙烯基彩
繪的路標。這個劇場式的幻影是非常實際的，街道扮演循環脊柱的
角色，聯繫所有的內部活動空間。然而，除了走廊的一般功能外，

事實上它也可以是孩子們日間嬉戲及父母接送孩子的等待區。這條街道擴大了以想像性遊戲為依歸之建築物的潛在可能性，策略性的塑造一個充滿生機的遊憩點，讓孩子擱下在父母保護下的安全環境經驗，呈現出較自主的個體。雖然這棟建築物的規畫稍嫌複雜，但其實它是一個簡單的層次結構，由三個基本部分組合而成：前方圍牆以及包括一座小型開放庭園的教職員辦公室；直達建築物中心的實用空間脊柱，包含廚房、洗衣間和安靜區；諸多活動區域，面向陽光普照的北面庭園。不同年齡層的孩子有不同的活動區域，從西到東依序為：第一、附設有庭園的育嬰房，有獨立的空間，相當安靜與輕柔。第二、為 1～2 歲以及 2～3 歲幼童設立的一對空間，這一對空間的時間共享，但中間由一道滑板隔開，使得年紀較小的孩子能夠擁有一個具庇護性的家庭空間。廚房與洗手間這個區域將前述空間和最後面的活動室區隔開來，巧妙地運用空間結構，區分不同年齡層活動區的建築巧思。最後，專為 3～5 歲幼童而設的遊戲空間是最大的，它包括一個升起的戲劇舞臺以及一個可俯瞰庭園的中層樓（烏鴉巢穴）。這三個專為 1～5 歲幼童設置的活動區以一道彎彎曲曲由木頭與玻璃構成的牆相互連接，正好和前方街道厚重的牆形成輕與重的對比（*Dudek*, *2000*）（參見圖 96）。

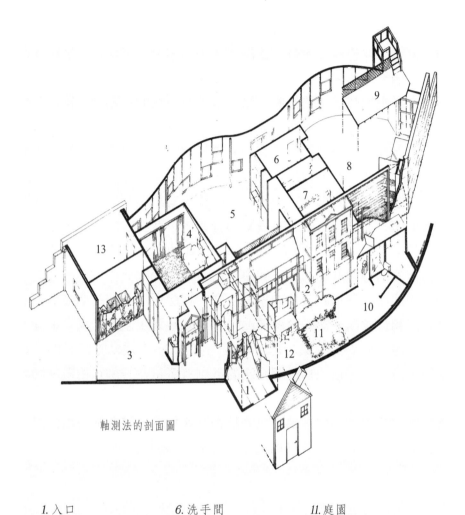

軸測法的剖面圖

1. 入口　　　　　　6. 洗手間　　　　　11. 庭園
2. 遊戲街道　　　　7. 廚房　　　　　　12. 會客室
3. 育嬰房　　　　　8. 3～5歲幼兒遊戲室　13. 睡覺區域
4. 1～2歲幼兒遊戲室　9. 中層樓
5. 2～3歲幼兒遊戲室　10. 教職員辦公室

圖96：邦格維塔兒童中心設計配置圖

資料來源：*Kindergarten Architecture*（2nd ed.），M. Dudek, 2000, p.159.

一、中文部分

于宗先（民 79）。臺灣學校建築的時代觀。**教育研究**，13，13-17。

井敏珠（民 88）。政大實小附設幼稚園擴建工程。**教育研究**，71，52-66。

王仙霞（民 85）。**蒙特梭利幼兒園學習環境規畫之研究**。未出版碩士論文，臺北市立師範學院，臺北市。

王宗年（民 81）。**建築空間藝術及技術**。臺北市：臺北斯坦公司。

王倫信（1995）。**陳鶴琴教育思想研究**。遼寧：遼寧教育出版社。

田育芬（民 76）。**幼稚園活動室的空間安排與幼兒社會互動關係的研究**。未出版碩士論文，國立政治大學，臺北市。

朱沛亭（民 82）。**幼稚園空間因應幼教理念轉變之研究**。未出版碩士論文，國立臺灣大學，臺北市。

朱敬先（民 79）。**幼兒教育**。臺北市：五南圖書公司。

行政院環境保護署（民 87）。**安全飲用水**（第二版）。臺北：作者。

吳旭專（民 89）。**臺北市國小兒童遊戲與優良遊戲場規畫之研究**。未出版碩士論文，國立政治大學，臺北市。

吳武典、張正芬、林敏哲和林立韙（民 80）。**無障礙校園環境指導手冊**。臺北市：教育部教育研究委員會。

吳玥玢（民 85）。蒙特梭利教育與蒙特梭利理想園。戴於 Thomson, J.B.和廖鳳瑞等人，**幼兒教育的實踐與展望——世界幼教趨勢與臺灣本土經驗**（第 203-267 頁）。臺北縣：光佑文化公司。

李季湄譯（M. Montessori 著）（民 83）。**蒙特梭利幼兒教育手冊**。臺北市：桂冠圖書公司。

李政隆（民76）。都市中幼稚園的規劃理論與實際。臺北市：大佳出版社。

李政隆譯（谷口汎邦編）（民71）。學校教育設施與環境的計畫。臺北市：大佳出版社。

李健次（主編）（民86）。臺灣的學校建築：中小學幼稚園篇。臺北市：中華民國建築師公會聯合會出版社。

李琬琬（民78）。室內環境設計。臺北市：東大圖書公司。

李園會（民86）。幼兒教育之父——福祿貝爾。臺北市：心理出版社。

李德高（民88）。蒙特梭利教材教法。臺北市：啟英文化公司。

周逸芬（民83）。蒙特梭利幼兒單元活動設計課程。臺北市：五南圖書公司。

林天祐等人（民89）。臺灣教育探源。臺北市：國立教育資料館。

林南風（民77）。幼兒體能與遊戲。臺北市：五南圖書公司。

林敏哲（民82）。無障礙遊戲空間之規劃。載於中華民國建築師學會，兒童遊戲空間規劃與安全研討會（第一冊）（第6-1～6-14頁）。臺北市：作者。

林盛蕊（民80）。福祿貝爾教具的理論與操作。戴於臺北市政府教育局，幼稚園教學法。臺北市：作者。

林朝鳳（民77）。幼兒教育原理。高雄市：復文圖書出版社。

林勤敏（民75）。學校建築的理論基礎。臺北市：五南圖書公司。

林萬義（民75）。國民小學學校建築評鑑之理論與實際。臺北：五南圖書公司。

邱永祥（民77）。從兒童學習發展之觀點探討都市小學與幼稚園複合之建築空間——以臺北市為例。未出版碩士論文，私立淡江大學，臺北縣。

侯東旭和鄭世宏（民92）。新版人因工程。臺北市：中興管理顧問。

侯錦雄和林鈺專譯（仙田滿著）（民85）。兒童遊戲環境設計。臺北：田園城市文化公司。

省立臺南師範學院幼教中心譯（民79）。完整學習——幼兒教育課程通論。臺北：五南圖書公司。

城鄉建設環境保護部和國家教育委員會（1987）。托兒所、幼稚園建築設計規範。北京學前教育網。2004年6月19日，取自http://www.bjchild.com/Article_Show.asp?ArticleID=1858

建築設計資料集編委會（2001）。建築設計資料集（第三冊）：居住、教育建築。臺北市：建築情報季刊雜誌社。

倪用直、楊世華、柯澍馨、鄭芳珠、吳凱琳和林佩蓉譯（M. Hohmann, & D. P. Weikart著）（民88）。幼兒教育概論。臺北市：華騰有限公司。

徐金次（民75）。**人體工程學與實驗**。臺北市：華泰書局。

馬信行（民78）。認知的行為改變及其對說服的含意。**政大學報**，59，235-273。

國家教育委員會計畫建設司和東南大學建築設計研究院（1991）。**幼兒園建築設計圖集**。南京：東南大學出版社。

崔征國譯（日本建築學會著）（民86）。**最新簡版建築設計資料集成**。臺北市：詹氏書局。

張世宗（民85）。幼兒學習空間的規畫與運用。載於國立臺北師範學院幼兒教育中心，**幼兒空間專輯**（第10-38頁）。臺北市：教育部國民教育司。

張建成譯（民87）。**男性與女性人體計測──人因工程在設計上的應用**。臺北市：六合出版社。

張春興（民78）。**張氏心理學辭典**。臺北市：東華書局。

張春興（民80）。**現代心理學**。臺北市：東華書局。

張春興（民83）。**教育心理學：三化取向的理論與實踐**。臺北市：東華書局。

張春興和林清山（民70）。**教育心理學**。臺北市：文景書局。

張雅淳（民90）。**臺北市公立幼稚園學習區規畫及運用之研究**。未出版碩士論文，國立政治大學，臺北市。

張蓓莉等人（民80）。**無障礙校園環境之參考標準**。臺北市：教育部高教司。

教育部（民83）。**幼稚園公共安全管理手冊**。臺北市：作者。

教育部（民92）。**中華民國教育統計**。臺北市：作者。

教育部國民教育司（民76）。**幼稚園課程標準**。臺北市：正中書局。

教育部國民教育司（民78）。**幼稚園設備標準**。臺北市：正中書局。

教育部國民教育司（民82）。**發展與改進幼稚教育中程計畫（修訂本）**。臺北市：作者。

教育部國民教育司（民83）。**國民中小學及幼兒園概況**。臺北市：作者。

教育部體育司（民87）。**臺閩地區中小學學生體能測驗資料統計分析（未出版）**。

畢恆達（民83）。**臺北縣國民中小學校園環境整體規劃設計手冊**。臺北市：國立臺灣大學建築與城鄉研究所。

曹翠英（民91）。我國公私立幼稚園室內學習環境規劃研究。載於中華民國學校建築研究學會（主編），**優質的學校環境**（第278-296頁）。臺北市：作者。

許勝雄、彭游和吳水丕編著（1991）。**人因工程學**。臺北市：揚智文化。

郭仁懷（民83）。大陸教育簡介──學前教育。**研究資訊**，11(5)，7-11。

郭靜晃譯（J. E. Johnson著）（民81）。兒童遊戲：遊戲發展的理論與實務。臺北：揚智文化公司。

陳文錦和凌德麟（民88）。臺北市國小遊戲場之設施準則。臺北市：臺北市政府教育局。

陳水源（民77）。擁擠與戶外遊憩體驗關係之研究——社會心理層面之探討。未出版博士論文，國立臺灣大學，臺北市。

陳怡全譯（P. P. Lillard著）（民81）。蒙特梭利新探。臺北市：及幼文化。

陳啟中（民86）。高雄小豆豆幼稚園。載於李健次（主編），台灣的學校建築，中小學幼稚園篇（第194-198頁）。臺北市：中華民國建築師合會聯合會出版社。

陳雪屏（民68）。雲五社會科學大辭典（第九冊）：心理學。臺北市：臺灣商務印書館。

陳麗月（民74）。幼兒的學習環境。臺北市：臺北市立師專。

陶明潔譯（民81）。人的教育。臺北市：亞太圖書出版社。

單偉儒（民86）。如何經營一所兒童之家？——蒙特梭利園管理手冊。臺北市：蒙特梭利啟蒙研究基金會。

曾錦煌譯（J. L. Frost & B. L. Klein著）（民86）。兒童遊戲與遊戲場。臺北市：田園城市文化公司。

游明國（民82）。寓教於玩——從兒童的學習環境探討遊戲空間的功能與創造。載於中華民國建築師學會，兒童遊戲空間規劃與安全研討會（第一冊）（第5-1～5-11頁）。臺北市：作者。

湯志民（民80）。臺北市國民小學學校建築規畫、環境知覺與學生行為之相關研究。未出版博士論文，國立政治大學，臺北市。

湯志民（民85）。開放空間的教育環境規畫。臺北教育通訊，10，4-5。

湯志民（民86）。遊戲是「王牌」！，教育研究，58，1-2。

湯志民（民87）。學校遊戲場的設計。臺北市：臺北市政府教育局。

湯志民（民89）。學校建築與校園規畫（第二版）。臺北市：五南圖書公司。

湯志民（民90）。幼兒學習環境的建構和設計原則，臺北市立師院初等教育學刊，9，135-170。

湯志民（民91）。學校遊戲場。臺北市：五南圖書公司。

黃世孟（民77）。從建築物用後評估探討學校建築規畫與設計之研究。載於中華民國學校建築研究學會（主編），國民中小學學校建築與設備專題研究

（第 399-408 頁）。臺北市：臺灣書店。

黃世孟和劉玉燕（民 81）。**幼稚園建築計畫準則研究**。臺北市：內政部建築研究所籌備處。

黃世鈺（民 88a）。**幼兒的學習方法——角落教學法與講述講述教學法理論與實務**。臺北市：五南圖書公司。

黃世鈺（民 88b）。**幼兒學習區情境規畫**。臺北市：五南圖書公司。

黃永材譯（民 71）。**世界現代建築圖集 03：幼稚園‧養老院‧學校宿舍**。臺北市：茂榮圖書公司。

黃茂容（民 78）。**環境心理學研究——遊客對自然環境產生的情緒體驗**。臺北市：淑馨出版社。

黃朝茂譯（日本文部省編印）（民 81）。**幼稚園教育指導**。臺北市：水牛出版社。

黃瑞琴（民 81）。**幼稚園的遊戲課程**。臺北市：心理出版社。

黃耀榮（民 79）。**國民小學學校建築計畫及設計問題之調查研究**。臺北市：內政部建築研究所籌備處編輯委員會。

楊淑朱和林聖曦（民 84）。國小二年級學童在現代和傳統遊戲場的遊戲器具選擇及遊戲行為之比較研究。載於國立嘉義師院初等教育研究所，**國民教育研究所學報**（第 1-22 頁）。嘉義縣：作者。

經濟部中央標準局（民 80）。**兒童遊戲設備安全準則——設計與安裝**。臺北市：作者。

詹氏書局（民 92）。**最新建築技術規則**。臺北市：作者。

鄒德濃（民 80）。**建築造型美學設計**。臺北市：臺北斯坦公司。

廖有燦和范發斌（民 72）。**人體工學**。臺北市：大聖書局。

漢菊德（民 87）。**成為一個人的教育～南海實幼對全人教育的詮釋**。臺北縣：光佑文化事業公司。

臺北市政府教育局（民 87）。**學校飲用水維護管理手冊**。臺北市：作者。

臺灣省政府教育廳（民 72）。**臺灣省國民小學兒童遊戲設施簡介**。臺中縣：作者。

臺灣省政府教育廳（民 74）。**校園綠化美化**。臺中縣：作者。

臺灣省政府教育廳（民 80）。**國民中小學校園規畫**。臺中縣：作者。

劉又升譯（K. Kroemer, H. Kroemer, and K. Kroemer-Elbert 著）（民 91）。**人體工學——容易與有效設計法**。臺北市：六和出版社。

劉幼懷（民 89）。**人體工學**。臺北市：正文書局。

劉其偉（民 73）。**人體工學與安全**。臺北市；東大圖書公司。

蔡延治（民80）。**幼兒教具之製作與應用**。臺北市：臺北市政府教育局。

蔡保田（民66）。**學校建築學**。臺北市：臺灣商務印書館。

蔡保田（民69）。**學校調查**。臺北市：臺灣商務印書館。

蔡保田、李政隆、林萬義、湯志民和謝明旺（民 77）。**臺北市當前學校建築四大課題研究——管理、設計、造形、校園環境**（市政建設專輯研究報告第192輯）。臺北市：臺北市政府研究發展考核委員會。

蔡春美、張翠娥和敖韻玲（民81）。**幼稚園與托兒所行政**。臺北市：心理出版社。

鄭慧英（1996）。**幼兒教育學**。福建：福建教育出版社出版發行。

黎志濤（民85）。**托兒所幼兒園建築設計**。臺北市：地景企業公司。

黎志濤（2002）。**幼兒園建築施工圖設計**。南京市：東南大學出版社。

盧美貴（民77）。**幼兒教育概論**。臺北市：五南圖書公司。

盧美貴、蔡春美、江麗莉和蕭美華（民 84）。專業與風格——幼兒教育改革的現況與前瞻。**國教月刊**，42（3、4），1-11。

賴佳媛和姚孔嘉（1998）。**幼兒園環境裝飾設計與制作**。廣州：新世紀出版社。

戴文青（民89）。**學習環境的規畫與運用**（第四版）。臺北市：心理出版社。

簡美宜（民87）。滿分遊戲場：遊戲場合適性量表。**成長**，34，38-41。

簡楚瑛（民 77）。學前教育環境之研究與應用，**省立臺南師範學院初等教育學系初等教育學報**，1，193-202。

簡楚瑛（民82a）。「遊戲」之定義、理論與發展的文獻探討，**新竹師院學報**，6，105-133。

簡楚瑛（民82b）。學前兒童遊戲行為之發展及其相關因素之研究，**新竹師院學報**，6，135-162。

簡楚瑛（民85）。**幼稚園班級經營**。臺北市：文景書局。

魏亞勳（民 79）。從行為設境的觀點分析探討幼稚園之環境行為問題——以臺中市區內某幼稚園為深入觀察對象。未出版碩士論文，私立東海大學，臺中市。

魏美惠（民84）。**近代幼兒教育思潮**。臺北市：市心理出版社。

蘇愛秋（民88）。開放教育的理論與實務——以政大實幼為例。**教育研究**，71，33-51。

日文部分

小川かよ子和遠矢容子（2003）。保育園・幼稚園の——子どもたちの全面的發達を保障し支援する場として。**建築設計資料**，91，4-32。

大村虔一和大村璋子譯（昭和 59）。**新しい遊び場：冒險遊び場實際例**。東京都：鹿島出版会社。

日本建築學會（1979）。**學校建築計畫と設計：實例篇**。東京：丸善株式会社。

平野智美（2000）。二十世紀末日本幼兒教育改革的動向與課題。載於國立臺中師範學院，**二千年代新生幼兒教育的展望**（第17-22頁）。臺中市：作者。

西日本工高建築連盟（1990）。**新建築設計ノート：幼稚園・保育所**。東京都：彰國社。

岩内亮一、荻原元昭、深谷昌志和本吉修二（1992）。**教育學用語辭典**。東京都：學文社。

建築思潮研究所（1985）。保育園・幼稚園。**建築設計資料**，10，20、30、160-166。

建築思潮研究所（1995）。保育園・幼稚園2。**建築設計資料**，51，151-157。

建築思潮研究所（2003）。保育園・幼稚園3。**建築設計資料**，91，34-206。

富永讓（1994）。**現代建築集成／教育設施**。東京都：株式会社メイセイ。

集文社譯（昭和61）。e＋p4：子供のための建物。東京都：作者。

福岡孝純譯（1991）。**安全な遊び場と遊具**。東京都：鹿島出版会社。

英文部分

Abbott, L. (1995). 'Play is ace! 'developing play in schools and classrooms. In J. R. Moyles (Ed.), *The excellence of play* (pp.76-87). Buckingham: Open University Press.

Aguilar, T. E. (1985). Social and environmental barriers to playfulness. In J. L. Frost & S. Sunderlind (Eds.), *When children play:Proceedings of the international conference on play and play environments* (pp.73-76). Wheaton, MD: Association for Ch

Altman, I. (1975). *The environment and social behavior: Privacy, personal space, territoriality and crowding.* Monterey, CA: Brooks Cole.

Altman, I. (1976). Privacy: A conceptual analysis. *Environment and Behavior,8* (1),7-30.

Altman, I., & Wohlwill, J. F. (Eds.). (1978). *Children and the environment.* New York: Plenum Press.

American Association of School Administrators (AASA). (1949). *American school buildings.* Washington, DC: Author.

American School & University. (1996, November). *69*(3),20-180.

American School & University. (1997, November). *70*(3),20-201.

American School & University. (1998, January). *70*(5),20-201.

American School & University. (1998, November). *71*(3),22-264.

American School & University. (1999, November). *72*(3),22-306.

American School & University. (2000, November). *72*(3),30-197.

American School & University. (2000, November). *73*(3),30-197.

American School & University. (2001, November). *74*(3),28-145.

American School & University. (2001, November). *74*(3),28-145.

Asensio, P. (2001). *Kindergarten architecture.* Corte Madera, CA: Gingko Press Inc.

Association for Children of New Jersey (2002). *Quality indicators for preschool facilities.* Retrieved May 22, 2004, from http://www.acnj.org/main.asp?uri=1003&di=109.htm&dt=0&chi=2

Bagley, D. M.,& Klass, P. H. (1997).Comparison of the quality of preschooler's play in housekeeping and thematic sociodramatic play centers. *Journal of Research in Childhood Education, 12,* 1, 71-77.

Bar, L., & Galluzzo, J. (1999). *The Accessible School: Universal Design for Educational Settings.* Berkeley, CA: MIG Communication.

Baratta-Lorton, M. (1979). *Workjobs: Activity-centered learning for early childhood education.* Menlo Park, CA: Addison-Wesley

Publishing C80.

Barcon, R. M., Graziano, W. G.,& Stangor, C. (1991). *Social psychology*. New York: Holt, Rinehart and Winston, Inc.

Baum, A.,& Paulus, P. B. (1987).Crowding. In D. Stokols & I. Altman (Eds.), *Handbook of environmental psychology*. New York: A Wiley-Interescience Publication, John Wiley & Sons.

Beaty, J. J. (1992a). *Skills for preschool teachers* (4th ed.) .New York: Merrill, an imprint of Macmillan Publishing Company.

Beaty, J. J. (1992b). *Preschool: Appropriate practices*. Orlando, FL:Harcourt Brace Jovanovich Collage Publishers.

Bechtel, R. B., & Zeisel, J. (1987). Observation: The world under a glass. In R. B. Bechtel, R. W. Marans, & W. Michelson (Eds.), *Methods in environmental and behavioral research* (pp. 11-40). New York: Van Nostrand Reinhold Company, Inc.

Bechtel, R. B., Marans, R. W., & Michelson, W. (Eds.). (1987). *Methods in environmental and behavioral research*. New York: Van Nostrand Reinhold Company, Inc.

Beckwith, J. (1985). Equipment selection criteria for modern playgrounds. In J. L. Frost & S. Sunderlind (Eds.), *When children play: Proceedings of the international conference on play and play environments* (pp.209-214). Wheaton, MD: Association for Childhood Education International.

Bee, H. (1992). *The developing child* (6th ed.). New York: Harper Collins College Publishers.

Beeson, B. S., & Williams, R. A. (1985). The persistence of sex difference in the play of young children. In J. L. Frost & S. Sunderlind (Eds.), *When children play: Proceedings of the international conference on play and play environments* (pp. 39-42). Wheaton, MD: Association for Childhood Education International.

Bell, P. A., Greene, T. C., Fisher, J. D., & Baum, A. (2001). *Environmental psychology* (5th ed.). CA: Thomson Learning Acadcamic

Resource Center.

Bilton, H. (2002). *Outdoor play in the early years: Management and innovation* (2nd ed.). London: David Fulton Publishers.

Brause, R. S. (1992). *Enduring schooling : Problems and possibilities*. Washington, D. C.: The Falmer Press.

Brewer, J. A. (2001). *Introduction to early childhood education: preschool through primary grades* (4th ed.). Boston: Allyn and Bacon.

Brown,B. B. (1987). Territoriality. In D. Stokols & I. Alttman (Eds), Handbook *of environmental psychology*. New York: A Wiley-Interescience Publication, John Wiley & Sons.

Brubaker, C. W. (1998). *Planning and designing schools*. New York: McGraw-Hill.

Bruya, L. D. (1985). The effect of play structure format differences on the play behavior of preschool chilidren. In J. L. Frost & S. Sunderlind (Eds.), *When children play : Proceedings of the international conference on play and play environments* (pp. 115-120). Wheaton, MD: Association for Childhood Education International.

Burke, C., & Grosvenor, I. (2003). *The school I'd like: Children and young people's reflections on an education for the 21st century*. London: RoutledgeFalmer, Taylor & Francis Group.

Butin, D. (2000). *Early childhood centers*. Washington, D. C.: National Clearinghouse for Educational Facilities. Retrieved May 22, 2004, from http://www.edfacilities.org/pubs/childcare.html

Candoli, I. C., Hack, W. G., Ray, J. R., & Stollar, D. H. (1984). *School business administration: A planning approach* (3rd ed.). Boston: Allyn and Bacon, Inc.

Canter, D. V. (Ed.) (1969). *Architectural psychology*. London: RIBA Publications Limited.

Cassidy, T. (1997). *Environment psychology: Behavior and experience in context*. UK: Psychology Press Ltd.

Castaldi, B. (1994). *Educational facilities: Planning,modernization, and management* (4th ed.). Boston: Allyn and Bacon, Inc.

Charlesworth, R. (1992). *Understanding child development* (3rd ed.). New York: Delmar Publishers Inc.

Chattin-McNichols, J., (1992). *The Montessori controversy.* New York: Delmar Publishers Inc.

Click, P. M., & Click, D. W. (1990). *Administration of schools for young children.* Albany, NY: Delmar Publishers Inc.

Cohen, B. P. (1975). *The effects of crowding on human behavior and student achievement in secondary schools.* Philadelphia, PA: Philadelphia School District, Office of Curriculum and Instruction. (ERIC Document Reproduction Service No.ED 188 279)

Coody, B. (1992). *Using literature with young children* (4th ed.). IA: Wm. C. Brown Publishers.

Daiute, C. (1994). Play is part of learning, too. In V. Lanigan (Ed.), *Thoughful teachers, thoughful schools: Issues and insight in education today* (pp.67-69). Boston: Ally and Bacon.

Dannenmaier, M. (1998). *A child's garden: Enchanting outdoor spaces for children and parents.* Washington, D.C.: Archetype, Inc.

David, T. G., & Weinstein, C. S. (1987). The built environment and children's development. In C. S. Weinstein & T. G. David (Eds.), *Space for children: The built environmentand child development* (pp. 3-18). New York: Plenum Press.

Deaux, K., Dane, F. C., & Wrightsman, L. S. (1993). *Social psychology in the '90s* (6th ed.). Pacific Grove, California: Brooks/Cole Publishing Company.

DeHaas, P., & Gillespie, J. (1979). *School environment handbook part II: Environmental awareness and assessment of the school environment.* Washington, DC:Food and Nutrition Service. (ERIC Document Reproduction Service No. ED 213 668).

Doxey, I. M. (2000). The kindergarten landscape. In J. Hayden (Ed.), *Landscapes in early childhood education: Cross-national* perspectives on empowerment—A guide for the new millennium (pp.409-424). New York: Peter Lang Publishing, Inc.

Drummond, M. J. (1996). Whatever next? Future trends in early years education. In D. Whitebread (Ed.), *Teaching and learning in the early years* (pp.335-347). London: Routledge.

Dudek, M. (2000). *Kindergarten architecture: Space for the imagination* (2nd ed.). London: Spon Press.

Dunn, R., Dunn, K., & Perrin, J. (1994). *Teaching young children through their individual learning styles: Practical approaches for grades K-2.* Boston: Allyn and Bacon.

Earthman, G. I. (1986). *Research needs in the field of educational facility planning.* Jerusalem, Israel: the Edusystems 2000 International Congress on Educational Facilities, Values, and Contents. (ERIC Document Reproduction Service No. ED 283 301).

Ebbeck, M. (2002). Global pre-school education: Issues and progress. *International Journal of Early Childhood, 34* (1), pp.1-12.

Essa, E. (1996). *Introduction to early childhood education* (2nd ed.). New York: Delmar Publishers.

Evans, W.H., Evans, S. S., & Schmid R. E. (1989). *Behavior and instructional managemant: An ecological approach.* Boston: Allyn and Bacon, Inc.

Evertson, C. M., Emmer, E. T., & Worsham, M. E. (2000). *Classroom management for elementary teachers* (5th ed.). Boston: Allyn and Bacon.

Feeney, S., Christensen, D., & Moravcik, E. (1991). *Who am I in the lives of children? An introduction to teaching young children.* New York: Macmillan Publishing Company.

Fein, G., & Rivkin, M. (Eds.). (1991). *The young child at play: Reviews of research* (Vol. 4) (pp.3-15). Washington, DC: National Association for the Education of Young Chidren.

Fröbel gifts (1997). Retrieved May 23, 2004, from http://www. geocities.com/Athens/Forum/7905/fblgaben.html#gifts

Frost, J. E. (1991). Children's playgrounds: Research and practice. In G. Fein & M. Rivkin (Eds.), *The young child at play: Reviews of research* (Vol. 4) (pp.195-211). Washington, DC: National Association for the Education of Young Children.

Frost, J. L. (1992). *Play and playscapes*. Albany, NY: Delmar Publishers Inc.

Frost, J. L., & Klein, B. L. (1979). *Children's play and playgrounds*. Boston: Allyn & Bacon, Inc.

Frost, J. L., & Strickland, S. D. (1985). Equipment choices of young children during free play. In J. L. Frost, & S. Sunderlind (Eds.), *When children play: Proceedings of the international conference on play and play environments* (pp.93-101). Wheaton, MD: Association for Childhood Education International.

Frost, J. L., & Sunderlind, S. (Eds.). (1985). *When children play: Proceedings of the international conference on play and play environments*. Wheaton, MD: Association for Childhood Education International.

Gifford, R. (1987). *Environmental psychology: Principles and practice*. Boston: Allyn and Bacon, Inc.

Gimbert B., & Cristol, D. (2004). Teaching curriculum with technology: Enhancing children's technological competence during early childhood. *Early Childhood Education Journal, 31*(3), 207-216.

Good, C. V. (Ed.). (1973). *Dictionary of education.* (3rd ed.). New York: McGraw-Hill Book Company.

Gordon, A. M., & Williams-Browne, K. (1996). *Beginning & beyond: Foundations in early childhood education* (4th ed.). Albany, New York: Delmar Publishers.

Graves, S. B., Gargiulo, R. M., & Sluder, L. C. (1996). *Young children: An introduction to early childhood education*. New York: West Publishing Company.

Hall, E. T. (1966). *The hidden dimension*. Graden City, NY: Doubleday.

Hammad, M. G. (1984). *The impact philosophical and educational theories on school architecture* (The British and American experience 1820-1970). Unpublished doctoral dissertation, University of Pennsylvania.

Hart, R. A. (1987). Children's participation in planning and design. In C. S. Weinstein & T. G. David (Eds.), *Space for children: The built environment and child development* (pp.217-239). New York: Plenum Press.

Heidemann, S., & Hewitt, D. (1992). *Pathways to play: Developing play skills in young children.* MN: Redleaf Press.

Heimstra, N. W., & McFarling, L. H. (1978). *Environmental psychology* (2nd ed.). Monterey, California: Brooks/ Cole Publishing Company.

Hendrick, J. (1996). *The whole children: Developmental education for the early years* (6th ed.). Englewood, NJ: Merrill, an imprint of Prentice Hall.

Henniger, M. L. (1985). Preschool children's play behavior in an indoor and outdoor environment. In J. L. Frost & S. Sunderlind (Eds.), *When children play: Proceedings of the international conference on play and play environments* (pp.145-149). Wheaton, MD: Association for Childhood Education International.

Henniger, M., Sunderlin, E., & Frost, J. L. (1985). X-Rated Playfrounds: Issues and Developments. In J. L. Frost & S. Sunderlind (Eds.), *When children play: Proceedings of the international conference on play and play environments* (pp. 221-227). Wheaton, MD: Association for Childhood Education International.

Heutting, C., Bridges, D., & Woodson, A. (2002). Play for children with severe and profound disabilities. *Palaestra*, *18*(1), 30-36.

Heyman, M. (1978). *Places and spaces: Environmental psychology in education.* IN: The Phi Delta Kappa Education Bloomington.

Hildebrand, V. (1991). *Introduction to early childhood education* (5th ed.). New York: Macmillan Publish Company.

Hoppenstedt, E. M. (1989). *How good is your child's school?*

Springfield, Illinois: Charles C Thomas.

Isbell, R. (1995). *The complete learning center book: An illustrated for 32 different early childhood learning centers.* Beltsville, MD: Gryphon House, Inc.

Ittelson, W.H., Proshansky, H. M., Rivli, L.G.,Winkel, G.h., & Dempsey, D. (1974). *An introduction to environmental psychology.* New York: Holt, Rinehart and Winston, Inc.

Jung, N. (2003). *Integrating Policies and Systems for Early Childhood Education and Care: The Case of the Republic of Korea.* Paris：UNESCO. Retrieved June 13, 2004, from http://unesdoc.unesco.org/images/0013/001305/130598e. pdf

Katz, L. G. (Ed.). (1980). *Current topics in early childhood education* (Vol. 3). Norwood, NJ: Ablex Publishing Company.

Kennedy, M. (2004). Furniture. *American School & University, 76* (9), 11-13.

Klein, J. (1990). Young children and learning . In W. J. Stinson (Ed.), *Moving and learning for the young child* (pp.24-30). Reston, VA: American Alliance for Health,

Kowalski, T. J. (1989). *Playing and managing school facilities.* New York : Praeger.

Layton, R. (2001). The great outdoors. *American School & University, 74* (3), 358-359.

MacKenzie, D. G. (1989). *Planning educational facilities.* Lanham: University Press of America, Inc.

Marion, M. (1991). *Guidance of young children* (3rd ed.). New York: Maxwell Macmillan International Publishing Company.

Maxwell, L. E., & Evans, G. W. (1999). *Design of child care centers and effects of noise on young children.* Retrieved May 22, 2004, from http://www.designshare.com/Research/LMaxwell/NoiseChildren.htm

Mayers, B. K. (1987). Teaching with less talking: Learning centers in the kindergarten. *Young Children, 42* (5), 20-27.

McAndrew, F. T. (1993). *Environmental psychology.* Pacific Grove CA: Brooks/Cole Publishing Company.

McAuley, H., & Jackson, P. (1992). *Educating young children: A structural approach.* London: David Fulton Publishers in association with the Roehampton Institute.

McCown, R., Driscoll, M., & Roop, P. G. (1996). *Educational psychology: A learning-centered approach to classroom practice* (2nd ed.). Boston: Allyn and Bacon.

Ministry of Education (2002). *Developing playgrounds in early childhood environments.* Early Childhood Development & Hutt Valley District Health Board. Retrieved May 22, 2004, from http://www.ecdu.govt.nz/running/playgrounds.html

Ministry of Education (2004). *12 steps to establishing a quality early childhood centre.* Retrieved May 22, 2004, from http://www.ecdu.govt.nz/establishing/introduction.html

Monroe, M. L. (1985). An evaluation of day care playgrounds in Texas. In J. L. Frost & S. Sunderlind (Eds.), *When children play: Proceedings of the international conference on play and play environments* (pp.193-199). Wheaton, MD: Association for Childhood Education International.

Moore, G. T. (1987a). The physical environment and cognitive development in child-care centers. In C. S. Weinstein & T.G. David (Eds.), *Space for children: The built environment and child development* (pp.41-72). New York: Plenum Press.

Moore, G. T. (1987b). The physical environment and cognitive development in child-care centers. In C. S. Weinstein & T.G. David (Eds.), *Space for children: The built environment and child development* (pp.41-72). New York: Plenum Press.

Moore, R. C., & Wong, H. H. (1997). *Natural learning: The life history of an environmental schoolyard.* Berkeley, CA: MIG Communications.

Moore, R. C., Goltsman, S. M., & Iacofano, D. S. (1992). *Play for all guidelines: Planning, design and management of outdoor play settings for all children* (2nd ed.) . Berkeley, CA: MIG Communications.

Moos, R. H. (1979) . *Evaluating educational environments.* San Francisco: Jossey-Bass Publishers.

Moran, C., Stobbe, J., Baron, W., Miller, J., & Moir, E. (1992) . *Keys to the classroom：A teacher's guide to the first month of school.* Newbury park, CA：Corwin Press, Inc.

Nash, B. (1981) . The effects of classroom spatial organization on 4- and 5-year-old children's learning. *British Journal of Educational Psychology, 51,* 144-155.

National Association for the Education of Young Children (1997) . *Developmentally appropriate practice in early childhood programs serving children from birth through age 8.* Retrieved May 22, 2004, from http://www.naeyc.org/resources/position_statements/daptoc.htm

Oldroyd, D., Elsner, D., & Poster, C. (1996) . *Educational management today: A concise dictionary and guide.* London: Paul Chapman Publishing Ltd.

Olds, A. R. (2001) . *Child care design guild.* New York: McGraw-Hill.

Ortiz, F. I. (1994) . *Schoolhousing: Planning and designing educational facilities.* Albany NY:State University of New York press.

Pairman, A. & Terreni, L. (2001) . *If the environment is the third teacher what language does she speak?* Retrieved May 22, 2004, from http://www.ecdu.govt.nz/pdf_files/environmentsconference.pdf

Pattillo, J., & Vaughan, E. (1992) . *Learning centers for child-centered classrooms.* Washington, D. C.: A National Education Association Publication.

Pedersen, J. (1985) . The adventure playgrounds of Denmark. In J. L. Frost & S. Sunderlind (Eds.) , *When children play: Proceedings of the international conference on play and play environments* (pp.3-7). Wheaton, MD: Association for Childhood Educati

Perry, J. P. (2001). *Outdoor play: Teaching strategies with young children*. New Yoker: Teachers College, Columbia University.

Phyfe-Perkins, E. (1982). The pre-school setting and children's behavior: An environmental intervention. *Journal of Man-Environment Relations*, 1 (3), 10-19.

Pillari, V. (1988). *Human behavior in the social environment*. Pacific Grove, California: Brooks/Cole Publishing Company.

Poston, W. K., Jr., Stone, M. P., & Muther, C. (1992). *Making school work: Practical management of support operations*. Newbury Park, CA: Corwin Press, Inc.

Proshansky, H. M., Ittelson, W. H., & Rivlin, L. G. (1976). *Environmental psychology: People and their physical settings* (2nd ed.). New York: Holt, Rinehart and Winston.

Read, M. A., Sugawara, A. I. ,& Brandt, J. A. (1999). Impact of space and color in the physical environment on preschool children's cooperative behavior. *Environment and Behavior, 31* (3), 413-428.

Reynolds, E. (1996). *Guiding young children:A child-centered approach* (2nd ed.). CA: Mayfield Publishing Company.

Robson, S. (1996). The physical environment. In S. Robson & S. Smedley (Eds.), *Education in early childhood: First things first* (pp.153-171). London: David Fulton Publishers Ltd.

Rogers, C. S. (1990). The importance of play. In W. J. Stinson (Ed.), *Moving and learning for the young child* (pp.43-50). Reston, VA: American Alliance for Health, Physical Education, Recreation, and Dance.

Ruth, L. C. (2000). *Design standards for children's environments*. New York: McGraw-Hill.

Rydeen, J., & Erickson, P. (2002). A positive environment. *American School & University*, 75(2), 36-39.

Sanoff, H. (1994). *School design*. New York: Van Nostrand Reinhold.

Santrock, J. W. (1993). *Children* (3rd ed.). Madison, Misconsin: Wm. C. Brown Communications, Inc.

Seefeldt, C., & Barbour, N. (1994). *Early childhood education*: *An introduction* (3rd ed.). New York: Macmillan College Publish Company, Inc.

Shaffer, D. R. (1999). *Developmental psychology: Childhood and adolescence* (5th ed.). Pacific Grove, CA: Brooks/ Cole Publishing Company.

Shaw, L. G. (1987). Designing playgrounds for able and disabled children. In C. S. Weinstein & T. G. David (Eds.), *Space for children: The built environment and child development* (pp. 187-213). New York: Plenum Press.

Shoemaker, C. J. (1995). *Administration and management of programs for young children.* Englewood Cliffs, NJ: Merrill , an imprint of prentice Hall.

Smith, R. M., Neisworth, J. T., & Greer, J. G. (1978). *Evaluating educational environments.* Columbus, OH:Charles E. Merrill Publishing Company, A Bell & Howell Company.

Spodek, B., & Saracho, O. N. (1994). *Right from the start: Teaching children ages three to eight.* Boston: Allyn and Bacon.

Spodek, B., Saracho, O. N., & Davis, M. D. (1991). *Foundations of early childhood education: Teaching three-, four-, and five-year-old children* (2nd ed.). Boston: Allyn and Bacon.

Spreckelmeyer, K. (1987). Environmental programming. In R.B. Bechtel, R. W. Marans, & W. Michelson (Eds.), *Methods in environmental and behavioral research* (pp.247-269). New York: Van Nostrand Reinhold Company Inc.

Stinson, W. J. (Ed.). (1990). *Moving and learning for the young child.* Reston, VA: American Alliance for Health, Physical Education, Recreation, and Dance.

Stoecklin, V. L. (1999). *Understanding the design process for outdoor play & learning environments.* Retrieved May 28, 2004, from http://whitehutchinson.com/children/articles/understanding.shtml

Stoecklin, V. L., & White, R. (1997). *Designing quality child care facilities*. Retrieved May 22, 2004, from http://www.whitehutchinson.com/children/articles/designingl.shtml

Stokols, D. (1972). On the distinction between density and crowding: Some implications for future research. *Psychological Review, 79*, 275-277.

Stokols, D. (1976). The Experience of crowding in primary and secondary environments. *Environment and Behavior, 8* (1), 49-86.

Stokols, D., & Altman, I. (Eds.). (1987). *Handbook of environmental psychology*. New York: A Wiley-Interescience Publication, John Wiley & Sons.

Talbot (1985). Plants in children's environments. In J. L. Frost, & S. Sunderlind (Eds.), *When children play: Proceedings of the international conference on play and play environments* (pp. 243-250). Wheaton, MD: Association for Childhood Education Interational.

Taylor, A. P., & Valstos, G. (1983). *School zone: Learning environment for children*. NY: Van Nostrand Reinhold Company.

Taylor, B. J. (1991). A child goes forth: *A curriculum guide for preschool children* (7th ed.). New York: Macmillan Publishing Company.

Taylor, S. E., Peplau, L.A.,& Sears, D. O. (1997). *Social psychology* (9th ed.). Upper Saddle River, NJ: Prentice-Hall, Inc.

Taylor, S. T., Morris, V. G., & Roger, C. S. (1997). Toy safety and selection. *Early Childhood Education Journal, 24* (4), 235-238.

Teets, S. T. (1985). Modification of play behaviors of preschool children through manipulation of environmental variables. In J. L. Frost & S. Sunderlind (Eds.), *When children play:Proceedings of the international conference on play and play environments* (pp.265-271). Wheaton, MD: Association for Childhood Education Interational.

Vasta, R., Haith,M. M., & Miller, S. A. (1992). *Child psychology: The modern science.* New York: John Wiley & Sons, Inc.

Vergeront, J. (1987). *Places and spaces for preschool and primary (Indoors).* Washington DC: National Association for the education of young children.

Vickery, D. J. (1972). *School building design Asia.* Colombo: Kularatne & Co.Ltd.

Vogel, M. J. (1994). Kids learn when it matters. In V. Lanigan (Ed.), *Thoughful teachers, thoughful schools: Issues and insight in education today* (pp.60-61). Boston: Ally and Bacon.

Wachs, T. D. (1987). Developmental perspectives on designing for development. In C. S. Weinstein & T. G. David (Eds.), *Space for children: The built environmentand child development* (pp. 291-307). New York: Plenum Press.

Webster's ninth new collegiate dictionary. (1987). Springfield, MA: Merriam-Webster Inc.

Weinstein, C. S. (1977). Modifying children's behavior in an open classroom through changes in the physical design. *American Educational Research Journal, 14,* 242-262.

Weinstein, C. S. (1979). The physical environment of the school: A review of the research. *Review of Educational Research, 49* (4), 577-610.

Weinstein, C. S. (1982). Privacy-seeking behavior in an elementary classroom. *Journal of Environmental Psychology, 2,* 23-35.

Weinstein, C. S., & Pinciotti, P. (1988). Changing a schoolyard intentions, design decisions, and behavioral outcomes. *Environment and Behavior, 20* (3), 345-371.

White, C. S., & Coleman, M. (2000). *Early childhood education : Building a philosophy for teaching.* Upper Saddle River, NJ: Pretice-Hall, Inc.

White, R., & Stoecklin, V. (1998, April). Children's outdoor play & learning environments: Returning to nature. *Early Childhood*

News. Retrieved May 23, 2004, http://www.whitehutchinson.com/children/articles/outdoor.shtml

Wolfgang, C. H., & Wolfgang, M. E. (1999). *School for young children: Developmentally appropriate practices* (2nd ed.). Boston:Allyn and Bacon.

Woolfolk, A. E. (1998). *Educational psychology* (7th ed.). Boston: Allyn and Bacon.

Wortham, S. (1988). Location, accessiblity, and equipment on playgrounds. In L. D., Bruya & S. J. Langendorfer (Eds.), *Where our children play: Elementary school playground equipment* (Vol. 1) (pp.45-66). Reston, VA: American Alliance for Health,

Wortham, S. C. (1985). A history of outdoor play 1900-1985: Theories of play and play environments. In J. L. Frost & S. Sunderlind (Eds.), *When children play: Proceedings of the international conference on play and play environments* (pp.3-7). Wheaton, MD: Association for Childhood Education Interational.

Youngquist, J., Pataray-Ching, J. (2004). Revisiting "Play": Analyzing and Articulating Acts of Inquiry. *Early Childhood Education Journal, 31* (3), 171-178.

Zeisel, J. (1981). *Inquiry by design: Tools for environment-behavior research*. Monterey, California: Brooks/Cole Publishing Company.

Ziegler, S., & Andrews, H. F. (1987). Children and built Environments. In R. B. Bechtel, R. W. Marans, & W. Michelson (Eds.), *Methods in environmental and behavioral research* (pp.301-336). New York: Van Nostrand Reinhold Company Inc.

Zimring, C. M. (1987). Evaluation of designed environments. In R. B. Bechtel, R. W. Marans & W. Michelson (Eds.), *Methods in environmental and behavioral research* (pp.270-300). New York: Van Nostrand Reinhold Company Inc.

1918 年費雪爾方案（the Fisher Act of 1918） 21

Hakwons（learning places） 27

人體工學 115

人體工學（human engineering） 114

十字定位分析法 54

大人中心課程（a adult-centered program） 46

大人區 454

小動物屋舍 451

工作復甦管理方案（the Works Projects Administra-
　　tion, WPA） 22

工作導向教室（work-oriented classrooms） 48

中小學教育法案（the Elementary and Secondary
　　Education Act） 22

及早開始計畫（Project Head Start） 22

心理環境（psychological environment, E） 152

木栓板系統（a pegboard system） 247

水池（ponds） 447

水遊戲區（water play areas） 414

主動學習環境 41

布置（layout） 36

幼小銜接教室 317

幼兒中心課程（a child-centered program） 46

幼兒教育（early childhood education） 6, 8

幼兒教育促進法案（Early Childhood Education Pro-
　　motion Act） 4

幼兒遊戲場 357

幼兒學校（infant school） 18

幼兒學校的發展者（developer of the infant school） 18

幼兒學習環境 32

幼稚園（kindergarten） 13

幼稚園的創造者（creator of the kindergarten） 18

幼稚園設備標準 33

生活空間（the life space） 153

用後評估（post-occupancy evaluation, POE） 166

用後評估（post-occupy evaluation） 91

交互論（transactionism） 147

地下室 464

多教室學校（the multiroom school） 17

托兒所（the nursery school） 20

托兒所的創立者（founder of the nursery school） 20

色彩 254

色彩（color） 112

行政室 454

行為（behavior） 151

行為的環境（behavioral environment） 99

作業（the occupations） 506

低年級教室 313

完整兒童（the whole child） 21

沙水區（sand and water center） 295

沙遊戲區（sand play areas） 412

私密性（privacy） 138

私密區（private area） 309

走　廊 462

身心障礙兒童教育法案（the Education for All Handicapped Children Act） 24

車輪玩具（wheel toys） 411

供應品（supplies） 33

兒童之家（Children's House） 102

直接教學的課程環境（direct instruction program environments） 98

花壇（flower bed） 442

附加場地（additional site） 419

保健室 455

冒險遊戲場（the adventure playground） 362

室內學習環境 217

室內環境（indoor environments） 33

室外學習環境 345

室外環境（outdoor environments） 33

建造區（construction area） 287

洗手臺 466

盆栽（a potted plant） 444

相關角區 233

相關學習區 234

科學區（science area） 279

美化（beautification） 433

美國全國幼兒教育協會（National Association for the Education of Young Children） 12

美勞區（art area） 267

美學（aesthetics） 109

英語幼稚園（English-speaking kindergarten） 20

計畫單（a planning sheet） 249

音樂區（music area） 291

個人空間（personal space） 140

家長合辦的托兒所（parent-cooperative nursery school） 22

家接區 458

恩物（the gifts） 506

桌 椅 467

栽培園 450

益智區（games area） 305

紐西蘭幼兒期服務之發展上地適切課程草綱（The New Zealand Draft Guidelines for Developmentally Appropriate Programmes in Early Childhood Services） 10

草地（lawn） 440

動線設計 236

密度（density） 136

採光 252

教具（educational materials） 477

教室管理（classroom management） 243

教師—幼兒比例（teacher/child ratio） 44

教師中心教室（the teacher-centered classroom） 48

涼亭（gazebos） 447

現代遊戲場（the contemporary playground） 360

規畫（planning） 36

設計（design） 36

設備（equipment） 32

通道（pathways） 416

造形（form） 111

創造遊戲場（the creative playground） 364

單一教室普通學校（the one-room common school） 17

場地意義（a sense of place） 231

場地論（field theory） 152

廁 所 465

普通學校（the common school） 16

無障礙遊戲場 426

發展上適切的學習環境（developmentally appropriate learning environment） 58

發展的與成熟的課程環境（developmental and maturational program environments） 99

給水排水（drainage） 419

開展說（Theory of Unfolding） 102

飲水設備 473

傳統的基本環境模式（traditional primary environment model） 98

傳統遊戲場（the traditional playground） 359

園 門 459

園桌椅（garden furniture） 449

園路（paths） 446

搖馬（rocking horse） 410

溫濕度 254

滑梯（slides） 406

準備的環境（prepared environment） 99

經濟機會法案（the Economic Opportunity Act） 22

裝扮區（dramatic area） 275

跳落區（fall zone） 399

遊戲 353

遊戲室 339

遊戲場　356

遊戲場設計　395

電腦區（computers area）　299

預備幼稚園（prekindergarten）　13

圖書區（library area）　283

圖書設備　474

寢　室　460

福祿貝爾（F. Froebel, 1782-1852）　505

福祿貝爾的恩物　505

綠化（greening）　433

綠廊（pergola）　449

綠籬（hedges）　443

蒙特梭利（Montessori, M.）　323

蒙特梭利教具　328

蒙特梭利教室　323

認知導向的環境（cognitively oriented environment）　100

領域（territoriality）　139

德語幼稚園（German-speaking kindergartens）　20

樓　梯　463

編織學校（the knitting school）　18

鋪面（surface）　416

噪音　251

器材（materials）　32

學前學校（preschool）　13

學科的學前學校環境（academic preschool environment）　98

學習（learning）　31

學習者中心教室（the learner-centered classroom）　48

學習區（learning areas） 263, 265

學習區的環境（learning center environment） 100

學習區的邊界 235

學習區計畫板（a center planning board） 246

學習導向教室（learning-oriented classrooms） 48

學習環境設計 40

學習環境設計（the learning environment design） 38

擁擠（crowding） 137

樹木（trees） 439

積木區（block area） 271

遺傳論（predeterminism） 146

雕塑（sculpture） 448

餐　廳 461

儲藏櫃 470

儲藏櫃（storage） 418

環境 150

環境（environment） 32

環境心理學 136

環境心理學（environmental psychology） 135

環境生態模式（ecological model of the environment） 150

環境知覺 156

環境知覺（environmental perception） 154

環境論（environmentalism） 147

聯邦緊急救濟法案（the Federal Emergency Relief Act, FERA） 22

避難設備 476

鞦韆（swings） 404

攀爬設備（climbing equipment） 409

蹺蹺板（seesaws） 408

籃漢法案（the Lanham Act） 22

觀察室 456

國家圖書館出版品預行編目資料

幼兒學習環境設計／湯志民著.
--二版.--臺北市：五南，2004〔民93〕
面；　公分
參考書目：面
含索引
ISBN 978-957-11-3727-8（平裝）
1.學前教育－設備　2.教材　3.教具
523.2　　　　　　　　　93015567

1IHD
幼兒學習環境設計

作　　者－湯志民(433.1)

發 行 人－楊榮川

總 經 理－楊士清

副總編輯－陳念祖

編　　輯－許宸瑞

出 版 者－五南圖書出版股份有限公司

地　　址：106台北市大安區和平東路二段339號4樓

電　　話：(02)2705-5066　傳　　真：(02)2706-6100

網　　址：http://www.wunan.com.tw

電子郵件：wunan@wunan.com.tw

劃撥帳號：01068953

戶　　名：五南圖書出版股份有限公司

法律顧問　林勝安律師事務所　林勝安律師

出版日期　2001 年 9 月初版一刷
　　　　　2003 年 7 月初版三刷
　　　　　2004 年 9 月二版一刷
　　　　　2018 年10月二版十刷

定　　價　新臺幣740元